Dani

himmels-
krieger

Die größere Wirklichkeit

MYSTISCHER THRILLER

Bibliographische Information der Deutschen Nationalbibliothek:
Die Deutsche Nationalbibliothek verzeichnet diese Publikation in der deutschen Nationalbiografie; detaillierte bibliografische Daten sind im Internet unter http://dnb.d-nb.de abrufbar.

Druck und Verlag: Epubli GmbH, Berlin, www.epubli.de
4. neu überarbeitete Auflage/Taschenbuchausgabe
Umschlaggestaltung: Daniel Leon
Printed in Germany

Als der Diener des Propheten am nächsten Morgen aufstand und aus dem Haus trat, war die Stadt umgeben von Truppen, Pferden und Streitwagen.
»Mein Herr, was sollen wir tun?«, rief er Elisa voller Furcht zu.
»Hab keine Angst!«, antwortete dieser. »Denn unsere Kriegsmacht ist stärker als ihre.«
Und er betete:
»Eljon, öffne doch seine Augen und lass ihn sehen!«
Da öffnete Adonaj dem jungen Mann die Augen, und als er aufblickte, sah er, dass das Bergland um sie herum voll feuriger Pferde und Streitwagen war.

– Das vergessene Buch –

Viertes Buch der Königreiche
Kapitel 6 Verse 15-17
Septuaginta (LXX)

In dieser Gestalt ging er hin und predigte den Geistern im Gefängnis.

– Das vergessene Buch –

Erster Brief des Petrus
Kapitel 3 Vers 19

Prolog

**Gefängnis der Geister, ein ferner Planet,
im Jahre 30 nach Christus**

Als der Fürst Gottes in das flammende Meer blickte, das den Planeten umgab, ihn bekleidete wie ein blutgetränktes Gewand, packte ihn blankes Entsetzen.

Aber nach kurzem inneren Kampf schloss er die Augen, umfasste *Ruach*, sein Schwert, fester und durchschritt die feurige Atmosphäre. Rauch benebelte seine Sinne, Feuer verbrannte sein Herz, und Vergessen hüllte ihn ein, als er einem Kometen gleich auf die Oberfläche stürzte.

Doch in seinem Geist erblickte er die Gipfel der Erde, deren ewiges Eis wie Diamanten im Morgenlicht funkelt; auch schaute er die leuchtend grünen Täler, deren schweigende Wälder den Schmerz der Menschen umarmen.

»Nun werde ich leben«, flüsterte er mit letzter Kraft.

Während er benommen seine Augen öffnete, erblickte er eine schier endlose Fläche riesiger Sandberge. Spitze Felszacken erhoben sich drohend am flimmernden Horizont, und ihn schwindelte vor Entsetzen:

Gefängnis der gefallenen Geister, so wurde dieser Ort schon seit Urzeiten genannt. Er blinzelte und schüttelte seinen Kopf, um sich Mut zu machen und vielleicht, um sich zu vergewissern, wie sich Leben anfühlt. Der Turm aus porösem Fels, auf dem er sich befand, war jedenfalls hoch genug, um nach dem Ausschau zu halten, der da kommen sollte.

Nur mit größtem Widerwillen sah er sich um.

Eine glühende Sonne brütete über der Oberfläche aus rissigem Granit; heißer, träger Wind bedeckte ihn mit einer feinen Staubschicht.

Diese Wüste war öde und leer.

Ihn schauderte. Leerer noch als die wirren Visionen, die ihn in letzter Zeit geplagt hatten. Aber nicht die Abwesenheit des Lebens war das Grauenhafte, sondern die Anwesenheit des Todes. Denn der süßliche Gestank verwesenden Fleisches kroch aus der Ebene herauf und machte jeden Atemzug zu einer quälenden Überwindung.

Er spürte, wie ihn etwas Geisterhaftes belauerte, er fühlte sich gefangen wie eine Fliege in einem kunstvoll gesponnenen Netz. Aber er sah die Spinne nicht.

Und doch war ein Teil seines Wesens fasziniert:

Das also ist das Zauberwerk des Widersachers, dachte er dumpf, bis ihn rasende Wut ergriff: Warum nur dieser verfluchte Planet? Sollte er hier elend zu Grunde gehen, wie alle vor ihm, die hierher gekommen waren?

Plötzlich zerriss ein Schrei die Stille, so dass er heftig zusammenzuckte. Ein Krächzen, dicht über seinem Kopf. Ein dunkler Schatten glitt aus dem Nichts über ihn hinweg, nur um mit heiserem Gelächter am weiten Horizont zu verschwinden. Ein Gefallener, ein *Nephil.*

Als wäre er aus einem düsteren Traum erwacht, wusste Dōr wieder, warum er hier war, und wer ihn gesandt hatte. Triumphierend blickte er sich um, und der Hass über seinen Feind verlieh ihm neue Kraft. Sein Wille bäumte sich auf, und er brüllte in rasendem Zorn und ohnmächtigem Schmerz.

Tausendfach hallte dieser Schrei von den fernen Bergen zurück, ein gewaltiges Echo und die einzig mögliche Antwort auf eine tödliche Herausforderung. Wie sehr sehnte er sich nach seiner Heimat! Seligkeit durchströmte ihn, als er sich daran erinnerte, und er trank vom Jubel des Geistes wie von einer sprudelnden Quelle, und die mächtigen Worte erklangen tosend in den lichten Hallen seiner Seele:

> *Dōr, Geliebter!*
> *Du bist gesandt an den Ort des Vergessens. Durchbrich das Tor des Todes, und Leben ist dein Lohn! Alleine sende ich dich, vereint kehrst du wieder. Warte dort auf den Sterblichen, den ich erwählt habe! Warte!*
> *Verzage nicht, sei kühn, sei stark, bis aufstrahlt der Morgenstern, leuchtend in den Tiefen der Nacht!*

Aber dann überlegte er: Ich soll auf den Sohn des abtrünnigen Geschlechts warten? Jeder in den himmlischen Welten weiß doch, wie schwach diese Geschöpfe sind! Wie sollte ausgerechnet ein Sterblicher in dieser Hölle überleben können, wenn schon ich, ein Mächtiger in Raum und Zeit, bedrängt werde?

Eljon ist zu erhaben. Zu naiv. Ich werde ihn aufklären müssen: Da sendet er einen seiner Mächtigsten, um eines der geringsten Geschöpfe zu retten!

Sie hatten dieses Schicksal doch selbst gewählt. Niemand war grundlos hier.

Jeder der Geächteten verdiente den Tod!

Doch ungeachtet dieser kalten Gedanken verharrte Dōr, *Fürst der weißen Adler*, für Stunden in der trägen Glut und blickte unverwandt in die Leere, bis der weite Horizont vor ihm zu einem Meer aus Tränen verschwamm.

Langsam wurden die Schatten der steinernen Türme länger, um bald darauf bizarre Muster auf den rotglühenden Wüstenboden zu werfen. Mit Entsetzen nahm er wahr, wie Betäubung ihn beschlich.

Todesangst packte ihn, und er fühlte sich so unendlich müde. Einem weiteren Kampf war er nicht gewachsen.

Endlich! Nur ein kleiner Fleck jenseits der schmalen Linie des Horizontes. Dort, wo sich Himmel und Erde im Dunst verbanden. Aber es genügte.

Der Schatten war weit entfernt, vielleicht fünfzig Meilen, doch es war ein Sterblicher. Minuten wurden zu Stunden, denn er humpelte und kam nur langsam voran.

Es war eine zerlumpte Gestalt, ausgezehrt und dürr, ein Gebannter. Abergläubische Furcht befiel Dōr. Einer derer, die sich des ewigen Todes schuldig gemacht hatten …

Doch was für eine elende, was für eine geschundene Gestalt! Langsam wankte sie vorwärts. Zögernd setzte sie einen Fuß vor den anderen, um nicht in den Bergen aus Sand zu versinken, was ihren sicheren Tod bedeutet hätte. Wie ein Schilfrohr im Sturm, der mörderischen Wut seiner Peiniger schutzlos ausgeliefert.

Hautfetzen hingen von dem Gesicht des Mannes.

Lippen, die nicht mehr als solche bezeichnet werden konnten. Blutige Linien im Gesicht.

Mitleid regte sich in Dōr.

Er sah auf die Schwärme von Geiern, von Nephilim, die hoch über der einsamen Gestalt kreisten, und wusste, dass es nur eine Frage der Zeit war, bis sie niederstießen, um das tote Fleisch zu zerreißen.

Trotzdem – er musste einen Ausruf des Erstaunens unterdrücken – eine geheimnisvolle Kraft schien von dem Adamssohn auszugehen, denn sie wagten sich nicht näher heran. Das war ungewöhnlich, denn die Verbannten stellten die Hauptnahrung dieser Kreaturen dar.

Ohne es verhindern zu können, drängten sich Bilder in sein Bewusstsein. Erinnerungen an eine weit zurückliegende Epoche …

Dōr hasste die Nephilim aus tiefstem Herzen.

Dass sie und er einst den gleichen Ursprung besaßen, vermochte er nicht wirklich zu begreifen. Einst waren sie mächtige Engel, gewaltige Wesen, nur untertan dem Herrn der Mächte, und sie waren seine Brüder.

Dann kam die große Finsternis; der lange und schreckliche Bruderkrieg, der die Zeiten überdauerte, und an dessen Ende die Welten für immer verändert waren.

Davor – Köstliche Seligkeit!

Doch nur flüchtige Ahnungen dieser fernen Vergangenheit durchbrachen manchmal die Zeit, wie die Sonne, wenn sie den Nebel zerreißt.

Es waren seine schönsten Erinnerungen.

Nach 3.000 Jahren hatte die Armee des Lichts den Sieg errungen, und der Feind wurde hinabgeworfen in das Herz der Dunkelheit.

Aber es war ein bitter erkämpfter Sieg gewesen, und seit dieser Zeit, dem Beginn der adamitischen Epoche, kämpften Dōr und seine Streitmächte um die Sicherung des Reiches. Denn obwohl der Feind empfindlich getroffen war, vernichtet war er nicht. Immer wieder hatte er sich erhoben, und jedes Mal war er zurückgeschlagen worden. Doch in letzter Zeit waren die Angriffe anders geworden.

Exakter und tödlicher.

Und so wurde in den Winkeln des Reiches von einer tödlichen Bedrohung geflüstert, die sich erhob – und von einem *Ereignis*, das die Fundamente von *Allem* für immer verändern sollte. Um was es sich dabei handeln sollte, wusste er nicht. Doch die Leute redeten viel, wenn die Zeiten finsterer wurden. Je dunkler die Nacht, desto verworrener das Gerede. Es war weise, nicht auf alles zu hören, sagte er sich, wenn ihn diese Gedanken beschlichen. Aber nicht zuletzt dieser Angelegenheit wegen, die nur Unruhe in die Herzen vieler säte, war er hier.

Der Adamit war jetzt nahe genug für seine Augen, und er sah das Blut, das hinter ihm auf den Sand sickerte.

Fasziniert starrte Dōr darauf. Langsam, als wehre es sich dagegen, den Mann zu verlassen. Träge in dieser Hitze, aber stetig. So tropfte es auf den glühenden Sand, aus unzähligen Wunden, und zerklumpte, wenn es sich mit ihm verband, und es teilte sich auf in viele Rinnsale, so dass es aussah, als flösse ein winziger Strom durch die Wüste, der mit der roten Sonne zu konkurrieren schien, ein blutroter Strom, der lebendig war, und der doch ahnen ließ, dass ein Mensch nicht lange überleben konnte in dieser feindlichen Welt.

Lange und nachdenklich blickte der Adler auf die klebrige Spur, und Barmherzigkeit erfüllte ihn. Denn dieses Blut schien in sein Herz zu tropfen, und mit einem Schrei ohnmächtiger Wut schoss er in die Höhe und tötete Dutzende Geier mit seinen Klauen und Hunderte mit den gewaltigen Schlägen seiner Schwingen.

Doch es mussten Tausende und Abertausende sein, wie Schwärme von Heuschrecken hatten sie bald einen großen Teil des Himmels verfinstert, und er wusste, dass es aussichtslos war. So glitt er in weitem Bogen zurück, und betrachtete den Menschensohn noch eingehender als zuvor: Kräftig musste er einst gewesen sein, und etwa 1,80 Meter groß. Eher noch größer, denn er ging sehr gekrümmt. Das schwarze, lockige Haar war blutverkrustet.

Er trug nur Lumpen am Leib. Auch die Füße waren in dieses grobe Tuch gewickelt, doch hier und dort fehlten Stücke, wie mit roher Gewalt herausgerissen; und da, wo man bloßes Fleisch erwartete, sah er getrocknetes Blut. In der rechten Hand umklammerte der Mann den einfachen Stab eines Hirten. Blut floss über ihn zu Boden; die Hände des Menschen mussten ebenfalls blutig sein.

Auf diesen Stab stützte er sich bei jedem Schritt, und diese Krücke war das Einzige, was ihn an einem raschen Tod hinderte.

Warum bin ich hier, fragte Dōr sich erneut.

Hatte Eljon ihn auf diesen sterbenden Planeten gesandt, um einem halbtoten Menschen beim Sterben zusehen zu müssen? Wäre es nicht sinnvoller zu kämpfen, die Pläne des Feindes zu vereiteln, die Finsternis zurück zu drängen? Sie hatten nicht mehr viel Zeit!

Doch sofort tadelte er sich für diese Gedanken. Stolz war überall gefährlich, hier konnte er tödlich sein.

Und überhaupt – ob er seine vielen Ehrentitel wirklich verdiente, wusste er nicht genau, denn meist war sein Leben nicht durch eigene Kraft gerettet worden.

Entscheidend war doch, *dass* er die große Schlacht überlebt hatte, und auf wessen Seite, und dies war mehr als genug.

Weil er so viel Totes gesehen hatte, wusste er auch, wie stark das Lebende war. Dies hatte er erwählt – unfassbare Schmerzen hatte er dafür auf sich genommen; mit der ganzen Kraft seines Wesens hatte er darum gerungen, um die ›Krone des Lebens‹.

Und angesichts der tiefen Einsamkeit, die ihn jetzt umgab, erneuerte er noch einmal den Bund mit Eljon.

Wenn er sterben würde, gut, dann würde er sterben. Für das Reich, für die Auserwählten.

Diese Hingabe öffnete seinen Blick für das Eigentliche in diesem Mann. Auch wenn dessen Hülle verfiel. Das wirkliche Leben, das Leben dahinter, versuchte er, zu beschützen. Und in diesem einzigartigen Augenblick erkannte er alles deutlicher als je zuvor: Er war nicht nur hier, um die Pläne des Feindes zu erkunden, er war nicht nur hier, um das Reich zu sichern. Nein, er war ein Bote des Lebens selbst!

Heller Jubel erfüllte ihn, als er begriff.

Doch warum erinnerte er sich daran, *wer er war*, wenn er diesen Mann betrachtete?

Dieser ungewöhnliche Gedanke beschäftigte ihn, als der Mensch plötzlich stehen blieb und seinen Kopf hob, was ihn sichtlich Kraft kostete. Er hatte den Adler bemerkt, denn er blickte in seine Richtung.

Als hätte ihn ein Blitz getroffen, taumelte Dōr zurück.

Feuer verzehrte seine Seele, ein rasendes, alles verbrennendes Feuer. Der Funke sprang über auf seinen Geist, bis er die Flamme nicht mehr ertrug. Um einer Ohnmacht zu entgehen, wandte er seine Augen ab.

Denn etwas unsagbar Großes verbarg sich in diesem Blick, der ihm mit stiller Autorität gebot, ihn erneut anzublicken. Und mit welcher seltsamen Mischung aus Freude und Schmerz der Mann ihn jetzt ansah! Es war Dōr, als blicke er hinter den Vorhang seiner Seele, ja, als hätte er ihn schon immer gekannt. Das war nicht schlimm; vielmehr löste es eine unerklärliche und freudige Erregung in ihm aus.

Was aber das Seltsamste war – da war keinerlei Überraschung in diesen Augen, es schien fast, als hätte der Mann ihn – erwartet! Furcht ergriff ihn bei diesem Gedanken. Doch nun konnte er seinen Blick nicht mehr lösen. Dōr zwang sich zu mehr Nüchternheit, er benötigte einen klaren Verstand, und so versuchte er verzweifelt, dieses Gesicht einzuordnen. Die Augen des Menschen ruhten still und klar in einem männlichen Antlitz, das ihm nun markant und kühn erschien. Dōr studierte es, er las darin wie in einem Buch, und erblickte eine Weisheit, die lange Zeitalter zurückreichte. Sogar vor alle Zeit, meinte er. Aber das war nicht möglich.

Diese Weisheit war eingemeißelt, sichtbar und doch verborgen in jedem einzelnen dieser Züge, und selbst Schmerz und Mangel hatten daran nichts ändern können. Vielleicht, überlegte er in dem kläglichen Versuch, dies Geheimnis zu begreifen, vielleicht hatte der Schmerz genau das Gegenteil bewirkt.

Dann musste er wider Willen lächeln:

Da versuchte er, einen halbtoten Menschen zu retten, in der entsetzlichsten aller Welten – und dann erfrischte ein Blick aus dessen Augen ihn mehr als ein klarer Bergsee nach einer heißen Schlacht; dieser Gedanke hatte etwas Erheiterndes inmitten aller Trostlosigkeit. Dann dachte er nichts mehr.

Denn Liebe bannte sein Herz.

Und Augen, die vor Freude strahlten, weil sie *ihn* nach langer Trennung erblickten. Das wusste er.

Ein Blick voller Schönheit und Anmut hieß ihn willkommen, vergleichbar nur dem wilden Schäumen einer Brandung an felsiger Küste. Freude und Stärke, aber auch eigenartige Trauer verschmolzen in diesen Augen, und das erinnerte ihn an etwas, was er nicht fassen konnte, so sehr er sich auch bemühte.

Dann war da noch etwas. Beinahe hätte er es nicht beachtet, denn es wirkte so fehl am Platz: Hoffnung und Zuversicht leuchteten ihm aus diesem Gesicht entgegen.

Das endlich zerbrach alles in ihm, und mit einem Mal hatte er das lächerliche Bedürfnis, sich einem Menschen vor die Füße zu werfen und zu weinen.

Aber nun fing der Mann an zu laufen, ja, zu rennen. Ein verzweifeltes Rennen war es, ein irrwitziger Lauf.

In einem letzten Kraftakt öffnete er den Mund:

»Befreie meine Braut«, schrie er mit heiserer, sich überschlagender Stimme. »Befreie meine Auserwählte«, brüllte er wie ein Tier, während verzweifelte Tränen seine hohlen Wangen hinunterliefen.

Dōr stand still. Er spürte nicht, wie etwas Nasses seine weiße, gefiederte Brust hinunterlief.

Nur *ein* Schmerz brannte in ihm.

Der Schmerz dieses Menschensohnes.

Voller Verlegenheit senkte der mächtige Adler den Blick vor dem Mann, er sah ihn laufen wie in Zeitlupe, unfähig, sich zu bewegen.

Jetzt erstürmte der Mann den steinigen Pfad.

Es waren nur noch hundert Meter.

Fünfzig.

Dōr blickte auf seine Beine.

Sein Kopf dröhnte, alles drehte sich.

Bald würde der Mann ihn erreichen, und dann …

Die Beine des Menschen knickten einfach weg.

In Zeitlupe nahm Dōr dies wahr, und für einen qualvollen Augenblick meinte er zu ersticken: Denn vor seinen Füßen brach der Mann zusammen, und mit einem peitschenden Geräusch fiel sein Körper leblos in den glühenden Sand der Wüste.

Teil I

Der Gottesfürst

**Der du machst Winde zu deinen Boten,
und Feuerflammen zu deinen Dienern.**

– Das vergessene Buch –

Buch der Hymnen
Kapitel 104 Vers 4

1

Deutschland, in der Nähe von München, Sommer 2007

Schwach und dünn, doch getragen von einer eigenartigen Sehnsucht stieg der Gesang der kleinen Gemeinde zum Himmel empor.
Doch nur in einzelnen Stimmen lag mehr als die Hoffnung auf einen harmonischen Tag nach dem wöchentlichen Kirchgang. Es war angenehm kühl in der steinernen Kirche, angenehm kühl an einem heißen Mittag auf einem idyllischen Fleckchen Erde, und weit weg von Stress und Hektik, dachte Esther, während sie krampfhaft versuchte, das Zittern ihrer Finger unter Kontrolle zu bringen.

Sie erinnerte sich daran, was Dr. Schramm, ihr Psychiater, letzte Woche zu ihr gesagt hatte:

»Ich kenne da eine kleine Kirchengemeinde in der Nähe, außerhalb der Stadt, sehr beschaulich gelegen, gehen Sie da mal hin. Das beruhigt die Nerven. Ich bin zwar bekennender Atheist und glaube an solchen Hokuspokus nicht, aber für gebeutelte Seelen, die Erlösung brauchen, ist dies ein durchaus passabler Ort. Eine fundamentalistische Gemeinde, die glauben noch an den Teufel, aber um die innere Ruhe wiederzufinden, genau das Richtige«, lachte er amüsiert.

Diesen Rat hatte sie beherzigt.

Und er hatte recht behalten. Es war wirklich ruhig hier, und immerhin hatte noch niemand eine dumme Bemerkung über ihre abgekauten Fingernägel gemacht.

Esther war gerade erst neunundzwanzig geworden, doch sie fühlte sich uralt. Denn ihr Leben war beendet worden, ehe es richtig begonnen hatte. Und während die Gemeinde weitersang, wanderten ihre Gedanken weit zurück in die Vergangenheit, zu einem einsamen Haus in einer mondklaren Nacht.

»Du kannst doch jetzt nicht einfach gehen, deine Tochter braucht dich. Und ich schließlich auch!«, schleuderte ihr Vater mit brüchiger Stimme der Mutter entgegen. Sie hatte schon geschlafen, als ihre Eltern anfingen, sich zu streiten. Schon wieder, dachte sie voller Angst, nachdem sie durch den lauten Wortwechsel aufgeschreckt war. Und da sie jetzt sowieso nicht mehr einschlafen konnte, war sie hinunter geschlichen, saß zusammen gekauert auf der kalten Holztreppe und hörte, wie über ihre Kindheit verhandelt wurde.

»Josef, ich liebe dich nicht mehr«, sagte Mutter gerade.

»Versteh das bitte. Und das mit Mike, das hat sich halt ergeben. Wo die Liebe hinfällt, du müsstest das eigentlich wissen!«, fuhr sie anklagend fort, doch es klang so, als wolle sie ihr Gewissen beruhigen, fand Esther, die ihren Vater innig liebte. Mutter liebte sie natürlich auch, aber die war immer so streng, wollte immer, dass sie alles perfekt machte. Bei Papa konnte sie so sein, wie sie war, dachte sie gerade, als er Mami eine schallende Ohrfeige gab.

»Josef, du besoffenes Schwein, anders kannst du dir wohl nicht mehr helfen«, schrie sie ihm wütend und voller Verachtung entgegen. »Mike schlägt mich nie! Er hat es nicht nötig, er ist ein Mann! Und morgen«, fügte sie triumphierend hinzu, »verlasse ich dich endgültig!«

Kurz darauf hörte sie die schwere Haustür ins Schloss fallen. Gespenstische Ruhe erfüllte das Haus. Laut schluchzend brach ihr Vater zusammen, und ließ sich hart auf die selbst gebaute Holzbank in der Küche fallen. Und in der grenzenlosen Einsamkeit des großen Hauses weinte er hemmungslos.

Still und ohne Tränen weinte seine Tochter mit ihm.

In dieser Nacht träumte sie schlecht. Ihr war, als lege sich etwas Dunkles, Schweres auf ihre Brust, und sie konnte kaum atmen.

Nach Luft ringend wachte sie auf, schweißüberströmt. Panische Angst ergriff sie, und sie wimmerte leise, als sie sich schutzsuchend und so tief es ging, unter ihrer Bettdecke vergrub. Aber da konnte sie noch weniger atmen, und so zog sie die Decke wieder vom Gesicht. Der volle Mond schien hell und silbern durch die Gardinen, bizarre Schatten werfend, und sie sah, dass die große Uhr über ihrer Zimmertüre auf die drei zuging.

Es war so ruhig.

Endlich raffte sie all ihren kindlichen Mut zusammen, stieg aus dem Bett und tapste so schnell sie konnte aus ihrem Zimmer die steilen Holzstufen einen Stock höher zum Schlafzimmer der Eltern. Kalt war das Holz, und es knarrte und stöhnte unter ihren nackten Füßen. Als könne es die Last der Bewohner nicht länger ertragen. Atemlos klopfte sie an der großen weißen Tür.

Kein Laut. Leise wisperte sie.

»Papa, Papa! Mama, Papa! Ich hab` solche Angst!«

Als sich nichts rührte, drückte sie die Klinke herunter.

Dunkelheit und Stille empfing sie. *Grabesstille.*

Wie auf einem Friedhof, fuhr es ihr durch den Kopf.

Ein nicht fassbares Grauen schüttelte sie, während sie in panischer Hast nach dem Lichtschalter tastete. Mit ihren zitternden Händen fand sie nur den Schalter für die kleine Stehlampe, die links vom Türrahmen stand, und so erhellte spärliches Licht den Raum.

Das Doppelbett in der linken Ecke war leer!

Müde, und mit angstgeweiteten Augen irrte ihr Blick

durch das große Zimmer. Schließlich, in der Mitte des Raumes, blieb er an etwas Dunklem, Langen hängen.

Sie nahm nur ein Zucken wahr, ein heiseres Röcheln.

Dann blickte sie in leblose Augen, und in ihnen erkannte sie den Abgrund der Hölle. Ihre Beine versagten den Dienst, während sie mit einem würgenden Geräusch zu Boden stürzte.

Gnädig erlöste sie die Nacht.

So hatte ihre Mutter sie gefunden, als sie um zehn Uhr morgens das Haus betrat, um die restlichen Sachen zu packen. Zusammengesunken auf den Holzdielen des gemeinsamen Schlafzimmers, der Vater am Kronleuchter über ihr hängend.

Ruhig und gefasst hatte sie reagiert, und nach dem Alarmieren der Polizei und des Rettungsdienstes ihre Tochter in ein Krankenhaus gefahren.

»Ein posttraumatisches Belastungssyndrom«, hatte der Arzt gemeint. »Wir geben in der Akutphase Beruhigungsmittel, danach muss sie noch einige Zeit zur Beobachtung bei uns bleiben. Wir werden Sie informieren, sobald es ihr besser geht.«

Das Bestattungsinstitut hatte ihren Vater gegen zwölf Uhr abgeholt, erzählte Mutter später. Trotz ihrer Fassungslosigkeit war sie wütend gewesen, dass ihr Mann es nicht einmal geschafft hatte, die Tür abzusperren. »Wenn er schon so etwas Verantwortungsloses macht, muss er wenigstens wissen, wie verstörend es auf ein elfjähriges Mädchen wirken muss, ihren eigenen Vater so zu sehen«, hatte sie später einmal zu ihrer Tochter gesagt, und Esther hatte ihr ohne Zweifel recht geben müssen.

Esther erwachte aus ihrem dumpfen Brüten, als eine Frau sich zu ihr umdrehte, sie anlächelte, um sich dann wieder dem Gesang zu widmen. Unsicher ließ sie ihren Blick durch die kleine Kirche schweifen. An der hinteren Wand über dem Altar, der eigentlich nur aus einem Holzkreuz bestand, stand in großen Lettern geschrieben:

Denn ein anderes Fundament kann niemand legen, außer dem, das gelegt ist, welches ist Jesus Christus.

An beiden Seiten der Decke entdeckte sie breite Risse im Gemäuer. Wie passend, dachte sie voller Zynismus, für diesen lächerlichen Glauben und für mein glorreiches Leben.

Als sie etwa neun war hatte sie einmal mit ihrem Vater über den Glauben gesprochen. Zugegeben, er war schon damals ein latenter Alkoholiker, seit die Anschuldigungen ihrer Mutter angefangen hatten, aber, warum bitte schön, entschuldigte sie ihn eigentlich?

»Ein Schöpfer«, hatte er damals wie aus weiter Ferne gesagt, »ein Schöpfer existiert nicht. Ich habe in meinem Leben zwar Dinge erlebt, die andere Menschen wahrscheinlich als Wunder bezeichnen würden, und ich selbst habe eine Zeit lang an einen Gott geglaubt; aber die Bosheit und der Schmerz dieser Welt haben mich überzeugt, dass wir alleine sind. Gott ist nicht mehr als eine alberne Selbsttäuschung geplagter Menschen. Eine Übertragung ihrer absurden Wünsche nach Bedeutung und Glück. Ich jedenfalls habe ihn gesucht, und nicht gefunden.«

Ob er damals wahrgenommen hatte, wie hoffnungslos und verzweifelt seine Stimme klang, dachte sie?

***

Den riesigen Adler, der unsichtbar die hintere Kirchenwand ausfüllte, und der sie völlig hingerissen betrachtete, bemerkte sie nicht. Denn als Dōr in dieses hoffnungslose

Gesicht blickte, meinte er ein Brausen zu hören, eine Stimme aus dem Echo der Zeit:

Befreie meine Braut, befreie meine Auserwählte …

Sein Kopf drehte sich.

Seine Gedanken wirbelten, und sein Geist befand sich in höchster Erregung. Hatte er dies Mädchen nicht schon einmal gesehen? Irgendwann?

Verzweifelt versuchte er, sich zu erinnern:

Vor 2.000 Jahren, auf einem toten Planeten.

Der Mann, der in der Wüste starb …

2

Mit schmerzenden Augen blickte Dōr auf den toten Körper, der zu seinen Füssen lag. Bleierne Müdigkeit ließ ihn taumeln. Wild drehte sich sein Kopf, fiebernde Kälte blockierte seinen Verstand, und er brach zusammen.

Stille legte sich über das sterbende Land.

Wie ein Leichentuch, so sanft, als sollten die Gräuel, die hier begangen wurden, für immer vergessen sein. Er hieß sie willkommen, und zärtlich begrub ihn das Schweigen, und für eine köstliche Ewigkeit träumte er davon, tief zu schlafen, um nie mehr zu erwachen.

Doch dann vernahm er ein heiseres Flüstern, und ein böser Geist stand kichernd über ihm:

Ja, er hatte richtig gehört.

»Hier werde ich elend zu Grunde gehen«, wiederholte er dumpf.

Abergläubische, rätselhafte Furcht überwältigte ihn und trieb sein Herz mit schrecklicher Gewalt dem tobenden Meer der Finsternis entgegen.

Adonaj! – Adamssohn!

Wie ein Donnerschlag zerriss ein Schrei mit seiner brutalen Kraft die tote Stille.

War das nicht die Stimme *Eljons*?

War es nicht ein Schrei des Zorns? Ein Brüllen der Verzweiflung, ein Stöhnen der Trauer? Furcht krallte sich in sein wundes Herz, denn jetzt wusste er: SEIN gerechter Zorn war entflammt, einer brennenden Fackel gleich, wer würde ihm entrinnen? Lange hatte er es gefürchtet, dass dieser Tag kommen würde, der Tag des Gerichts, der Tag der Rache für seine bösen Gedanken, für seine lästernden Reden.

Und so klang es für ihn wie der tosende Lärm der Schlacht, wie der Kriegsschrei des grimmigen Kämpfers, den er fürchtete, und der erbarmungslos auszog, alles zu vernichten, was unheilig, wertlos war.

Eine Fanfare zum Angriff war es, als hätte der Kosmos seit ewigen Zeiten auf diesen *einen* Augenblick gewartet.

Die Schöpfung hielt den Atem an –

und wurde zusammengerollt wie eine alte Schriftrolle. Schneller und schneller. Unter dieser Spannung zerriss die Zeit.

Zerfressen wie ein unbrauchbarer Vorhang, voller Motten und Staub. Denn dieses Zeitalter war nun zu Ende – und so verging die Welt, die er sah, in einem Erdbeben:

Krachend und voller Wut stürzten sich die Felsspitzen in tiefe Schluchten. Wie Donnergrollen wurde das Inferno von den steinernen Türmen der Berge aufgenommen, nur um mächtiger zurückzurollen.

Mit dem Bersten der Felsen, deren versprengte Blöcke bis zu dem leblosen Körper im Sand rollten, verhüllte schlagartige Finsternis die Sonne.

Es schien, als wäre sie ausgelöscht, einer leuchtenden Fackel gleich, im Meer des Zorns ertränkt; dichte, dunkle Wolkenmassen drängten sich drohend an ihre Stelle, und gewaltige Blitze zuckten darin, die die Berge spalteten wie riesige, goldglänzende Äxte.

Krachender Donner zerriss den Erdboden, und ganze

Felsformationen versanken in gigantischen Schluchten. Eiskalter Wind erhob sich nun und jagte die fernen Felshänge herunter, nein, ein Orkan, der grausame Stimmen in sich trug. Gellende, hohe Schreie, voller Todesangst und Qual. So laut und so panisch, dass es schien, die Berge zersplitterten allein dieser Schreie wegen. Immer höher und greller wurden sie, so betäubend, so wahnsinnig, dass selbst Dōr, der sie schon einmal vernommen hatte, schutzsuchend den Kopf unter seinen weiten Schwingen verbarg.

Noch in dieser Haltung sah er einen riesigen Feuerball, der am fernen Horizont wie ein Komet in ein Meer jenseits der Grenzen stürzte.

Dann war *alles* still, so plötzlich wie es angefangen hatte.

Zitternd hob er den Kopf.

Die Landschaft hatte sich verändert. Nur das klare Licht der Sterne erhellte silbergleißend die kalte Wüste. In bizarrer Schönheit floss das Licht von sieben Monden über die weißen Felsen.

Doch das war in weiter Ferne.

Aber dahinter, jenseits des Meeres, sah er ein lebendiges Feuer.

Direkt vor ihm jedoch zerwühlte schwarzer, peitschender Regen eine Welt im Todeskampf und verwandelte diesen Ort der Hölle in eine endlose Ebene aus tiefem Morast.

Mit ausdruckslosen Augen betrachtete er den Regen, bis er endlich begriff, dass dies kein Wasser war, und der Morast kein Morast.

Es waren *Nephilim*, die in dichten Trauben tot zur Erde fielen.

Bald war die Gegend um den Felsenturm meterhoch mit schwarzen, zuckenden Kadavern bedeckt, und unglaublicher Gestank stieg aus dem Tal empor. Der Gestank der Hölle.

Komischerweise war der Felsvorsprung, auf dem er kauerte, von dieser Zerstörung völlig unversehrt geblieben. Ihn fröstelte trotz seines dichten Gefieders, und in stummer Qual und stiller Ergebung wartete er auf den Tod. Denn er spürte, wie der Geist des Lebens aus ihm floss.

Aber in den letzten Sekunden vernahm er ein leises Flüstern, fast nicht wahrnehmbar, das ihm versicherte, dass dies unmöglich wäre. Wilde Hoffnung regte sich in ihm, und mit aller Willenskraft setzte er sich auf und lauschte, doch er hörte nur den Orkan heulen. Es war wohl nur eine weitere Täuschung seiner zerstörten Seele gewesen. Aber kaum hatte er dies gedacht, stürzte sich Betäubung erneut auf ihn, wie sich die Geier auf Aas stürzen mögen.

Doch mit einer letzten verzweifelten Anstrengung seines Geistes schüttelte er sie ab und erhob sich zu seiner vollen Größe und entschied mit aller Kraft, die in ihm war, der Hoffnung zu glauben. Mit größter Konzentration blickte er in die Finsternis vor ihm, und unverhofft durchdrangen seine Augen sie so mühelos, als wäre sie nicht. Sein fiebernder Blick durchforschte die Gebirgskulisse, die diese Gegend begrenzt hatte, aber erfasste nur eine endlose Trümmerlandschaft.

Dichte Wolken drängten sich drohend vor die kalten Sterne.

Die Finsternis wurde so dicht, dass er nichts mehr sehen konnte, und seine Konzentration ließ nach.

Panik ergriff ihn.

Urplötzlich ließ lautes Dröhnen die Luft vibrieren.

Tief unten in der Erde bewegte sich etwas.

Er kannte das Geräusch, und er wusste, er hatte nur wenig Zeit. Schon entstanden erste Risse im Boden, die in rasender Geschwindigkeit zu Spalten wurden, dann zu Abgründen.

Er sah flammende Berge, die sich aus dem Nichts vor ihm erhoben, glühende, gewaltige Felsen von sich schleudernd.

Trauer und Verzweiflung marterten sein Herz, als er erkennen musste, dass die Heere des Todes gesiegt hatten.

Er hatte geahnt, dass es so kommen würde, und immer gefürchtet, und nun hatte die Furcht ihn gefunden.

Heiser und voller Bitterkeit lachte er auf.

Doch nur ein trockenes Krächzen war hörbar in der toten Luft.

Furcht verhöhnte seine Seele, und mit einem Mal fühlte er sich unendlich allein. Ein kleiner, hilfloser Adler, der sich verflogen hatte, der in eine Falle gelockt wurde, und den der Geist des Lebens verlassen hatte! Ein langer Schrei voller Hoffnungslosigkeit und Ohnmacht drang aus seinem gebundenen Herzen, während seine Augen wie abgetrennt von seinem Innersten durch die Dunkelheit stolperten, um endlich zu erblicken, was sie die ganze Zeit ersehnt hatten.

Denn dort, zu seinen Füßen, lag der leblose Körper des Mannes, der in seinem getrockneten Blut auf dem leergefegten, kalten Felsen lag. Er starrte in das tote Gesicht.

Dann, aus den Augenwinkeln sah er etwas, was er noch niemals zuvor gesehen hatte: Um den Körper herum wurde ein Kreis in den Fels gemeißelt. Massiver Fels wurde vor seinen Augen von unsichtbarer Hand zerschnitten! In die ringförmige Spalte, die entstand – es war ihm, als reiche sie hinab bis zum feurigen Kern des Planeten, – floss flüssiges, reines Gold bis der übrige Fels und das Gold auf einer Höhe waren und sich der Kreis schloss.

Der so entstandene Ring hatte eine Stärke von dreißig Zentimeter gediegenen Goldes, sein Durchmesser betrug etwa zehn Meter.

Überwältigt sank er zu Boden, und sein Geist erbebte

vor Ehrfurcht, obwohl sein Verstand nichts von dem begriff, was er gesehen hatte. Heiligkeit wehte über ihn hinweg, und Herrlichkeit hüllte ihn ein. Er spürte, wie sein Herz fest wurde, während er von einem unerklärlichen Frieden trank.

Fast widerwillig hob er den Kopf. Während sich die Welt in ein Inferno aus Feuer und glühendem Stein verwandelte, blickte er staunend zu dem entstellten Körper, der sicher im Zentrum des Kreises lag. Alles, was sich im Inneren befindet, ist heilig, dachte er in seltsamer Scheu. Er wartete auf das Kommende.

Denn alles verging nun.

Und so war dies das Seltsamste, was Dōr jemals in seinem außerordentlichen Leben gesehen hatte: Ein toter Mann, innerhalb eines Kreises aus glänzendem Gold, der alle Dunkelheit vertrieb.

Fest und unerschütterlich ragte der Fels, auf dem sie sich befanden, aus dem Flammenmeer empor.

Als er noch immer gebannt zu dem Kreis starrte, durchdrang *Weisheit* sein Herz. Ein einziger Gedanke stieg aus der Tiefe in sein Herz, voll atemberaubender Klarheit, voll kristallener Schärfe:

Dies ist das Ende des Alten – und der Beginn alles Neuen.

Dann durchströmte dieser eine Gedanke seinen Geist mit unsäglicher Freude, so wie er es erst einmal erlebt hatte – im Morgengrauen des ersten Tages.

»Jetzt erinnere ich mich«, schrie er voller Begeisterung.

»Für den ewig Liebenden!«, flüsterte er, trunken vor Glück, während er sich aufsetzte und *hörte*. Die Antwort war klar und ohne jeden Schleier, und er wusste, was er zu tun hatte. Behutsam betrat er den inneren Kreis.

Eine gewaltige Kraft wehte ihn an.

Er kniete sich über den toten Körper, der da entstellt und zerbrochen am Boden lag. Er ergriff die ausgezehrte Gestalt und bettete sie sanft im dichten Gefieder seiner Brust.

Er blickte noch einmal zurück auf eine vergehende Welt. Doch in seinem Inneren erblickte er etwas von der Herrlichkeit und dem Glanz des kommenden Zeitalters. Dann erhob er sich, und warf sich mit dem, was niemand je ganz ermessen würde, der Dunkelheit entgegen.

3

Immer schneller flog Dōr in die ewige Nacht. Und während er kraftvoll der Kälte des Raums trotzte, veränderte sich sein Aussehen. Licht ging von ihm aus, strahlende Helligkeit. Die Dunkelheit konnte ihm nichts mehr anhaben, sie floh vor ihm, wie die Nebelschleier vor der Sonne fliehen.

Seine Augen leuchteten wie feurige Fackeln, und sein Leib wurde ein Komet, der mit glühendem Schweif das All durchschneidet.

Plötzlich zerriss das schwarze Kleid des Universums mit der Strahlkraft von tausend Sonnen. Leuchtend hell wurde die ewige Nacht um ihn. Die Luft bebte, und die Druckwelle ließ ihn erzittern.

Er wandte sich um und sah den dunklen Planeten in einer gigantischen Explosion vergehen. Sein Herz triumphierte, doch im selben Augenblick war die Leere um ihn von wisperndem, bösem Kreischen erfüllt. Er wusste, was es bedeutete.

Das waren die Dämonen, die einst unter der Oberfläche dieses Planeten gehaust hatten, von ihm in einem letzten Akt der Bosheit ausgespien. Durch die zerstörte Atmosphäre drang das Dröhnen der Explosion erst nach einiger Zeit zu ihm.

Aber noch lange klang das Kreischen der Brut hinter ihm her, die hasserfüllt den Verlust ihrer gewohnten Behausung beklagte.

Dann ließ er auch das hinter sich, und es wurde still.

Schneller und schneller wurde er, ein weißer Blitz, und es gab nichts, was ihn aufhalten konnte. So flog er zwei Tage und zwei Nächte durch die Leere der Räume und die Dauer der Zeiten. Er bereitete sich vor auf den schicksalhaften Kampf, dem er nicht entrinnen konnte, und den er fürchtete. Er fühlte keine Müdigkeit, keine Erschöpfung, denn eine geheimnisvolle Kraft umwehte ihn, der Gestalt an seiner Brust entströmend. Er verstand es nicht, doch etwas Tieferes als sein Verstand sagte ihm, dass dieser Auftrag bedeutender sei als alles, was er je zuvor vollbracht hatte.

Jedes mal, wenn er sich der Gestalt, die wie ein Kind an seiner Brust ruhte, zuwandte, schwieg jeder Zweifel. Und über dem Frieden, der ihn durchdrang, verstummten alle Fragen. Kraft erfüllte ihn dann, wie einen Verdurstenden, der lebendiges Quellwasser trinkt. Und er wurde stärker und stärker.

So näherte er sich dem *Tor der Welten.*

Dann lag es vor ihm.

Unsichtbar und mächtig trennte eine gigantische Tür den Raum. Ein Wall, der Licht und Finsternis voneinander schied. Dieses Tor, errichtet vor Urzeiten, geschmiedet aus Wort und Geist, war dauerhafter als jedes Bauwerk aus Stahl oder Stein. So undurchdringlich war diese Barriere, dass sogar Eljon selbst sie erst einmal durchschritten hatte.

»Bel, Fürst der Dunkelheit, zeige dich«, rief er in die Stille hinein.

Stumm lag das stoffliche Universum vor ihm.

»Komm heraus, Verräter, oder hast du es nicht gehört? Vor zwei Tagen ist deinem Reich ein tödlicher Schlag versetzt worden. Hast du es denn nicht vernommen?«

Höhnisches Lachen füllte den Raum, Abgründe von

Bosheit lagen darin, und Dōr fing an, entsetzlich zu frieren. Minuten vergingen, Stunden. Tage.

Demütigend war es, und unerträglich.

»Deine Zeit ist gezählt, du weißt es!«, brüllte er schließlich in bebender Wut, »lass mich hindurch, denn ich habe einen Auftrag!«

Nach langem und totem Schweigen ertönte die Antwort, die Dōr schon kannte. Ein Flüstern erhob sich in den Tiefen, sich langsam und berechnend steigernd zu einem brüllenden, alles vernichtenden Orkan, schmerzend in seiner Abscheulichkeit:

»Die Antwort, auf die du so geduldig gewartet hast, lautet NEIN. Denn niemals mehr wirst du dieses Reich verlassen.« Dröhnendes Gelächter aus tausend Stimmen erfüllte die giftige Luft um ihn.

»Allerdings muss ich mich fragen: Woher nimmst du nur den Mut, mir, dem Herren der Zeit, etwas befehlen zu wollen? Hat sich das kleine Adlerjunge verflogen und findet den Weg nicht mehr? Denn du weißt so gut wie ich, dass du es nicht schaffen kannst! Ich bin mächtiger als du, und du hast keine Autorität über mich. Denn als Fürst vor allen anderen wurde ich erschaffen, und es dauert nicht mehr lange, da erschaffe ich mich selbst, und bin unerschaffen, und werde herrschen über ALLES!«

Dōr wusste es, und sein Herz zerbrach.

Höhnisches Lachen, kalt und unbarmherzig, grell und dröhnend zerrüttete seine Seele. Es gellte laut in seinen Ohren und verwirrte sein Denken. Hatte dieser schreckliche Fürst nicht recht? Bel war tatsächlich mächtiger als er. Was machte er an solch einer Stätte, mit einem schwachen, toten Menschen an seiner Brust?

Doch in einem letzten Akt der Hingabe, und in Erinnerung an das Zeichen, das er gesehen hatte, befahl Dōr mit zitternder Stimme, seine Furcht bezwingend: »Du weißt, unter wessen Befehl ich stehe, und in SEINEM Namen fordere ich: Halte mich nicht länger auf, und lass mich das Tor passieren!«

Langsam verhallte diese unerhörte Herausforderung.

Doch dann – während einzelne Schatten aus dem Dunkel stürzten, zückte Dōr voller Zorn sein Schwert, und in flammendem Blau leuchtete die Klinge sichtbar und majestätisch in der Finsternis. Und während er sie betrachtete, erfüllten Kraft und Klarheit seinen Geist.

So schrecklich aber war sein Anblick, dass selbst der Fürst der Lüfte zurückkroch in seine Schwärze. Denn Mut hatte den Adler erfüllt, als er seines Auftrages gedachte, und eine lodernde Hoffnung angesichts der Dunkelheit.

Und er war gehorsam bis in den Tod, bereit, sein Leben zu geben.

»Dōr, du schwächlicher Knecht eines kraftlosen Königs«, höhnte Bel, doch Dōr bemerkte das Zittern in seiner Stimme, »wann erkennst du endlich, dass es dein größter Fehler war, mir nicht zu folgen. Ein Fehler, den du auf ewig bereuen wirst?!«

»Wann erkennst du, Scheusal, dass Eljon dich richten wird! Wann erkennst du, dass deine Anmaßung niemals in Vergessenheit geraten kann?«

Und der Geist der Wahrheit erfüllte ihn, er erhob seine Stimme in Kraft und verkündete das Urteil:

»Bel, du Sohn der Finsternis, ins Totenreich wirst du hinabstürzen in deiner Pracht, und das Rauschen deiner Harfen wird verklingen! Maden werden dein Lager sein, und Würmer deine Decke. Du, der du einst sprachst in deinem Herzen: In den Himmel will ich steigen, meinen Thron erheben über die Sterne des Heiligen, und mich setzen auf den Berg der Versammlung in der äußersten Mitternacht. Dich, ja dich hörte ich deutlich, als du prahltest vor den Thronen: Ersteigen will ich die Höhen der Wolken, mich gleichstellen dem Allerhöchsten.

In den Abgrund bist du gestoßen, in die tiefste Gruft!

Wer dich dann noch erkennt, der wird auf dich schauen, der wird dich genau betrachten:

Ist das der Mann, der die Erde erzittern ließ, der Königreiche erschütterte? Soll das *der* sein, der den Erdkreis zur Wüste machte, und seine Städte zerstörte, der seine Gefangenen nicht nach Hause entließ? Und sie werden jubelnd auf dich schauen, und sagen: Wie bist du vom Himmel gefallen, Glanzstern, Sohn der Morgenröte! Wie bist du zu Boden geschmettert, Völkerbezwinger!«

Voller Zorn und gereinigt im Schmerz, schleuderte ihm Dōr diese Worte entgegen:

»Denn du, Feind der Menschheit, Verächter der Wahrheit, wirst keine Väter mehr in den Tod treiben. Du, Verräter, wirst für deinen Verrat bezahlen. Aus dir wird das Leben rinnen, das du dir in langen, wahnsinnigen Schlachten gierig zu eigen machtest. Du wirst die Strafe tragen für Mord und Tod. Für Lüge und Dummheit, für Zauberei und Verführung.

Und endlich wirst du erkennen, was dein schwarzes Herz schon immer wusste, um sich doch dagegen aufzulehnen:

Du wirst nicht entkommen!!!

Weder in Raum noch in Zeit.

Denn siehe, was ich hier durch dein Reich trage!«

Und beinahe zärtlich wandte er sich der Gestalt zu, die noch immer an seiner Brust ruhte.

Da ertönte ein Schrei voll tödlicher Angst und blinder Wut. Ein geronnener Albtraum aus den Tiefen des Abgrundes. Raum und Zeit prallten aufeinander, und Schockwellen von geballter Energie pulsierten durch den Kosmos.

»Dafür«, kreischte es grell von allen Seiten, »dafür werde ich die Nation zerstören, immer und immer wieder … die Nation, deren Schoß dieses Kind entstieg … ich werde sie entehren, und sie sei *verflucht* vor allen Völkern wegen des Knaben an deiner Brust … verflucht sei sie, von nun an, bis ihr Blut die Erde von ihrer Befleckung erlöst … «

Aber leiser und leiser wurde die Stimme, bis sie ganz verstummte. Denn Bel hatte sich in sein dunkles Herz zurückgezogen, unüberwindbar und mächtig, und er ballte Regionen der Schwärze um sich, die so dicht waren, dass auch das Licht der fernsten Sterne aufgesogen wurde.

Doch nur ein Gedanke erfüllte Dōr:

Nicht vor ihm war Bel geflohen, sondern vor dem Sohn eines schwachen Menschen, der friedlich an seiner Brust schlummerte, und über dessen Haupt nun sieben Sterne leuchteten! Überwältigt von der Gnade, die ihm, dem einsamen Krieger, zuteil wurde, blickte er lange in dieses außergewöhnliche Gesicht.

Dann wandte er entschlossen seinen Kopf und begann seine Reise durch die große Leere. Er war nun bedeutend schneller als Licht, und mit einem Jubelschrei durchbrach er die Pforten des Todes am Rand des sichtbaren Universums.

Sofort stiegen Bilder von Leid und Schmerz in ihm auf. Es war auf der Erde gewesen, kurz bevor er auf den toten Planeten gesandt worden war.

Er war Zeuge einer Hinrichtung geworden:

Schmerzend spürte er die rasende Bosheit der Menge.

»Er soll bluten, er soll bluten«, kreischten sie immer und immer wieder. Er vernahm die kräftigen Hammerschläge, die wie wuchtiger Donner seinen Geist erzittern ließen, und die mit roher Gewalt einen rostigen Nagel durch einen nackten Fuß trieben.

Hysterisch und in wilder Ekstase wogte der Mob vor ihm auf und nieder. Speichel traf den Verurteilten von allen Seiten, von Aussätzigen wie von Gesunden. Blut rann in seine Augen, es strömte von seinem Kopf, aus einer Vielzahl von Wunden.

Es muss brennen wie Feuer, dachte Dōr, während er geifernde Dämonen sah, die rasend um den Mann herum tanzten. Sie verspotteten ihn und jubelten, in wilder Erwartung seines nahenden Todes, und in zügelloser Vorfreude ihres Triumphs.

»Du Verräter deines Volkes, du Verbündeter Satans«, brüllte ein Mann mit hasserfülltem Gesicht, »ich verfluche dich, ja, ich verfluche dich!« – »Dein Tod wird ein Freudenfest für das heilige Volk, ein blutiges Festopfer«, kreischte eine hässliche Frau, das Gewand über und über mit teuflischen Fratzen bedeckt.

Das Werk war vollendet, und der letzte Schlag, der die Hand des Mannes an den Holzbalken nagelte, verhallte lange in der schaurigen Stille.

Unter Ächzen und lautem Fluchen der Soldaten wurde das Symbol der Folter aufgerichtet. Keine gnädige Ohnmacht erlöste den am Kreuz Hängenden, und doch tat er seinen Mund nicht auf. Furchtsam blickte er auf das Blut, das seinen Körper verließ.

Aber seine wirkliche Qual, das wusste Dōr, war der Schmerz eines Mannes, der von denen verraten wurde, die er geliebt hatte.

Die Sonne brannte erbarmungslos vom stählernen Himmel, und einige Geier kreisten hoch über der Stätte des Todes.

Aber plötzlich sah Dōr *mit* den Augen dieses Mannes:

Er erblickte die Stiere, die den Gemarterten umringten, er sah ihre todesgierigen Gesichter, sie umkreisten den Mann und senkten die Hörner zum Angriff. Dann erschien ihr Fürst, ein widerwärtiger Löwe mit einem riesigen Kopf auf seinem winzigen, zusammengeschrumpften Körper. Weißer, tollwütiger Schaum tropfte aus seinem geöffneten Rachen. Wie ein aberwitziger General für seine groteske Armee, so stolzierte er torkelnd – denn seine dürren Beine trugen kaum den aufgedunsenen Kopf – hin und her.

Aber die Menge huldigte ihm, und warf sich vor seine Füße.

»Wie Wasser bin ich ausgeschüttet,« stöhnte der Mann, »und wie Wachs zerschmilzt mein Herz …«

»Reißt ihn in Stücke, dieses Tier«, gellte es.

»Meine Gebeine zertrennst du langsam, und meine Kraft ist vertrocknet wie die eines Insekts! Meine Zunge klebt mir am Gaumen, und in den Staub des Todes hast du mich geworfen. Warum lässt du dies zu, Eljon, warum?«, stöhnte er laut.

Die, die bei ihm standen, zischten ihm ins Ohr:

»Es gibt keinen Eljon, dafür haben wir gesorgt, er kann dir nicht mehr helfen! – Niemand mehr, denn bald fressen dich die Geier!«

»Eljon kann«, flüsterte er so leise, dass sie ihn nicht hören konnten. Dann bäumte er sich auf und schrie mit lauter Stimme:

»Mein Vater *wird* mich vor dem Löwen retten!«

Und in den Sekunden vor seinem Tod streiften diese Augen jene Stadt, vor deren Toren sich heute das Schicksal der Welt erfüllen würde. Dōr folgte dem Blick.

Und dort, am flimmernden Horizont, verwandelte sich die Stadt, die der Mann so geliebt hatte, in eine atemberaubende junge Frau. Sie trug das Diadem einer Königin, und voller Anmut schritt sie zu dem entstellten Körper, der da blutend und zitternd an einem Kreuz hing. Ehrfürchtig sank sie vor seine Füße und küsste sie voller Liebe, während Tränen aus ihren dunklen, zärtlichen Augen sie benetzten.

»Vergäße ich dein, oh Jeruschalajim«, flüsterte er sanft, bevor er starb. Dies waren seine letzten Worte, doch sie gingen unter im Jubel der Menge.

Und so war er, der Verachtete, vor einem Adler gefallen.

Draußen, in einer anderen Welt.

Dōr war so in diese Erinnerung versunken, dass er nicht bemerkte, dass er alleine war. Da war keine Gestalt mehr an seiner Brust.

Doch die Umgebung hatte sich verändert! Licht durchflutete seine Seele. Herrliches, unbeschreibliches Licht. Er sog es ein wie eine Ertrinkender, und in einem Taumel der Freude betrachtete er das Reich.

Gigantische Bögen aus Licht erhellten in flammenden Farben die ewige Nacht. Mächtige Kathedralen aus Rubinen und Saphiren breiteten ihre Schwingen aus im schwarzen Gewölbe Dunkelheit.

Sterne funkelten wie Brillanten in schwarzem Samt und brachen das Licht des Lebens in immer neuen, immer satteren Farbtönen.

Halb verdurstet sog er diese Herrlichkeit tief ein, bis sie sein gesamtes Sein durchdrang. Er legte seinen Kopf in den Nacken und begann zu lachen. Er lachte und lachte, und dazwischen weinte er. Er lachte – bis die Weiten widerhallten von seinem Jubel. So lag das stoffliche Universum dunkel und grenzenlos vor ihm, doch der geistliche

Raum war erfüllt mit dem strahlenden Glanz der Ewigkeit.

Tausende von Lichtjahren und doch nur ein winziger Augenblick angesichts der Fülle der Zeit.

Sein Herz jubelte, denn er hatte überwunden!

Nur er und Eljon wussten, *wen* er bezwungen hatte.

Er schwebte, nein, er tanzte mit den Sternen.

Sein Herz triumphierte, und siegestrunken schoss er durch sein Reich. Denn alles hatte Sinn und Ziel. Ausgelassen wie ein Kind, tobend wie ein Fürstensohn in seinem Gut, erhob er sich zu seiner wahren Größe, und er fing an zu singen.

Und so erfüllte zum zweiten Mal in der Geschichte der Zeit Gesang die ewigen Hallen. Die Sterne hatten erst *ein* Mal so etwas Wunderbares vernommen, am Tag ihrer Geburt war es gewesen. Und als sie wiederum Musik hörten, da verbeugten sie sich ehrfürchtig und verhüllten ihr Haupt. Dann strahlten sie umso heller vor lauter Freude, und der Raum wurde gleißend hell von ihrem Licht. Denn ein Lied war es, wie es niemals zuvor gehört wurde und wie es niemals mehr erklingen wird.

Voller Schönheit und Kraft entwickelten sich seine Themen. Leise begann es, fast zärtlich, doch kräftiger wurde es, bis es überaus mächtig war, gebietend.

So durchdrang es alles Seiende.

Zu Beginn der Zeit wurde es gehört, wie es auch am Ende zu hören sein wird. Und Lichtjahre hörten auf zu existieren.

Für diesen Augenblick.

Und als das Lied erklang, vernahm es alles Lebende, und niemand, der es hörte, konnte sich seiner Macht entziehen:

Durchbohret der Schild, zerbrochen das Schwert.
Im Tode er liegt, der Völkerbeherrscher.
Lüge entlarvt, durch Wahrheit besiegt,

Dies ist der Tag des Lichts!

Fesseln gelöst, Bande gesprengt.
Licht bricht hervor aus Todesnacht.
Mächte entkleidet, Fürsten besiegt,

Dies ist der Tag des Lichts!

Dem Morden der Heere ist Einhalt geboten,
Dem Tode die Beute lachend entrissen,

Dies ist der Tag des Lichts!

Und das ist ein Sieg, auf ewig errungen
Und das ist sein Siegel:

Er hat es vollbracht!

Von solcher Macht waren diese Worte, dass das Lied Raum und Zeit durchdrang.

Bis zu einer jungen Frau, an einem fernen Ort, in eine noch fernere Zeit.

4

Die Gemeinde hatte aufgehört zu singen. Lange Zeit war alles still. Nur das Zwitschern der Vögel auf den Bäumen, die um die Kirche standen, war zu hören.

Sie singen noch weiter, dachte Esther, selbst wenn die Menschen verstummen. Während sie den Vögeln lauschte, erfüllte mit einem Mal unerklärlicher Friede ihre gepeinigte Seele. Instinktiv wollte sie das Gefühl abwehren, denn es war ihr so unbekannt, so fremd, doch nach kurzem Besinnen, dass sie das ja eigentlich gesucht hatte, ergab sie sich.

Denn war es nicht das, was sie unter einer himmlischen Atmosphäre verstand? So sanft, so friedlich?

Nie hatte sie Ähnliches empfunden. Heilend war der Friede. In Wellen kam er und reichte tiefer als ihr Verstehen und Begreifen. Denn ihr Leben war ein Scherbenhaufen, mühsam zusammengehalten durch einen schwachen und rissigen Willen, der keine weitere Kraftprobe mehr würde ertragen können ...

Doch dann hatte sie nicht mehr das Bedürfnis zu verstehen, um die Schwere ihres Schicksals zu ermessen.

Sie ließ los, und sie empfing. Und ahnte zum ersten Mal in ihrem Leben, dass da mehr war. Viel mehr!

Etwas, das tiefer reichte als der Zerbruch ihrer Seele, eine Macht, die ihr Herz vor dem Dunkel bewahren konnte. Warum hatte sie es nicht schon früher gesehen? Hatte sie zu sehr auf ihre Verletzungen gesehen?

Und während sie dies alles erwog, wurde der Friede tief und schön. Wie ein sanfter Strom, wunderte sich die junge Frau. Dann erstarb alles in ihr. Denn etwas Hartes und

Unsichtbares zerbrach, und der Schmerz kehrte zurück, mit größerer Wucht als je zuvor, so dass sie meinte, zu vergehen.

Aber auch diese Qual wurde fortgerissen von dem Strom, und mit ihr die Furcht. Dann wurde das Gefühl intensiver, und eine süße, köstliche Schwere legte sich wie ein wärmender Umhang um sie. Sie trank in tiefen Zügen, und sie war glücklich.

Zum ersten Mal seit langer, langer Zeit.

Plötzlich hatte sie das dringende Bedürfnis zu weinen.

Einige Sekunden versuchte sie, diesem lächerlichen Impuls zu widerstehen, dann gab sie auf. Zitternd stand sie auf und setzte sich scheu in die hinterste Reihe der Kirche.

Sie, die krampfhaft Starke, sie, die erbärmlich Schwache, spürte, dass sie die Kontrolle über sich verlor. Spürte, dass etwas geschah, was sie nicht mehr beiseite schieben konnte, etwas, das seit ihrem Tod vor achtzehn Jahren nicht mehr geschehen war.

Nicht mehr geschehen durfte.

Dann, auf dem hintersten Stuhl der Kirche, den Kopf an die Wand gelehnt, brachen die Tränen, die ihrem Willen nicht mehr gehorchen mussten, aus ihr hervor.

Das Leid bahnte sich einen Weg, es kämpfte sich ins Freie, unaufhaltsam, und die Panzerung zerbrach.

Dämme, die sie lange und kunstvoll errichtet hatte, rissen.

Rüstungen, in einsamen Nächten geschmiedet, um den Schmerz zu vermauern, ihn zu verdrängen, ihn mit einem Lächeln zu überspielen, ihn in Anfällen der Wut zu zertrampeln – sie zerschellten. Und dann erkannte sie:

Nicht alle Tränen waren von Übel.

Denn in den Tränen lag auch Trost. Und Befreiung von großer Qual. So saß sie da, vielleicht dreißig Minuten, und weinte hemmungslos.

Zum Glück hatte die Gemeinde angefangen zu beten, für interne Anliegen wohl. Nach einer Zeit, die viel mehr war, als diese dreißig Minuten, setzte sie sich auf und trocknete sich mit einem Taschentuch die Augen. Verstohlen blickte sie sich um. Zum Glück schienen die Leute sie nicht weiter beachtet zu haben. Sie holte tief Luft in dem kläglichen Versuch, das Erlebte einzuordnen.

Na ja, es war schon ein wichtiges Ventil, weinen zu können. Und schlecht war diese Erfindung der Natur sicherlich nicht. Also gut, sie würde das Ganze schließlich als eine tolle, emotional wichtige Erfahrung verbuchen, eine Erfahrung, die sie wohl auch ihrem Psychiater erzählen sollte.

Mehr aber nicht.

Gerade erhob sich ein älterer Herr mit kurzem, graumelierten Haar, ging zur Kanzel und stellte sich als der Prediger des heutigen Tages vor.

»Liebe Geschwister«, begann er – und alleine diese Anrede kam ihr aufgesetzt und albern vor – »ich heiße Henrik Louis, und man hat mich gebeten, heute einen kleine Rede zu halten. Ich hoffe sehr, niemanden dabei aufzuwecken.«

Dabei blickte er so verschmitzt in die Versammlung, dass Esther widerwillig schmunzeln musste.

»Ich möchte heute zu einem Thema kommen, das geheimnisvoll ist und seit beinahe zweitausend Jahren die Phantasie der Menschen beflügelt hat. Es geht um einen Satz aus dem apostolischen Glaubensbekenntnis:

Und hinabgestiegen in das Reich des Todes.

Diese Aussage der Kirchenväter stützt sich auf Texte aus dem ersten Petrusbrief. Wir wollen heute diese zwei Textstellen etwas näher betrachten:

Zuerst 1. Petrus 3,19: *In diesem (seinem Geist) ist er auch hingegangen und hat den Geistern im Gefängnis gepredigt, die einst ungehorsam gewesen waren, als der Langmut Gottes in den Tagen Noahs abwartete;* sowie 1. Petrus 4,6: *Denn dazu ist auch den Toten die gute Botschaft verkündet worden ...*

Über die Bedeutung dieser Aussagen ist sich die Theologie und die Christenheit bis heute nicht einig ...«

Dann folgte die Predigt des Herrn Louis, von der Esther nicht allzu viel mitbekam, denn sie betrachtete fasziniert sein Gesicht:

Er hatte strahlend blaue Augen, Heiterkeit und Würde lagen darin. Er lachte gerne, aber sie erkannte auch, dass ihn dunklere Tage nicht verschont hatten, denn die Furchen auf seiner Stirn, die leichten Schatten unter seinen Augen und die markanten Züge um seinen Mund verrieten etwas davon.

Doch schmälerte das in keinster Weise die Ausstrahlung von *Güte*, die diesen Mann umgab.

Ja, insgesamt gesehen vervollständigten sie doch auf feine Art und Weise das Gesamtbild seiner Persönlichkeit.

So auch seine Gesichtszüge: Für sich alleine wirkten sie vielleicht kantig und streng, aber dieser Eindruck wurde abgemildert durch die Augen, welche Freundlichkeit und Herzlichkeit vermittelten.

Doch zweifelte sie keinen Augenblick daran, dass sie auch zornig funkeln konnten – voll gerechtem Zorn natürlich – und in ihrer weiblichen Intuition erkannte sie, dass Unnachgiebigkeit und Härte ebenfalls dazugehörten.

Eben sprach er zum Beispiel mit leiser, klarer Stimme, um dann den selben Satz in einem leidenschaftlichen Appell zu beenden.

Er rührte etwas in ihr, was sie nicht begreifen konnte.

Eine Väterlichkeit vielleicht, die ihr Angst machte, die aber eine eigenartige Faszination auf sie ausübte.

Dann war da noch etwas:

Er erinnerte sie – und diese Erinnerung löste in ihr Herzrasen und Schweißausbrüche aus – an ihren Vater!

Schmerzverzerrt wandte sie ihr Gesicht ab.

Ihr wurde schwindelig, ihr Magen krampfte sich zusammen, und die vertraute Übelkeit kroch aus ihrem Unterleib herauf.

Den Rücken ganz gerade, setzte sie sich auf ihren Stuhl.

Ruhig versuchte sie zu atmen, ruhig und tief.

Langsam, ein, aus, ein, aus, ein, aus …

»Denn das«, hatte Dr. Schramm gesagt, »ist wichtig, wenn so eine Attacke kommt, und sie kommt bestimmt.«

Und daran hielt sie sich. Doch alles Gefühl in ihr war erstorben, und kalt und empfindungslos saß sie auf ihrem Platz in der hintersten Reihe der Kirche.

***

Aber die Pläne Eljons sind tiefer, flüsterte Dōr, und er wusste, dass es noch jemanden gab, zu dem er gesandt war.

Und diese zwei würden die Welt verändern.

Denn aus dem Schmerz wird das Leben geboren …

5

Dennis Meyer war achtunddreißig Jahre alt und nicht sehr erfolgreich nach den Maßstäben der Menschen, die ihn kannten. Er hatte keine besondere berufliche Karriere vorzuweisen und war auch sonst nicht allzu ehrgeizig, was ihm eine gewisse Flexibilität verlieh, wirklich das zu tun, was ihm wichtig war.

Doch diese Haltung hatte schon in der Schule den Ärger und die Verachtung anderer erregt, die seine Unbekümmertheit nicht verstanden und daher mit einer subtilen Art von Spott belegten, den er sehr wohl wahrnahm.

Weil es ihn verletzte, und er sein Herz verschloss, um den Schmerz zu ertragen, weinte er sich oft in den Schlaf.

Da er also in vielen Dingen ungebundener war als viele, die nach Erfolg und Anerkennung strebten, hatte er in langen, harten Jahren – in der Auseinandersetzung mit sich selbst und seinen Mitmenschen, was ihn oft an sich selbst hatte verzweifeln lassen –, gelernt, auf seine innere Stimme zu hören, und, was noch wichtiger war, zu erkennen, dass er *geführt* wurde.

Er war auserwählt, wobei ihm nicht klar war, warum und wofür.

Er wusste in seiner kindlichen Einfalt nur, dass dies so war.

Da er dies erkannt hatte und dieses Wissen schon immer, erst unbewusst, dann Stück für Stück klarer, in seinen Geist gelegt wurde, lernte er Dōr kennen.

Und nur wenige seiner Zeit kannten ihn so wie Dennis,

da nur wenige die Schmerzen ertrugen, die er ertrug, und nur wenige kämpften, wie er kämpfte.

Damals begann er, ihn zu sehen:

Als seine Not am größten war.

Denn in seinem Schmerz hatte er von den mächtigen Adlern gehört, hoch oben, über den höchsten Gipfeln, nahe der ewigen Sonne, die allein ihm in seiner Angst helfen konnten. In seiner kindlichen Phantasie hatte er alles begierig aufgesogen, was andere darüber gesagt hatten, obwohl er weder wusste, wer sie waren, noch woher sie kamen.

So hatte er ihren Fürsten kennen gelernt. Seinen verborgenen Namen kannte er nicht, noch auf welche Weise er zu ihm kam, doch spürte er stets den tiefen Frieden, der ihn begleitete, und die verborgene Kraft, die ihn ankündigte.

Dann weinte er oft in seinem Bett vor Erleichterung, wenn seine aufgewühlte Seele nach langen Kämpfen endlich Ruhe fand.

Und so berichtete er später:

Ab dem Alter von zehn Jahren besuchte ihn der dunkle Herrscher regelmäßig des Nachts in seinen Träumen. Eine laute Stimme war in seinem Kopf, die unerbittlich und kalt immer dies Eine forderte:

Bete mich an, falle nieder vor mir!

Dennis ahnte damals mehr, als dass er verstand, dass er dieser Stimme nicht nachgeben durfte, um keinen Preis, denn sonst würde er in das Reich der Schatten sinken und seinen Auftrag und sein Schicksal verleugnen, sowie denjenigen, von dem er ahnte, er stünde hinter allem.

Wenn so der dunkle Herrscher ihn rief, und Dennis ihm mit einem hilflosen ›Nein‹ entgegentrat, dachte er, wahnsinnig zu werden.

Die Grenzen der Realität verschoben sich, bizarre Ängste flößten ihm Furcht ein, und blankes Entsetzen umgab ihn. Er dachte zu ertrinken, und Grauen marterte sein wild klopfendes Herz.

Übelkeit überfiel ihn, und er zitterte wie ein dürrer, blattloser Baum in einem Orkan.

In seiner Angst lud er Schuld auf sich, weil der Schmerz so groß war, doch das verdoppelte nur sein Leid und verdreifachte seine Qual.

Doch das Erbarmen des Himmels war über ihm, und der Segen des Geistes ruhte auf ihm.

Aber das konnte er damals nicht sehen, denn sein Herz war gebunden in Verzweiflung und gefangen in Sklaverei.

Das waren die Nächte, doch die Tage waren ebenso schlimm:

Es begann in frühester Kindheit, und vielleicht, so meint er heute, wurde damals die Gabe in ihn hineingelegt, die ihn vorbereiten sollte auf das Kommende. Dass aber sein Leben zerstört werden sollte, war offensichtlich.

Denn wenn er mit seinen Eltern im Auto fuhr, sah er oft abseits gelegene Bauernhäuser. Bei diesem Anblick erfasste ihn tiefes Grauen, das mit einem eigenartigen Gefühl von Einsamkeit und Melancholie einherging.

Es war etwas durch und durch Irrationales. Seine Wahrnehmung veränderte sich – bei vollem Bewusstsein und wachem Verstand – und er meinte, in einer ›verwunschenen‹ Welt zu sein.

Einer Welt voller Dämonen, Hexen und Geister.

Er spürte das Nichtige und Böse, das Giftige und Hässliche, und es verwirrte seine Gefühle und beeinflusste sein Denken. Dann fragte er sich voller Bangen, ob er gerade in eine fremde Welt eintauchte, die andere nicht wahrnehmen konnten. Denn es war so, dass sich die Wirklichkeit auf groteske Art und Weise verzerrte. So, als gäbe es keine Vergangenheit, Gegenwart und Zukunft, als hörten ihre Grenzen auf zu existieren, und lösten sich auf. Als würden sie ineinander fließen.

Da waren Fetzen der Vergangenheit, die von Geisterhand erschienen, Sorgen über die Zukunft, die ihn quälten, und die Nichtigkeit des Augenblicks, die ihn quälte.

So stand er schutzlos vor dem Meer der Zeit, und die Ebbe der Welt entzog ihm jeden Boden, jede Identität, und zog ihn unerbittlich hinaus auf die stürmische See seiner Zwänge und Ängste.

Diese Zustände kamen immer wieder, manchmal dauerten sie einen Tag, oft jedoch waren es nur kurze Augenblicke, in denen er das Gefühl hatte, alle Sicherheit, die er kenne, löse sich auf in Chaos. Wenn diese Momente ihn erfassten, fürchtete er, den Verstand zu verlieren. So kämpfte er mit der Kraft eines zehnjährigen Jungen einen einsamen und aussichtslosen Kampf.

Als aber die Nacht am dunkelsten war und die Schatten am größten, da war auch der Morgen nicht mehr fern, und er erinnerte sich an ein Lied, das er im Haus seiner Eltern gehört hatte. Dieses Lied war überaus machtvoll und tröstend, ein großer König hatte es vor langer Zeit einmal geschrieben. Es handelte vom Herrn aller Herren und König aller Könige, und Dōr selbst, der es durch Raum und Zeit aus dem Mund dieses Jungen hörte, durchschritt die große Leere, um sich ihm zu offenbaren.

Und der weiße Adler kämpfte mit erhobenem Arm und der Stärke seines Geistes. Er durchbohrte die dunklen Schatten mit *Ruach*, seinem Schwert, und er löste den mächtigen Bann, der die Seele des Jungen gefangen hielt.

Dann legte er Frieden um sein Herz wie eine schützende Festung und stellte Wachen um seinen Geist.

Denn er sagte sich:

Der Feind der Menschheit will den Jungen vernichten, denn er sieht sein Herz und fürchtet sich sehr vor ihm. Gerade darum liebe ich ihn schon jetzt und will ihm helfen, soweit ich kann. Ich werde ihn behüten und bewahren und ihn lehren, der Wahrheit zu folgen, sie zu lieben und zu begehren mehr als alle Schätze dieser Welt. Denn wer sie findet, findet Leben.

Seit dieser Zeit wurde ihre Beziehung tiefer.

Es gab Jahre, gerade am Anfang, da sahen sie sich oft.

Aber je älter Dennis wurde, je weniger suchte er ihn. So sahen sie sich oft nur noch in seinen dunkelsten Stunden, denn die Intensität ihrer Gemeinschaft hatte Dennis zu bestimmen.

Aber letzten Endes hielt ihre Freundschaft durch alle Wirren und Stürme des Lebens.

Dōr lehrte ihn das Kämpfen:

Wie man das Schwert ergreift und es gebraucht.

Wie man den Bogen spannt und das Ziel nicht verfehlt.

Er lehrte Dennis, wie man den schützenden Schild erhebt, gerade, wenn die Hiebe des Feindes am härtesten waren, und offenbarte ihm das Herz eines Kämpfers:

Denn der Charakter des Kriegers ist das Wichtigste.

Er *allein* entscheidet darüber, ob die Waffen ihr Ziel erreichen. Dennis hörte ihn durch Raum und Zeit:

»Daher gürte dich mit Wahrheit, denn sie macht dich unverwundbar; bewahre dein Herz vor den Pfeilen des Bösen durch dein Festklammern an ihr. Denn nur diese Art von Vertrauen wird dir Kühnheit im Kampf verleihen, Furchtlosigkeit in der Schlacht, und du hast die Gewissheit, auf der Seite des Lichts zu stehen.«

***

Dōr jedoch lernte von Dennis nur Eines, doch das war überaus bedeutend und erfüllte ihn mit Bewunderung:

Den Menschen war eine gewichtigere Rolle zugedacht, als die meisten es jemals ahnten, und selbst er spürte nur dunkel die Fülle der Herrlichkeit, die noch ruhte.

Doch als oberster Befehlshaber einer großen Streitmacht, reich an Weisheit und begabt mit Geisteskraft, bekannt mit vielen Wesen im Himmel und der Erde, spürte er, dass eine gespannte Erwartung über den Hoffenden lag.

Etwas Außergewöhnliches würde geschehen, etwas nie Da-gewesenes. Die Wurzeln dieses kommenden Ereignisses reichten vom Beginn der Zeiten bis hin zur Erfüllung von Allem, ja bis weit in die Grenzenlosigkeit. Etwas würde anders werden, das Gefüge der Welt würde sich verändern … doch Weiteres vermochte auch er nicht zu sagen, denn es war ihm verborgen.

Und so wuchs in Dōr eine große Zärtlichkeit für den, der ihm anvertraut war.

6

Aufgeregt und zornig durchschritt Dennis das kleine Zimmer. Es war ein schwüler Abend im Juni 2007, und obwohl er die Fenster weit geöffnet hatte, war es heiß und stickig.

Voller Interesse verfolgte er die Berichte im Fernsehen:

»(…) In Gaza-Stadt gibt es heftige Unruhen. Reihenweise werden Mitglieder der Fatah auf die Straße geschleppt und öffentlich exekutiert. Denn die Hamas, der militante Arm der ›Gotteskrieger‹, hatte sich gestern mit Waffengewalt den Weg in das ›Preventive Security Force‹, dem Hauptquartier des Fatah kontrollierten Geheimdienstes, sowie in das Büro von Präsident Abbas gebahnt. Zwei Drittel des Gaza-Streifens befinden sich nun unter Kontrolle der Hamas. Es war eine politisch motivierte Säuberungsaktion von brutaler Gewalt, und es sind bürgerkriegsähnliche Zustände, die wir hier erleben …«

Dennis war wütend aufgesprungen.

Er hatte es kommen sehen, er hatte es genau so kommen sehen. Er war wütend auf die Medien. Sahen sie denn nicht, mit welcher Präzision sich nun genau das ereignete, was eine Handvoll israelischer Politiker des rechten Likudflügels schon früher mit geradezu prophetischem Weitblick gesagt hatten? Hastig suchte er nach einem Zeitungsartikel, in dem er einige Abschnitte angestrichen hatte:

(…) falls der Gazastreifen unter ›palästinensische‹ Verwaltung fällt, werden sich Fatah und Hamas gegenseitig bekriegen, und

nur noch Chaos und Blutvergießen werden regieren. Der Gaza-Streifen wird eine neue Front gegen Israel eröffnen, denn von dort könnten Raketen in kurzer Entfernung auf unser kleines Land abgefeuert werden. Neben der Bedrohung aus Syrien, dem Libanon (...) Die arabische Welt wird sich nun einig sein in dem Bestreben, Israel zu vernichten (...) Unruhen werden toleriert, und Chaos bewusst gesät, um die radikale Hamas als Front gegen Israel in Stellung zu bringen … Die Palästinenser werden sich dabei gegenseitig bekriegen, aber ein großes Ziel wird sie schließlich einen: Die Vernichtung unseres Staates.

Das entsprach auch seinen Überlegungen, und er war kein Israeli; aber es war doch so offensichtlich! Den Anfang machte Ministerpräsident Ariel Scharon, der im August 2005 in einem grandiosen Anfall von Großzügigkeit den Palästinensern die Oberhoheit über den Gazastreifen zusicherte. Und das, ohne eine einzige Gegenleistung zu verlangen!

Dass tausende Siedler, die in Jahrzehnten der Entbehrungen diesen Wüstenstreifen fruchtbar gemacht hatten, und durch deren entscheidende Unterstützung er Ministerpräsident geworden war, nun Heimat und Boden verloren, war ihm egal. Eine absurde Geste seiner Friedensabsicht der Welt gegenüber war ihm wichtiger als die Sicherheit und Existenz Tausender seiner Landsleute. Seine krisengeschüttelte Amtszeit sollte doch ein politischer Erfolg krönen, damit die Welt ihn als Friedensboten feiern könne!

So hatte sich Ariel Scharon als Verräter seines Volkes erwiesen, und sogar die eigenen Militärstrategen warfen ihm die Preisgabe des Staates vor, der so klein und bedroht war, dass er sich keinen Verlust an Fläche leisten konnte. Denn von welchem Fleckchen Erde aus sollten sie sich dann noch verteidigen? Dass dieser Scharon fünf Monate danach einen Gehirnschlag erlitten hatte und seitdem aus dem Koma nicht mehr erwacht war, nun, das war vielleicht ein glücklicher Zufall, dachte Dennis voller Zynismus, während er noch immer laut schimpfend im Zimmer auf und ab ging.

Doch plötzlich fing das Bild des Fernsehers an zu flimmern.

Eine Übertragungsstörung, dachte er, doch ein seltsames Kribbeln erfasste ihn. Das Flimmern legte sich, und ein Bild wurde sichtbar, nicht scharf, aber noch gut zu erkennen.

Rechts oben im Bild las er: *RIAD, 1973*

Der Film eines Amateurs, schoss es ihm durch den Kopf, aber sein Mund war trocken und ihn fröstelte.

Er starrte in ein kahles Zimmer, nur wenige Stühle standen dort, aber zumindest einen der versammelten Männer kannte er aus Berichten über radikale Islamisten. Und seinen Recherchen.

Ein Schauer lief über seinen Rücken.

Der Mann öffnete den Mund. Er sprach mit tiefer, melodischer Stimme, langsam, und in schlechtem Englisch, so, als solle es ein Vermächtnis für die Nachwelt sein. Der Ton erinnerte an alte Tonbandaufzeichnungen und rauschte stark.

Du erhältst Auftrag, diese Familie zu liquidieren. Die Familie von Prof. Dr. Stein.

Diesen Namen intonierte der Mann langsam, fast genüsslich.

Seine ganze Familie. Dann wirst du das Netzwerk aufbauen. Das Netzwerk Allahs. Seine Armee zum Gericht über Europa!

Dennis kannte den Mann!

Beinahe drohend starrte der verstorbene Obermufti von Riad einer verschleierten Frau in die Augen. Sie murmelte etwas auf arabisch, was er nicht verstand.

Er konnte sehen, wie sie zitterte, doch sie nickte gehorsam, und er meinte, böses Feuer in ihren Augen zu erkennen.

Dann flimmerte der Bildschirm, und er hörte wieder die sonore Stimme des Nachrichtensprechers von NTV zur aktuellen Problematik im Gazastreifen.

Diese Hitze bringt einen noch um, dachte er.

Mein Gott, der Professor ist doch in Israel, schoss es ihm durch den Kopf. Musste er ihn warnen? War es wirklich *sein* Professor? Aber dann wäre er bestimmt schon tot!

Die Gedanken überfluteten ihn. Schwindel erfasste ihn, doch er konnte sich nicht rühren.

Was war das gewesen? Kein Logo irgendeines Senders war auf dem Bildschirm zu sehen gewesen, dafür war sein Auge zu geschult.

Fast zehn Minuten lang saß er bewegungslos in dem schattiger werdenden Zimmer. Dann stand er mit einem Ruck auf, schaltete den Fernseher aus und verließ fluchtartig die kleine Wohnung.

Die Hitze holte ihn schlagartig in die Realität zurück.

Der glühende Asphalt der Straße und die stehende Luft raubten ihm fast den Atem.

Er sehnte sich nach Ruhe und Natur und nach kühlem Wasser, und er litt darunter, dass er hier leben *musste*, wie er sich immer wieder einredete. Er war kein Stadtmensch und liebte die Einsamkeit und die Schönheit der Natur, und doch hatte es ihn in eine enge Mietwohnung in den Osten Berlins verschlagen. Aus beruflichen Gründen, aber hauptsächlich, wie er sich selber eingestehen musste, weil er vor seinem Schmerz geflohen war.

Esther hatte ihn vor fünf Jahren verlassen.

Warum, wusste er nicht, sie hatte es ihm nie mitgeteilt.

Er wusste nur, dass der Schmerz immer noch so stark war, dass er sich manchmal wie betäubt fühlte, unfähig etwas zu tun, geschweige denn, soviel Geld zu verdienen, um diese gehasste Stadt zu verlassen.

Er war freiberuflicher Journalist, und man hatte ihm damals versichert, zu Beginn einer journalistischen Karriere wäre es von Vorteil, nach Berlin zu gehen, der wiedervereinigten Hauptstadt und dem Medienzentrum des Landes. Es wäre zwar – gerade im Osten – zwischen rechten und linken Radikalen, inmitten von hoher Kinderarmut, der höchsten Arbeitslosenquote des Staates, sozialen Missständen, unter Schulen, deren Lehrer fluchtartig das Weite suchen, da sie den Schülern hilflos ausgeliefert sind, nun, es wäre sicherlich ein hartes Pflaster, aber diese fünf Jahre *müsse* er seiner Laufbahn zuliebe überstehen. Denn vor den Erfolg hatten die Götter bekanntlich den Schweiß gesetzt.

Diese fünf Jahre neigten sich nun dem Ende entgegen, doch beruflich konnte man kaum von Karriere sprechen.

Es war vielmehr so, dass er mit einem Berg von Schulden und ohne Frau oder Kinder in Berlin fest saß. Das war die bittere Realität, und so würde es wohl eine Weile bleiben.

Mit diesen trüben Gedanken kam er seinem Ziel, der öffentlichen Bibliothek der Humboldt Universität, immer näher.

Er überquerte gerade den Alexanderplatz, als er von der lauten Parole ›Nieder mit Israel, Sieg der Hamas‹ aus seinen Grübeleien gerissen wurde. Dieser Slogan war zwar eindeutig antisemitisch und fiel unter den Straftatbestand der Volksverhetzung, doch die Polizei in Berlin war nicht immer ganz Herr der Lage. Aus diesem Grund skandierten die Stimmen dumpf und voller Hass weiter.

Es gab also wieder einmal eine pro-palästinensische oder antizionistische Demonstration – das kam ganz auf den Blickwinkel an – und gerade sah er einen arabischen

Vater nebst Söhnen, die sich Sprengstoffattrappen um den Leib geschnallt hatten.

Dazu war jeweils ein grünes Tuch um ihre Köpfe geschlungen: ›Sieg der Hamas‹, stand darauf.

Dennis bekam Magenkrämpfe. Das war die Art seines Körpers, mit psychischen Spannungen umzugehen.

Erleichtert betrat er das klimatisierte Foyer der Bibliothek. An der Garderobe gab er Jacke und Tasche in die Obhut der mürrisch blickenden Angestellten.

Bei dieser Arbeit muss man ja grimmig schauen, dachte er, während er dem Wachmann am Eingang des Lesesaales ein mechanisches ›Guten Tag‹ zu murmelte, nur um hastig zwei Treppenabsätze zu erklimmen und nach dem Buch zu suchen, an das er sich erinnert hatte.

Er bemerkte einen Mann in der linken Ecke, der gelangweilt Zeitschriften durchblätterte; ein anderer Besucher fragte lautstark nach einem Buch, das sich wohl in dieser Abteilung befinden sollte, nach dem er aber vergeblich gesucht hatte. Darüber war er etwas ungehalten, doch als die ersten Rufe nach Ruhe ertönten, senkte er schuldbewusst den Kopf.

Eine drückende Atmosphäre, dachte Dennis, passt zum Wetter, während er sich mit dem gesuchten Buch an einen freien Tisch setzte.

Gedämpft drangen die rassistischen Slogans durch die gekippte Fensterfront.

Bedauerlicherweise war es zu heiß und stickig, um sie zu schließen, denn hier oben gab es aus unverständlichen Gründen keine Klimaanlage. Er seufzte und widmete seine Aufmerksamkeit dem Buch, das auf dem Tisch lag.

Die Zweistaatenlösung – Segen oder Fluch?

Plötzlich geschah etwas.

Eine volle Stimme drang in sein Bewusstsein:

Der Film zeigt Verborgenes. Sei unbesorgt. Wenn die Zeit kommt, wirst du es wissen!

Eine Zeit lang saß er mit geschlossenen Augen da und genoss die himmlische Atmosphäre.

Er hatte keine Fragen. Noch nicht.

Dann öffnete er das Buch.

Aufgeregt begann er, die ersten Seiten zu überfliegen. Es war ungemein spannend geschrieben.

Der Titel war natürlich Polemik in Form einer rhetorischen Frage. Der Autor erörterte in dieser Abhandlung, ob wirklich Friede im Nahen Osten herrschen könne, und wenn, welche Hindernisse dem im Wege ständen. In vielem, was er schrieb, war Dennis einer Meinung mit ihm.

Es wurden Faktoren genannt, die den Friedensprozess in unguter Weise beeinträchtigten, und die zum Teil – und hier schmunzelte Dennis, musste er doch dem Autor recht geben – in dumpfer und selbstherrlicher Art von den Medien (vor allen den westlichen) bis zum Erbrechen wiedergekäut wurden.

Da war von *journalistischer Ignoranz* die Rede, *die sich dem humanistischen Zeitgeist und der vorherrschenden politischen Meinung anbiedert und so ihre Objektivität einer unbestritten antisemitischen Umwelt opfert.*

Damit seien sie unfähig, *die tatsächlichen Hintergründe einer Bildkampagne oder eines Interviews aufzudecken.*

Viele Medienleute, so dieser Abschnitt weiter, seien *korrumpiert worden (durch Wettbewerbsdruck, durch die öffentliche Meinung, aber auch durch offizielle Regierungsvertreter), bzw. stigmatisierten sich selbst derart, dass sie – meist unbewusst – die Position der weltanschaulichen Neutralität, eine grundlegende Voraussetzung für professionellen Journalismus, verlassen.*

Das Beunruhigende aber war, dass nun zahlreiche Beispiele und Widersprüche in bestimmten Medien aufgeführt wurden, über die Dennis bei seinen Nachforschungen schon selbst gestolpert war, die er aber stets als journalistische Schwächen oder emotionale Überreaktionen einiger Kollegen in Stresssituationen – wie zum Beispiel der Kriegsberichterstattung – verharmlost hatte. Dass eine Systematik dahinter lag, hätte er nie vermutet.

In diesem Buch wurde die These vertreten, und sie wurde stichhaltig und anhand zahlreicher Beispiele aus seriösen Quellen begründet, dass in der gesamten westlichen Medienlandschaft größtenteils antisemitische Positionen vertreten würden.

Er las bereits drei Stunden und näherte sich langsam dem hinteren Drittel des Buches. Zugleich näherte er sich auch der Grenze seines Aufnahmevermögens.

Der Mann in der linken Ecke blätterte immer noch in diversen Zeitschriften. Hat der eine Ausdauer, dachte Dennis.

Als er mit dem Gedanken spielte, eine Pause zu machen und bei Burger King Essen zu gehen, sah er aus den Augenwinkeln, wie der ›Zeitschriftenmann‹ sein Handy aus der Tasche fingerte und eine Nummer tippte.

Arabisches Gesicht, notierte Dennis in seinen Gedanken. Ende vierzig, Marke Türsteher. Kein Akademiker, Bauernhände. Er stellte fest, dass ihn seine berufliche Routine einholte.

Es würde nichts mehr bringen, jetzt weiter zu lesen.

Mit einem Seufzer klappte er das Buch zu. Der Mann sprach jetzt so laut auf arabisch in sein Handy, dass Dennis ärgerlich seinen Kopf hob. Er blickte ihm direkt in die Augen. Dennis war verwirrt von dem hasserfüllten Blick, der ihn traf. Spöttisch grinste der Mann ihn an …

Ein glühender Schmerz in seiner Brust war das letzte,

was Dennis bewusst wahrnahm. Dann nur noch undeutlich, wie in einem schallgedämpften Raum: Wildes Rufen, Schreien. Das schrille Kreischen einer Alarmanlage. Dann wurde es schwarz um ihn.

***

Souverän, mit großer Schnelligkeit und ruhiger Konzentration, was er seiner langjährigen Routine verdankte, zerlegte Pierre sein Gewehr und legte die Einzelteile in den maßgeschneiderten Metallkoffer.

Dann verließ er eilig, doch ohne Hast, das Flachdach des leerstehenden Wohnblocks, der sich zweihundert Meter entfernt der Universitätsbibliothek befand.

Im allgemeinen Tumult achtete niemand auf den roten Fiat, der sicher durch das Chaos hupender Autos, durch Polizei-, Feuerwehr- und Krankenwägen stadtauswärts steuerte.

***

Auch der Adler, der reglos zugesehen hatte, hielt ihn nicht auf.

7

Dennis erwachte, und das erste, was er fühlte, war ein bohrender Schmerz in seinem Kopf, dicht gefolgt von einem unerträglichen Druck auf seiner bandagierten Brust. Auch sein Kopf war verbunden.

Während langsam die Erinnerungen auf ihn einströmten, steckte eine Krankenschwester den Kopf herein. Sie war offenbar erfreut, ihn wach vorzufinden:

»Guten Morgen, junger Mann! Ich bin so froh, dass Sie aufgewacht sind! Der Doktor meinte, wenn es noch länger gedauert hätte, wäre das ein Hinweis auf eine Hirnschädigung gewesen«.

Sie trat an sein Bett und begann eine Infusionsflasche zu wechseln.

»Nur Natrium-Chlorid«, erwiderte sie lächelnd, als sie seinen ängstlichen Blick bemerkte, »zur Stabilisierung Ihres Kreislaufes. Sie haben viel Blut verloren.«

Dennis versuchte zu sprechen, aber es kam nur ein Krächzen heraus. Immerhin, dachte er, lebe ich noch.

»Was ist genau passiert?«, presste er hervor.

Die Schwester setze sich auf seine Bettkante, und sah ihm in die Augen. Diese Geste der Zuneigung war ihm peinlich, und er senkte den Blick.

»Drei Tage haben wir im Krankenhaus um Ihr Leben gebangt. Sie haben sehr viel Glück gehabt. Vor drei Tagen wurden Sie …« – sie suchte nach Worten – »nach … nach diesem Attentat bei uns eingeliefert. Sie waren ohnmächtig, atmeten kaum mehr und hatten viel Blut verloren.«

Sie sah ihn fest an, als wolle sie prüfen, ob er stark genug für die ganze Wahrheit wäre. Dennis nickte unwillkürlich. Aber auch das bereitete ihm Schmerzen. Er beschloss, sich nicht mehr zu bewegen.

»Ihre Brust war komplett durch ein Geschoss zerrissen. Wäre das Projektil nur wenige Millimeter weiter unten eingedrungen, hätte es die Wand der Aorta durchtrennt. In diesem Fall hätten wir Sie nicht mehr retten können. Als Sie dann auf dem OP-Tisch lagen, hatten Sie schon drei Liter Blut verloren.

Wir wagten kaum zu hoffen, dass Sie das überleben könnten. Durch die Wucht des Schusses waren Sie auf den Boden geschleudert worden, daher Ihre massiven Kopfverletzungen; inklusive mehrere Hämatome, die wir glücklicherweise zum Abschwellen bringen konnten. Sie sehen also, junger Mann«, sie breitete in einer rührenden Geste die Hände aus, »offenbar sollten Sie noch nicht sterben!«

Benommen ignorierte Dennis seinen letzten Entschluss und nickte schwach.

Dann fiel er in einen tiefen Schlaf.

Er sah Dōr, mächtig und groß, in gleißendem Licht. Der Krieger sah ihn durchdringend an, doch als er weiter um sich schaute, sah er, dass der Adler nur ein kleiner Schatten war angesichts dessen, was er nun erblickte.

Er nahm eine intensive Lichtquelle wahr, er erfasste sie mit seinem *Wesen*, denn seine Augen waren völlig unzureichend:

Heller als tausend Sonnen, ein Meer aus Feuer, und er meinte sogar, eine Gestalt gleich glühendem Erz darin zu erkennen.

Aber vielleicht täuschten ihn nur seine Augen.

Er wusste jedenfalls, dass er träumte, denn er wäre sofort blind gewesen, hätten seine Augen auch nur einen

Bruchteil dieses Lichtes in Wirklichkeit erblickt. Aber auch so konnte er nicht mehr dieser Helligkeit ertragen, und so sah er sich etwas befangen um.

Er erschrak, denn da war noch etwas, noch JEMAND.

Und so, wie zuvor sein Innerstes vor Freude erglüht war, als er von dem Licht getrunken hatte, so krampfte sich sein Herz vor Schmerz und Furcht zusammen, als er in einen dunklen Nebel blickte. Eine pechschwarze Person stand dort, eigentlich nur ein Schatten, doch in einer beklemmenden stofflichen Dichte und voll widerlicher Gewalttätigkeit. Der Schatten hatte die Größe von Dōr, nach dem er sich jetzt sehnte.

Doch dann überblickte er die gesamte Szenerie, und er fühlte sich sicher, denn die Flammen und das Licht füllten alles aus, und er wusste, dass die Dunkelheit, so finster sie auch sein mochte, ihm nichts anhaben konnte.

»Gib ihn mir«, ertönte eine Stimme wie kalter Stahl, die in Richtung des feurigen Meeres sprach:

»Ich habe ein Recht auf ihn; er ist ein Gefallener. So lautet das Gesetz!« Fordernd und zuversichtlich klang diese Stimme; emotionslos, doch voller Bosheit; voller Gier und Hass.

Dann hörte Dennis etwas, was er niemals mehr würde vergessen können. Eine Stimme von solcher Autorität und Kraft, dass er meinte, vergehen zu müssen. Sogar Dōr erzitterte und stürzte kraftlos zu Boden.

»NIEMALS!«

Mit brennender Leidenschaft kam die Antwort aus der Richtung des feurigen Meeres. Leise, und doch so laut, dass das Universum von ihrem Klang erzitterte.

»Wer bist du, Bel, dass du es wagst, etwas von mir zu fordern? Es ist wahr, das Gesetz lautet so, doch – bist *du* etwa der Gesetzgeber? Ist ein Knecht – ob freiwillig oder nicht – etwa höher als sein Meister? Mein Wille ist ein anderer, und meine Weisheit ist grenzenlos. Und noch etwas, was du niemals verstehen wirst:

Meine Liebe wird *alles* vollenden!«

Dieser letzte Satz war so triumphierend, so über die Maßen machtvoll, dass Bel zurückgeschleudert wurde in die Leere des Raumes, über Lichtjahre hinweg.

Ein Schrei voller Wut und Hass war das letzte, was Dennis hörte, dann stand nur noch Dōr leuchtend in der Dunkelheit vor ihm.

»Das«, erläuterte er mit einem fast schelmischen Lächeln, »geschah vor drei Erdentagen.«

Dennis wachte auf – nur, um erschöpft wieder einzuschlafen. Diesmal war sein Schlaf traumlos. Dann schreckte er wieder hoch. Er sah auf die große Uhr seines Einzelzimmers. Zwei Uhr morgens.

Ihm war übel, und er merkte, wie er schwitzte.

Wirre Bilder ängstigten ihn. Dann schlief er wieder ein. Etwas, das er vor fünf Jahren erlebt hatte, drängte sich mit aller Macht in einen merkwürdig realistischen Traum: »Tschüss, mein Schatz – ich liebe dich, auch wenn du es nicht glaubst«, das waren seine letzten Worte, und mit einem Handkuss überließ er sie den routinierten Händen des Sicherheitspersonals am Münchner Flughafen.

Esther flog zu ihrer Urgroßmutter nach Russland, – vielleicht zum letzten Mal, hatte sie gesagt – und er, er blieb zurück. Dabei war alles so gut geplant gewesen. Er hatte sich extra Urlaub genommen, drei Tage, nun ja nicht gerade viel, aber immerhin. Er war frustriert.

Er liebte sie von ganzem Herzen. Doch er war fiebrig erkältet und hatte sich entschieden, zu Hause zu bleiben.

Außerdem konnte er kein russisch, und die meisten dort kein Englisch, geschweige denn Deutsch. Das Wetter sollte sehr schlecht werden, und er hatte mit Esther vereinbart, die Zeit zum großen Teil mit Sight-Seeing und Wandern zu verbringen. Das würde nun buchstäblich ins Wasser fallen. Es war eine sehr kurzfristige Entscheidung gewesen. Vielleicht übereilt und überzogen … und doch. Er hatte seine Erfahrungen. Wie es sich anfühlte, krank im Urlaub. In einem fremden Land. Aber jetzt fühlte er sich unglaublich schlecht an diesem verregneten Samstag. Er fühlte sich, als hätte er Esther verraten, sie betrogen, sie im Stich gelassen. Er war ein Narr und ein Feigling. Er weinte hemmungslos wie ein kleines Kind, als er sein Auto – ganz entgegen seiner Gewohnheit – langsam heimwärts steuerte.

Er wurde in dieser Woche dann wirklich krank, er hatte sich richtig entschieden, es wäre nicht klug gewesen, er musste ja direkt danach wieder arbeiten. Das war die eine Seite. Auf der anderen Seite lauerte der Schmerz. Der Schmerz über sich selbst, über seinen mangelnden Mut. Er empfand es so, dass Esther an seiner Liebe zweifeln musste. Endlich konnte er ihr einmal die Ernsthaftigkeit seiner Gefühle beweisen – fern aller hohlen Worte – und dann blieb es dabei.

Bei Worten. Wie sollte sie ihm denn noch glauben?

Dann schrie er auf einem einsamen Feldweg seinen Schmerz in den Himmel, seine Unsicherheit, seine Verzweiflung, seine Angst, sein Versagen. Aber niemand in dieser Welt hörte ihn. Nur ein Hase hüpfte in sicherer Entfernung umher und stellte neugierig seine langen Ohren auf.

8

Sechshundert Kilometer von Berlin entfernt erwachte Esther in einem Krankenzimmer. Allerdings war die Nervenheilanstalt Haar bei München, oder das ›Irrenhaus Haar‹, wie es bei den Einheimischen genannt wurde, ein nicht ganz so ruhiger Ort.

Ein Schreien und Rufen, Toben und Poltern von geisteskranken Patienten, die zwar im Nebentrakt untergebracht waren, was ihren lautstarken Ärger aber nicht wirklich einzudämmen vermochte, erreichte ihr Zimmer. Zum Glück war es ein Einzelzimmer, und sie bekam nicht ganz so viel von diesen Geräuschen mit. Auch, weil sie unter dem Einfluss starker Beruhigungsmittel in ihrem Bett lag. Doch langsam erreichte der Lärm auch ihr Gehirn.

Sie wollte aufstehen, um der Ursache der Geräusche auf den Grund zu gehen, doch seitlich waren die Bettgitter hochgezogen.

Das war ein eindeutiges Ärgernis für sie, und kurz entschlossen drückte sie den roten Klingelknopf mit dem Schwesternsymbol an der mobilen Tastatur ihres Bettes.

»Ich bin doch kein kleines Kind mehr«, protestierte sie mit schwacher Stimme, während sie mit demonstrativen und ungelenken Bewegungen am metallenen Gitter rüttelte.

Bald darauf ertönte eine gebieterische Stimme aus der Nähe des Türrahmens, und diese verkündete in unerschütterlichem Gleichmut das Urteil:

»Das ist lediglich zu Ihrem Besten. Wir haben Ihnen

starke Beruhigungsmittel verabreichen müssen, denn Sie neigen in nicht geringem Ausmaß zu autoaggressiven Handlungen. Abgesehen davon können Sie durch das Medikament Ihren Körper nicht mehr kontrollieren. Es ist drei Uhr nachts, schlafen Sie jetzt.«

Esther erkannte augenblicklich, dass sie verloren hatte und schlief wieder ein, dem grauen Nebel des Vergessens entgegen.

Als sie die Augen aufschlug, strahlte die Morgensonne in das Zimmer, und ihre Mutter saß auf der Bettkante.

»Guten Morgen, mein Schatz« flötete sie, während sie einen Kuss auf die Stirn ihrer Tochter drückte.

»Ich habe dich vermisst, und Bruno ebenso. Er durfte leider nicht mitkommen.«

Bruno war Esthers ganzer Stolz, ein schöner, eleganter Husky mit blauen, durchdringenden Augen und seidenweichem, leicht gewellten Fell.

»Du machst aber auch Sachen«, stellte ihre Mutter kopfschüttelnd, im Tonfall gespielter Besorgnis fest.

»In die Kirche zu gehen und dort einen akuten Nervenzusammenbruch erleiden! Ein Rettungswagen musste kommen! Kein Wunder, dass so etwas gerade dort passiert. Wo auch sonst …«

»Das hat nichts mit den angeblichen Sektierern zu tun«, unterbrach sie Esther ungewöhnlich heftig, »das sind ganz normale Menschen so wie du und ich, warum hackst du nur andauernd auf ihnen herum?«

Erstaunt sah die 53-jährige Frau Esther an. Anscheinend hatte sie dieses leidenschaftliche Plädoyer ihrer Tochter so nicht erwartet.

»Aber Esther, Kind, warum setzt du dich denn so für diese Welterklärer ein, die glauben doch alle, dass wir Juden diesen Jesus von Nazareth ans Kreuz nageln ließen!«, entgegnete ihre Mutter in tadelndem Tonfall. »Außerdem meinen sie, *ihr* Glaube wäre der jüdischen Religion überlegen!«

Esther schwieg betroffen. Nun, zumindest Ersteres stimmte zweifellos, das glaubten alle Christen, aber warum nur hatte sie dann diesen Frieden gespürt, warum hatte ihre Seele Ruhe gefunden – bei Judenhassern – in der kleinen Kirche?

Nachdem ihre Mutter gegangen war, musste sie noch lange über diese Frage nachdenken. Sie musste eine Antwort erhalten, irgend etwas Bedeutsames hing damit zusammen. Was genau das war, wusste sie auch nicht. Denn eigentlich wollte sie gar nicht darüber nachdenken, es machte ihr Angst, es würde sie vielleicht erschüttern und nur unnötig aufregen. Und doch wartete etwas in ihr auf die Antwort, wartete voller Geduld und – Hoffnung!

Plötzlich hing da ein zusammenhangloser Satz in der Leere ihrer Gedanken:

Du hast mich allein gelassen, darum kannst du mich nicht lieben.

Sie versuchte, ihn zu verscheuchen, doch er war noch immer da.

Du hast mich allein gelassen, darum kannst du mich nicht lieben.

Wie ein Schwert hing der Satz über ihr, kroch in ihre Seele wie ein totgeglaubter Schatten, den sie doch längst vertrieben hatte. Und nur, weil sie keine Kraft mehr hatte, ließ sie zu, dass der Schatten zu einer Erinnerung wurde.

Du hast mich allein gelassen, darum kannst du mich nicht lieben, das hatte sie vor fünf Jahren gedacht, als sie in einem Flugzeug nach Russland saß. So lange hatte sie ihn wiederholt, bis sie daran glaubte. Dann verließ sie den einzigen Mann, den sie je geliebt hatte.

Doch das erkannte sie erst jetzt.

Kurz darauf, nach mehreren Nervenzusammenbrüchen, wurde bei ihr eine »dissoziative Persönlichkeitsstörung mit einem generalisierten Angstsyndrom« diagnostiziert:

»Ihre Psyche hat das fatale System entwickelt, sich bei übergroßem emotionalen Druck – quasi als Ventil – in Parallelwelten zu flüchten. Das sind heile Welten, die eine scheinbare Sicherheit vermitteln, die aber vor allem eines kennzeichnet: die Verleugnung der Realität. Das ist ein verständlicher, aber höchst problematischer Verteidigungsmechanismus Ihrer Seele.«

Das hatte der behandelnde Psychiater ihr erklärt.

Sie bekam verschiedenste Psychopharmaka, die sie aber nur ruhig stellten und oftmals in einem durchaus angenehmen Dämmerzustand gefangen hielten. Die einen waren stärker und dämpften jedes Gefühl, die anderen waren schwächer, und sie musste dauernd weinen.

Begleitend hatte sie einmal in der Woche eine therapeutische Sitzung bei ihrem Psychiater.

Nur, wie sie der Hölle ihrer eigenen Gedanken entfliehen konnte, das hatte er ihr bis heute nicht erklären können. Mit dieser Erinnerung schlief sie erneut ein.

9

Hauptkommissar Becker schritt nervös den langen Gang des Unfallkrankenhauses in Berlin-Marzahn auf und ab. Er war sechzig Jahre alt, dafür noch ungewöhnlich athletisch und wollte seine Dienstzeit ruhig und ohne große Aufregung beenden. Fünfunddreißig Jahre war er jetzt bei der Polizei. Achtzehn Jahre bei der Volkspolizei in Ost-Berlin, siebzehn Jahre bei der Kriminalpolizei der wiedervereinten Stadt.

Und vor zehn Jahren war er vom Polizeipräsidenten zum Leiter der Abteilung für Staatsschutz ernannt worden, zu deren Aufgaben hauptsächlich die Verhinderung und Prävention ›politisch motivierter Kriminalität‹, sprich Terrorismus und Extremismus gehörte. Er hatte Glück gehabt, dass er damals von den westlichen Behörden übernommen wurde, das war nicht selbstverständlich. Aber er war ein fähiger Beamter, er hatte sich nie etwas zuschulden kommen lassen, er war nie bei der Stasi gewesen – obwohl die versucht hatten, ihn anzuwerben. Eine Akte über ihn gab es, das wusste er.

Denn insgeheim – und in feuchtfröhlicher Runde hier und da auch etwas öffentlicher – hatte er die sozialistischen Ideale des Politbüros immer verachtet. Diese Parteifunktionäre sonnten sich doch nur in ihrem eigenen Glanz und hielten das ›Proletariat‹ in einer ideologisch verbrämten Unmündigkeit gefangen, um sie besser ausweiden zu können. So einfach war das. Religion, und in diesem Fall war es eben Sozialismus, ist tatsächlich Opium für das Volk, dachte er grimmig.

Und nun das.

Dieser Journalist Dennis Meyer, auf den zweifellos ein brutales Attentat verübt worden war, und der unter normalen Umständen nach diesem Schuss tot sein sollte. Aber was war schon normal in dieser Stadt, dachte er mit einem Anflug von Sarkasmus. Es roch alles zu sehr nach Terrorismus, denn sie hatten ein Bekennerschreiben erhalten, und deswegen musste *er*, Becker, diesen Fall übernehmen. Und dieses Schreiben war keine Fälschung, das hatten die Experten zweifelsfrei festgestellt.

ArmDesJihad, kurz *A.D.J*, so nannten sich diese Leute.

Diese Gruppierung war es, wovor er sich fürchtete. Erstens konnte es für ihn persönlich oder seine Familie gefährlich werden, – er kannte Kollegen, die auf diesem Gebiet tätig gewesen *waren* – und zweitens konnte er hier nur schwer einen schnellen Erfolg präsentieren – das spürte er.

»Ich bin schließlich nicht mehr der Jüngste«, brummte er in seinen Bart.

»Sie können jetzt zu ihm, aber bitte nicht länger als dreißig Minuten, er ist noch sehr schwach«, unterbrach eine Krankenschwester seinen Gedankenfluss. Becker klopfte an die Tür, dann trat er ein. Er stellte sich kurz vor, zog einen Stuhl ans Bett und setzte sich.

»Herr Meyer, ich habe einige Fragen an Sie. Ich bitte Sie, obwohl Sie hier nicht unter Eid stehen, auf alle Fragen ehrlich zu antworten«, – er zögerte etwas, »das könnte wichtig für Sie sein. Denn nach unseren Erkenntnissen stehen Sie aus uns noch unbekannten Gründen im Fadenkreuz einer vermutlich islamistischen Gruppierung.«

Der junge Mann im Bett zuckte zusammen.

»Das hier wurde uns mit dem Bekennerschreiben vor einigen Tagen zugesandt.«

Becker holte ein Blatt Papier aus seiner Aktentasche und hielt es so, dass Dennis die Übersetzung lesen konnte:

Tötet die zionistischen Schweine. Tötet alle Judenfreunde. Tötet alle Lügenpropheten. Tötet alle Medienverbrecher, die sich in Dinge einmischen, die sie nichts angehen.
Alluha akbar!
ArmDesJihad
– A.D.J –

Der junge Mann schluckte krampfhaft. Er starrte eine Weile auf das Blatt Papier, als versuche er, es durch Gedanken in Luft aufzulösen. Eine Minute war alles still. Becker betrachtete ihn voller Mitgefühl. Er hatte auch einen Sohn, etwa in gleichem Alter.

Der Terror hat Berlin erreicht, dachte er müde.

»Herr Meyer, haben sie eine Ahnung, warum jemand Sie, – ich bitte um Verzeihung – einen unbekannten Journalisten, umbringen möchte? Haben Sie etwas in ihrer Vergangenheit getan, was den Zorn dieser Leute erregen konnte? Sind Sie Mitglied einer israelfreundlichen Vereinigung? Verteilen Sie Flugblätter? Sind Sie Aktivist bei projüdischen Demonstrationen?«

Der Journalist überlegte:

»Nein« sagte er. »Ich habe nur einmal, vor drei oder vier Jahren eine Kommentarreihe zur Siedlungspolitik der israelischen Regierung in einer bayerischen Lokalzeitung veröffentlicht. Wissen Sie, ich bin wirklich ein … kleiner Journalist, um genau zu sein, ich habe schon seit längerem keinen festen Vertrag mehr, ich, ich arbeite auf eigene Faust und komme gerade so über die Runden.«

Er bekam einen roten Kopf.

»Warum sollte ich also das Ziel einer islamistischen Terrorzelle sein? Das ist doch lächerlich!«

Es schien Becker, als wolle der junge Mann noch mehr sagen, und er sah ihn durchdringend an.

»Das war alles«, stieß Dennis hervor.

Schweißperlen standen auf seiner Stirn.

Anscheinend hatte die Schwester die laute Stimme gehört, denn sie steckte den Kopf herein und bedeutete ihm energisch zu gehen.

Widerwillig erhob er sich und streckte Dennis seine Hand entgegen.

»Auf Wiedersehen und gute Besserung. Wenn Ihnen irgendetwas einfällt, was Licht ins Dunkel bringen könnte, rufen Sie mich umgehend an.«

Er reichte Dennis seine Karte.

»Wir werden fürs erste einen Personenschutz für Sie abstellen. Das heißt konkret, zwei Beamte in zivil werden Sie rund um die Uhr bewachen. Natürlich für niemanden erkennbar.«

Er reichte Dennis die Hand. Dann blickte er ihn freundlich an.

Wenigstens ist dieser Junge intelligent, dachte er.

***

In dieser Nacht wälzte sich Dennis unruhig hin und her. Er träumte von hinterhältigen Polizisten, männerhassenden Krankenschwestern und mordlüsternen Terroristen. Doch dann stand Dōr am Fußende des Bettes. Er blickte ihn an, mit lichtdurchfluteten Augen.

Plötzlich befand er sich in einem Hörsaal der Ludwig-Maximilian-Universität in München. Es war im Frühjahr 1988, und er hatte gerade angefangen zu studieren. Im Rahmen seines Studienganges ›politischer Journalismus‹ hatte er Kurse in moderner Zeitgeschichte, insbesondere über die Krisenregion des Nahen Ostens zu besuchen.

Nirgendwo auf der Welt gab es mehr Korrespondenten

auf so engem Raum, und kaum eine Stadt wurde in den Zeitungen der Welt so häufig erwähnt wie Jerusalem.

Der Professor, der dort unten stand, gestikulierte heute besonders energisch. Er war ein leidenschaftlicher Mann, und Dennis mochte ihn. Er schätzte seine menschliche Integrität, politische Akteure von allen Seiten zu beleuchten, ihre geschichtlich und kulturell bedingten Beweggründe herauszuarbeiten, um sie erst dann zu beurteilen. Ebenso wie sein Bemühen, der Wahrheit zu ihrem Recht zu verhelfen. Denn, und das war eine seiner pointierten Aussagen:

»Die Wahrheit liegt *nicht nur* im Auge des Betrachters.«

In wessen Augen sie denn sonst liegen sollte, war Dennis zwar nicht klar, aber das kümmerte ihn nicht weiter. Seine Vorlesungen waren stets gut besucht, und politische Hasardeure, junge Idealisten, sowie träumende Weltverbesserer lieferten sich jedes Mal heftige Wortgefechte nach dem Ende der Veranstaltung. Man konnte zwar nicht immer einer Meinung mit ihm sein, aber dieser Mann war doch ein brillanter Wissenschaftler, und seine Analysen des politischen Geschehens im Nahen Osten waren messerscharf und stets treffend. Gerade deswegen waren sie auch – wie sollte es anders sein – polarisierend.

Er war eben ›political incorrect‹. Und so hatte er glühende Verehrer wie auch leidenschaftliche Gegner. Etwas dazwischen gab es nicht. Gelegentlich stellte sich nach einiger Zeit heraus, dass dieser drahtige Professor mit dem fast schon prophetischen Blick, politische und gesellschaftliche Entwicklungen skizziert hatte, die dann tatsächlich so eintrafen.

Dennis fragte sich gerade, warum diese Dinge in seiner Erinnerung so eigenartig lebendig waren, als er etwas wahrnahm, was ihm damals – in der realen Welt, wie er durchaus registrierte – wohl entgangen war.

Denn plötzlich sah er einzelne ernste, ja grimmige Gesichter unter den Zuhörern. Diese lachten bei keiner einzigen der Pointen, die der Mann dort unten in der ihm eigenen fulminanten Rhetorik zum Besten gab. Nach der Vorlesung hörte er zwei dieser arabisch aussehenden Studenten erregt miteinander diskutieren:

»Er ist bestimmt vom Mossad. Wusstest du, das er ein dreckiger Jude ist? Einer, der Hitler entwischte. Die Zionisten haben ihn zurückgeschickt, um Hass auf die islamische Nation zu schüren!«

»Doch Allah ist groß, er wird ihn zertreten«, warf der andere ein.

»Aber er braucht uns Gläubige als Werkzeuge, wir werden das Haus des Islam auf Erden aufrichten. Und dieser Jude *muss* vom Mossad sein, wie sonst sollte er wissen, wie unsere Regierungen agieren, wie sonst sollte er die höhere Strategie des Jihad erkennen?«

»Was sollen wir unternehmen?«, fragte sein Gesprächspartner.

»Weiter observieren
– und die Bruderschaft informieren!«

Gleißendes Licht erfüllte den Raum um ihn.

Dann befand er sich in einem wesentlich kleineren Zimmer.

Auch jetzt wusste er, wo er sich befand. Denn nur einen Monat nach dieser Vorlesung war er in das Büro des beliebten Dozenten gerufen worden. Nun erlebte er alles noch einmal – auf beunruhigende Weise realer, als es damals war. Er sah sich selbst das Büro betreten, dann war er ganz in der Vergangenheit:

»Herr Meyer. Willkommen in meiner bescheidenen Ersatzwohnung.«

Der Professor kam mit liebenswürdiger Geste auf ihn zu und schüttelte seine Hand.

»Bitte, setzen Sie sich doch«, sagte er, während er auf zwei elegante Ledersessel zeigte, die in der linken Ecke des Büros standen. Überrascht sah Dennis, dass ein eingerahmtes Foto von David Ben-Gurion – war der nicht Zionist gewesen? –, dem ersten israelischen Ministerpräsidenten, an der Wand über dem Schreibtisch hing. Eine schlichte, aber elegante Menora stand in einer Glasvitrine rechts neben dem überquellenden Bücherregal.

»Junger Mann«, begann der Professor, »Sie fragen sich bestimmt, warum ich alter Mann Sie hierher bestellt habe. Nun, um ehrlich zu sein, ich kann es selbst nicht genau sagen. Das muss Ihnen merkwürdig vorkommen, nicht wahr? Dennis, Sie sind einer meiner besten Studenten. Das wollte ich Ihnen ausdrücklich sagen. Vielleicht nicht in den Klausuren, es gibt Kandidaten, die erreichen höhere Punktzahlen, aber Sie, Sie sind wirklich interessiert, und stellen die richtigen Fragen an der richtigen Stelle. Das ist sehr wichtig.«

Der Professor machte eine Pause, als wolle er die Wirkung seiner Worte abschätzen. Dennis schwieg verlegen. Noch nie hatte ihm jemand, geschweige denn ein Dozent etwas Derartiges über seine Leistungen gesagt. Dieser Mann war ungewöhnlich, das erkannte er ganz klar.

»Dennis, ich schätze Ihre Suche nach Wahrheit außerordentlich.«

Er blickte ihn fest an.

»Denn es gibt eine Wahrheit. Es gibt zu allen wichtigen Dingen ein Richtig oder Falsch, und es ist von größter Bedeutung, dies zu unterscheiden. Dennis, behalten Sie ihren Weg bei, denn gerade Journalisten – das sind im wörtlichen Sinne Berichterstatter –, stehen sehr in der Gefahr, ihre objektive Sicht preiszugeben, um sich dem Druck der öffentlichen Meinung zu beugen. Ich kenne keinen, keinen einzigen Journalisten, der in diesem Punkt wirklich eine reine Weste hätte. Deshalb ist es wichtig, dass Sie Ihrem

Herzen folgen. Denn der allmächtige Schöpfer hat es für die Wahrheit erschaffen.«

»Welcher Schöpfer?« fragte Dennis unwillkürlich.

»Das kann ich auch nicht sagen, ich bin kein religiöser Jude, für mich ist Gott wahrscheinlich so wenig existent wie für Sie, aber wenn es ihn gäbe, nun, dann wäre er vermutlich außerordentlich an Wahrheit und Gerechtigkeit interessiert. Nur eines kann ich dazu sagen:

Ich bin als neunjähriger Junge der Hölle der Konzentrationslager entkommen. Meine Mutter haben sie dort ermordet. Mein Vater war deutscher Soldat und hatte sie kurz nach meiner Geburt verlassen. 1945 haben mich die Amerikaner befreit. Warum wurde gerade ich gerettet? Warum ich? War das ein grausamer Zufall? Oder vielleicht Vorsehung? Dennis, ich habe es noch nicht herausgefunden!«

Dennis musste seine Tränen unterdrücken. Noch nie hatte ihn jemand so sehr ermutigt, und noch niemals hatte ein fremder Mensch ihm auf diese Weise sein Herz offenbart.

Plötzlich empfand er großes Mitgefühl für diesen Mann, der so viel erduldet hatte, und trotzdem – vielleicht gerade deswegen – ein so charakterstarker und brillanter Wissenschaftler geworden war, der mehrere bahnbrechende Fachbücher veröffentlicht hatte. Dieser Mann hatte Mut. Viele reden davon, dachte Dennis, während er beschämt zu Boden blickte, dieser hier hatte über ein Leben triumphiert, das eigentlich auf Tod programmiert gewesen war.

»Vielen Dank, Herr Professor Stein«, sagte er, während er entschlossen aufstand, um sich zu verabschieden.

»Ich habe Ihre kostbare Zeit schon viel zu lange in Anspruch genommen. Sie haben mich mit dem, was Sie sagten, sehr ermutigt, mehr als Sie ahnen.«

»Setzen Sie sich, Dennis. Da ist noch etwas«, und zum

ersten Mal, seit er den Professor kannte, bemerkte er, dass es ihm schwer fiel zu reden.

»Meine Frau möchte sich von mir scheiden lassen. Ich möchte diese Ehe aber unbedingt retten. Vor allem wegen meiner zehnjährigen Tochter! «

Beinahe flehend blickte er ihn an.

»Ihr Vater, nun, Ihr Vater ist doch, soviel ich weiß, ein namhafter Psychotherapeut mit Schwerpunkt auf Paartherapie, könnten Sie mal fragen … ob wir einen kurzfristigen Termin bekommen könnten?«

»Selbstverständlich, Herr Professor. Ich werde ihn noch heute fragen. Und ich gebe Ihnen mein Ehrenwort, dass ich niemals über das, was Sie gerade erwähnt haben, mit anderen reden werde.«

Der Professor nickte kaum merklich.

»Vielen Dank, Dennis. Und auf Wiedersehen.«

Als Dennis das Büro verlassen hatte, überkam ihn das Gefühl einer unbestimmten Bedrohung. Doch er verbannte diese Gefühle entschieden aus seinem Kopf.

Das war etwas Irrationales von früher, heute betrachtete er die Welt so, wie sie war. Dann dachte er noch, dass der Professor sehr verzweifelt sein müsse, wenn er einem Studenten etwas so Persönliches anvertraute.

Trotz dieses Traumes erwachte er ausgeruht.

Er war nun zwei Wochen im Krankenhaus, und die Kollegen des Hauptkommissars hatten ihm die wichtigsten Dinge aus seiner Wohnung mitgebracht. Das Frühstück aß er heute mit Appetit, die Sonne schien ins Fenster, im Fernsehen sah er gerade NTV, und es versprach, ein recht angenehmer Tag zu werden.

Es klopfte an der Tür. Noch bevor Dennis etwas sagen konnte, stürmte Becker herein.

»Guten Morgen, Dennis«, rief er, »ich habe Neuigkeiten für Sie, was die Hintergründe des Anschlages betrifft!«

Dennis schaltete den Fernseher aus.

»Das Projektil, das Ihnen herausoperiert wurde, ist untersucht worden, und die Ergebnisse liegen jetzt vor. Es stammt aus einem Präzisionsgewehr, das nur Profis bedienen können. Denn auf diese Entfernung, es waren immerhin 200 Meter, das konnten wir fehlerfrei durch die Verformung der Kugel errechnen, genau zu treffen – und vergessen Sie nicht, Sie müssten eigentlich tot sein –, ist mehr als schwierig!

Vergessen Sie auch nicht die Glasscheibe, die als spiegelndes und verformendes Hindernis überwunden werden musste. Diese Umstände lassen uns vermuten, dass wir es mit einem gedungenen Mörder zu tun haben. Einem Auftragskiller.

Durch die Errechnung der Schussentfernung und des Winkels, in dem das Geschoss in Ihren Körper drang, war es uns möglich, den Ort, von dem auf Sie geschossen wurde, ausfindig zu machen. Ein leerstehendes Bürogebäude. Wir haben dort auch Schmauchspuren, das heißt, chemische Rückstände des Abschusses entdecken können.«

Dennis nickte leicht gequält.

»Warum erzählen Sie mir diese langweiligen Einzelheiten Ihrer Ermittlungsarbeit an diesem wunderschönen Morgen, Herr Kommissar. War das alles?«

Becker brummte nur und wechselte zum Frontalangriff.

»Dennis, sagt ihnen der Name Prof. Dr. Stein etwas?«

Dennis spürte, wie alles Blut aus seinem Gesicht wich. Sein Mund wurde trocken, und für einen Moment konnte er nicht reden.

»Ich habe heute Nacht von ihm geträumt«, flüsterte er.

Der Kommissar starrte ihn ungläubig an.

»Ich habe im Rahmen meines Studiums des politischen Journalismus in München einige Vorlesungen bei ihm besucht. Er ist Professor für moderne Geschichte mit Schwerpunkt der Zeitgeschichte des Nahen Ostens. Ich habe nur ein einziges Mal persönlich mit ihm gesprochen, am Anfang meines Studiums, es war … – lassen Sie mich überlegen, es muss Ende 1988 gewesen sein. Ich habe ihn sehr geschätzt.

Ein sehr integerer Mann und brillanter Wissenschaftler. Er erhielt mehrere akademische Auszeichnungen, obwohl er nicht unumstritten ist. Nur zwei Monate später ging er nach Israel. Er erhielt dort einen Lehrstuhl an der Hebräischen Universität in Jerusalem, wurde mir gesagt. Ich habe ihn – sehr gemocht. Warum fragen Sie mich nach ihm?«

Dennis Augen wurden feucht, als er sich nun schon zum zweiten Mal an diese einzigartige Begegnung vor neunzehn Jahren erinnerte. Verlegen blickte Becker zu Boden.

»Dennis, wir forschten nach Verbindungen, und wir hatten überhaupt nichts in der Hand, wir brauchten irgendeinen Anhaltspunkt, warum ausgerechnet *Sie* Opfer eines Attentats wurden. Es gab ja lediglich dieses Bekennerschreiben. Also suchten wir nach Personen, die mit Ihnen in welcher Verbindung auch immer standen, und die ihrerseits das Interesse einer islamistischen Terrorzelle erregt haben könnten. So gelangten wir zu einem gewissen Prof. Dr. Stein.

Ich werde Ihnen nun erzählen, was wir über diesen Mann wissen, und warum wir der Meinung sind, er stände in irgendeiner Verbindung zu dem versuchten Attentat auf Sie. Zuerst das für Sie wahrscheinlich Schmerzlichste:

Prof. Dr. Stein ist schon seit Jahren tot. Er hat sich im Januar 1989 das Leben genommen.«

Fassungslos starrte Dennis ihn an. In seinem Kopf wirbelten Bilder und Wortfetzen umher.

Israel, Pulverfass Naher Osten, ›… die Wahrheit liegt nicht nur im Auge des Betrachters‹, islamistischer Terror.

Es ergab alles keinen Sinn! Es war so sinnlos!!

Die Guten wurden getötet, die Lüge triumphierte. Der dunkle Herrscher lachte. Die Bedrohung wuchs. Warum hatten sie ihm gesagt, der Professor wäre nach Israel zurückgekehrt, was war mit der Paartherapie, er hatte doch damals extra einen Termin arrangiert und sich gewundert, warum der Professor ihn nicht abgesagt hatte …

***

Der Hauptkommissar, der keineswegs der harte Polizist war, den er manchmal darstellen musste, hatte das Zimmer verlassen, als er merkte, was diese Nachricht in Dennis auslöste.

Nachdem er einen Kaffee getrunken hatte, ging er noch einmal auf die Station zurück.

»Ach, Sie sind noch da!«, rief ihm der Stationspfleger zu, der ihn offenbar suchte. »Herr Meyer möchte noch einmal dringend mit Ihnen sprechen.«

Als er das Zimmer betrat, sah Dennis sehr mitgenommen aus. »Erzählen Sie mir die ganze Wahrheit. Was hat das alles mit mir zu tun? Wer war der Professor?«

Er sah ihn aus verzweifelten Augen an. Becker seufzte.

»Das, was ich jetzt sage, sage ich, um Ihnen zu helfen. Ich glaube, Sie haben ein Recht darauf. Eigentlich dürfte ich das nicht, da es streng vertraulich ist. Sie dürfen mit niemandem darüber reden.«

Etwas leiser redete er weiter.

»Professor Dr. Stein wurde 1935 als Jaakov Stein in Berlin geboren. 1943 wurde er zusammen mit seiner Mutter, einer russischen Jüdin, nach Sachsenhausen gebracht. Sein Vater war deutscher Wehrmachtsoffizier, der dann später der NSDAP beitrat. Sie waren natürlich nicht verheiratet, dass wäre Rassenschande gewesen, und er hatte die junge Frau kurz nach ihrer Entbindung verlassen. 1944 wurde sie in Sachsenhausen ermordet, der kleine Jaakov 1945 von den Amerikanern befreit. Er wurde von einem jüdischen Kinderhilfswerk für Kriegswaisen aufgenommen und kam 1947 nach Israel, wo er von Pflegeeltern großgezogen wurde. Er fiel schon in der Schule durch seine Intelligenz auf.

1954 bis 1958 studierte er an der Hebräischen Universität in Jerusalem Geschichte und promovierte nur sieben Jahre später. Mit dreißig Jahren berief ihn die Universität zum jüngsten Professor des jungen Staates.

In Jerusalem lernte er wenig später seine erste Frau kennen. Doch es hielt ihn nur fünf Jahre in Israel, dann zog er mit ihr in seine alte Heimat. Ihm war eine Professur an der Universität München angeboten worden, die er auch annahm.«

Er machte eine Pause, um sich zu räuspern.

»Jetzt wird es spannend. In den Jahren 1973–1978 erregte er internationales Aufsehen durch die Publikation einer Reihe von geschichtswissenschaftlichen Büchern, die aber so packend geschrieben waren, dass auch Nicht-Fachleute begeistert waren. Ein Buch wurde sogar ein Bestseller. Es löste hierzulande hitzige Debatten aus. Der Titel lautet:

Die Zweistaatenlösung – Segen oder Fluch?

Dennis unterbrach ihn aufgeregt:

»Ich kenne das Buch, der Autor heißt Dr. Schneider, ich habe darin gelesen … in der Bibliothek – vor dem Schuss!«

Becker hob beschwichtigend die Hand.

»Ich weiß, ich weiß, lassen Sie mich ausreden. Also: Dieses Buch wurde von linken Intellektuellen von Deutschland bis nach Amerika regelrecht in der Luft zerrissen. Es war zu provokant. Zu polarisierend.«

Dennis hörte atemlos zu.

»Daher veröffentlichte er unter dem Pseudonym Dr. Schneider. Es war brisant, und es war eine Zeitbombe. Dr. Schneider erhielt zahlreiche Morddrohungen unter einer Adresse, die nie existierte.«

***

Dennis meinte, wirkliche Anteilnahme am Schicksal des Professors in seiner Stimme zu hören.

»Er stellte in diesem Buch die These auf, ob es überhaupt sinnvoll sei, eine Zwei-Staatenlösung zwischen Israel und der PLO anzustreben, da die Charta der PLO als ihr oberstes Ziel bis zum heutigen Tag die Auslöschung des jüdischen Staates propagiert. Ja, mehr noch, ob die Palästinenser überhaupt ein historisches Recht auf einen eigenen Staat hätten. Das war natürlich ein Affront gegen die noch jungen Friedensbewegungen, die sich in dieser Zeit als Reaktion auf den Kalten Krieg und Vietnam überall in der ganzen Welt etablierten, auch in Israel.

Da er seine Thesen aber auch in seinen Vorlesungen und in der Öffentlichkeit vertrat, erhielt er oftmals sehr feindselige Reaktionen.

Er trat dann in zwei Fernsehsendungen auf, was vermutlich ein Fehler war. In der Folge wurde er der Unsachlichkeit und sogar der Volksverhetzung bezichtigt. Von den Linken wurde er als Faschist bezeichnet, von den Rechten als Judenfreund.

Durch diese Reaktionen irritiert und verletzt, zog er sich in den 80er Jahren aus der Öffentlichkeit zurück. Es wuchs Gras über die Sache, seine Positionen vertrat er nunmehr moderater, und allmählich erwarb er sich den Ruf eines seriösen und brillanten Wissenschaftlers.

Ich erzähle Ihnen das alles deshalb, weil es Hinweise

gibt, dass er trotz seines Rückzuges in das Fadenkreuz von PLO-Aktivisten geriet. Und hier ist die Verbindung zu Ihnen:

Sie studierten gerade sein umstrittenstes Buch, Sie sind ein Journalist, der mit der Siedlungspolitik Israels sympathisiert, und Ihre Veröffentlichungen in einer bayrischen Lokalzeitung, es war übrigens der ›Münchner Merkur‹, wurde von gewissen Leuten kritischer betrachtet, als Sie es vielleicht wahrhaben wollten. Weiter: Sie fielen diesem Personenkreis durch nicht ganz konforme Fragen und Statements während der Vorlesungen des Professors auf, und Sie verteidigten seine Positionen in studentischen Diskussionsrunden. Schließlich hatten Sie ein gutes, für einige ein zu gutes Verhältnis zu ihm.«

»Aber warum wurde auf ihn kein Anschlag verübt, sondern auf mich, einen ›Trittbrettfahrer‹?«, fragte er verwirrt.

»Möglicherweise wurde das bereits versucht«, antwortete der Kommissar leise.

Dennis blickte ihm in die Augen.

Dann erzählte er ihm doch von dem Film, den er vor dem Verlassen in seiner Wohnung gesehen hatte. Der Kommissar hörte skeptisch zu, versprach aber, dieser Sache nachzugehen.

»Falls an dieser Geschichte etwas dran sein sollte, und ehrlich gesagt, es klingt nicht gerade überzeugend, müsste man seine Familie, die noch in Deutschland lebt, warnen.«

Er stand auf, um sich zu verabschieden, und Dennis sah so frustriert aus, dass er beinahe Gewissensbisse bekam.

10

Esther sah den weißen Adler dort oben am blauen Himmel fliegen. Er flog sehr hoch, und sie konnte ihn nicht so gut erkennen. Auf seinen schneeweißen Schwingen glänzte die Sonne wie Gold, und sie musste schützend mit den Händen ihre Augen bedecken.

Sie stand auf einem hohen Berg und versuchte mit aller Kraft, den Blick zu halten, auf den Adler vor der Sonne.

Sie fing an zu weinen, weil es ihr nicht gelang, weil der wunder-schöne Adler zu hoch und sie zu weit unten auf der Erde war.

In ihrer Verzweiflung hob sie die Hände und schrie etwas in einer Sprache, die sie nicht verstand. Dann brach sie weinend zusammen, und ihre Tränen sickerten in den harten Fels des Gipfels.

Auf einmal wuchs dort Gras, und es wuchsen Blumen auf dem harten Fels und ihr wilder Schmerz verwandelte sich in stilles Leid.

Dann blickte sie auf, verwundert über das Gras unter ihren nackten Füßen, und dann sah sie *ihn*, und *er* blickte ihr geradewegs in die Augen.

Überwältigt betrachtete sie ihn. Sein volles Gefieder war leicht gewellt. Dicht und anmutig floss es von seinem Haupt über seine strahlend weiße Brust hin zu seinen langen, kräftigen Schwingen. Die äußeren Federn seiner Flügel waren bedeckt mit glänzendem Gold.

»Wer bist du?« flüsterte sie, benommen von der Herrlichkeit dieser Erscheinung.

»Warum fragst du nach meinem Namen, den du doch nicht verstehst? Denn es ist zu früh, mich dir zu offenbaren.«

Tapfer schluckte sie die Tränen hinunter.

»Vergiss nicht, das ist unsere erste Begegnung«, fügte er sanft hinzu. Sie blickte in seine Augen, und ein reines, ewiges Feuer glomm darin.

Sie senkte ihren Blick.

»Denn du bist hier«, sprach er, »weil dich jemand liebte, als du nur Hass kanntest. Du wirst ihn jedoch wiedersehen.«

Dann schwang er sich mühelos empor, majestätisch der Sonne entgegen, als wäre er der König des Himmels.

»Wann sehe ich dich wieder?«, schrie sie ihm verzweifelt hinterher, das Gesicht tränennass.

Doch sie erhielt keine Antwort.

Schluchzend fiel sie ins Gras.

Eine wilde, leidenschaftliche Sehnsucht hatte sie erfasst, nach dem Adler und nach dem Licht. Und niemals mehr, das wusste sie, würde sie Frieden finden, bis diese Sehnsucht gestillt wurde.

Sie schlug die Augen auf.

»Wer mich sucht, der wird mich finden …«, hörte sie gedämpft aus dem Nachbarzimmer.

Ach ja, die alte Dame von nebenan hatte sich den Besuch des Pfarrers erbeten. Mit der achtzigjährigen, schwer dementen Frau verstand sie sich prächtig. Es war gerade das Anspruchslose in ihren ›Gesprächen‹, das sie genoss. Seit drei Tagen kam diese schrullige Dame abends immer in ihr Zimmer, um ihr sehr unzusammenhängend die Lasten ihres Lebens anzuvertrauen. Dabei beschränkte sie sich eigentlich auf eine einzige Erinnerung, die sie mit immer anderen Bedeutungen unterlegte, aber stets auf charmante Art.

Am ersten Tag hatte sie etwas Merkwürdiges gesagt, noch merkwürdiger als die verworrenen Erinnerungen einer senilen Greisin:

»Lies im vergessenen Buch«, hatte sie gesagt, ganz wie Geisteskranke manchmal aus dem Zusammenhang reden und für diesen Augenblick völlig klar sind.

»Das vergessene Buch ist das Buch hinter dem Buch der Bücher. Es ist vergessen, weil die meisten, die es lesen, seine Kraft nicht kennen. Denn viele haben Augen und sehen nicht, und viele haben Ohren und hören nicht. Es ist der Geist hinter dem Wort. Der Geist, der die Wahrheit ist!«

Dann fiel sie wieder in ihre alte Sprache zurück, und fuhr fort mit dem Bericht ihrer Vertreibung aus Ostpreußen.

Erst jetzt dachte Esther über das nach, was sie gerade erlebt hatte. War es eine Vision? War es Realität, war es ein Traum, waren es vielleicht die Medikamente?

Denn ab und zu können unter Einfluss von Psychotika auch Halluzinationen auftreten, das wusste sie. Und doch war ihr Bewusstsein noch immer ganz durchdrungen von der strahlenden Kraft dieser Begegnung.

Warum habe ich dieses Erlebnis gehabt, fragte sie sich.

Du bist hier, weil dich jemand liebte, als du nur Hass kanntest. Du wirst ihn jedoch wiedersehen.

Und dann sah sie ihn wirklich.

Zu lange hatte sie diese Erinnerungen weggeschlossen.

Zu schmerzhaft waren sie. Wie unterirdische Wellen kämpften sie sich an die Oberfläche, waren nicht mehr aufzuhalten:

Sie hatte Dennis kennen gelernt, als sie zweiundzwanzig

war, er war einunddreißig. Es war auf einer Millenniums-Feierlichkeit zur ›Begrüßung des neuen Jahrtausends‹ in seiner ehemaligen Uni gewesen.

Eigentlich nur eine übliche, bessere Silvesterparty.

Das hatte sich Dennis wohl auch gedacht, denn als sie den jungen, gutaussehenden Mann schüchtern fragte, wo denn hier die Toilette sei, stand er gelangweilt mit einem Glas Champagner in einer Ecke.

Er erklärte es ihr, so gut es ging, und als sie seiner Wegbeschreibung nicht ganz folgen konnte, bahnte er ihr mit dem Glas voran den Weg und lieferte sie vor der Tür zur Toilette ab, nur um zu erklären, ab hier müsse sie den Weg selbst finden.

Esther musste kichern, während sie daran dachte.

Sie war mehr als überrascht, als sie wieder herauskam und Dennis immer noch im Gang auf sie wartete. Peinlich war es ihr auch. Er fragte sie, ob sie Lust hätte, heute Nacht mit ihm auf den Olympiaturm zu fahren, auf dem auch gefeiert würde.

Obwohl sie sonst nicht zu spontanen Entscheidungen neigte, und obwohl sie ihn nicht kannte, war sie sofort einverstanden.

So verabschiedete sie sich von ihrer Freundin, um ihr privates kleines Abenteuer zu erleben. Sie verstanden sich auf Anhieb gut. Sie konnten über alles reden und über alles lachen. Sie hatte das seltene Gefühl, bei ihm könne sie sein, wie sie ist. Ohne sich zu verstellen, ohne zu spielen. Gerade sie, die von ihrer Mutter stark gegängelt wurde, die immer die Brave, Anständige zu sein hatte, ja nicht zeigen durfte, wie labil sie war, genoss diese Zeit in vollen Zügen. Sie empfand eine Freiheit, die sie regelrecht in einen Rausch versetzte.

Und die nächtliche Sicht vom Fernsehturm auf das in allen Farben explodierende München war tatsächlich ein beeindruckendes Schauspiel.

Und sehr romantisch, dachte sie jetzt.

Seltsamerweise hatte sie diese Gefühle damals nicht gehabt. Vielleicht war sie noch nicht reif für diese Art von Empfindungen gewesen.

Dennis war Reporter für den Lokalteil des ›Münchner Merkur‹, keine große Sache, aber es reichte, um eine helle, geräumige Wohnung im soliden Münchner Westen zu mieten.

Sie selbst konnte nichts zu den Kosten beitragen, da sie nach dem Abitur für längere Zeit krankgeschrieben war. Aber ihn schien es nicht zu stören, er war glücklich, wenn sie glücklich war, und litt mit ihr, wenn sie Kummer hatte.

Als Gegenleistung, so verstand sie es, putzte sie die Wohnung, kochte für ihn, bügelte – und wurde immer unzufriedener. Sie fühlte sich überflüssig, sie litt unter ihrer psychischen Verfassung, ihrer Sprunghaftigkeit, ihren hysterischen Anfällen und ihren Nervenzusammenbrüchen. Trotz regelmäßiger Psychotherapie änderte sich nichts daran, und die existentielle Verzweiflung über den Schmerz, der unter der Oberfläche lauerte, wurde immer stärker.

Ihre soziale Phobie war nun so ausgeprägt, dass sie Angst hatte, mit Menschen zu reden, denen sie – ihrer Meinung nach – ohnehin nichts entgegenzusetzen hätte. Und so isolierte sie sich immer mehr.

Der Selbstmord ihres Vater war inzwischen zu einem gut gehüteten Familiengeheimnis geworden. Niemand außerhalb der engsten Familie durfte davon wissen, denn die Schande wäre einfach unerträglich gewesen. Ihr geachteter, geliebter, brillanter Vater hatte sich das Leben genommen. Das durfte nicht sein. Ihre Mutter und sie setzten eine dreiste Lüge in die Welt. Eine Lüge, um Menschen abzuwimmeln:

Die Lüge vom nächtlichen Herztod ihres Vaters. Und hatte er nicht wirklich Probleme mit dem Herzen gehabt?

Die Wahrheit hatte sie sogar vor Dennis geheim gehalten. Sie hatte panische Angst, er würde sie mit diesem ›Schandfleck‹ in ihrer Vita sofort verlassen.

An dieser Stelle wurde sie von einem heftigen Weinkrampf geschüttelt.

Selbst den einzigen Mann, den sie je geliebt hatte, hatte sie jahrelang belogen.

Dennis war damals beruflich sehr eingespannt gewesen, da er den ›richtigen Riecher‹ hatte, und für immer intensivere Recherchen herangezogen wurde.

Nur ein Jahr später, an Silvester 2000/2001 machte er ihr einen Heiratsantrag. Er liebe sie aus ganzem Herzen und wolle ihr ein guter Ehemann sein. Sie dachte, als seine Ehefrau wäre sie finanziell abgesichert, sie müsse sich keine Sorgen mehr um die Zukunft machen, sie würde Psychologie studieren, Kinder großziehen, eine gute Mutter werden und glücklich sein.

Das war der Traum ihrer kleinen Welt. Also verlobten sie sich, und im Frühjahr 2003 wollten sie heiraten.

Doch es sollte ganz anders kommen.

Ihre Zusammenbrüche häuften sich, ihre psychische Belastbarkeit nahm rapide ab. Alles wurde ihr zu viel, die kleinsten Dinge an Dennis brachten sie jetzt zur Weißglut. Sie fraß es in sich hinein, denn sie traute sich nicht, ihm gegenüber offen zu sein. Sie hatte Angst, er würde das Weite suchen, wenn sie ihm ihre Wut und ihre Verwirrung zeigte. So war sie meist nur depressiv, gereizt und wortkarg. Dennis bekam dies natürlich mit, litt mit ihr, aber irgendwann wuchs auch in ihm Zorn über ihre Weigerung, mit ihm zu reden.

Dann kam es zu einem Vorfall am Flughafen München:

Im Juli 2002 wollte sie für eine Woche zusammen mit Dennis ihre Urgroßmutter in Moskau besuchen. Wahrscheinlich zum letzten Mal, hatte sie gedacht, denn die alte

Dame war schon 99 Jahre alt. Trotz dieses Alters führte sie noch den eigenen Haushalt, und das war eine Leistung, wofür Esther sie bewunderte.

Die alte Frau hatte ein sehr bewegtes Leben gehabt, und ihre einzige Tochter, die Mutter ihres Vaters, war von den Nazis ermordet worden. Eigenartigerweise hatte Esther nicht mehr darüber wissen wollen. Es war ihr niemals in den Sinn gekommen, dass diese Geschichte auch Teil ihrer Geschichte sein könne, dass da irgendeine Verbindung zwischen diesen zwei Leben bestehen könne.

Sie war wohl zu sehr mit sich selbst beschäftigt gewesen.

Nur mit siebzehn Jahren war sie schon einmal dort gewesen.

Damals war sie ernstlich suizidgefährdet, und unter anderem dieser Frau war es zu verdanken gewesen, dass sie heute noch am Leben war.

»Dein Leben ist geplant, und auch wenn du keinen Sinn darin erkennst, es ist gewollt, und er wird es auch vollenden. Es wird die Zeit kommen, da wirst du verstehen.«

Diese Worte hatte die Uroma mit einer solchen Gewissheit gesagt, dass Esther meinte, die Gegenwart von Engeln zu spüren. Sie glaubte zwar nicht an so etwas, noch würde sie es jemals tun, doch sie flog beschwingter wieder nach Hause.

Und vor solch einer Reise, die wahrlich nicht unbedeutend für sie war, musste diese Geschichte mit Dennis passieren. Sie hatte sich auf die gemeinsame Zeit mit ihm gefreut, und das erste Mal seit langem hatte sie wieder ein Gefühl von Freiheit verspürt. Aber einen Tag vor der Abreise rief er plötzlich aus dem Büro an, er hätte sich erkältet und könne nicht mitfliegen. Er würde sie zum Flughafen begleiten und sich dann auskurieren. Sie hatte jedoch so ihre Zweifel: Warum konnte er sie zum Flughafen begleiten, wenn er doch so krank war?

Je mehr sie darüber nachdachte, desto weniger glaubte sie ihm.

»Tschüss mein Schatz, ich liebe dich, auch wenn du es vielleicht nicht so fühlst«, hatte er ihr zum Abschied gesagt.

Wie lächerlich und verlogen kam ihr das im Flugzeug vor. Wenn er sie liebte, wäre er doch wohl mit geflogen, so einfach war das!

Die Zeit mit ihrer Uroma war auch so sehr schön, doch Esther spürte, dass die Kraft der alten Frau nachließ:

»Ich gehe bald in meine eigentliche Heimat«, hatte sie Esther mit leuchtenden Augen erklärt.

Aber sie selbst fürchtete sich davor, wieder in ihre Heimat zu fliegen. Sie fürchtete sich vor ihren Gedanken, vor der Zukunft und vor Dennis. Als sie sehr lange darüber nachgedacht hatte, erkannte sie, dass Dennis sie niemals wirklich geliebt hatte. Eigentlich war er ein schwacher, charakterloser Mensch, der einfach davonrannte, wenn etwas zu schwierig wurde. Sie sah jetzt überdeutlich, dass er niemals fähig sein würde, ein guter Ehemann zu sein. Sie hatte Besseres verdient, nicht jemanden, für den sie bügelte, kochte, das Haus putzte – und der dann schlecht gelaunt von seiner Arbeit kam und jammerte, wie schwierig doch alles sei. Aber jetzt wusste sie: Sie war immer nur eine billige Arbeitskraft für ihn gewesen. Eine Haushaltshilfe, die nichts kostet!

So wütend war sie an diesem letzten Tag gewesen, dass sie in den Wald gelaufen war und laut vor Wut schrie, ihre ganze Enttäuschung, Frustration und ihren Hass hatte sie den Bäumen entgegen gebrüllt. Die waren wenigstens still und hörten ihr zu.

Danach fühlte sie sich für kurze Zeit ruhiger und ausgeglichener. Sie würde endlich ein belastendes Kapitel in ihrem Leben schließen!

Ja, sie würde Dennis Meyer verlassen und endlich ihr eigenes Leben beginnen. Zu lange hatte er sie schon daran gehindert, frei zu sein – diese Beziehung blockierte so viel Potential in ihr.

Zu allem Übel hatte sie in der Nacht der Entscheidung wieder Albträume gehabt. Übergroße Schatten bedrängten sie, Schatten, die an ihr klebten, sie nicht losließen. Dann hörte sie ein lautes höhnisches Lachen in ihrem Kopf. Und als sie schweißgebadet aufwachte, sah sie noch immer die finsteren Figuren, die heute langsamer verblassten als sonst. Wegen Dennis hatte sie also auch noch schlechte Träume. Doch damit würde jetzt Schluss sein, und schon der Gedanke daran hatte sie mit neuer Energie erfüllt.

Das Einzige, wovor sie sich jetzt noch fürchtete, war, es ihm zu sagen. Aber sie würde es kurz und schmerzlos machen. Und sie würde endlich einmal das machen, was *sie* wollte, überlegte sie auf dem Rückflug.

Da sie ihre Reise etwas verlängert hatte, ging Dennis schon wieder zur Arbeit, als sie kam. Erst sehr spät an diesem Abend kam er nach Hause. Sie wollte gar nicht mehr wissen, was er schon wieder so lange gemacht hatte.

Kühl und sachlich hatte sie ihm erklärt, sie würde ihn verlassen. Sie hatte sich durch nichts beirren lassen.

Dass Dennis wütend reagierte und sie anschrie, bestätigte nur das, was sie schon lange gedacht hatte, jedoch nie wahrhaben wollte:

Er hatte einen cholerischen, unbeherrschten Charakter.

Diese Bestätigung seiner Unzulänglichkeit machte es ihr noch leichter, und so fügte sie triumphierend hinzu, sie werde morgen ausziehen.

Warum sie ihn verließ, habe ihn nicht zu interessieren, sie habe ihre Gründe, und er solle sich um seine eigenen Sachen kümmern.

In dieser Nacht hörte sie Dennis im Wohnzimmer weinen, lange und hoffnungslos. Etwas in ihr regte sich, und ihr Herz wurde seltsam berührt, doch sie biss die Zähne zusammen.

Dieses Mal würde sie festbleiben, sagte sie sich.

Ihre Mutter und einige ihrer Bekannten halfen ihr am darauffolgenden Tag beim Umzug.

Sie würde vorübergehend wieder bei ihrer Mutter wohnen, hatte sie überlegt, lange würde es ja nicht sein, denn das Studium war in greifbarer Nähe, und sie würde sich dann eine niedliche, kleine Studentenwohnung mieten. Der Umzug selber ging dank einem Umzugsunternehmen schnell und reibungslos über die Bühne und war lange nicht so anstrengend, wie Esther befürchtet hatte.

Da sie noch ein paar finanzielle Angelegenheiten mit Dennis klären musste, rief sie zwei Wochen später seinen Arbeitgeber an. Etwas überrascht war sie schon, als ihr mitgeteilt wurde, Dennis hätte letzte Woche um seine dringende Versetzung nach Berlin gebeten. Es seien dort verlagsintern einige Stellen ausgeschrieben gewesen, und da Dennis ein guter und zuverlässiger Mitarbeiter war, wurde seiner Bitte entsprochen.

Da Esther dem Verlag als Verlobte von Herrn Meyer nicht gänzlich unbekannt geblieben war, erfuhr sie auch den Grund:

Dennis hatte gesagt, er wolle endlich aus seinem Schattendasein als Lokalreporter heraustreten und seiner beruflichen Entwicklung etwas Gutes tun. Da schon seit einiger Zeit kein Verhältnis mehr mit Frau Stein bestehe, hatte er der Firma untersagt, seine Anschrift und seine Telefonnummer weiterzugeben.

Bei ihrem ehemaligem Vermieter erfuhr sie nur, Dennis sei vor einer Woche nach Berlin gezogen, die Adresse habe er nicht.

Das sah ihm wieder ähnlich. Vermutlich hatte er schon seit Monaten mit dem Gedanken gespielt, nach Berlin zu ziehen, ihr aber nichts von seinen Überlegungen mitgeteilt. Wie gut, dass diese Zeit nun endlich hinter ihr lag, dachte sie.

Ja, so hatte sie damals gedacht.

11

Die Stimme von Hauptkommissar Becker war in den letzten Minuten immer lauter geworden, und er rang sichtlich um Fassung.

»Warum habe ich niemals etwas davon erfahren, dass seit 1973, vielleicht sogar schon länger, eine Gruppe von Islamisten damit beschäftigt war, einen Mord an dem prominenten Professor Dr. Stein in Deutschland zu planen?«

Mit eindeutigen Gesten machte er seinem Ärger Luft. Doch seine engsten Mitarbeiter wussten, dass der Höhepunkt seines Zornausbruchs noch keineswegs erreicht war.

»Seit 1982 liegt Interpol eine Videoaufzeichnung vor mit einem eindeutigen Mordaufruf gegen die gesamte Familie des Professors. Eine Kopie wurde mir erst gestern, ich wiederhole, erst gestern von einem Mitarbeiter dieser Behörde übergeben. Schon 1982 wurde es dieser Behörde vom Mossad zugespielt! Es verschwand somit fünfundzwanzig Jahre auf irgendeinem Abstellgleis von Interpol!

Ich kann einfach nicht begreifen, dass mir, dem Leiter einer Sonderkommission, in solch einem brisanten Fall, der die innere Sicherheit dieses Landes bedroht, eine Information vorenthalten wird, die es uns vielleicht ermöglicht hätte, den unerwarteten Tod eines der besten Wissenschaftler dieses Landes zu verhindern. Eines jüdischen Wissenschaftlers. Obwohl es doch angeblich zur deutschen Staatsräson gehört, Juden zu schützen!«

Er wischte sich mit einem Taschentuch die Schweißperlen von der Stirn. »Und denken Sie ja nicht, das wäre das erste Mal, dass uns Interpol nicht informiert hätte. Ich scheue mich hier nicht zu sagen, dass Interpol eine Nazivergangenheit hat. Der Präsident von Interpol in den Jahren 1968-1972, Paul Dickkopf, war ein ehemaliger SS-Angehöriger, er hat nach dem Krieg mit anderen ehemaligen Offizieren das Bundeskriminalamt in Wiesbaden aufgebaut.

Wissen Sie, wer während des Krieges die Vorläuferorganisation von Interpol leitete? Kein geringerer als SS-General Reinhard Heydrich. Der damalige Hauptsitz der ›Internationalen Kriminalpolizeilichen Kommission‹ war Berlin-Wannsee.

In demselben Haus fand 1942 die berüchtigte Wannseekonferenz statt. Wenn man nun noch weiß, dass eine der vier Arbeitssprachen von Interpol Arabisch ist, und das bedeutet eine massive Dominanz arabischer Staaten angesichts der 182 Mitgliedsstaaten von Interpol, dann ist das alles sehr bedenklich, und diese Fakten lassen gewisse Schlussfolgerungen zu!

Ich sage es offen:

Faschismus bildete zusammen mit dem Islam schon immer eine unheilige Allianz gegen alles Jüdische. Ich erinnere nur an die rege Mitarbeit eines Mohammed Al-Husseini, Obermufti von Jerusalem. Von ihm stammt das Zitat:

›Was Hitler nicht gelang, werden wir vollenden‹.

Wussten Sie, dass er der Großonkel von Jassir Arafat gewesen sein soll? Ein gemeinsames Ziel, ein gemeinsamer Hass!«

Er blickte angespannt in die Runde seiner zehn engsten Mitarbeiter. Er wusste, dass er sich weit vor gewagt hatte. Aber er konnte seine Gedanken nicht länger für sich behalten. Es waren gute Leute, bewährte Leute. Persönlich von ihm ausgesucht. Geprüft auf Loyalität und Verschwiegenheit. Auf Letzteres setzte er nun.

»Ich habe gestern mit dem Polizeipräsidenten ein ausführliches Gespräch über diese Situation gehabt. Er sicherte mir volle Rückendeckung zu, da dies nicht das erste Mal ist, dass das BKA und somit alle Landeskriminalämter von Interpol nicht in vollem Umfang von konspirativen Operationen, die eindeutig krimineller Art sind, und die sich gegen bekannte Persönlichkeiten unseres Landes richten, informiert werden. Dies geht sicherlich nicht von höchster Stelle aus, wir vermuten vielmehr, die Informationen ›versickern‹ auf der mittleren Führungsebene. Der BKA-Präsident wird ebenfalls über diese Nachlässigkeit von Interpol informiert werden, und ich hoffe, dieser Konflikt wird zu einem Präzedenzfall.

Denn die Aufgabe und Funktion dieser Behörde besteht schlicht und ergreifend in der umfassenden Unterstützung der nationalen kriminalpolizeilichen Stellen. Und hier hat Interpol schon seit Jahrzehnten kläglich versagt – oder versagen wollen.«

Der letzte Halbsatz hing wie eine Drohung im Raum, wie eine Großoffensive gegen alle Halbwahrheiten, und es schien, die Atmosphäre in dem schäbigen Berliner Büro balle sich zusammen, wie die Gewitterwolken dieses schwülen Augustnachmittags.

Er wischte sich erneut den Schweiß von der Stirn, der nun in kleinen Bächen seine Schläfen hinunter rann.

***

Die Spannung in dem stickigen Büro war knisternd und dicht, und Dōr spielte nervös mit seinem Schwert. Er nahm als Einziger die Bosheit wahr, die sich jenseits der Gewitterwolken erhob.

Dieser Mann war sicherlich mutig, doch war er nicht auch leichtsinnig? War es nicht gefährlich, über Dinge zu sprechen, die der Wahrheit zu nahe kamen? Denn Wahrheit gehörte zum Bereich des Lichts, und wenn sie auf Lüge und Zwielicht traf, war Kampf unvermeidlich. Und dieser kleine, verlorene Planet im riesigen All war die Kampfzone. Es mutete lächerlich an. Doch das, was hier geschah, war in Wirklichkeit sehr viel bedeutender als das, was die meisten glaubten.

Aus diesem Grund war er gesandt – um der Wahrheit zum Sieg zu verhelfen. Um jene zu unterstützen, die bereit waren, die Wahrheit aufzurichten. Doch das konnte nur in menschlichen Herzen geschehen. Dōr verstand nicht, warum und wie, er wusste nur, dass dies so war. Wenn auch die Wahrheit oft mit Füßen getreten wurde, war sie doch mächtiger als jede Lüge, nicht, weil die Menschen so stark wären, sondern … Er wurde jäh aus seinen Überlegungen gerissen, denn ein gewaltiges Donnergrollen ließ die Glasfenster des Gebäudes vibrieren. Als sei dies ein geheimes Signal gewesen, formierten sich langsam, dann immer schneller unzählige dunkle Schatten, und bald hatte sich ein Drittel des Himmels verfinstert.

***

Auf einmal drehte sich alles in seinem Kopf. Eine Welle von Übelkeit, plötzlich und ohne jede erkennbare Ursache, durchlief ihn. Er musste sich setzen und atmete in regelmäßigen Atemzügen ein und aus. Ein und aus. Besorgtes Stimmengemurmel erhob sich:

»Herr Becker, ist alles in Ordnung mit Ihnen?« –

»Es ist einfach zu stickig hier, kein Wunder, dass der Kreislauf spinnt.«; »Sie arbeiten einfach zu viel, ruhen Sie sich einmal richtig aus«; »vielleicht sollten Sie einmal länger Urlaub nehmen.«

Mit schweißnassem Gesicht nahm er das alles zur Kenntnis und konnte nur nicken. Sabine Lange, seine Sekretärin, brachte ihm ein Glas Wasser, das er dankbar trank, während er sich noch einmal für eine letzte Ansage wappnete. Seine Stimme zitterte:

»Meine Damen und Herren, ich danke Ihnen aus ganzem Herzen für ihren beispiellosen Einsatz in den letzten Wochen. Dies ist in der Tat ein ungewöhnlicher Fall, und ich möchte Ihnen persönlich meine Wertschätzung für die vielen Überstunden ausdrücken, die geleistet wurden.«

»Offensichtlich«, er versuchte zu lächeln, »brauche ich selbst et-was Ruhe. Ich danke für Ihre Aufmerksamkeit und wünsche Ihnen allen ein ruhiges, erholsames Wochenende.«

Schnell verließen die Mitarbeiter das Büro, um noch vor dem zu erwartenden Unwetter bei ihren Familien zu sein.

Als er allein zurückblieb, noch immer von Übelkeit geplagt, musste er daran denken, dass *alles* an diesem Fall merkwürdig war.

Die Haltung und Stärke von Dennis Meyer, der, obwohl knapp dem Tod entronnen und weiterhin von Unbekannten bedroht, noch lächeln konnte. Die merkwürdigen ›Visionen‹, die er hatte. Das Geflecht von Halbwahrheiten und eisernem Schweigen, das ihm auf Schritt und Tritt begegnete, sobald er in diesem Fall recherchierte. Das ignorante Schweigen seiner Vorgesetzten, ja, der komplette Informationsstopp von Interpol, der auf seine Nachfrage angeblich von höheren Entscheidungsträgern legitimiert war.

Es war so absurd. Auf der einen Seite redeten alle von der Gefahr, die vom internationalen Terrorismus ausgehe, und ja, von offiziellen Stellen wurde zu einem entschiedenerem Kampf gegen Terrorismus in jeder Form aufgerufen.

Aber sobald man etwas Handfestes hatte, entglitt es einem wieder.

Auf einmal fühlte er sich sehr einsam.

So musste sich Don Quichotte gefühlt haben, als er allein gegen die Windmühlen kämpfte, dachte er bitter. Er war hilflos, erschöpft, und es wäre wohl das Beste, diesen Fall abzugeben.

Doch er kam nicht dazu, diesen Gedanken zu Ende zu denken, denn zu der Übelkeit gesellten sich bohrende Kopfschmerzen, die ihn endgültig davon überzeugten, nach Hause zu gehen.

***

Als sich auf der Erde ein einsamer Mann krampfhaft an seinen Stuhl klammerte, um einer Übelkeit zu entkommen, deren Ursache er nicht kannte, fing der Himmel an zu weinen.

Dicke Tropfen, die erst langsam, dann immer schneller zur Erde fielen, bedeckten rasch den grauen Beton der tristen Metropole. Sturzbäche ergossen sich von den Dächern der Häuser. Die Kanalisation konnte die Wassermengen nicht mehr fassen, so dass ganze Straßenzüge überflutet wurden und der abendliche Verkehr fast völlig zum Erliegen kam.

Als wenn dies nicht schon genug an Chaos wäre, peitschten nun orkanartige Windböen durch die Straßen der Metropole. Gewaltige Blitze zuckten zur Erde, dicht gefolgt von krachendem Donner, der in den engen Häuserschluchten widerhallte wie Artilleriefeuer.

Aber allein Dōr sah, dass mit dem Regen noch etwas anderes, Unsichtbares zur Erde fiel: Eine Macht, mit dem Verstand nicht wahrnehmbar:

Betäubung.

Betäubung für die Menschen dieser Stadt. Sie machte sich bemerkbar in Form von Vergesslichkeit, denkerischer

Ignoranz, Trägheit; als mangelnde Ausdauer und Schläfrigkeit. Vor allen Dingen machte es sie (je nachdem, wie stark der Wille des Einzelnen war), immun gegen die Wahrheit. Wenn sie bewusst dagegen ankämpften, dauerte es eine Weile, bis die Betäubung wirkte. Jene, die sich ihr sofort ergaben, aus Desinteresse oder Genusssucht oder Angst, schläferte sie sofort ein.

Doch alles in allem bewirkte dieser Geist eine Illusion:

Ein Zerrbild der Wirklichkeit, das es den Menschen ermöglichte, über Dinge hinweg zu sehen, die einfach zu bedrohlich waren. Eine Parallelwelt also, eine Flucht aus der Realität mit ihren Kriegen, ihrem Hass, ihrer Lüge. Alles wurde angenehm, zwar nicht besonders aufregend oder abwechslungsreich, aber angenehm.

Die Wirkung lag in dem Empfinden von subjektiver Sicherheit. Wohlgemerkt subjektiv, denn die tatsächliche Bedrohung konnte riesengroß sein, die Menschen nahmen sie nicht mehr wahr und fühlten sich sicher. Ein wenig wie ein Kuschelclub, sinnierte Dōr, in dem sich alle lieb hatten, die Welt heil war und nichts Böses eindringen konnte. Man ahnte, dass die Wahrheit möglicherweise etwas anders aussah, aber was war denn überhaupt Wahrheit? In allem steckte doch schließlich ein Körnchen Wahrheit! War dieses Gerede von Wahrheit nicht anmaßend und lächerlich?

In der Welt, aus der er kam, gab es jedoch einen Namen für diese Haltung: *Verblendung*.

Er wusste, wie stark *Betäubung* selbst für ihn war, denn jedes Mal, wenn er das verborgene Tor zur Welt der Menschen passierte, befiel ihn sofort diese lähmende Schwere, und er musste Kraft und Glauben aufwenden, um wieder in die Klarheit seines Geistes zurückzukehren.

So freute er sich jedes Mal, wenn er zurück ins *Ewige Reich* durfte. Dort sog er die Atmosphäre von Wahrheit und Licht ein, wie ein Verdurstender, der in der Wüste eine Quelle entdeckt. Ebenso stellte er dann fest, dass er viel weiter sehen konnte, als in der Menschenwelt, und auch besser hören.

Ja, in gewissem Sinn erneuerte sich sein gesamtes Wesen.

Er zuckte zusammen, als er eine Hand auf seiner Schulter spürte. Eine leuchtende Gestalt stand neben ihm in der Finsternis. Talmon, der Fürst des Nordens, lächelte ihn an. »Gerade bin ich aus dem äußersten Norden gekommen. Ich habe die Anweisung, dir beizustehen. Gegen das hier.«

Er deutete auf die Dunkelheit in weiter Entfernung vor ihnen, die in wellenartigen Bewegungen um ein Zentrum aus rotglühendem Feuer rotierte.

Er sah Dōr mit hellen Augen an, in denen eine andere Glut brannte. »Schalom. Wie freue ich mich, dich zu sehen,« rief Dōr voller Freude über den Besuch seines Bruders.

Wesensgleich mit ihm. Wächter des Lebens.

»Ich komme gerade vom Berg des geheimen Rates. Nicht wenige der Wächter sind besorgt. Denn die Zeiten auf der Erde werden dunkler. Ja, die Finsternis wird dichter. Der Feind, so sagen die Propheten, fordere nun das zurück, was ihm einst abgerungen wurde. Darum wurdest *du* auserwählt, Dōr. Denn du als Einziger bist ihm ebenbürtig.«

Dōr, der still zugehört hatte, sah mit den Augen ins Nichts. Er mochte es nicht, wenn seine Stärken so betont wurden. War sein Rang etwa sein Verdienst?

Nein, Eljon allein gebührt die Ehre dafür, dachte er aus ehrlichem Herzen, und sein Geist jubelte.

Talmon betrachtete ihn lächelnd.

»Siehst du den Mann dort unten durch die nächtlichen Straßen irren? Er hat auch einen Auftrag. Ein Mann, der nach Wahrheit dürstet. Ein *besonderer* Mann, jemand, der nicht so schnell aufgibt. Du sollst ihn beschützen und ermutigen. Das ist meine Anweisung vom *Geheimen Rat* für dich.«

Dōr spürte, wie ein sanftes Wehen für diesen Mann seinen Geist ergriff. Er wehrte sich nicht dagegen.

»Die Freunde meines Königs sind auch meine Freunde«, rief er laut und dröhnend in die ewige Stille hinein, während Kraft ihn erfüllte.

***

Becker war verzweifelt.

Mit gesenktem Kopf schleppte er sich durch die nächtlichen, regennassen Straßen Berlins. Heute Abend spürte er stärker als sonst die Verantwortung, die er trug, das Wissen, durch seine Ermittlungen Leute aufgeschreckt zu haben, die in Ruhe gelassen werden wollten. Und weil er sie nicht in Ruhe ließ, wurden sie gefährlich. Zu gefährlich und zu mächtig für einen kleinen Berliner Kriminalbeamten. Er gefährdete mit seinem Instinkt und seinem Empfinden für Gerechtigkeit nur die, die er liebte. Nicht nur Dennis, für den er beinahe väterliche Gefühle entwickelt hatte.

Auch seine Frau. Er spürte, dass sie es auf ihn abgesehen hatten. Und somit auf Helga. Er hatte Angst.

Zitternd vor Schwäche steckte er den Schlüssel ins Schloss und öffnete die Tür.

Als er das Trümmerfeld erblickte, das einmal seine Wohnung gewesen war, sank er auf die Knie. Trotz seiner Vorahnungen traf ihn dies hier unerwartet, wie ein gezielter Hieb in den Magen.

Sie hatten ganze Arbeit geleistet.

Einige Minuten kniete er auf dem Boden, unfähig, sich zu bewegen, und betrachtete mit weiten Augen das Chaos.

Dann erhob er sich, widerwillig fast, und hastete mit entsicherter Waffe durch jeden Raum. In seinem Arbeitszimmer hatten sie am schlimmsten gewütet. Aktenordner waren von den Regalen gerissen, lagen halb am Boden, und eine zwei Zentimeter dicke Schicht aus Zeitungsartikeln und Personalakten bedeckte den Boden. Gut, dass Helga bei ihren Eltern ist, schoss es ihm durch den Kopf.

Glücklicherweise hatte er die wichtigsten Dinge in einem Safe im Keller verwahrt. Vor allem das Video, das ihm erst vor Kurzem von einem Kontaktmann von Interpol übergeben worden war. Es war ihm ein großes Rätsel, wie Dennis es gesehen haben konnte.

Dann war da noch ein dicker Aktenordner über diese kleine terroristische Splittergruppe, die sich Ende der 70-Jahre im Schatten von Jassir Arafats Geheimdiensten zu formieren begann. Sie nannten sich *ArmDesJihad*.

Natürlich hatte er sowohl vom Video wie auch von den Akten Kopien in seinem Büro.

Er stürzte die Kellertreppe hinunter. In der hintersten Wand, dort, wo der Safe sein sollte, klaffte ein Loch.

Nun *wusste* er, dass sein Leben bedroht war.

12

Tränen überströmt lag Esther in ihrem Bett. Sie wusste nicht, wie lange sie geweint hatte. Es mussten Stunden gewesen sein, denn in ihr Zimmer schien keine Sonne mehr. Wellen des Schmerzes rollten über ihre wunde Seele hinweg.

Sie weinte um Dennis, denn endlich, nach Jahren der Verleugnung, in denen sie den Lügen ihres Verstandes geglaubt hatte, erkannte sie, dass sie ihn tatsächlich geliebt hatte. Auf ihre Art vielleicht und bestimmt nicht vollkommen. Aber es war Liebe. In Tiefen, die ihr selbst nicht bewusst waren. Doch sie hatte ihn weggeworfen wie ein schmutziges Handtuch, das man zu lange benutzt hatte; bei diesem Vergleich lächelte sie bitter, gefolgt von einem weiteren Weinkrampf.

Sie weinte aus Scham darüber, wer sie wirklich war. Ihr Egoismus, ihre Arroganz und ihre Ungerechtigkeit waren das unheilige Tribunal, dem sie jetzt gegenüberstand, und diese drei sprachen sie schuldig. Mit vollem Recht. Sie hatte Dennis angeklagt und verachtet.

Verachtet, weil er frei war, sie nicht. Sie hatte ihn beneidet, dass er mit dem Leben klar kam. Und aus Eifersucht gehasst. Das war der eigentliche Grund ihrer Nörgeleien, ihrer Unzufriedenheit.

Und als Krönung des Ganzen machte sie ihn für ihre Bitterkeit verantwortlich. Und hatte ihn in ihrem Herzen schon tausendmal gemordet.

Denn er war gesund, sie fühlte sich krank. Er war stark,

sie fühlte sich schwach. Er war intelligent, sie fühlte sich dumm. Er sah gut aus, sie war hässlich. Und er konnte lieben, sie jedoch nicht. Ja, mehr noch:

Sie zu lieben, obwohl sie ein Nichts war.

Diese tiefste aller Demütigungen konnte sie ihm niemals verzeihen. So war sie zur Verräterin geworden, hatte ihm ihr Herz verschlossen, weil sie so unglaublich feige war.

Lange starrte sie an die dunkler werdende Zimmerdecke.

Dann wusste sie, was sie zu tun hatte.

Ihr Vater hatte Recht gehabt.

Es gab keine höhere Macht, und es gab keinen Ausweg für sie.

Sie hatte den Tod verdient!

Langsam und bedächtig stand sie auf. Sie ging zum Waschbecken, füllte ihr Glas mit Wasser und schlüpfte wieder unter die Bettdecke. Sie hatte einen Vorrat an starken Beruhigungstabletten.

Für alle Fälle, hatte der Arzt gesagt. Es waren an die vierzig Stück. Sie schüttete alle in das Glas. Geduldig wartete sie fünf Minuten, dann rührte sie mit der Zahnbürste um.

Sie trank es aus. In gierigen, hastigen Schlucken, mit Tränen in den Augen. Sie legte sich ins Bett.

Wartete auf die Wirkung des Giftes.

Minuten, Stunden?

Sie wusste es nicht. Ihr wurde merkwürdig kalt.

Aber es ist eine angenehme Kälte, dachte sie.

Ist schon komisch, was man so kurz vor dem Tod erlebt, schmunzelte sie, denn ihr fiel der Anfang eines Kinderliedes ein, das sie einmal gehört hatte:

Weil ich Jesu Schäflein bin, freu ich mich nur …

Sie wurde steif, dann ergab sich ihr Bewusstsein dem Gift.

Und so dämmerte sie in tiefer Nacht ihrer Erlösung entgegen.

Aber es gab keine Erlösung! Sie wurde in eine tiefe Grube gezogen, und wusste, da war kein Entrinnen!

Immer stärker wurde der unheimliche Sog, gleich einem gewaltigen Meeresstrudel. Fetzen von Bildern tauchten auf:

Ihr Vater, an dem Kronleuchter im Zimmer ihrer Eltern baumelnd, seine Augen waren gebrochen, aber sein Körper zitterte in Krämpfen … sie selbst wand sich krümmend auf einem Holzboden … sie war drei Jahre, als ihr Vater sagte, Mama ist jetzt im Himmel, sie verstand nicht und starrte ihn mit großen Augen ängstlich an … Ein Unfall. Ein Autounfall? Ein Anschlag? – sagte der Polizeibeamte … Trauer, namenlose Trauer über ein gestohlenes Leben, über ein wert-loses Leben, über ein weggeworfenes Leben. Stille und Dunkelheit. Stimmengewirr. Laute, gellende Stimmen; Höhnisches, unheimlich bekanntes Lachen, so nah, so grauenhaft nah … Eiskalte Furcht zerquetschte ihre Seele wie ein lästiges Insekt; würgende Angst. Gierige Hände, die nach ihr griffen … dieses alberne Kinderlied … ***Weil ich Jesu Schäflein bin.***

Urplötzlich wurde ein Vorhang zerrissen, eine Hand flammte auf zwischen dem Abgrund und ihr.

Strahlendes Licht entzündete die tote Luft.

Das Feuer ging von der Hand aus, würde sie später sagen.

Doch jetzt wusste sie nur, dass die Hand ihren Fall beendete und den Himmel aufriss. Sie kicherte wie ein kleines, ausgelassenes Mädchen. Friede und nie gekannte Unbeschwertheit erfüllten sie.

Durch einen Schleier sah sie ihren Körper auf dem Krankenbett liegen. Tot und empfindungslos. Sie sah Ärzte und Schwestern, die verzweifelt versuchten, sie wieder zu ›beleben‹. Aber sie war doch lebendig! So lebendig wie nie! Sie kicherte. Dann stand sie auf einem hohen Berg. Die Sonne strahlte vom blauen Himmel, und Blumen drängten sich zart um ihre nackten Füße.

Es schien fast, als verbeugten sie sich vor ihr.

Esther stand gekrümmt, aber das war ihr egal. Sie wusste nur, dass sie so glücklich war, wie noch nie in ihrem Leben.

Leichtigkeit erfüllte sie. Sie hatte keine Ängste, keine Sorgen.

Sie war vollkommen – frei!

Dann sah sie diese wunderschönen Füße.

Der Gedanke, dass Füße schön sein könnten, erheiterte sie so sehr, dass sie laut auflachte. *Wie Golderz schimmernd in einer noch taubedeckten Wiese*, dachte sie. Woher wusste sie, wie so etwas aussah?

Eine Hand berührte sie. Die Hand, die sie gerettet hatte!

Feuer ergriff ihren Körper, Wellen von Kraft und Licht umflossen sie. Die Wellen stiegen höher und höher um sie, und bald war sie so durchdrungen von Herrlichkeit, dass sie taumelte und dachte, keine weitere Sekunde mehr ertragen zu können.

Als spüre er es, nahm er seine Hand von ihrer Schulter. Zitternd blickte sie auf und sah ihm ins Gesicht.

So sah sie ihn zum ersten Mal in ihrem Leben.

Seine Schönheit machte sie sprachlos. Sie sah Güte und Strenge in einer solchen Reinheit, dass sie sich fühlte wie eine Bettlerin.

Ja, dass so etwas Kühnes und doch Erbarmendes überhaupt möglich war, darüber jubelte ihr Herz.

Sie fiel zu Boden und verspürte den kindlichen Drang, zu trinken: *HEILIGKEIT.*

Sie verstummte und gab sich hin. Als sie ausgestreckt vor ihm lag, durchströmte pure Freude ihr Herz. Liebe, nie gekannt, nicht erträumt und nicht erhofft, belebte sie.

»Der Geist Eljons ruht auf mir …«

Sie wusste nicht, was sie redete.

Das Gesicht über ihr drückte so viel Zärtlichkeit aus, dass die Heilung ihres Herzens in diesem Augenblick begann.

Dann sprach der *König*, und gebannt lauschte sie seinen Worten. Wie das Rauschen mächtiger Wasser, so klang seine Stimme:

»Verzeih, meine Prinzessin. Aber du kannst hier nicht bleiben. Es kommt die Zeit, da wirst du immer bei mir sein! Auf der Erde gibt es Menschen, denen du sehr viel bedeutest. Und auch sie liebe ich.«

Er beschenkte sie mit dem strahlenden Lächeln eines Vaters, der voller Entzücken seine einzige Tochter betrachtet.

»Denn wie sollte ich nicht wollen, dass ihr euch liebt, ich, der ewige Urgrund aller Liebe?« Er blickte sie an, aus flammenden, grünen Augen.

Sie zitterte vor Glück. Verwirrt senkte sie den Blick.

»Ich verrate dir ein Geheimnis: Je mehr du suchst, je mehr wirst du finden. Denn auf *mich* wartet dein Volk immer noch.«

***

Auf der Erde, neben einem Krankenbett, schrie eine junge

Krankenschwester laut auf: »Nein, Doktor, geben Sie nicht auf! Geben Sie ihr noch einen Stoß!«

Ärgerlich sah der Arzt auf, der gerade die Elektroden vom leblosen Körper entfernen wollte, und verlegen senkte sie den Kopf.

»Nun, tot ist tot, und seit fünfzehn Minuten sehe ich hier eine Nulllinie! Der Hirntod ist vor mindestens zehn Minuten eingetreten. Und selbst wenn sie wider Erwarten leben sollte, würde sie für immer pflegebedürftig sein. Das ist doch lächerlich. Was denken Sie eigentlich, wo wir hier sind. Bei einer Lottoziehung? Sie vergessen, wer Sie sind!«

Aber da er ein guter Arzt war, der sich insgeheim über den Eifer der Schülerin freute, lud er noch einmal den Defibrillator und schickte einen letzten Stoß durch die nackte, verkabelte Brust.

Leise, und doch deutlich fing das Herz von Esther Sarah Stein an zu schlagen.

Ungläubig starrte der Arzt auf den Bildschirm, dann auf die Krankenschwester in Ausbildung, Heike Müller. Nachdem er die üblichen Anweisungen zur Stabilisierung des Kreislaufs gegeben hatte, trat er zu dem Hocker in der Ecke, auf dem die junge Frau mit bebenden Schultern saß.

Der 60-jährige Mediziner sah sie mit warmen Augen an.

»Ich danke Ihnen, dass sie mich vor einer großen Dummheit bewahrt haben. Und ich danke Ihnen, dass Sie mit Ihrem Mut das gezeigt haben, was viele meiner Kollegen, mich eingeschlossen, in unserem modernen Medizinbetrieb schon längst vergessen haben«, er lächelte fast entschuldigend, »vergessen wollten. Es gibt eben Dinge, die wir nicht begreifen können, und das Leben springt dem Tod manchmal doch noch von der Schippe. Aber hatten Sie das im Gefühl, dass die Patientin noch nicht tot war, oder was veranlasste sie, einem erfahrenen Arzt«, hier schmunzelte er, »zu sagen, was er zu tun habe?«

»Sehen Sie«, erwiderte die Schülerin, die sich wieder im Griff hatte, »ich bin gläubig. Und ich habe Kontakt mit einer«, jetzt lächelte sie fast schüchtern, »höheren Realität. Ich habe für die Patientin um Gnade gebeten und daher die Hoffnung, dass mein Gebet erhört werden wird, auch wenn das in Ihren Ohren vielleicht albern klingt.«

»Nun, im Moment finde ich gar nichts mehr albern«, lachte der Arzt.

***

Die unsichtbare Anwesenheit eines Offiziers aus der *Armee des Adlers* nahm niemand wahr.

Doch der junge Krieger lächelte versonnen, als er Heike zuhörte, und in seinen Augen glitzerte es verdächtig. Jedenfalls war er seinem Befehlshaber treu ergeben und erstattete ihm genauen Bericht:

Nachdem sie auf die Intensivstation verlegt worden war, wurde ihr Magen ein weiteres Mal durchgespült. Schon drei Tage nach dem Hirntod konnte sie wieder selbstständig atmen, und die Ärzte schalteten das Beatmungsgerät ab. Nach sechs Tagen im Koma und einer weiteren Stabilisierung wurde sie wieder in ihr altes Zimmer verlegt.

Am siebten Tag wachte sie auf.

***

Als Esther die Augen aufschlug, verlangte sie ein Glas Wasser, das sie in einem Zug leer trank. Als zweites fragte sie nach einer Ausgabe des ›vergessenen Buches‹, wie sie es nannte, was die Schwestern etwas verwirrte. Dann schlief sie wieder ein.

Am nächsten Tag kam ihre Mutter sie besuchen. Sie

wirkte irritiert, denn sie war anscheinend nicht darauf vorbereitet, dass das Gesicht ihrer Tochter vor Glück strahlte. Esther hingegen konnte es nicht erwarten, ihrer Mutter von dem Erlebten zu erzählen, doch sie fühlte sich zu schwach, und so kam es nicht dazu.

Am nächsten Tag kamen der Oberarzt und die Stationsschwester zu einer Visite. Der Arzt meinte, es ginge ihr schon erstaunlich gut, alle Blutwerte wären fast wieder normal, und wenn sich ihre Genesung weiterhin so gut entwickelte, könnte sie in einer Woche für einen Tag aus dem Krankenhaus entlassen werden. Er lächelte ihr väterlich zu und verließ das Zimmer.

Nachmittags klingelte das Telefon. Ihre Mutter.

»Esther, wenn du willst, können wir uns für den Tag deines Ausganges treffen und in ein Café gehen, um uns ein bisschen zu unterhalten. Ich habe mit dem Chefarzt gesprochen, und er ist sehr zufrieden mit deiner Genesung – zumindest, was deine körperliche Gesundheit angeht. Ich würde dich dann nächsten Dienstag um zehn Uhr vormittags abholen, und wir fahren in die Stadt.«

Sie hielt das für eine erstklassige Idee.

13

Müde und zerschlagen fiel Becker ins Bett, nachdem er mit Helga telefoniert und die Polizei verständigt hatte. Es würde alles gut werden, hatte er ihr versprochen, und dabei versucht, so überzeugend wie möglich zu wirken.

Am nächsten Tag erwachte er ausgeruht. Das Leben ging weiter. Nachdem er eine Runde gejoggt war, erreichte er sein Büro um neun Uhr.

Der Polizeipräsident hatte ihm eine Mail geschickt:

Er bedauere den Einbruch von gestern Nacht und sagte ihm für seine Ermittlungen im Fall Meyer jede notwendige Unterstützung in Form von Spezialisten und Finanzen zu. Dann stand da noch: … *ich habe vollstes Vertrauen zu dir, und grünes Licht von ganz oben, den Einsatz aller exekutiven Mittel, die dir notwendig erscheinen sollten, zu autorisieren. Du hast also für deine Ermittlungen volle Rückendeckung von oberster Stelle.*

Das war ein Freischein für fast alles. Offenbar sorgte dieser Fall jetzt schon in den obersten Etagen für einige Unruhe.

Kaffeeduft zog durch die Etage.

Bevor er sich allerdings einen Kaffee sichern konnte, rief das Krankenhaus an und teilte mit, Dennis könne morgen unter der Auflage regelmäßiger, wöchentlicher Nachuntersuchungen aus dem Krankenhaus entlassen werden.

Becker war erfreut und besorgt zugleich. Erfreut, denn er war froh, dass es Dennis besser ging, besorgt, da er nun nicht mehr so leicht zu schützen sein würde wie im Zimmer eines Krankenhauses.

Er griff zum Telefon und erklärte Klaus Heberling, dem Chef der zivilen Personensicherung, die neue Situation. Er wies ihn an, seine fünf Männer genauestens zu instruieren und auch die kleinste Auffälligkeit zu melden. Als erste Maßnahme solle die Wohnung von Dennis, die noch immer polizeilich versiegelt war, noch einmal gründlich durchsucht werden.

»Nach Bomben, Wanzen, Fingerabdrücken, nach allem Ungewöhnlichen«, sagte er. »Auch wenn du mich für paranoid hältst, aber diese Islamisten haben überall Helfershelfer.«

Am Nachmittag rief Klaus ihn zurück.

»Ich weiß nicht, wie sie es gemacht haben, oder warum, oder wer, aber wir haben zwei Wanzen in seiner Wohnung gefunden. Eine in der Holzvertäfelung des Esszimmers und eine in der Fassung der Tischlampe im Arbeitszimmer.

Allerdings eine so gute Qualität, dass man auch das leiseste Geräusch aus dem Schlafzimmer hören würde. Neueste russische Produktion von 2007. Und mit Sicherheit kann ich sagen, dass die Wanzen *vor* der polizeilichen Versiegelung installiert wurden. An-scheinend haben unsere Leute geschlampt und sie bei einer ersten Hausdurchsuchung, nach den Schüssen auf Dennis, nicht entdeckt.«

Er fluchte, und knallte den Hörer aufs Telefon.

***

Der Tag versprach, sonnig zu werden. Esther fühlte sich gut. Die Untersuchungen der letzten Woche hatten eine stetige Verbesserung ihres Zustandes ergeben, und sie freute sich auf die Zeit mit ihrer Mutter. Sie pfiff ein Lied, während sie sich ein luftiges Sommerkleid anzog, dunkelblau, mit weißen, dezenten Blümchen.

Pünktlich um zehn Uhr holte Mutter sie ab. Der Tag

war so, wie er sich angekündigt hatte. Wolkenlos und sonnig. Sie fuhren in dem schwarzen BMW Cabrio ihrer Mutter mit offenem Verdeck durch schattige Alleen und gelbe Rapsfelder. Die Landschaft war hügelig hier im Osten von München, und an einem klaren Tag wie diesem konnte man gut die Alpen sehen. Majestätisch und mit einzelnen weißen Gipfeln begrenzten sie kühn die Weite des Horizonts. Die Morgensonne ruhte warm auf der Landschaft, und friedlich glitten die Dörfer und Weiler an Esthers wachen Augen vorbei. Sie konnte sich einfach nicht sattsehen an dem kräftigen Gelb und satten Grün der Felder sowie den bunten Röcken der Bäume. Aus den Wäldern, die die Sonne noch nicht erreicht hatte, stieg Nebel empor, und der kräftige Geruch von feuchter Erde, hier und da vermischt mit dem scharfen Geruch von Gülle, belebte ihre Sinne.

Gerade fuhren sie durch einen Weiler, und ein kleines Mädchen stand auf dem kiesbedeckten Rondell eines Bauernhofs und zog eine Katze am Schwanz. Die Katze schien es gewohnt zu sein, denn sie protestierte nur kurz, um nach wenigen Sekunden dem Mädchen um die Beine zu streichen. Liebevoll nahm die Kleine die Katze auf den Arm.

Schon waren sie vorbei, nur um abrupt bremsen zu müssen, weil zwei vielleicht zwölfjährige Buben in einer Hofeinfahrt Fußball spielten, und einer von ihnen den Ball nicht gehalten hatte.

Mit einem verlegenen Seitenblick auf die Fahrerin lief er auf die Straße, um ihn zu holen. Ihre Mutter schimpfte laut und hupte, obwohl es ja keine Absicht gewesen war.

Esther lächelte nur, und nickte dem Jungen aufmunternd zu.

Nach einer weiteren halben Stunde waren sie in dem hübschen Café in Tutzing, am Starnberger See angelangt. Die Dachterrasse mit einer herrlichen Aussicht auf das

Karwendelgebirge war um diese Zeit noch recht leer, und so schlürfte Esther entspannt an ihrem Café Latte; ihre Mutter nippte an einem Cappuccino mit einem Schuss Kaffeelikör.

»Erzähl mal, wie war das mit deiner Schlafmittelvergiftung – das war es doch, oder?«, begann ihre Mutter etwas unterkühlt das Gespräch, fand Esther.

»Judith, ich war tot und bin ins Leben zurückgesandt worden«, sprudelte es aus ihr heraus, »ich wollte mich umbringen wegen der Sache mit Dennis und den Fehlern, die ich gemacht habe, deswegen habe ich die Tabletten genommen. Als ich den Tod schon spürte, bekam ich auf einmal Panik, und dann war da ein Strudel, der mich immer tiefer ins Dunkel zog, es war grauenhaft.

Meine ganze Lebensgeschichte lief vor mir ab, nur die wichtigen Dinge. Und ich weiß nicht warum, aber ich sang die ganze Zeit ein christliches Kinderlied, verstehst du das? Doch plötzlich war da eine Hand unter mir, die mich aus einem Strudel gezogen hat, eine riesige Hand Judith, riesig; ich habe nie gedacht, dass es so etwas gibt. Sie riss die dunklen Wolken zur Seite wie einen Vorhang, der aufgezogen wird, und ich sah das hellste Licht, das ich je gesehen habe. Dann war ich auf einem hohen Berg, gewaltig und wunderschön. Es war eine – eine heilige Atmosphäre auf diesem Berg. Und dann erschien mir die Person, deren Hand mich gerettet hat. Es war … er war … «

Sie suchte nach Worten. Die Erinnerung überwältigte sie. Tiefe Dankbarkeit erfüllte sie, und sie brachte kein Wort mehr heraus.

Schließlich sagte sie leise: »Es war das Schönste, was ich jemals erlebt habe. Ich kann, ich darf ihn nicht beschreiben. *Er* war der *Messias.*« Hatte das wirklich *sie* gesagt? Das war doch so etwas wie Gotteslästerung. Ängstlich sah sie zu ihrer Mutter.

Judith blickte sie mit kalter Verachtung an.

»Esther, Kleines, du erwartest doch wohl nicht, dass ich dir diesen Schwachsinn abnehme. Dieser idiotische Glaube an einen Messias deines … unseres Volkes ist doch komplett absurd. Wo war denn dieser angebliche Messias, als Millionen von uns in den Lagern vergast wurden? Kannst du mir das erklären?«

Triumphierend sah sie Esther ins Gesicht.

»Ich sage dir, was du erlebt hast. Ich habe so etwas schon ein paar Mal erlebt. Kurz vor dem endgültigen Tod überfluten körpereigene Drogen, Adrenalin, Dopamin und Endorphine dein Gehirn. Das ist ein körpereigenes Betäubungsprogramm, welches das Grauen des Todes erträglich machen soll. Und da dieser Mix aus Schlafmitteln und Psychopharmaka, die du noch immer im Blut hattest, zusätzlich heftige Halluzinationen auslöst, ist es nicht weiter verwunderlich, was du da erlebt hast. Lediglich deine Schlussfolgerung ist etwas übereilt, finde ich.«

Esther war sprachlos. Beschämt blickte sie zu Boden. Etwas in ihr wehrte sich entschieden gegen diese nüchterne Analyse. Sie wusste, dass Judith *nicht* recht hatte, nicht recht haben durfte, sie wusste, dass das, was sie erlebt hatte, real war und kein Traum, sie wusste, dass sie tot gewesen war. Sie hatte sich doch selbst auf dem Bett gesehen! Oder? Vor lauter Hilflosigkeit fing sie an zu weinen. In diesem Moment erkannte sie, wie weit sie sich von ihrer Stiefmutter entfernt hatte, und wie viel von ihrer leiblichen Mutter in ihr war, wie viel von ihrem Vater. Aber dann würgte sie entschieden ihre Tränen herunter. Diese Frau, die nicht ihre richtige Mutter war, sollte sie nie wieder weinen sehen. Nie wieder!

Wie hatte ihr Vater *diese* Frau heiraten können?

Sie spürte, dass es ein Geheimnis geben müsse, etwas, was sie noch nicht verstanden hatte. Warum ihr liebevoller, wunderbarer Vater eine so kalte, zynische Person hatte heiraten können.

Als der Gedanke, spitz wie eine Nadel, in ihr Bewusstsein stach, Judith könnte durch ihre Gefühlskälte Anteil am Selbstmord ihres Vaters gehabt haben, schwindelte ihr so sehr, dass sie sich am Stuhl festklammern musste.

»Schatz, man sieht doch, dass es dir noch nicht gut geht, du sitzt ganz verkrampft auf deinem Stuhl«, hörte sie eine tonlose Stimme, »vielleicht sollten wir besser fahren, es ist alles zu anstrengend für dich. Ich hätte daran denken müssen.«

»Mir geht es gut, und es ist auch nicht zu anstrengend!«

Als sie es trotzig hinausgeschrien hatte, fühlte sie – wie zur Bestätigung – eine Kraft in ihrem Inneren, etwas Ruhendes inmitten des Aufruhrs ihrer Seele.

»Ich hatte nur nicht mit dieser abweisenden Reaktion von deiner Seite gerechnet!«

Herausfordernd hob sie den Kopf.

»Was ist eigentlich mit dir los?«, fauchte Judith.

»Ich habe dir nur ganz klar erklärt, wie ich die Sache sehe, und dass du etwas durcheinander bist, was doch nur allzu verständlich ist! Jeder, der so knapp am Tode vorbeikommt, spricht erst einmal von einem Wunder. Deswegen musst du mich nicht gleich so anfahren. Ich bin deine Mutter, und ich verbitte mir diesen Ton!«

Esther atmete tief ein. Es hatte ja keinen Sinn, sich hier mit ihrer Stiefmutter zu streiten, sie konnte nicht nachvollziehen, was in ihr vorging. Sie fragte sich nur, warum sie diesen Teil von Judiths Persönlichkeit jetzt so klar erkannte und früher nicht. Wenn es sein muss, kann auch ich eine Maske aufsetzen, sagte sie zu sich selbst.

»Vielleicht hast du Recht«, sagte sie langsam.

»Es tut mir leid, wenn ich etwas ungehalten reagiert habe.«

Judith nickte versöhnlich.

»Allerdings würde mich noch eine Sache interessieren, über die ich im Krankenhaus länger nachgedacht habe. Es geht für mich um meine Familiengeschichte, verstehst du?«

Judith lächelte nachsichtig.

»Ich war damals noch ein Kind. Weißt du, wie meine Mutter wirklich ums Leben gekommen ist? Papa hat nur erzählt, dass sie bei einem Autounfall nach einer Vortragsreise in den Alpen tödlich verunglückte. Damals war ich eineinhalb.«

Das Lächeln ihrer Stiefmutter erlosch, und ihr Gesicht wurde zu einer undurchdringlichen Maske.

»Was hast du davon, solche Dinge zu wissen?«, fragte sie barsch. »Manchmal ist es besser, die Vergangenheit ruhen zu lassen. Es muss eine schlimme Zeit für ihn gewesen sein. Seit damals hatte er Depressionen. Ich glaube, er hat ihren Tod nie wirklich verkraftet.«

Sie wirkte ehrlich besorgt.

»Aber du bist schließlich auch meine Tochter«, säuselte sie, »und ich erzähle es dir. Jedes Kind hat ein Recht auf die Wahrheit. Ich muss nur kurz auf die Toilette, dann sage ich dir alles, was ich weiß.«

Esther nickte verbissen. Sie spürte, wie der Schmerz wieder hervorbrechen wollte, doch diesmal würde er sie nicht überwältigen.

Sie hatte Judith niemals erzählt, was sie entdeckt hatte, als sie zehn Jahre alt war, im letzten Sommer vor Papas Tod.

Sie erinnerte sich, als wäre es gestern gewesen:

Es war schon spät an diesem heißen Tag. Sie hatten Schulferien, und sie spielte mit den Nachbarkindern Verstecken. Dann kam sie auf die tolle Idee, auf den Dachboden zu klettern. Da könnten die anderen lange suchen! Der Dachboden war ein großer, nicht renovierter Raum, in dem überall Spinnweben hingen und Kartons mit Büchern, und viel Gerümpel. Richtig abenteuerlich eben.

Und so war es auch. Die Zeit verging, sie hörte ihre Freunde rufen, und da sie sie ja sowieso nicht finden würden, stöberte sie in den Kisten und alten Sachen herum.

Es war aufregend, und sie fühlte sich wie eine richtige Entdeckerin. Plötzlich hielt sie ein kleines handgeschriebenes Buch in der Hand. Vaters altes Tagebuch. Sie hatte ihn früher oft darin schreiben sehen, aber seit sie etwa sieben war, war es plötzlich verschwunden. Einer Eingebung folgend, suchte sie nach einem bestimmten Datum:

25. Januar 1980
Mein Herz ist zermalmt. Wenn es einen Schöpfer gibt, warum zeigt er sich mir nicht? Ich fühle mich wie Hiob aus unseren heiligen Schriften. Doch im Gegensatz zu ihm kann ich nicht glauben. Ich habe noch nie Glauben besessen.
Heute ist es eine Woche her, dass meine geliebte Sarah bei einem tragischen Unfall ums Leben kam. Wie sehr ich sie vermisse. Sie war die beste Ehefrau und die beste Mutter für meinen kleinen Engel, den ich mir wünschen durfte. Doch ich darf nicht undankbar sein. Ich muss weiterleben und stark sein, für meine kleine Esther. Heute rief die Polizei an. Die Untersuchungen zum Unfallhergang sind abgeschlossen:
Sarah war viel zu schnell für diese Witterung gefahren.
Es war in dieser Nacht eisglatt gewesen, und auf der kleinen Gebirgsstraße in Österreich, die sie als Abkürzung benutzt hatte, war nicht gestreut worden. Darauf wurde auch auf einer Beschilderung hingewiesen.
Man hatte zwar keine Bremsflüssigkeit mehr im Wagen entdeckt, doch dies sei normal bei solch außerordentlichen Krafteinwirkungen. Immerhin war der Wagen 50 Meter einen steilen Hang hinab gestürzt.
Oh Sarah, Liebling, wie kann ich nur jemals eine ebenso gute Mutter wie dich für unsere Esther finden!!!
Hilf mir, weiterzuleben!

Dieser Text hatte sich für immer in ihr kleines Herz gebrannt, und oft hatte sie ihn flüsternd im Bett wiederholt, wenn sie nicht einschlafen konnte.

Später an diesem Tag hatte ihre Stiefmutter sie gefragt, warum sie denn so bedrückt aussehe. Etwas hatte Esther damals davon abgehalten, ihr den wahren Grund zu verraten.

Judith kam zurück. Sie wirkte angespannt. Als hätte sie intensiv über etwas nachgedacht, wäre aber zu keinem zufriedenstellenden Ergebnis gekommen.

»Nun Esther«, sagte sie, als sie sich setzte, »da gibt es nicht viel zu erzählen. Dein Vater sagte mir, der Unfall passierte in der dritten Januarwoche 1980. Deine Mutter war auf dem Rückweg von einer Vortragsreise in Österreich auf einer Passstraße ins Schleudern geraten. Sie fuhr viel zu schnell, es war spiegelglatt, und es war nicht gestreut gewesen, sagte dein Vater. Sie durchbrach die Fahrbahnbegrenzung, und das Auto stürzte fünfzig Meter in die Tiefe. Es war nur noch ein Haufen Schrott.«

»Mehr nicht?«, fragte Esther leise.

»Mehr nicht«, antwortete Judith bestimmt.

Sie schwiegen eine Weile, und Esther spürte, wie die Luft langsam kühler wurde.

»Wie du weißt, hatte dein Vater die Angewohnheit, Tagebuch zu schreiben, und ich räume gerade das Haus auf. Du hast es nicht zufällig irgendwo gesehen?«, fragte Judith unvermittelt. »Dein Vater hatte früher viel darin geschrieben, vermutlich auch das mit dem Unfall.«

»Es lag doch immer auf dem Speicher und verstaubte, liegt es dort nicht mehr?«, fragte Esther zurück.

»Du hast es also nirgendwo gesehen?«, fragte Judith.

War diese Frage ein Zufall?

Entschieden schüttelte sie den Kopf und schaffte es, dabei nicht rot zu werden.

Das Gespräch nahm eine ungute Wendung, und schnell wechselte sie das Thema.

»Du hast mir noch nie erzählt, wie du Vater genau kennen gelernt hast«, sagte sie mit fester Stimme.

Sie wollte die Stiefmutter provozieren, nur ein bisschen.

Ich durchschaue dich langsam, dachte sie, ich sehe in deinen Augen die Angst und die Furcht vor der Wahrheit.

Vielleicht hatte dieselbe Furcht sie früher davon abgehalten, genauer die Beziehungen in der Familie zu betrachten, vielleicht war sie auf krankhafte Art abhängig gewesen von Judith und hatte lediglich Angst vor Ablehnung gehabt, obwohl sie immer schon mehr wahrgenommen hatte, als sie sich eingestehen wollte.

Sie betrachtete diese Frau, die ihr so schnell so fremd geworden war zum ersten Mal mit anderen Augen.

Mit den Augen einer erwachsenen Frau.

Judith war schön, ohne Zweifel. Obwohl sie dreiundfünfzig war, war sie schlank und hatte eine gute Figur. Ihre Oberweite war üppig, und selbst wesentlich jüngere Männer drehten sich auf der Straße nach ihr um. Ihre langen und tiefschwarzen Haare fielen fließend über ihre schmalen Schultern. Ein fein gezeichnetes Gesicht und das ausdrucksstarke Kinn verrieten Willensstärke.

Rehfarbene Augen und volle, wohlgeformte Lippen rundeten das Bild ab. Esther hatte schon damals verstanden, warum sich ihr Vater in sie verliebt hatte. Wie er sie hatte *lieben* können, blieb ihr nach wie vor ein Rätsel.

Das einzige, was nicht zu dem Gesicht passte, waren die Augen. Sie konnten leidenschaftlich blicken, zärtlich und schutzsuchend, und doch:

Immer wenn sich Judith unbeobachtet gefühlt hatte, war ihr die Kälte in diesen Augen aufgefallen. Eine Eiseskälte, die sie innerlich zum Frieren brachte und stets daran hinderte, ihr vollkommen zu vertrauen.

Etwas Unbekanntes empfand sie in solchen Augenblicken, etwas furchteinflößendes, etwas, das sie nicht fassen konnte.

Und manchmal – zuletzt immer dann, nachdem sie mit Vater geredet hatte – hatte sie diesen spöttischen, ja, verachtenden Zug um Judiths Lippen bemerkt.

Anderen Leuten fiel es nicht auf. Sie waren meist hingerissen von ihr. Auch sie hatte es nur unbewusst wahrgenommen.

Aber jetzt –

sie sah die Welt wirklich mit anderen Augen …

»Esther, wir fahren zurück. Es wird langsam kalt, und ich habe keine Lust, weiter zu reden. Du erinnerst mich schon an deinen Vater mit deiner ewigen Fragerei!«

Esther ignorierte den aggressiven Unterton und nickte ergeben.

Sie zahlten und gingen zum Auto. Diesmal war es Judith, die das Schweigen brach.

»Wo willst du eigentlich weiter leben, wenn du aus dem Krankenhaus entlassen wirst?«

»Das geht dich gar nichts an. Auf keinen Fall bei dir!«, fuhr Esther sie an.

An diesem Abend hatte sie das verzweifelte Gefühl, ein halbes Leben lang von einer unbekannten Frau, die sie Mutter genannt hatte, betrogen worden zu sein.

14

Esther stand auf dem Balkon ihrer neuen Einzimmerwohnung in der Münchner Innenstadt und genoss die Aussicht. Der sturzflutartige Regen samt Gewitter war vorbei, und sie freute sich wie ein kleines Kind über den leuchtenden Regenbogen, der wie ein Wesen aus einer anderen Welt über den nassen Straßen der dampfenden Stadt hing.

Der farbige Bogen überspannte mehrere der wunderschönen Isarbrücken, die in der ersten Hälfte des 19. Jahrhunderts unter König Ludwig I. den Ruf Münchens als *nördlichste Stadt Italiens* begründet hatten.

Es kam ihr alles immer noch vor wie ein Traum. Vor zwei Tagen hatte eine frühere Bekannte von ihr und Dennis angerufen und gefragt, ob sie nicht eine günstige Wohnung suche, sie hätte da eine Adresse.

Esther hatte sich die Wohnung sofort angesehen und war hingerissen. Am nächsten Tag schon hatte sie den Mietvertrag unterschrieben.

Direkt unter ihr, auf der anderen Straßenseite, wand sich anmutig die Isar durch ein dichtes Geflecht von steinernen Brücken, hinter denen sich kühn das Maximilianeum, der bayerische Landtag, erhob. Unmittelbar davor ragte der Friedensengel fast hundert Meter in die Höhe und erinnerte die Bevölkerung schon beinahe hundert Jahre lang an den Vertrag von Versailles. Das berühmte Deutsche Museum lag rechts von ihr, und in der Nacht hörte sie das Rauschen der Isar. Und fast zu ihren Füßen begann der wohl größte städtische Park der Welt: Der Englische Garten.

Es war einfach großartig.

Vor drei Tagen erst war sie aus der Klinik entlassen worden. Sie solle versuchen Stress zu vermeiden und das Leben positiv betrachten, hatten die Ärzte gesagt. Nun, das tat sie gerade.

Seit der überwältigenden Erfahrung ihres neu geschenkten Lebens schien sie einen direkten Draht zum Himmel zu haben.

Was war ihr nicht alles aufgefallen, was hatte sich nicht alles verändert. Sie hatte das vergessene Buch entdeckt; und sie hatte darin gelesen.

Sie verstand es zwar kaum, doch sie *würde* verstehen …

Rufe mich an in der Bedrängnis, so will ich dich befreien. Das war so ein Satz, der sie mit Hoffnung erfüllte. Und so war es ja gekommen. Sie war befreit worden. Sie könnte jubeln …

Das Telefon klingelte. Die Stimme von Judith holte sie schlagartig in die Realität zurück.

»Guten Abend, Liebes«, flötete es aus dem Hörer, »wie gefällt dir deine neue Wohnung? Da ich weiß, dass du es nicht schaffen wirst, allein zu leben, werde ich dir ab heute dreihundert Euro monatlich für die Miete überweisen. Was sagst du dazu?«

Esther konnte gar nichts sagen, denn sie fühlte sich viel zu benommen, und in ihrem Kopf begann sich alles zu drehen. Hatte sie gerade richtig gehört?

Sie unterdrückte den Drang zu schreien.

»Danke für das großzügige Angebot, aber ich habe mich entschieden, mein Geld selber zu verdienen. Ich brauche deine Hilfe nicht mehr!«, antwortete sie mit gepresster Stimme. Für einen Moment war es still am anderen Ende. Dann zischte eine hasserfüllte Stimme, die nicht mehr nach Judith klang: »Esther, du bist psychisch krank, du schaffst das nicht. Du wirst dich nach meinem Angebot sehnen, wenn du erst am Boden liegst!«

Ein Knacken. Sie hatte aufgelegt. Betäubt saß Esther in der Dämmerung ihrer kleinen Dachgeschosswohnung.

Sie würde es nicht schaffen.

Niemals konnte sie es schaffen.

Nichts würde anders werden.

Judith hatte recht. Sie konnte den Dingen nicht ins Gesicht sehen.

Sie fing an zu weinen. Und zu schreien. Der Schöpfer, dieses himmlische Wesen, hatte sie doch nur am Leben gelassen, um ihr ihre Unfähigkeit zu beweisen. Er war ein Sadist!

In bebender Wut riss sie das erstbeste Buch aus ihrem gerade eingeräumten Bücherregal und warf es an Wand.

Eine Stunde lang heulte und schrie sie, vor Wut und vor Schmerz, wie ein wundes Tier, und kein lieber Gott im Himmel erhörte sie.

Nach dieser Stunde war sie so erschöpft, dass sie ins Bett gehen musste. Sie hob das Buch auf, das sie an die Wand geschleudert hatte.

Es war das Gesangbuch ihrer Urgroßmutter, das diese ihr geschenkt hatte, als sie das letzte Mal bei ihr war.

Missmutig hob sie es auf und glättete hastig die Eselsohren, die entstanden waren. Ihr Blick blieb an einem Halbsatz hängen: *… der Wolken, Luft und Winden gibt Wege, Lauf und Bahn, der wird auch Wege finden, wo dein Fuß gehen kann …* Gedankenverloren starrte sie darauf, während Tränen in ihre Augen traten. Das Telefon klingelte. Bestimmt wieder Judith, diese Schlange. Sie wollte nicht abnehmen, besann sich aber eines Besseren.

»Guten Abend, Frau Stein, entschuldigen Sie die späte Störung. Sie hatten sich gestern bei uns vorgestellt. Wir würden Sie gerne als Pflegehelferin bei uns einstellen. Könnten Sie morgen um neun Uhr bei mir im Büro sein? Dann arbeite ich Sie ein, und sie erhalten Ihre Dienstkleidung.«

»Ja«, sagte sie matt, »sehr gerne.«
Als sie aufgelegt hatte, ging sie ins Bett.
Morgen musste sie schließlich fit sein.

15

Hauptkommissar Becker wanderte nervös in seinem Büro hin und her. Morgen würde Dennis entlassen werden, und die Lage war unsicherer denn je. Ja, eigentlich hatten sie außer einem vagen Verdacht nichts in der Hand, Dennis Sicherheit war nicht wirklich gewährleistet, und das Gespräch mit dem Polizeipräsidenten gestern Abend war auch nicht gerade sehr beruhigend gewesen.

»Um dir eine Vorstellung davon zu geben, was den Fall Dennis Meyer zu einem Politikum macht, sage ich dir Folgendes: Vor einer Woche traf ich mich mit dem Innenminister, dem Präsidenten des BKA und dem Chef des BND. Einige andere hochrangige Vertreter aus Politik und Justiz waren auch mit dabei. Seit kurzem macht eine Videobotschaft in Sicherheitskreisen die Runde, in der ein deutscher Konvertit zu sehen ist, der lächelnd verkündet, in Deutschland als Gotteskrieger sterben zu wollen.

Das BKA bewertete diese Botschaft als echt und hochgefährlich. Konkret haben sie die Befürchtung, dass dieser Mann der erste Selbstmordattentäter auf deutschem Boden werden könnte. Und es gibt Hinweise darauf, dass er mit dieser Gruppe *ArmDesJihad* in Verbindung steht. Die gleiche Gruppierung, die hinter dem Attentat auf Dennis Meyer steht.

Dann noch dieser dilettantische Einbruch bei dir. Meinst du, diese Gruppierung könnte in einem Zusammenhang mit dem ungeklärten Todesfall dieses jüdischen Professors Ende der Achtziger Jahre stehen?«

Becker konnte nur hilflos mit den Schultern zucken.

Was nützen mir unter solchen Umständen mehr gute Leute, musste er denken. Er hatte Angst, einfach nur Angst. Durfte sich ein alter Kriminaler nicht fürchten?

Er wusste nur zu gut, dass er in diesem Zustand Fehler machen konnte, und dass sie genau darauf warteten. Sie wollten ihn mürbe machen, wollten sein Selbstbewusstsein erschüttern. Das war das Ziel von Terror. Verbreite Angst und Schrecken, dann wird dein Gegner klein. Und wenn er erst klein ist, brauchst du nur noch zu pusten, dann fliegt er um.

Becker lächelte bitter. In Stunden wie diesen verfluchte er seine Arbeit. Und in Momenten wie diesen dachte er an einen Schöpfer. Er war kein religiöser Mensch; für das Übernatürliche hatte das sozialistische Weltbild keinen Platz gehabt, aber manchmal sehnte er sich einfach danach zu wissen, dass es da jemanden geben könne, der stärker war als all diese Finsternis. Jemand, der ihm Trost zusprach in den durchwachten Nächten, wenn er um seine Frau bangte, um ihre gemeinsame Zukunft! Der ihm beistand, wenn er verzweifelt war, weil es keine Sicherheit in dieser chaotischen Welt mehr gab!

Jetzt war so ein Augenblick.

Gott, wenn es dich gibt, zeig dich mir, ich schaff das nicht allein, flüsterte er, während Tränen der Verzweiflung seine Wangen hinunterliefen.

Der schrille Ton des Telefons riss ihn unbarmherzig aus seinen Gedanken.

»Herr Becker, Klaus Heberling vom Personenschutz möchte Sie dringend sprechen, ich verbinde«, hörte er seine Sekretärin.

Er wappnete sich. Klaus war einer seiner besten Männer, und er vertraute ihm ohne Vorbehalt, doch gerade aus diesem Grund konnte der Anruf nichts Gutes bedeuten.

»Herr Hauptkommissar, könnten Sie in einer halben Stunde in der Wohnung der Zielperson sein?

Es ist nichts Schlimmes, aber ich habe hier etwas Interessantes entdeckt, was ich Ihnen gerne selbst zeigen möchte.«

»Natürlich Klaus, bin in dreißig Minuten da.«

»Herr Hauptkommissar, … könnten Sie bitte alleine kommen?

Es ist vertraulich und könnte ein neues Licht auf den Fall Meyer werfen.«

»Das ist entgegen der Dienstvorschrift – aber schließlich ist dies auch ein ungewöhnlicher Fall. Gut, ich komme alleine.«

Er legte auf und zog sich den Mantel über.

»Sabine, ich bin in spätestens zwei Stunden wieder zurück. Ich muss zur ehemaligen Wohnung von Meyer. Wenn etwas Wichtiges sein sollte, bin übers Handy zu erreichen«, sagte er zu seiner Sekretärin gewandt. »Ist gut, Herr Becker, nur in dringenden Fällen«, kicherte sie.

Während der Fahrt hatte er ein drückendes Gefühl in der Magengegend. Was hatte er heute gegessen? Frühstück, zwei Marmeladenbrötchen, kein Mittagessen.

Er musste heute Abend unbedingt die Kantine besuchen. Um diese Zeit wirkte der innerstädtische Verkehr auch nicht gerade beruhigend auf seine Nerven. Jedermann schien den Frust über den Feierabendverkehr durch wildes Hupen kompensieren zu wollen, doch niemand begriff, dass das Chaos dadurch noch größer wurde.

Minuten später parkte er sein Auto vor Dennis Wohnung. Er legte seinen Berechtigungsschein in die Windschutzscheibe, ging zur Haustür und klingelte.

Er hörte ein leises Schnarren und drückte gegen die Tür.

Mühsam kämpfte er sich die mit grünem Linoleum belegten Stufen hinauf in den fünften Stock.

Fenster gab es keine im Treppenhaus, und die Luft war abgestanden und roch muffig. Die Wohnungstür war geöffnet, und Klaus stand mit angespanntem Gesichtsausdruck in der Tür.

»Kommen Sie bitte gleich mit, ich habe im Wohnzimmer etwas Interessantes entdeckt. Sie sind doch alleine gekommen, oder?«

»Was ist denn los, Klaus, so nervös habe ich Sie selten erlebt.«

Nachdem er die Wohnungstür geschlossen hatte, folgte er Klaus ins Wohnzimmer.

Ohne Vorwarnung überfiel ihn diese extreme Übelkeit, die er schon kannte. Ihm wurde schwindelig, und er musste sich an der Wand festhalten, um nicht zu stürzen. Schweiß bedeckte seine Stirn. Er hatte das Gefühl, als hätte ihm jemand mit voller Wucht in den Magen geschlagen. Brennender Schmerz durchschnitt sein Herz.

Panik erfasste ihn. Musste er jetzt sterben? Hier, in dieser entsetzlichen Wohnung. Hatte er einen Herzinfarkt? Er hatte doch nie etwas mit dem Herzen gehabt. Sein Kopf dröhnte, seine Gedanken wirbelten. Mit einem Mal bekam er keine Luft mehr. Wann hatte er nur das letzte Mal so etwas gehabt …?

»Herr Hauptkommissar, ist Ihnen nicht gut?«, durchdrang eine grelle Stimme den Nebel.

»Gleich wird es dir besser gehen. Es macht mir keinen großen Spaß, aber es muss sein.«

Was *hielt* Klaus da in seiner Hand? Was war das da in seiner Hand?!

Er konnte es nicht genau erkennen.

Vor Entsetzen stöhnte er laut auf.

Nun hatten sie ihm doch eine Falle gestellt. Jetzt war alles aus.

Es war aus mit Hauptkommissar Becker!

Hilf mir, Gott!, schrie er. *O Gott, hilf mir doch!*

***

In diesem Augenblick hatte Dōr den schwarzen Schatten entdeckt, der raumfüllend im Wohnzimmer von Dennis hockte. Ein Dämon, in Gestalt einer riesigen, widerwärtigen Kröte.

Tod stand in glühenden Buchstaben auf der eitrigen, warzigen Stirn geschrieben. Wie dichte Nebelschwaden waberten die giftigen Dämpfe dieser Kreatur durch die Wohnung. Er sah, wie eine gespaltene, lüsterne Zunge um die Ecke den Flur entlang glitt. Gleich würde das geifernde Stück Fleisch den Kommissar erreichen …

Mit einem Schrei ohnmächtiger Wut stürzte sich Dōr aus den Weiten des Raumes auf den Dämon. *Ruach* hielt er mit ausgestreckten Armen vor sich, so dass seine Silhouette wie ein weißer Blitz aussehen musste, der zur Erde zuckte.

Mit einer Geschwindigkeit, die die des Lichtes bei Weitem übertraf, durchdrang er mühelos jeden Widerstand fester Materie, bis das Schwert in einer unsichtbaren, weißsprühenden Detonation auf die geistliche Masse des Dämons traf. Die Kröte hatte nicht die geringste Chance. Ihre lidlosen, bösen Augen verdrehten sich böse grinsend, bis nur noch das Weiße in ihnen sichtbar war.

Es gab einen hörbaren Knall wie bei einer Überschallwelle, dann erinnerte nichts mehr im Wohnzimmer außer dem schwer atmenden Dōr an die Dunkelheit, die hier gebrütet hatte.

Trotzdem wusste er, dass er zu spät gekommen war.

***

Der Schuss aus der schallgedämpften Pistole schien direkt in seinem Gehirn zu explodieren. *Das ist nicht das Ende*, sagte eine Stimme, während sich seine linke Hand im Fallen um das Handy in der Manteltasche krallte.

***

Klaus war mit sich zufrieden.

Absolut schalldichte Waffen gab es zwar noch nicht, und er wollte keinen weiteren Schuss riskieren, doch das Gehirn von Becker war auch so zur Hälfte aus der Schädeldecke ausgetreten.

Er kannte keinen Menschen, der einen Kopfschuss dieses Kalibers aus zwei Meter Entfernung überlebt hätte.

Er schraubte den Schalldämpfer ab, dann drückte er behutsam die Pistole in Beckers rechte Hand. Anschließend zog er seine Latexhandschuhe aus und steckte sie in seine Reisetasche.

Das sollte sie einige Zeit irritieren.

Dabei überprüfte er den Puls von Becker, dessen Fehlen ihn davon überzeugte, dass der Mann wirklich tot war. Er grunzte zufrieden. Anschließend ging er ins Badezimmer und öffnete seine Tasche. Sorgfältig klebte er sich einen Bart an, setzte sich eine Perücke auf, schminkte sich wie einer dieser Sonnenstudio-Typen, zog Jeans und ein olivgrünes Shirt an und gönnte sich einen letzten Blick auf den Toten, dem er zum Abschied theatralisch zunickte.

Eigentlich hasste er diesen Mann nicht persönlich, doch er musste ein Zeichen setzen, denn nur die Schwachen konnten sich den Luxus von Mitleid erlauben.

Er überlegte kurz, ob er das Handy von Becker mitnehmen sollte, ließ es dann aber bleiben. Selbst ein inaktives Handy konnte heute von der Polizei jederzeit geortet werden. Vorhin, als er auf Becker gewartet hatte, hatte er Pass und Dienstausweis zerschnitten, und die Toilette heruntergespült. Nun löschte er alle Daten von seinem Handy, und spülte die SIM-Karte ebenfalls hinunter.

Er versah die Tür mit einem polizeilichen Siegel, das würde ihm einen weiteren geringen Vorsprung verschaffen, obwohl es eigentlich nicht nötig war. Mit einer Zigarette im Mund, die Tasche in der linken Hand, verließ er das Haus.

Vor dem Wohnblock öffnete er die Beifahrertür seines Wagens, aktivierte die Zeitschaltuhr im Innern, warf den Schalldämpfer hinein, schloss wieder ab und schmiss den Autoschlüssel in den nächsten Mülleimer. Becker hatte direkt hinter ihm geparkt. Sein Pech.

Er sah auf die Uhr.

In zwei Stunden würde es hier eine nicht ganz so kleine Explosion geben und die letzten Zeugnisse einer verweichlichten, fehlgeleiteten Existenz auslöschen.

Doch auch Rache am entarteten Wesen des Menschen sollte es sein, und insgeheim hoffte er, dass vielleicht einige Passanten dabei ums Leben kamen.

Die Kameraden waren Profis und seine gefälschten Papiere zu echt, um auch nur die leiseste Nervosität in ihm aufkommen zu lassen. Er schätzte, dass die Leiche von Becker in frühestens zwei Stunden entdeckt würde, falls diese dumme Schlampe von Sekretärin überhaupt eins und eins zusammenzählen konnte. Doch dann, ja dann – er konnte ein spöttisches Lächeln nicht unterdrücken – würde er bereits seiner wahren Berufung entgegenfliegen.

***

Dōr kniete vor der leblosen Gestalt, und sein Gesicht war nass vor Tränen. Mit verzweifelten Augen blickte er zum Himmel, während er vor Schmerz brüllte. »Eljon, erweise doch diesem Menschensohn Gerechtigkeit, lass ihn nicht im Tode aufgrund der Bosheit anderer! Solltest du, Allherrscher etwa zurückschrecken vor der dunklen Macht? Erbarme dich über dieses Geschöpf! Du hast ihn mir anvertraut, und ich habe versagt, aber bestrafe nicht ihn dafür. Verleihe mir hier und jetzt die Vollmacht, in den Lauf dieser Welt einzugreifen, damit deine Gerechtigkeit triumphiert!«

Denn es war seit Urzeiten Gesetz, dass nur der Schöpfer selbst, oder die von ihm Erwählten, in die Vorgänge dieser Welt eingreifen durften. Doch der Himmel blieb verschlossen, und nur dies hörte er in seinem Innern:

Dich trifft keine Schuld an seinem Tod. Doch er lebt. Lass es jetzt gut sein und vertraue mir.

Ja, er lebt jetzt im Himmel, dachte Dōr mit einen Anflug von Bitterkeit.

Aber mit gebrochenem Herzen akzeptierte er die Antwort. Denn sein Gehorsam dem Höchsten gegenüber war größer, als sein Hass auf das Böse. Und so konnte er nichts weiter tun, als den Toten mit seinen Schwingen zu bedecken und bitterlich zu weinen.

16

Das Telefon im Vorzimmer von Becker klingelte. Sabine sah aufs Display und fragte sich, warum er anrief. Er war doch erst vor 55 Minuten gegangen.

»Herr Kommissar, was kann ich für Sie tun?«, fragte sie in dem neckendem Ton der gemeinsamen Sprache, die sie gefunden hatten. Er war manchmal etwas merkwürdig, aber er sah gut aus, war charmant und mitunter konnte er richtig liebenswürdig sein.

Leider war er verheiratet. Sie seufzte.

»Hallo – Herr Kommissar?«

Doch sie hörte nur ein Rauschen am anderen Ende. Dann vernahm sie Gurgeln, Schnaufen. Wahrscheinlich hatte er nur versehentlich eine Taste berührt. Das sah ihm wieder ähnlich, etwas schusselig war er ja schon. Sie wollte gerade auflegen, als ihr ein eiskalter Schauer den Rücken hinunterjagte. Als hätte sie etwas Klebriges gestreift. Sie bekam eine Gänsehaut.

Das ist nicht normal, schoss es durch ihren Kopf, aber sie wusste nicht, was nicht normal sein sollte. Sie hatte gestern diesen Horrorfilm gesehen, obwohl sie wusste, dass ihre Nerven nicht die stärksten waren. Sie sollte endlich damit aufhören.

»David, kommen Sie doch mal schnell zum Telefon.«

David Dorado, aus dem Team von Becker, trat zu ihr.

»Ich hab hier einen merkwürdigen Anruf. Becker ist in die Wohnung von Dennis gefahren, Klaus wollte ihm noch was Wichtiges zeigen, sagte er. Jetzt ruft mich sein Handy an. Wahrscheinlich war nur die Tastensperre nicht gedrückt, aber ich hab trotzdem ein komisches Gefühl. Hören Sie doch mal.«

***

David hörte nur undeutliches Rauschen. Dazwischen versuchte er, sich zu erinnern. Eine Kleinigkeit nur, eine Kleinigkeit kam ihm merkwürdig vor.

»Jetzt fällt mir was ein. Ich habe Klaus heute morgen kurz getroffen, er sagte mir, er hätte heute Nachmittag frei und würde seinen Sohn besuchen!«, hörte er die Sekretärin.

Das war`s! Heberling hatte heute gar keinen Dienst!

Jetzt hörten sie männliches Lachen aus dem Hörer.

Das war nicht Becker, das war Klaus!

Er griff nach dem anderen Apparat und rief die Leitstelle an, während er Sabine bedeutete, nur nicht aufzulegen.

»Ja, hier Dorado, Abteilung Terrorismus. Schicken Sie sofort einen Streifenwagen zur Wohnung der Zielperson. Überprüfen Sie die Wohnung. Becker soll sich dort aufhalten, zusammen mit Klaus Heberling. Der Hauptkommissar rief gerade an, doch es sind nur merkwürdige Geräusche zu hören. – Und das Lachen von Klaus. Er sagte mir heute morgen, er hätte nachmittags frei. – Ja, es ist sehr dringend. Sondersignal. Weisen Sie die Männer an, schussbereit zu sein. Und informieren Sie mich umgehend, was dort geschieht. Danke!«

Nach sechs qualvollen Minuten klingelte das Telefon.

»David, ich weiß nicht, wie ich es sagen soll«; – er hörte, wie tief eingeatmet wurde.

»Hauptkommissar Becker liegt mit offener Schädeldecke in besagter Wohnung. Es sieht so aus, als hätte er sich erschossen, aber das wäre absurd. Von Heberling fehlt jede Spur. Notarzt und Rettungswagen sind unterwegs. Es tut mir aufrichtig Leid.«

David erstarrte. Mit ausdrucksloser Stimme, in der wohl nur ein leichtes Zittern den Aufruhr in seinem Inneren erahnen ließ, rief er laut:

»Der Leiter dieser Abteilung, Hauptkommissar Becker, ist heute von Klaus Heberling in der Wohnung von Meyer erschossen worden. Vom Mörder fehlt jede Spur.«

Er wusste, dass er es war. Er ließ sich auf einen Stuhl sinken und verbarg sein Gesicht in den Händen. Stille breitete sich aus.

Sabine fing an, lautlos zu weinen.

Nach einer Minute fingen sie an, David mit Fragen zu bestürmen. »Was ist passiert?« – »Wie kann so was nur möglich sein?« – »Was wird hier gespielt?«

Das Telefon klingelte. Mechanisch nahm er den Hörer in die Hand.

»David, der Notarzt konnte den Hauptkommissar noch nicht für tot erklären. Warum, weiß ich nicht. Irgendwas ist da komisch. Sie überführen ihn nach Israel.«

»Nach Israel?«

»Seine Eltern leben dort«, war die knappe Antwort.

David sprang auf.

»Ich muss in seine Wohnung. Ich muss mir ein Bild von der Lage machen«, sagte er zu Sabine gewandt, dann war er verschwunden.

Er steuerte den Wagen so schnell es ging durch die dichten Straßen der Innenstadt. Der gröbste Verkehr war vorbei, doch es ging ihm alles trotzdem viel zu langsam. Tausend Gedanken schwirrten durch seinen Kopf.

Er war noch relativ jung – im Vergleich zu Becker natürlich – und er war nicht vorbereitet für das hier! Sein Chef war so etwas wie ein Mentor für ihn gewesen. Er hatte ihm Sicherheit vermittelt, Routine. Bei den Aufgaben, die diese Abteilung zu erfüllen hatte, waren gerade diese Eigenschaften wichtig. Zweimal schon hatte er ihm durch sein umsichtiges Eingreifen das Leben gerettet. Er empfand Dankbarkeit und Bewunderung.

Aber er war nun einmal nach Becker der ranghöchste Beamte im Team. Und daher würde er mit größter Wahrscheinlichkeit zum Nachfolger von Becker ernannt werden. Konnte er dieser Verantwortung gerecht werden? Obwohl er einer der Jüngeren war, hatte er im Ernstfall die Weisungsbefugnis gehabt – natürlich nur, sofern Becker nicht anwesend war. Das war nicht immer leicht gewesen, und nicht selten hatte er deswegen dumme Bemerkungen über sich ergehen lassen müssen. Und er war Jude. Für viele ein Dorn im Auge, für den Hauptkommissar jedoch … ärgerlich wischte er sich über die Augen.

Er hatte mit fünfundzwanzig Jahren, nach dem obligatorischen Militärdienst und einem Studium als Flugzeugkonstrukteur, beim israelischen Geheimdienst angefangen. Man hatte ihm eine steile Karriere prophezeit, nicht zuletzt, weil sein Vater der stellvertretende Direktor des Schin Bet, des israelischen Inlandsgeheimdienstes gewesen war.

Bei einem Einsatz in Deutschland hatte er sich dann in eine deutsche Frau verliebt, schließlich hatten sie geheiratet.

Als er dreißig war, zogen sie nach Deutschland, und so hatte er zwei Staatsbürgerschaften. Vermutlich, weil er bei einem der weltweit besten Geheimdienste gewesen war, hatte ihn kurze Zeit später ein gewisser Hauptkommissar Becker von der Berliner Polizei aufgesucht. Sie seien gerade dabei, eine neue Abteilung aufzubauen. Eine Abteilung für Terrorismusbekämpfung des Landeskriminalamtes Berlin. Sie bräuchten noch Fachleute auf diesem Gebiet, so wie er einer wäre.

Jetzt war er sieben Jahre dabei. Es waren nicht die schlechtesten seines Lebens gewesen. Sie hatten eine sehr effektive, oftmals im Untergrund agierende Spezialeinheit aufgebaut, und er – von einigen wurde dieser Standpunkt sicher müde belächelt – war stolz darauf, als ein Jude diesem Land etwas geben zu können. Er war stolz darauf, seinen natürlichen Hass auf Deutschland mit Hilfe von Michaela, seiner wunderbaren Frau, überwunden zu haben, und festzustellen, dass er mithelfen konnte, dieses Land, das auch seiner Familie soviel Schmerz verursacht hatte, sicherer zu machen.

Denn Israel brauchte die Kraft Deutschlands. Und Deutschland brauchte das Herz Israels. So einfach war das. Doch dieser Fall war anders als alles, was er zuvor gemacht hatte. Er hatte das Gefühl, dass diesmal alles von ihnen abverlangt würde.

Er hatte von Becker so einiges gehört, und er war zu intelligent, um nicht zu erkennen, dass Meyer nur ein Köder für ein weit größeres Geschehen war. Und wenn sie den Hauptkommissar umbringen konnten, warum nicht auch ihn?

Mit diesen düsteren Gedanken parkte er seinen BMW hinter dem Dienstwagen von Heberling. So eine feige, hinterhältige Ratte.

Ein Absperrband flatterte verloren im Abendwind.

Er zeigte dem Polizisten, der vor dem Eingang stand, seine Dienstmarke.

»David Dorado, Kriminalpolizei. Das Opfer war mein Vorgesetzter.«

Der Beamte nickte kurz, dann betrat David das Haus.

***

Die Sonne schien strahlend vom Himmel, und Dennis hatte soeben mit der Krankenschwester, die ihn erneut ein

medizinisches Wunder genannt hatte, die notwendigen Entlassungsformalitäten geregelt.
Auch hatte er ein Entlassungsgespräch mit dem Oberarzt gehabt:

Sein Heilungsprozess wäre vorzüglich verlaufen, er solle sich, falls sich kein Notfall ergebe, nächste Woche zur ersten Kontrolluntersuchung hier einfinden, ansonsten müsse er wissen, dass diese dramatische und schnelle Heilung nicht normal sei, ja, eigentlich ein Wunder …

Das wisse er, hatte er nur erwidert.

Jetzt war es 9 Uhr, und um 9.30 sollte er von Becker in eine sicherere Wohnung gebracht werden. Wohin, wusste er nicht.

Dennis beschloss, in die Cafeteria des Krankenhauses zu gehen, um dort auf ihn zu warten. Er suchte sich einen sonnigen Platz am Fenster und bestellte einen großen Kaffee. Er fühlte sich gut, bis seine Augen an einem Artikel der ›Berliner Morgenpost‹ hängen blieben:

Berliner Kriminaler in Wohnung erschossen – Autobombe explodiert in geparktem PKW

Berlin-Tiergarten. *Gestern Abend ist die Leiche von Kriminalhauptkommissar H. Becker, dem Leiter der Spezialabteilung für Terrorismusbekämpfung des LKA Berlin, in einer Wohnung aufgefunden worden. Es ist die Zuspitzung eines ohnehin dramatischen Kriminalfalles. Becker, der die Untersuchungen zum Mordanschlag auf einen Journalisten (Name der Redaktion bekannt) leitete, ist offenbar bei Ermittlungsarbeiten in dessen Wohnung erschossen worden. Vom Täter fehlt jede Spur. Möglicherweise handelt es sich um einen zum Islam konvertierten Beamten der Sonderabteilung, die Becker leitete.*

Etwa drei Stunden nach Abtransport des Opfers ereignete sich in unmittelbarer Nähe des Tatorts eine Explosion. Ein geparktes Auto, das mit Sprengstoff präpariert war, detonierte und brann-

te danach völlig aus. Die Explosion war so gewaltig, dass fünf weitere Autos, die auf der Straße parkten, völlig zerstört wurden. Wie durch ein Wunder wurde niemand verletzt. Der Wagen gehörte dem mutmaßlichen Täter.

Ein terroristischer Hintergrund der Vorkommnisse, die einen Tatzusammenhang vermuten lassen, wird nicht ausgeschlossen. Die Berliner Sicherheitsbehörden reagierten besorgt, mahnten aber auch zu Nüchternheit.

»Wir wissen, dass Berlin ein mögliches Ziel terroristischer Aktivitäten ist, es gibt jedoch keinerlei konkrete Hinweise auf geplante Anschläge«, sagte der Polizeipräsident gestern in einer hastig anberaumten Pressekonferenz …

Dennis las mechanisch weiter, doch seine Hände zitterten, und er versuchte, das Würgen im Hals zu unterdrücken.

Er musste an die frische Luft.

Als er sich auf eine Bank fallen ließ, konnte er nicht mehr.

»Wie viel denn noch«, presste er zwischen den Zähnen hervor.

»Wie viel denn noch, Gott!«, brüllte er, die geballte Faust in den Himmel stoßend, während er verzweifelt versuchte, seine Fassung wieder zu gewinnen.

»Sind Sie Dennis Meyer?«

Erschrocken blickte er auf. Er hatte den elegant gekleideten Mann nicht kommen hören. Der Mann räusperte sich.

»Ja, der bin ich. Sie wollen mich sicher anstelle von Becker in mein neues Zuhause bringen. Ich habe gerade die Zeitung gelesen und glaube, ich stehe noch unter Schock.«

Der Mann nickte verständnisvoll. »Mein Name ist David Dorado aus dem Team von Hauptkommissar Becker.«

Freundlich nickte er Dennis zu und reichte ihm die Hand.

»Ich hoffte, wir würden uns unter angenehmeren Umständen kennen lernen.«

Sein offener Blick berührte Dennis.

»Gehen wir doch in die Cafeteria«, schlug er vor, »dann komme ich noch zu meinem Kaffee.«

Als sie sich gegenüber saßen, versuchte Dennis, seinem Blick auszuweichen. Sein Verhalten von vorhin war ihm peinlich, und er hatte Angst, Dorado könne seine Gedanken lesen, sicherlich eine absurde Befürchtung.

Doch nach zwei Minuten hielt er es nicht mehr aus, und etwas zerriss in ihm, und er platzte mit einer Frage heraus, ohne zu wissen, warum er sie stellte:

»Herr Dorado, Sie sind ja in gewisser Weise Spezialist auf diesem Gebiet. Warum, denken Sie, gibt es das Böse in der Welt?«

David zuckte zusammen.

»Das fragen Sie mich? Ein Deutscher fragt einen Juden, warum es das Böse in der Welt gibt?«

Und für den Bruchteil einer Sekunde sah Dennis den Schmerz aufblitzen im Gesicht des Anderen, und betroffen von der Wucht dieser Regung senkte er den Kopf.

»Verzeihen Sie, murmelte er, ich … ich vergaß«, während ein heiseres Schluchzen ihn schüttelte. »Meine Nerven, ich bin etwas überspannt«, murmelte er.

Falls sein Gegenüber berührt sein sollte, ließ er sich nichts anmerken.

»Sie müssen sich nicht entschuldigen«, erwiderte er beinahe sanft, »ich verstehe Ihre Gefühle und versuche zu antworten.«

Dennis lächelte ihn unsicher an.

»Sie sind der erste Deutsche, den ich kenne, der seine Gefühle so ehrlich zeigt. Dazu gehört Mut. Meine Antwort:

Ich weiß es nicht. Aber ich glaube an einen Erschaffer des Lebens. Nicht als Person, sondern als einem Prinzip der Gerechtigkeit. Alle Juden glauben an so etwas wie einen Schöpfer.«

Er schmunzelte. »Und deswegen hoffe ich, die Bösen werden letzten Endes das ernten, was sie gesät haben.«

Dennis starrte ihn verwirrt an und bemerkte, wie David sich ein Grinsen verkneifen musste.

Er lacht über mich, dachte er.

Doch David redete weiter. »Ich glaube, wir haben das mit der Muttermilch aufgesogen. Das auserwählte Volk. Vielleicht sind wir`s, aber bis jetzt haben wir nur die negative Seite dieser Erwählung kennen gelernt. Irgendwann muss die Sonnenseite ja mal kommen! Es ist Fakt, dass kein anderes Volk über die Jahrtausende so verfolgt und gehasst wurde wie wir. Kein Volk wurde bis zur Hälfte seiner Angehörigen ausgerottet, auf eine Weise, die jeder Beschreibung spottet. Ich klage Sie nicht an, und ich bin nicht bitter; nicht mehr, denn ich weiß, dass Sie persönlich keine Schuld trifft. Ich benutze das auch nicht, um Ihre Frage als lächerlich abzutun:

Ich versuche zu erklären, dass es für uns letzten Endes nur noch diese Frage gab, wollten wir uns noch weiterhin der Gattung Mensch zuordnen, wollten wir nicht den Rest an Würde, der uns noch geblieben war, verlieren.

»Und«, fragte Dennis, »welche Antwort haben Sie gefunden?«

»Es gibt da ein Sprichwort: Wer einen einzigen Menschen rettet, rettet die ganze Welt. Das ist die Wahrheit. Männer wie Oskar Schindler und viele andere, Männer, die ihr Leben riskiert haben, um andere zu retten, sie haben uns davor bewahrt, zu verzweifeln!

Der Mensch wird bezahlen – oder er wird belohnt werden.

Diese Hoffnung hält mich am Leben. In meinem Beruf

sehe ich viele böse Dinge. Ich weiß, zu was der Mensch fähig ist. Aber manchmal sehe ich Sonnenstrahlen. Lichtstrahlen wie von ewigem Feuer.«

Dennis nickte langsam.

»Danke. Das macht es zwar nicht gerade einfacher – doch es ist ein Lichtstrahl«.

David lächelte.

Dann wurde er ernst:

»Gestern Abend ist eine verschlüsselte Mail, ein Bekennerschreiben, beim BKA eingegangen. Wir wurden sofort informiert. Klaus Heberling kennt sich im deutschen Behördendschungel bestens aus!«

Der letzte Satz klang sarkastisch, hart und unerbittlich, und auf einmal ahnte Dennis, dass es nicht gut war, sich mit David Dorado anzulegen.

»Klaus Heberling war der Polizeibeamte, der für Ihren Personenschutz verantwortlich war. Die Mail wurde heute aus Amsterdam gesendet. Er ist der Mann, der auf Hauptkommissar Becker geschossen hat. *Er* war in Ihrer Wohnung, und *er* hat die Autobombe gezündet. Natürlich reist er nun unter falschem Namen. Wir ermitteln weiter, doch so viel ist klar:

Er ist Mitglied einer rechtsradikalen Gruppe namens *Hammer des Thor*. Möglicherweise ist er zum Islam konvertiert. Wir fanden eine Koranausgabe in seiner Wohnung.«

»Wie lautet der Inhalt der Nachricht?« fragte Dennis beklommen. David schwieg. Er schwieg lange und sah Dennis prüfend an.

»Ich sollte es nicht sagen. Ich weiß nicht, warum ich es trotzdem tue. Ich denke aber, Sie haben ein Recht darauf.«

Er seufzte.

»Klaus teilte uns mit, er sei stolz darauf, den heldenhaften Kampf der Palästinenser gegen die jüdische Zersetzung des Nahen Ostens zu unterstützen. Er beschwor die glorreiche Zusammenarbeit zwischen Hitler und Husseini, dem ehemaligen Obermufti Jerusalems während der Nazizeit, und sagte, er werde dieses Werk vollenden, das so großartig begann. Er werde an der Seite der Moslems dafür sorgen, die Welt von der Pest des Jüdischen zu befreien.

Husseini arbeitete damals eng mit Hitler zusammen und beschwor sein Volk immer wieder mit den Worten: ›Tötet die Juden. Tötet sie alle!‹«

David starrte intensiv in die Leere, so, als würde er über etwas Bestimmtes nachdenken. Doch Dennis wagte nicht, ihn danach zu fragen. Dann grinste dieser Dorado auch noch.

»Was ist denn? Worüber amüsieren Sie sich denn so ausgezeichnet?«, fragte Dennis gereizt.

»Ach, nichts Besonderes, ich dachte nur, wir haben hier bald jüdische Verhältnisse.«

Beide Männer fingen an, lauthals zu lachen.

Teil II

Die Prophezeiung

Schmerz ist der Vater der Liebe,
und die Mutter der Weisheit.

Ludwig Börne

17

Davids Nerven lagen blank. Zwei Monate waren vergangen, seit er sich mit Meyer in der Cafeteria eines Krankenhauses in Berlin unterhalten hatte. Er machte sich Vorwürfe.

Wäre es möglich gewesen, Dennis die *ganze* Wahrheit zu sagen? Hätte man damit etwas verhindern können?

Doch es war absurd, sich darüber jetzt noch Gedanken zu machen. Schließlich hätte er sich etwas antun können, direkt nach dem Attentat.

Denn damals, aus Amsterdam, hatten sie eine schier unglaubliche Nachricht vom flüchtigen Heberling erhalten: Er hatte der Deutschen Bundesregierung damit gedroht, es würde »einen Terroranschlag ungewohnten Ausmaßes in einer deutschen Metropole geben«, sollte der Journalist Dennis Meyer nicht innerhalb von sechs Monaten an Saudi-Arabien ausgeliefert werden, um sich vor der dortigen Justiz zu verantworten.

Denn Meyer habe gegen den Islam gehetzt und den Kampf der Juden gegen den Islam propagiert. Er sei Schüler und enger Vertrauter des verstorbenen Professors Stein gewesen, der ein Schandfleck für das deutsche Volk gewesen sei, da er mit den Feinden der freien Welt – gemeint waren hier die Juden – kollaboriert hätte.

Die Ermittlungen über die Hintermänner dieser obskuren Nachricht waren auf Hochtouren gelaufen, und das Auswärtige Amt hatte größte Verschwiegenheit gewahrt. Denn es war klar, dass hinter Heberling noch ganz andere Leute stehen mussten. Menschen, die ein Problem mit der Demokratie in Deutschland hatten.

Doch diese Drohung durfte auf keinen Fall zur Presse durchsickern, um eine Panik unter der Bevölkerung zu vermeiden. Er selbst war im Zuge dieser Entwicklung und im Rahmen einer kurzen Feierlichkeit vom Berliner Polizeipräsidenten zum Nachfolger von Becker ernannt worden. In gleicher Funktion, aber, den Ereignissen folgend, mit größeren Befugnissen.

Und dann – dann war das Unfassbare geschehen:

Vor einem Monat hatte ein Terroranschlag das nichtsahnende Deutschland erschüttert. In Köln wurde an einem sonnigen Nachmittag ein Lieferwagen in der belebten Fußgängerzone regelrecht zerfetzt.

Fünfzig Menschen waren ums Leben gekommen, dreiundsechzig weitere verletzt. Die Bilder waren grauenvoll. Der schwarz qualmende Lieferwagen, verkohlte Leichen und Leichenteile, die in einem Umkreis von fünfzig Metern um die Explosion verstreut lagen.

Deutschland war für Tage gelähmt, unfähig zu reagieren. So etwas kannte er nur aus Jerusalem. Und er hatte die Bilder von New-York, London, Bagdad oder Madrid gesehen.

Bis jetzt.

Am Ort der Zerstörung hatte man eine feuersichere Stahlkassette gefunden mit einer digitalisierten Botschaft folgenden Inhaltes:

Dies war erst der Anfang. Denkt an D. Meyer.
Denn es gibt keine Gnade für die Feinde Allahs.
Als Zeichen der Einsicht und Unterwerfung unter die Weisheit Allahs unterstreichen wir mit dieser Aktion unsere Forderung nach der Auslieferung dieses gottlosen Journalisten an das König-

reich Saudi-Arabien. Die Diener Allahs haben ihn in der Gerechtigkeit Allahs gerichtet und für schuldig befunden. Hiermit geben wir folgende FATWA bekannt:
Der Journalist Dennis Meyer wurde des Todes für schuldig befunden, weil er wiederholt zum Hass gegen die Diener Allahs aufgerufen hat, Sowie mit dem zionistischen Feind kollaboriert hat.
Außerdem hat er durch gezielte Informationen den Feind befähigt, arabisches Leben zu vernichten. Der Verurteilte ist ab Sofort ein Gebannter des Islam, und JEDER wird von Allah geehrt, der die Hinrichtung (egal wo, oder auf welche Weise) vollstreckt.
Eine Kopie der ausstellenden Rechtsschule, zum Beweis der Legitimität dieses Urteils, wird den deutschen Behörden übermittelt werden. Daher dieses LETZTE Ultimatum:
Wenn eine Auslieferung des Verurteilten nicht innerhalb von fünf Monaten erfolgt, werden wir eine schmutzige Bombe in der Innenstadt einer deutschen Metropole zur Explosion bringen.
Der Ablauf des Ultimatums ist der 31. März 2008
Wir stehen bereit für den heiligen Krieg!
Wir sterben für die gerechte Sache!
Alluha akbar!
ArmDesJihad

Bei dem Anschlag war auch der Attentäter, der mit dem Lieferwagen in die Menge gerast war, ein gewisser Ali Yussuf Sengali, ums Leben gekommen. Dieser Mann war erst zwei Wochen zuvor aus der Untersuchungshaft entlassen worden. Er war der Mann, der in Beckers Wohnung eingebrochen war.

David blickte auf die Straße, die friedlich im goldenen Schein der herbstlichen Sonne unter ihm lag. Die Blätter waren gelb, einige rot und andere braun. Unvermutet erfüllte ihn ein Gefühl des Friedens und der Hoffnung, dass alles gut ausgehen würde.

Wie absurd, dachte er.

Er fing an, ein Lied zu summen und erinnerte sich an das Gute, das ebenfalls passiert war:

Dennis ging es wieder gut, er hatte letzte Woche angefangen, langsam zu joggen, die Reha, die er noch immer einmal pro Woche besuchte, schien wahre Wunder zu wirken. David hatte weitere Gespräche mit ihm gehabt, mal mit einem Glas Wein in einem Lokal, mal mit seiner Frau zusammen in seiner Wohnung. Seine Frau Micha mochte Dennis, und das freute ihn.

Ein Psychologe war hinzugezogen worden, der ihn einmal in der Woche besuchte. Es war keine Suizidgefährdung bei ihm festgestellt worden. Im Gegenteil, sehr zur Verblüffung aller schien seine Lebensfreude seit dem Anschlag eher zugenommen zu haben. Es schien fast so, als hätte er etwas entdeckt, wofür es sich zu leben lohnt.

In ihren Gesprächen hatten sie Gemeinsamkeiten festgestellt, und sie hatten sich angefreundet. Ja, letzte Woche hatte ihm Dennis sogar das ›Du‹ angeboten, was er sofort akzeptiert hatte. Er schätzte ihn. Er erkannte in ihm eine Zähigkeit, aber auch eine Empfänglichkeit für das Leben, die ihn immer mehr in Erstaunen versetzte.

Umso mehr, da Dennis Deutscher war.

Da war eine Kühnheit, die aufblitzte in einigen Gesprächswendungen, eine Kühnheit, die einer Weisheit entsprang, die David nicht zu fassen vermochte. Dunkel erinnerte er sich an seine jüdisch-orthodoxen Eltern. Warum, konnte er nicht sagen.

Einmal hatte er ihn daraufhin angesprochen.

»Woher nimmst du diese Lebensfreude, obwohl dein Leben ständig bedroht ist?«

Dennis strahlte, als er antwortete. »Ich weiß nicht genau, aber ich glaube, er nennt sich Schöpfer.«

»Willst du mich etwa zu einem Christen machen?«, hatte David ungewöhnlich scharf reagiert, irritiert über den drohenden Ton seiner eigenen Stimme.

»Nein, das bestimmt nicht«, hatte Dennis gestammelt. Aber er habe angefangen, in einem Buch zu lesen, das *vergessen* sei.

Mehr hatte er nicht gesagt.

Dennis erzählte ihm auch von seiner ehemaligen Verlobten. Offensichtlich war das ein tiefes Trauma für ihn. Obwohl schon fünf Jahre vergangen waren, müsse er immer wieder an sie denken. Ihre Stiefmutter sei eine sehr komische Frau, hatte er hinzugefügt.

»Sie schien über den plötzlichen Tod ihres Mannes nicht sehr traurig zu sein. So, als wäre sie endlich die verdiente Alleinherrscherin eines großen Hauses.«

Ebenso habe er gespürt, dass es ihr nicht gefallen würde, hieße ihr Schwiegersohn Dennis Meyer.

»Und ich glaube, ich liebe Esther immer noch«, hatte er zum Schluss hinzugefügt, und in seinen grünen Augen blitzte es.

»Wo sie jetzt wohl ist, was sie jetzt gerade tut?«, hatte er verzweifelt hinzu gefügt, ohne auf Antwort zu hoffen. David stand von seinem Stuhl auf, denn plötzlich erfasste ihn eine merkwürdige Unruhe. Seine Beine kribbelten. Die Hände auch.

Dann befand er sich in einer anderen Welt.

»Gib ihn mir«, dröhnte die hasserfüllte Stimme.

Ihre Macht war so groß, dass David auf einen harten Boden geschleudert wurde, auf dem sein Kopf einfach zerplatzte. Doch da er noch denken konnte, konnte er nicht tot sein.

Etwas Bleiernes wuchtete auf seinem Körper. Wie ein zertretenes Insekt lag er auf einem kalten, harten Boden und konnte sich nicht bewegen. Sein Herz raste, und er wusste, dass dies das Ende war.

»Gib uns Dennis Meyer!«

Die Stimme spuckte diesen Namen aus, und der Hass, der darin lag, war so schmerzend, dass er meinte, sein Gesicht würde von tausend scharfen Klingen zerschnitten.

»Warum nur hat dieses Wesen solch eine Angst vor Dennis?«, fragte er sich am Rande seines Bewusstseins.

»*Dennis ist der Feind*«, kreischte es von allen Seiten, *Dennis ist der Feind, Dennis ist der Feind...,* dröhnte es in seinem Kopf, während flammende Augen sich seinem Gesicht näherten. Er vernahm schmatzende, würgende Geräusche, dicht an seinem Ohr. Dann wurden die Worte schneller ausgespuckt, einem teuflischen Stakkato gleich, die Töne steigerten sich zu einem gellenden Crescendo, immer höher und höher, bis David kurz davor war, die Besinnung zu verlieren.

Er dachte an Michaela, seine wunderschöne Frau, und der Schmerz des Verlustes zerriss sein Herz und er schluchzte hemmungslos, während siegestrunkene, flammende Augen ihn voller Gier und Mordlust anstarrten …

Doch über dem Schmerz seiner Seele erinnerte er sich an seine Kindheit, als sie zu Hause *Sabbat* feierten:

Klar und deutlich sah er seinen Vater, wie er vor der Familie stand und feierlich das ›Sch`ma Jisrael‹ intonierte. *»Höre Israel, der Herr, unser Gott, der Herr ist Einer. Höre Jisrael, Adonai …«* Jetzt flüsterte er es, mit brüchiger, schmerzender Stimme, auf einem stählernen Boden, gemeinsam mit seinem Vater.

Das Letzte, was er gesehen hatte, bevor er erwachte, waren weiße, goldgesäumte Schwingen gewesen, die in der Dunkelheit leuchteten.

Er lag mit dem Gesicht zum Boden in seinem Büro.

Der grelle Schein des kalten Neonlichts war die einzige Lichtquelle, die er wahrnahm. Ein Notarzt kniete über ihm und schien erleichtert, als er die Augen öffnete.

Der Arzt las seine Frage.

»Sie hatten einen Kreislaufzusammenbruch. Nichts Dramatisches, aber ein Warnsignal Ihres Körpers. Sie dürfen nicht mehr so viel arbeiten, und sollten sich eine Auszeit nehmen. Sie waren nicht einmal richtig bewusstlos. Möglicherweise ein psychosomatisches Geschehen. Sollen wir Sie in ein Krankenhaus bringen?«

David verneinte entschieden. Auf keinen Fall wollte er in ein Krankenhaus.

»Ich brauch jetzt einen starken Kaffee«, sagte er zu Sabine, als sie wieder allein waren. Damit ließ er sich in seinen Sessel fallen.

»Also, was ist da vorhin mit mir passiert?«

»Okay«, sie holte tiefe Luft. »Um 16.15 Uhr habe ich bei Ihnen geklopft, Sie sollten etwas unterschreiben, aber ich hörte nichts. Dann habe ich die Tür geöffnet, und Sie lagen so merkwürdig verrenkt am Boden, mit dem Gesicht auf den Boden gepresst. Mein erster Gedanke war, du meine Güte, er kann ja gar nicht atmen, und hab sofort Ihren Kopf gedreht. Dann rief ich den Rettungsdienst. Sie hatten einen sehr merkwürdigen Blick, wie in Trance …«

Sie schluckte. »Da lag eine unglaubliche Qual in Ihren Augen … ich, ich konnte da gar nicht rein schauen …« Sie fing an zu schluchzen. »Ist schon gut.«

Sie blickte ihn hilfesuchend an.

»Was ist denn nur los? Erst Kommissar Becker, und dann Sie. Herr Becker ist erschossen worden. Und einmal, einmal hatte er in diesem Raum auch so einen komischen Zusammenbruch, wie Sie. Und er hatte auch so einen Gesichtsausdruck gehabt. Herr Kommissar, ich hab Angst!«, stieß sie hastig hervor. Ihre Schultern bebten.

»Ich weiß«, sagte David und versuchte, so viel Ruhe wie möglich in seine Stimme zu legen.

»Aber es gibt eine Macht, die die Furcht besiegen kann«, sagte er, ohne zu wissen, warum.

Glaubte er das wirklich?

Erst, als er nach Hause kam, und alles seiner Frau erzählte, wich die Lähmung von ihm, die ihn den Abend über gefangen hielt. In dieser Nacht liebte er Michaela mit einer Leidenschaft, wie schon lange nicht mehr. Am Morgen flüsterte sie ihm zärtlich ins Ohr:

»Geliebter, fast denke ich, du könntest mehr dieser Begegnungen der dritten Art gebrauchen.«

Sie lachten. Es war eine wundervolle Nacht.

Am nächsten Tag erhielt er einen Anruf von Dennis.

Er sprühte vor Begeisterung:

»David, ich habe heute im vergessenen Buch gelesen und etwas gefunden, das vieles von dem erklärt, was ich erlebt habe:

Denn wir kämpfen nicht gegen das Fleisch und kämpfen nicht gegen Blut, sondern gegen die Herrscher, die Oberen und kosmischen Mächte, die diese Finsternis regieren, gegen die geistigen Kräfte des Bösen in den himmlischen Regionen.

Das beschreibt die Erfahrungen, die auch ich gemacht habe! Ich habe mich oft gefragt, warum habe ich diese merkwürdigen Visionen, warum solche Albträume, warum habe ich diese dunklen Vorahnungen. Auch schon als Kind, einen Teil davon habe ich dir erzählt. David, das ist der Schlüssel!«

»Das ist ja großartig,« antwortete er nur und konnte dabei die Ironie in seiner Stimme nicht verbergen.

Dann erzählte er Dennis von seinem gestrigen Erlebnis. Beide Männer schwiegen.

Nach dem Telefonat ging David unruhig im Büro umher. Er konnte sich dieses ganze esoterische Zeug nicht leisten. Die Sicherheitslage in Deutschland war brisanter, als viele annahmen. Auf seinen Freund, der niemandem etwas zuleide getan hatte, war ein Kopfgeld ausgesetzt, und am liebsten würde er mit seinen eigenen Händen Klaus und diese ganze, teuflische Gruppierung langsam und qualvoll erwürgen.

18

In dieser Nacht träumte Esther schlecht. Bizarre Albträume erschreckten sie. Engel und Dämonen kämpften in einem dummen, albernen Spiel miteinander, und Menschen waren der Einsatz. Dann träumte sie von Dennis, der an einem Seil über einem steilen Abhang hing. Das Seil war alt und abgerieben, und unter ihm ging es Hunderte von Metern in die Tiefe. Er fiel und landete in einem weißen Cabriolet – er hatte Esther im Arm, und sie lachten.

Mit verweintem Gesicht wachte sie auf. Die Szene mit Dennis war schlimmer als jeder Albtraum. Sie hatte in den letzten zwei Monaten oft an ihn denken müssen. Weil sie ihn verraten hatte. Weil sie ihn noch liebte?

Sie wusste es nicht. Sie verdrängte die Gedanken an ihn jedes Mal, wenn sie kamen. Dafür träumte sie. Ja, sie war immer noch eine Meisterin der Verdrängung.

Manche Dinge ändern sich eben nie. Sie lächelte bitter.

Aber manchmal, in den Nächten, sehnte sie sich nach Dennis, sehnte sich danach, zu erfahren wie es ihm ging, sehnte sich, von ihm in den Arm genommen zu werden. Doch sie hatte Angst, sie würde vor Scham sterben, begegnete sie ihm, denn er würde sie bestimmt hassen. Das war nur die logische Konsequenz ihrer Ablehnung. Wahrscheinlich war er jetzt sowieso mit einer anderen Frau zusammen oder sogar verheiratet. Er sah gut aus, die Frauen liefen ihm mit Sicherheit nach. Und sein Wesen war auch sehr anziehend, und gut gebaut war er auch …

Sie musste sich auf die Lippen beißen. Sie wollte jetzt nicht weinen, nicht schon wieder. Aber erst, als die Unterlippe blutig war, kam sie wieder zur Besinnung. Das zärtliche Gefühl für Dennis überwältigte sie, und sie musste ihren Tränen freien Lauf lassen. Irgendwann, irgendwann würde sie ihn suchen. Dann würde sie ihn um Vergebung bitten, und sie würden in einem weißen Cabrio sitzen, sie in seinem Arm.

Doch jetzt musste sie schlafen, morgen war wieder ein anstrengender Tag für sie. Aber als sie im Bett lag, konnte sie nicht einschlafen. Schon wieder nicht.

2.30 Uhr.

Um sechs Uhr würde ihre Schicht beginnen. Wenigstens lief es in ihrer Arbeit halbwegs gut. Mit der Stationsleiterin kam sie gut klar, auch wenn sie so viel arbeiten musste, wie noch nie in ihrem Leben. Wenn sie dann um vier Uhr nachmittags heimkam, war sie so erschöpft, dass sie sich in den ersten Wochen sofort hingelegt hatte. Jetzt musste sie das nicht mehr, ihr Körper hatte sich an die Zeiten und die anstrengende Arbeit gewöhnt, und sie konnte im Gegensatz zu früher rasch einschlafen. Sie wachte nachts seltener auf, was sich natürlich auf ihren Zustand am Tag positiv auswirkte. Früher hatte sie oft noch bis drei Uhr im Bett gelegen und gegrübelt, über ihre Verluste, warum ihr Leben so verkorkst war, und so weiter …

Auch gestand sie sich mittlerweile ein, dass sie ihre psychische Labilität mitunter als Ausrede für eine gewisse Form der Lethargie genutzt hatte. Dazu kam, dass diese Arbeit, die sie körperlich durchaus an ihre Grenzen brachte, auch Sinn machte, denn es war gut und richtig, hilflosen Menschen zu helfen. Sinnvoller jedenfalls, als nur danach zu streben, sich mittels Geld alles leisten zu können. Aber machten ihre nächtlichen Grübeleien ebenfalls Sinn?

Jetzt war sie so wach, dass sie aufstand, um sich einen Pfefferminztee zu machen. Das hatte sie, als sie noch bei

Judith gewohnt hatte, fast jede Nacht getan. Ihre Stiefmutter rief nur noch selten an, vermutlich hatte sie die Lust an Kontrolle verloren. Ihr schien die neue Distanz, die Esther aufgebaut hatte, nicht wirklich etwas auszumachen, denn außer rein sachlichen Fragen, wie etwa: »Wann musst du nächste Woche arbeiten?«, oder, »Wie viel verdienst du denn jetzt?« (nicht ohne durchblicken zu lassen, wie viel *sie* denn früher als Sekretärin ihres Vaters verdient hatte), wich sie gewissenhaft jeder Frage aus, die das Innenleben von Esther betreffen könnte.

Anfangs war Esther irritiert darüber. Ja, sie fühlte sich abgelehnt, verstand aber immer mehr, dass sie mit dieser Frau nie etwas Wesentliches verbunden hatte. Im Gegensatz zu dieser Distanziertheit weinte sie sich oft in den Schlaf, wenn sie an die zärtlichen Augen und den warmen, beruhigenden Geruch ihrer richtigen Mutter dachte.

Sie legte sich wieder ins Bett. Sie versuchte es mit Schäfchen zählen, mit Gedanken an etwas Positives. Doch sie war zu unruhig. Ja, das war es wohl. *Nicht zu viel denken, Esther.* Sie stand auf, um ihre leere Tasse in die Küche zu bringen. Als sie das Licht in der Küche ausmachen wollte, streifte ihr Blick die Tageszeitung, die offen auf dem kleinen Esstisch lag und blieb daran hängen. Ein Hintergrundbericht zum Terroranschlag von Köln, der letzten Monat Deutschland erschüttert hatte und seitdem die Schlagzeilen beherrschte:

Ein Sprecher des Innenministeriums bestätigte gestern Abend die Warnung, die BKA-Chef Müller in einem Interview ausgesprochen hatte. Dem BKA und anderen Sicherheitsbehörden lägen ernstzunehmende Hinweise auf geplante Anschläge von militanten Islamisten in deutschen Großstädten vor. Besorgniserregend sei vor allem die Tatsache, dass die aktuelle Drohbotschaft, die von Experten als authentisch eingestuft wurde, die gleiche Hand-

schrift trägt wie die Mitteilung nach dem verheerenden Anschlag von Köln vor einem Monat, so der BKA-Präsident gestern.
Als verantwortlich zeichnete sich eine neue Gruppierung namens ›ArmDesJihad‹. Das sei dieselbe Gruppe, die für das gescheiterte Attentat auf einen Berliner Journalisten im Juni verantwortlich gewesen sein will. Im Zuge der Aufklärung dieses Attentats wurde der Leiter der Sonderkommission, ein Berliner Kriminalhauptkommissar, vor zwei Monaten regelrecht hingerichtet, zeitgleich mit der Detonation einer Autobombe in der Berliner Innenstadt, bei der jedoch niemand zu Schaden kam.
Auch hier vermutete das BKA wie auch der BND die Hintermänner in der genannten Gruppierung, die neu aktiviert worden zu sein scheint, wie es mittlerweile heißt.
Möglicherweise seien dies sogenannte Schläfer, doch Polizei und Sicherheitskräfte tappen zur Zeit noch im Dunkeln, was (…)
So vermutet die Polizei bei dem Täter, der für die brutale Exekution desjenigen Beamten, der die Ermittlungsarbeiten in diesem Falle geleitet hatte, verantwortlich sei – der Ermordete war jüdischer Herkunft –, einen rechtsradikalen Hintergrund. Weiterhin sei zu bemerken, dass das gescheiterte Attentat auf den Berliner Journalisten vor einigen Monaten im Wesentlichen damit begründet wurde, dass dessen Berichterstattung über den Nahost-Konflikt einseitige zionistische Propaganda gewesen sei (…)

Dennis *war* Journalist in Berlin und *war* pro Israel eingestellt, was ihm oft von Kritikern als einseitige, befangene Berichterstattung ausgelegt worden war!

Natürlich konnte es sich auch um eine fremde Person handeln, in Berlin gab es sicher mehrere Journalisten, die Sympathie für den jüdischen Staat hegten! Aber ein Stimme sagte ihr mit grausamer Klarheit, dass es sich um ihren ehemaligen Verlobten handelte. Ihr wurde kalt, und sie zog sich ihren Bademantel über. Dann setzte sie sich an ihren PC, um im Internet nach irgendwelchen Hinweisen zu suchen. Doch sie hatte keine Kraft mehr, und so starrte sie minutenlang an die weiße Wand, unfähig einen klaren Gedanken zu fassen, und nur eine einzige Frage kam flüsternd aus ihrem Mund. –

»Warum, Gott?«

Schließlich gab sie die Worte *Dennis Meyer, Journalist* in Google ein. Unter diesem Wortpaar gab es nur einen einzigen Eintrag, und zwar in *berliner-morgenpost.de.* Hastig klickte sie auf diesen Link: … *des weiteren der Journalist Dennis Meyer, der für Sie Kommentare über die aktuelle Nahost-Politik schreibt.*

Der Eintrag stammte vom 26.6.2007. Eine andere Markierung dieses Namens und Journalist gab es nicht. Sie durchforstete dreißig Minuten fieberhaft das Internet mit allen möglichen Suchkombinationen. Mal *Dennis Meyer* alleine, mal mit *Korrespondent,* mal mit *Israel, Nahost* etc ... Ihre Augen taten weh, und ihr Kopf schmerzte. Sie sah auf die Uhr: Drei Uhr … in zwei Stunden musste sie aufstehen. Der kommende Tag würde die Hölle werden, waren ihre letzten Gedanken, bevor sie ins Kissen fiel.

Der nächste Tag *war* die Hölle.

Sie konnte ihre Augen kaum offen halten und hatte ein aufgequollenes Gesicht wie nach einer durchzechten Nacht. Die Kolleginnen schauten sie skeptisch an, und kicherten, sobald sie sich wegdrehte. Als sie das Stationszimmer betrat, trat schlagartig Stille ein, so, als hätte sie Aussatz. *Verlogene Schweine*, dachte sie, und biss trotzig die Zähne zusammen. Doch auf der Toilette brach sie zusammen und weinte minutenlang.

Endlich war auch dieser Tag vorbei. Müde und mit schmerzenden Gliedern schleppte sie sich heim. Sie erlaubte sich nur kurz, auf ihr Bett zu fallen, sie hatte noch Wichtiges zu erledigen. Mit zitternden Fingern tippte sie die Nummer ein, die die Auskunft ihr genannt hatte.
Es war eine Nummer des Landeskriminalamts Berlin.

19

Der linke Apparat auf seinem Schreibtisch klingelte. Der Apparat für externe Anrufe. Wer um Himmels willen rief ihn aus München an, dachte David, während er missmutig auf das Display starrte. Die Nummer war ihm völlig unbekannt. Andererseits – wenn es eine Belanglosigkeit wäre, hätten das seine Mitarbeiter für ihn erledigt. Er seufzte und nahm ab.

Die Stimme der jungen Frau am anderen Ende der Leitung klang verzweifelt.

»Herr Kriminalrat Dorado?«

Unwillkürlich musste er lächeln.

»Mein Name ist Esther Stein, legen Sie bitte nicht gleich auf. Ich werde schon eine halbe Stunde von Apparat zu Apparat verbunden, und niemand scheint für mich zuständig zu sein.«

»Worum geht es denn?«, fragte er freundlich.

»Ich … ähm, man hat mir gesagt, *wenn* jemand etwas weiß, dann Sie. Ich habe gerade etwas durch Zufall in einer Zeitung gelesen, was mich sehr nervös macht. Ich weiß, es klingt absurd, und wahrscheinlich habe ich mich auch in etwas hineingesteigert, aber …«

»Junge Frau«, unterbrach David sie, »immer mit der Ruhe. Ich versuche, Ihnen zu helfen. Sie brauchen keine Angst zu haben, ich bin auch nur ein Mensch.«

Er hatte in seiner Arbeit genug mit psychisch labilen Menschen zu tun gehabt; und im Gegensatz zu einigen

Kollegen war er nicht so anmaßend zu denken, er selbst hätte alles im Griff.

Er hörte, wie sie durchatmete. Das Zittern ihrer Stimme konnte sie trotzdem nicht ganz verbergen: »Ich habe gelesen, dass vor gut einem halben Jahr ein Attentat auf einen Berliner Journalisten verübt wurde. Es ist angeblich fehlgeschlagen. Mein ehemaliger Verlobter ist Journalist. Wahrscheinlich mache ich mir viel zu viele Gedanken, aber er war pro jüdisch eingestellt, was ihm von einigen Seiten sehr negativ ausgelegt wurde, und es wurde gesagt, dies sei ein Grund für das Attentat gewesen. Er heißt Dennis Meyer. Sagt Ihnen der Name etwas?«

Zwei Dinge schossen in Bruchteilen durch seinen Kopf.

Zum einen musste er ruhig bleiben. Nur nichts anmerken lassen. Alle Telefongespräche wurden in diesem Sicherheitsbereich sowieso aufgezeichnet. Intern. Aber es gab auch die technischen Möglichkeiten, dass dieser Apparat, an dem er jetzt sprach, extern abgehört wurde. Das System war zwar als abhörsicher deklariert, aber nichts war in seinem Geschäft wirklich sicher, das wusste er.

Das zweite war eine Warnung in seinem Kopf.

Diese Frau könnte ein Lockvogel sein, um an Dennis heranzukommen. Dies waren gängige Methoden aller Geheimdienste weltweit. Und islamistische Zellen verfügten über genug Verbindungen, um solche Spielchen zur Perfektion zu treiben. Vor allem anderen war es zwingend erforderlich, ihre Identität zu überprüfen.

Er tat so, als hätte er sein Gehirn nach diesem Namen durchforstet.

»Selbst, wenn ich etwas wüsste, dürfte ich es Ihnen nicht sagen, verehrte Frau Stein«, sagte er ruhig. »Dann kennen Sie ihn also nicht«, ihre Stimme klang tonlos, aber auch erleichtert. »Das habe ich mir gleich gedacht. Entschuldigen Sie die Störung.«

»Frau Stein, ich habe nur gesagt, *was* ich gesagt habe«, antwortete er hastig und versuchte, so viel an Betonung wie möglich in seine Worte hineinzulegen.

»Wenn es so dringend ist, können Sie mich ja in Berlin besuchen. Auf Wiedersehen.«

Er hoffte, sie würde verstehen.

Sein Herz schlug heftig, nachdem er aufgelegt hatte. Er tadelte sich, denn er hatte sich höchst unprofessionell verhalten. Eine Lebensversicherung in seinem Beruf war es, niemandem wirklich zu vertrauen, doch eine bestimmte Seite von ihm glaubte dieser Frau, *wollte* ihr glauben.

Dennis Sicherheit stand in jedem Fall auf dem Spiel. Wenn diese Frau wirklich die ehemalige Verlobte von Dennis war, gefährdete sie ihn durch ihre Besorgnis. Wenn sie ein Lockvogel war, war es ein Zeichen dafür, dass die Terroristen schon viel zu viel über das Leben seines Freundes in Erfahrung gebracht hatten.

Er rief einen leitenden Beamten der Münchner Kriminalpolizei an, übermittelte ihm die Nummer, unter der er angerufen worden war, und bat um eine sofortige, umfangreiche Überprüfung der Identität einer gewissen Esther Stein, mit der Option, situativ weitere geheimdienstliche Informationen über ihr Leben anzufordern. Diese Daten seien streng vertraulich zu behandeln und ausschließlich ihm, als Leiter der Ermittlungen, der in dieser Sache alle Befugnisse vom Innenminister der Bundesrepublik Deutschland erhalten habe, mitzuteilen. Sein Gehirn arbeitete fieberhaft.

Trotz seiner Skepsis hatte ihn der Anruf der jungen Frau bewegt, denn er hatte die Aufrichtigkeit und Verzweiflung in ihrer Stimme gehört, die nicht gespielt sein konnte. Dafür war er vom Mossad zu gut geschult worden. Ein Schwachpunkt in solch einem Spiel von Information und Macht waren Beziehungen. Daher gab es so viele einsame Wölfe in diesem Metier. Wenn du liebst, bist du verwundbar. Das war ihm oft genug eingebläut worden. Wenn sie auf diese Art Dennis erwischten, würden sie das Todesurteil sofort vollstrecken. Und jeden, den sie verdächtigten, auf seiner Seite zu stehen. Und wenn sie ihn töten könnten, wäre in Deutschland langfristig niemand mehr sicher. Denn das wäre das Signal dafür, dass Deutschland nicht fähig wäre, seine eigenen Bürger zu schützen. Und das wiederum bedeutete, man hätte mit dem Terrorismus ein Mittel in der Hand, die deutsche Regierung in jeder beliebigen Sache unter Druck zu setzen. Das durfte er nicht zulassen, und er hatte diesbezüglich strengste Anweisungen des Innenministeriums:

Dennis Meyer durfte weder ausgeliefert noch getötet werden. Dieser ›Super-Gau‹ würde ihn im günstigsten Fall seinen Job kosten, ganz abgesehen von der viel schwerer wiegenden moralischen Verantwortung einem Freund gegenüber. Er wusste aus der leidvollen Erfahrung seines eigenen Volkes, dass es ein verhängnisvoller Fehler war, sich den Forderungen von Terroristen oder Faschisten zu beugen. Gibst du ihnen einen Finger, nehmen sie die ganze Hand.

Denn ein Hass, der den eigenen Tod in Kauf nimmt, nur um andere zu töten, ist unversöhnlich, irrational, niemals zu befriedigen; und die Quellen dieses Hasses wurzeln so tief in der Persönlichkeit dieser indoktrinierten Menschen, dass Worte dafür nicht reichen. Zum einen legen diese Menschen jede Nachgiebigkeit als Schwäche aus – sie kennen nur ein Gesetz, das ihnen von Mutterleib an eingeimpft wurde: das Gesetz des Stärkeren. Zum anderen erfüllt sie eine sadistische Befriedigung, wenn sie quälen können. Denn sie sehen sich als Werkzeuge einer höheren

Gerechtigkeit und sind dem Wahn verfallen, das, was sie tun, sei richtig, edel und gut.

So hatte er es in seiner Ausbildung gelernt. Aus diesem Grund hasste auch *er*. Er wusste, dass er nicht so fühlen sollte, er sollte sie als Opfer sehen, als fehlgeleitet. Auch widersprach sein Hass dem Glauben seinen Volkes, denn liebte *JAHWE* nicht alle Geschöpfe, die er gemacht hatte?

Aber *er* konnte sie nicht lieben, denn er kannte das Leid, dass aus einer ausgleichenden, vergebenden Haltung erwuchs. War es denn bei Hitler anders gewesen? Wie viele seines Volkes hatten loyal und naiv dem deutschen Volk gedient? Wie viele waren wie dumme Schafe gewesen, denkend, es wird schon nicht so schlimm werden? Eine großangelegte Verfolgung würden die deutschen Volksgenossen nie zulassen!

Ja, hatte nicht schon König David diese Haltung vor 3.000 Jahren beschrieben? *Denn um deinetwillen werden wir umgebracht den ganzen Tag, als Schlachtvieh werden wir angesehen …*

Er spürte, wie die Wut in ihm aufstieg, und er versuchte, an die aktuelle Situation zu denken.

Esther Stein. Das erinnerte ihn an den Professor.

Was für ein kurioser Zufall inmitten aller Probleme.

***

Dennis lag in seinem Bett und träumte. Dachte er zumindest. Aber es fühlte sich so echt an.

Er rannte durch einen Tunnel. Der Tunnel war kalt, leer und lang. Wo dieses Bauwerk stand, wusste er nicht. Er war vielleicht zehn Meter breit, drei Meter hoch und in einem Halbbogen gebaut. Aus Backsteinen, so, wie alte Zisternen oder alte Burgen. Er musste sehr schnell unterwegs sein, denn die einzelnen Neonröhren an der Decke verschwammen zu einer einzigen leuchtenden Linie. Es war nass und schmutzig.

Er nahm nur seinen schnellen, keuchenden Atem wahr und das Geräusch aufspritzenden Wassers, wenn seine hämmernden Füße eine der zahllosen Pfützen trafen. Der Boden war glitschig, wie bemooste Steine unter Wasser, und ein paar Mal wäre er beinahe hingefallen.

Widerwillig blickte er nach unten: Der schlammige, zum Teil noch asphaltierte Boden war übersät mit Kot und Urin. Angewidert sah er zur Decke.

Er *fühlte* die vielen Schatten, die sofort verschwanden, wenn sein Blick sie streifte. Er *wusste*, dass es dämonische Wesen waren, die den Tunnel verschmutzten, und jetzt roch er es. Ein Gestank des Todes verpestete diesen Tunnel, ein Gestank verwesenden Fleisches, obgleich er niemanden erblickte. Verwundert fragte er sich, warum er nicht ebenfalls tot war, erstickt vielleicht, oder ohnmächtig geworden von den giftigen Dämpfen. Da bemerkte er die Seitenschächte des Tunnels.

Das war die *Frischluftzufuhr* der Bewohner des alten Tunnels: Er sah verrauchte Bordelle, nackte Frauen und Männer saßen darin und fielen übereinander her, sie ritzten sich mit kleinen Messern, bis Blut heraus floss. Er erblickte Spielhöllen, in denen ausgemergelte, blicklose Kreaturen – waren es überhaupt Menschen? – herumhingen und tonlos jubelten, wenn ein paar Münzen aus dem Automaten prasselten. Jahrelang saßen sie da, und sie magerten immer mehr ab. Schließlich lösten sie sich in Luft auf.

Dann waren da Rauschgiftsüchtige, die sich in Qualen unter den Betonpfeilern wälzten, mit einer Überdosis Heroin im Blut, in dem Albtraum gefangen, eine geifernde und lüsterne Horde von Dämonen käme, um sie zu zerreißen.

Nur, es war kein Albtraum, und sie holten sie. Alle.

Voller Entsetzen senkte er den Kopf und rannte

schneller. Er holte das Letzte aus seinem Körper heraus, und seine Lungen pumpten in wilder Hast. Warum nur nahm dieser elende Tunnel kein Ende?

Sein Herz hämmerte, ins Leere hinein.

Als er dachte, er würde sterben, war der Tunnel zu Ende.

Er lief hinein in strahlenden Sonnenschein.

Der Himmel war tiefblau, und er erstieg in lockerem Tempo einen kleinen Hügel. Das Gipfelkreuz war schon mit bloßem Auge erkennbar. Plötzlich bemerkte er, dass er nicht alleine war.

Dōr flog neben ihm: mühelos und majestätisch. Sie blickten sich an und lachten, und dann waren sie am Gipfel angelangt.

Doch wie verändert jetzt die Landschaft um ihn war!

Es war kein kleiner Hügel gewesen, den sie da gerade erklommen hatten, es war der höchste Gipfel der Welt, in einem gewaltigen Gebirgsmassiv, voller Eis und Schnee!

Die Sonne strahlte auf das ewige Eis, und es war so hell, dass Dennis nichts mehr sehen konnte. Dōr zog ihm sanft die Hand von den Augen. Und dann bemerkte er, dass er in den glühenden Schnee blickte, und er sah jedes Eiskristall in seiner geheimnisvollen Struktur und faszinierenden Schönheit.

Dōr blickte bedächtig in die Eiswüste vor ihnen und sprach langsam und betont:

»*Weißt* du, warum du hier bist? *Weißt* du, was das alles bedeutet?«

Er wartete nicht auf Antwort, sondern legte Dennis die Bedeutung dessen aus, was er gerade *erlebt* hatte:

»Der Tunnel war der *Tunnel des Todes.*

Dieser Berg ist der *Berg des Krieges.*

Das Kreuz ist der *Durchgang von Tod zu Leben.*

Ohne dieses Leben hättest du keinen einzigen Schritt im Tunnel überlebt. *Er* trug dich, auch wenn du es nicht bemerktest.«

Jetzt zogen dichte Wolken auf.

Undurchdringlicher Nebel hüllte sie ein.

Dennis konnte die Hand nicht mehr vor Augen sehen, und, schlimmer noch, er konnte Dōr nicht mehr sehen.

Er stöhnte auf vor Furcht, und Einsamkeit hüllte ihn ein wie der Nebel, und sein Herz war erfroren im Eis.

Dann bebte der Berg, und er hörte nur ein schreckliches Dröhnen.

Als die Stimme ertönte, stürzte er zu Boden.

»Du wirst mein Prophet sein, Dennis. Ein Prophet der Völker. Du wirst erkennen, was es bedeutet, als Prophet zu leiden, aber du wirst auch wissen, was wahre Herrlichkeit ist, und sollst die Fülle haben, und Freude wird dein Herz durchströmen wie ein ewiger Strom. Du wirst gegen Feinde kämpfen, die mächtiger sind als du! Hinter diesen wirst du den EINEN Feind finden, und du wirst ihn besiegen. Er begegnete dir als Kind, in deinen Träumen. Aber sei getrost. ICH BIN bei dir.«

Die Stimme war tief und klangvoll und klar.

Der Nebel verzog sich.

Er wollte rufen:

»Dōr, hier bin ich!«, doch vor Staunen brachte er kein Wort hervor.

Das Gesicht Dōrs strahlte der Sonne gleich, und Licht *floss* von ihm. Er wollte rufen, doch er konnte nicht, bis er bemerkte, dass seine eigenen Hände glühten, sein Kopf, ja, alles in ihm pulsierte in einem sanften Schwingen. Er bebte vor Kraft. Als die Spannung nachließ, schrie er im Taumel grenzenloser Begeisterung:

»Dōr, ich glaube, Eljon hat zu mir gesprochen!«

Der Adler blickte ihn lächelnd an.

»Ich weiß. Du bist ein Auserwählter.«
Dann verbeugte er sich vor ihm.

20

Die Zugfahrt war lang und beschwerlich. Länger als Esther gedacht hatte. Zehn Stunden musste sie von München nach Berlin fahren, bei gerade mal sechshundert Kilometern. Sie hatte nicht so viel Geld, und so hatte sie den Regionalzug genommen. Fünf mal Umsteigen bei strömendem Regen.

Die Hoffnung auf ein Wiedersehen mit Dennis ließ ihr Herz höher schlagen, doch heute war auch dieses Gefühl gedämpft, wie in Watte gehüllt.

Was gibt mir Halt im Leben, dachte sie, während eine trübe Landschaft hinter einer schmutzigen Scheibe aus Glas an ihren Augen vorüber glitt.

Was gibt einem Menschen Halt in einer Welt, in der Terroranschläge im Namen einer Religion verübt wurden – in der dazu aufgerufen wurde, Menschen zu töten, nur weil sie anders glaubten?

Ja, sie hatte die heiligen Schriften vieler Religionen gelesen. Die einen redeten über die Liebe zu den Feinden, die anderen predigten Hass gegen Ungläubige. Dann gab es die, die in allem Geschehen eine sich endlos drehende Spirale zu entdeckten meinten, nur, um schließlich in eine kosmische Harmonie einzugehen, in der sie allerdings aufhörten zu existieren.

Aber die einzige wirkliche Kraft hatte sie in dem vergessenen Buch gefunden. In einem Buch, das eigentlich Judentum und Christentum verbinden sollte, da beide Religionen die gleiche Wurzel besaßen. Doch durch Hass und

Neid war einer der Brüder fern seiner Heimat als Brandopfer dargebracht worden. Das war die Bedeutung des Wortes ›Holocaust‹.

Gab es denn Grenzen für die Perversion der Menschen?

Seit ihrer ›neuen Geburt‹, wie sie es nannte, hatte sie angefangen, in dem Buch zu lesen. Und sie hatte begonnen, in die Kirche zu gehen. Keine traditionelle, denn sie hasste Traditionen, die sie immer nur erstickt hatten, sondern in eine dieser Freikirchen. Eine Pfingstgemeinde. Eine Gemeinschaft, die die meisten aufgeklärten Zeitgenossen als fundamentalistisch betrachteten.

Doch hier, im Kontrast zu allem, was sie in einer Volkskirche erlebt hatte, fand sie Freude. Hier auch begann ihr versteinertes Herz weich zu werden, hier erklärten ihr Geschwister, die schon länger gläubig waren, die Erlebnisse, die hinter ihr lagen, und so konnte sie ihr Leben zum ersten Mal aus einer anderen Perspektive betrachten.

Und sie erkannte, dass aller Schmerz seinen Sinn gehabt hatte, auch wenn es sich manchmal wie die Hölle angefühlt hatte.

Eine Geschichte aus dem Alten Testament, geschrieben vor circa 2.500 Jahren, hatte sie besonders fasziniert. Und anhand dieser Erzählung fing sie an zu begreifen, dass sie nicht alleine war, trotz aller gefühlten Einsamkeit.

Es war die Geschichte von drei Männern in einem feurigen Ofen. Es waren junge Männer, die der Adelsschicht des Stammes Juda angehört hatten. Sie waren in babylonische Kriegsgefangenschaft geraten und hatten sich geweigert, während einer Kulthandlung dem damaligen König, es war Nebukadnezar II, zu huldigen. Sie wollten nicht vor der goldenen Statue eines Menschen niederfallen, denn sie glaubten an einen einzigen Schöpfer, der in ihren Herzen lebte. Und weit darüber. Es war allen Völkern bei Todesstrafe verboten worden, sich dieser Anbetung zu verweigern. Als sie aber fest blieben in ihrer Treue zu ihrem Schöpfer, wurden sie in einen brennenden Ofen geworfen, eine damals übliche Hinrichtungsmethode. Nachdem sie hineingeworfen waren, wurde der König herbeigerufen. Denn ein vierter Mann war im Ofen erschienen, in weißer Gestalt und heller als die Flammen. Der König erschrak und ließ die drei Männer herausholen. Es war nicht einmal Brandgeruch an ihnen. Sie sagten, der einzig wahre Schöpfer habe sie gerettet.

Früher hätte sie solche Geschichten als Märchen abgetan, so was war doch irrational. Doch seit ihrer konsequenten Hinwendung zum Glauben erkannte sie, dass ihre Sichtweise der Wirklichkeit bisher reichlich beschränkt war.

Mit diesen Gedanken im Kopf stieg sie in Jüterborg aus. Das letzte Mal Umsteigen, dann endlich – Berlin. Sie trat auf den regennassen Bahnsteig, der einsam in der kalten Dämmerung lag.

***

Er spürte den kalten Stahl in seiner Hand. Es fühlte sich gut an, und eine Welle von Macht durchströmte ihn. *In meiner Macht liegt es, zu töten*, dachte er grimmig. Zu töten in Allahs Namen. Wie sehr er doch geehrt war, und wie wenig er diese Ehre verdiente. Aber seine Brüder hatten *ihn* auserwählt. Ja, Allah selbst hatte ihn erwählt, um den Ungläubigen zu zeigen, dass es nur einen einzigen Gott gibt und es nicht gut sei, sich ihm zu widersetzen.

Eine einzige Frau stand auf dem Bahnsteig. Sie hatte lange, schwarze Haare.

Er zog das Foto heraus. Ja, das war sie!

»Wenn Allah uns gnädig ist, hat sie auch ein Notizbuch bei sich, das für uns von großem Interesse ist. Aber so oder so muss sie sterben«, hatten sie gesagt.

So ein schönes Flittchen, dachte er, und die Erregung raubte ihm fast den Atem. Aber daran durfte er nicht denken. Im Paradies warteten Tausende von diesen auf ihn, beruhigte er sich.

Der Tag war gut, Allah war gnädig. Dunkle Regenwolken verdüsterten den Himmel, und es dämmerte schon. Kein anderer Mensch war zu sehen. Er drückte sein Gesicht tief in seine *Kefya*, die er um den Hals geschlungen hatte, und ging entschlossen auf sie zu.

»Esther Stein?« fragte er.

»Ja«, erwiderte die Frau hastig und mit dünner Stimme und wandte ihm ihr Gesicht zu.

O Allah, was für ein hübsches Dhimmigesicht, fast zu schade zum Schlachten.

Mit drei geübten, ruckartigen Bewegungen stieß er den Dolch bis zum Heft in die dunkle Masse vor ihm. Noch zwei mal stach er zu, bis die Frau sich nicht mehr rührte. Sie blutet wie ein unreines Schwein, dachte er, während sie auf den nassen Bahnsteig fiel.

Plötzlich überfiel ihn etwas wie ein weißer Blitz.

Er wusste nicht, was es war, aber er hatte Todesangst. Der Schmerz war zu groß. Schreiend und blind rannte er in das Feld neben dem Bahnsteig, den Dolch fest umklammert in seiner Hand.

Und dort, wo ihn niemand sehen konnte, brach er tot auf dem Acker zusammen.

***

Esther atmete schwer. Sie musste gestürzt sein und sich am Bahnsteig angeschlagen haben, denn an ihrem Mantel entdeckte sie Blut. Benommen stand sie auf. Der Stress der letzten Tage war wohl doch etwas viel für sie gewesen.

Endlich, es kam ihr wie Stunden vor, fuhr mit kreischenden Bremsen der Regionalzug Richtung Berlin ein. Müde stieg sie zu, und ließ sich erschöpft auf einen Sitzplatz im oberen Abteil fallen.

Dann tauchte sie ein in die Atmosphäre des Himmels.

Langsam quoll ein Weinen aus ihrem Unterleib, wie ein stetig anschwellender Strom. Aber es waren Tränen der Befreiung, nicht die Tränen der Verzweiflung, die ihr so vertraut waren.

Vor ihren Augen wirbelte ein flammendes Schwert, das durch ein finsteres unwirkliches Land drang, ähnlich einem Messer, das durch weiche Butter schneidet. Durch den Spalt drang Licht:

Glänzendes, warmes, lebendiges Licht.

Das Licht wurde stärker und strahlender. Bald füllte es ihr ganzes Blickfeld, und in diesem Licht sah sie viele feurige Pferde.

Die Pferde waren ungestüm und voller Kraft, als könnten sie es nicht mehr erwarten, ihre Stärke zu demonstrieren, doch die Reiter lachten nur und zügelten sie. Und sie sprachen fremde, beruhigende Worte, die sie nicht verstand, und die doch wunderschön klangen.

Die Reiter waren in Weiß gekleidet und trugen Gürtel aus kunstvoll gewirktem Gold. Ihre Schwerter hatten sie erhoben wie zu einem Gruß, und in ihrer linken Hand hielten sie rotgoldene Schilde, die fast so groß waren wie sie selbst.

Dann hörte sie Worte, die der Anführer sprach:

»Die Nacht ist vorbei, der Morgenstern ist aufgegangen. Wann, Brüder, denkt ihr, sollen wir angreifen?«

Obgleich sie die Sprache nicht verstand, klangen die Worte melodisch und schön. Und etwas jenseits ihres Intellekts erfasste klar und ohne Mühe ihren Sinn.

Die Antwort auf die Frage des Anführers vernahm sie nicht mehr, denn ruckelnd fuhr der Zug in Berlin-Ostbahnhof ein. Benommen stieg sie aus und stand für einige Sekunden verwirrt auf dem Bahnsteig. Die grellen Leuchtreklamen, die sich auf dem nassen Boden spiegelten, blendeten sie, und sie kniff die Augen zusammen.

Nur langsam wurde ihr bewusst, dass sie eben in eine Art Trance gefallen sein musste. Vor diesen Zuständen war sie im Krankenhaus gewarnt worden, ihre Seele sei noch sehr labil, und die traumatischen Erlebnisse der Kindheit hätten tiefe Spuren in ihrer Psyche hinterlassen. Ihr Unbewusstes suche verzweifelt nach einer heilen, hellen und lichten Welt.

Oder aber, dachte sie atemlos, oder der Fürst vom Berg sprach wirklich zu ihr. Er zeigte ihr Dinge, die um sie herum geschahen.

Vielleicht eine Parallelwelt; oder eine unsichtbare Wirklichkeit.

Oder sie war einmal mehr dabei, durchzudrehen.

Nach intensivem Überlegen schien ihr die letzte Option die überzeugendste zu sein.

Wie dumm von ihr, zu hoffen, mit Dennis wieder Kontakt aufnehmen zu können. Sie könnte sich selbst ohrfeigen. Auch wenn er noch in Berlin lebte, war er bestimmt verheiratet. Und wenn er nicht verheiratet war, würde er sie bestimmt nicht mehr wiedersehen wollen, nach dem, wie sie ihn behandelt hatte. Warum hatte sie nicht auf dem Berg bleiben dürfen?

Sie setzte sich auf eine Bank und beobachtete ohne Anteilnahme das Bahnhofsgeschehen.

Es war 23.30 Uhr, und Reinigungskräfte waren dabei, den Bahnhof zu säubern. Auf einigen Bahnsteigen wurden große Kehrmaschinen verwendet, auf anderen ging ein Mann mit einer langen Kehrschaufel umher, und beseitigte die Zigarettenstummel des Tages. Alle kamen sie ihr einsam und traurig vor, was ihr eigenes Gefühl der Leere noch verstärkte. All diese Männer waren Ausländer, meist Griechen und Türken, dachte sie. Sie beobachtete Obdachlose, die in Mülleimern wühlten, sie sah überall Graffiti, das hier viel häufiger zu sehen war als in München. Hier war die Welt nicht mehr so heil, dachte sie – oder aber die Zerstörung war lediglich offen-sichtlicher.

Sie hatte nicht bemerkt, dass sich ein Mann neben sie auf die Bank gesetzt hatte. Jäh zuckte sie zusammen, als sie sich seiner bewusst wurde.

Ein Obdachloser in schäbiger, heruntergekommener Kleidung, unrasiert und ungekämmt. Sie wollte gerade aufstehen. Aber dann nahm sie wahr, dass er nicht nach Alkohol stank und auch nicht nach Schweiß. Ja, er roch sogar richtig angenehm. Das war merkwürdig. Benutzte er etwa ein Deodorant?

All diese Gedanken kamen ihr lächerlich vor, sie würde jetzt gehen, um ein Taxi zu bestellen. Zu ihrem großen Erstaunen sprach der Mann sie an, in flüssigem Deutsch!

»Junge Frau, bitte entschuldigen Sie die späte Störung. Ich weiß ja nicht, ob Sie an die Himmlischen glauben, aber sie haben mir aufgetragen, Ihnen zu sagen, dass sie alle wissen, in welcher Lage sie sich befinden. Eljon selbst hat es ihnen gesagt, und er kennt Ihren Schmerz um den Mann, den sie lieben. Und jetzt verzeihen Sie, aber ich habe noch wichtige Dinge zu erledigen.«

Er blickte sie aus braunen Augen warm an, stand auf und ging gemächlich davon. Mit offenem Mund hatte sie zugehört. Sie wollte rufen, und ihn fragen, wie er heiße, doch ein Kloß steckte in ihrem Hals, und sie brachte keinen Ton heraus.

Endlich stand sie auf, fuhr mit einem Taxi zu dem Hotel, das ihr die Sekretärin dieses Dorado genannt hatte, und meldete sich an der Rezeption.

Das Zimmer war freundlich und warm, und sie fühlte sich sofort heimisch. Die Vorhänge waren in terracotta, und der Raum wurde dezent durch einen Deckenfluter in der rechten Ecke erhellt. Ein wenig überdreht von den Ereignissen der letzten Stunden ließ sie sich auf den Sessel in der linken Zimmerecke fallen. Sie hatte in der Gemeinde von Engelserscheinungen gehört. Könnte es sein, dass dieser obdachlose Mann eine solche gewesen war? Denn in diesem Fall war er ja gar nicht richtig obdachlos ...

Dabei musste sie leise lachen, und sie fühlte sich wunderbar schwerelos. Plötzlich überschattete sie eine Wolke von Licht. Sie wurde eingehüllt in eine Atmosphäre grenzenloser Liebe, und vor Freude fing sie an zu jubeln. Erst verhalten, dann stürmisch.

Nur einmal zuvor hatte sie so etwas erlebt, hatte sie so eine Wertschätzung, solch eine Kraft, *diese* Art von Liebe gespürt. Damals, kurz bevor sie von aufgeregten Krankenschwestern und einem älteren Arzt in dieses Leben zurückgeholt wurde.

Dann zerriss sie.

Die Decke der Beengung, die Decke ihres Verstandes

wurde zerrissen, und sie erkannte voller Klarheit, dass alles in ihrem Leben einem Plan gefolgt war. Sie war überwältigt von der Wucht dieser Erkenntnis, die alles überstieg, was sie sich in ihren Träumen je hätte vorstellen können.

Der Schöpfer *ist*.

Das vergessene Buch *ist* Realität.

Engel *sind* real.

Und Wunder ein Aufflackern dieser Realität in dunkler Nacht.

Dann sah sie weiter als je zuvor, als befände sie sich auf dem Dach der Welt:

Diese Wirklichkeit war die eigentliche Wirklichkeit.

Die Welt, in der sie lebten, stellte nur eine unvollkommene Kopie dieser ursprünglichen Realität dar; eine dunkle, traurige Gegenwart, entstellt von Krankheit, Krieg, Leid, Tod und Niederlagen.

Und es war niemals das gewesen, was geplant war!

Diese Welt war die logische Konsequenz der Ignoranz gegen den Schöpfer und die unsichtbare Welt. Es war die Konsequenz der Rebellion gegen den Himmel.

Sicherlich war es nicht so simpel, wie manche Prediger sagten. Komm zum Schöpfer, und alles wird gut. Denn diese Welt war viel zu kaputt, um erneuert zu werden. Diese Welt war eine sterbende Welt. Und diese sterbende Welt besaß einen Fürsten. Viele Namen hatte er im Lauf der Geschichte erhalten: Teufel, Satan, Luzifer wurde er genannt, aber auch andere, unbekanntere Namen. Dieser Fürst war ein schrecklicher Tyrann. Und er hielt Völker in Schach, er knechtete sie durch Ideologien, durch Aufstachelung zum Hass gegen andere, durch Feindschaft gegen den Schöpfer.

Er hielt Generationen in Dunkelheit, Nationen in Gebundenheit.

Er appellierte mit Erfolg an das niedrigste Streben des Menschen, an einen tierhaften Instinkt:

Eine billige Erlösung ohne Schöpfer. Eine Selbstverwirklichung ohne Schöpfer.

Das aber war eine gefährliche Lüge.

Denn *kein* Geschöpf konnte sich von seinem Schöpfer lossagen, ohne zu sterben. Sterben im geistlichen wie auch im physischen Sinn. Dann erinnerte sie sich an einen Satz aus dem vergessenen Buch: Denn *alle* haben sich vom Erschaffer losgesagt und somit die Herrlichkeit verloren, die der Schöpfer ihnen zugedacht hatte.

Der Schmerz darüber zerriss ihr Herz, und sie weinte lange und bitter. Sie erkannte, dass sie den Himmel verloren hatte, weil sie ihn für ein albernes Märchen gehalten hatte. Sie hatte das eigentliche Leben verloren und es eingetauscht gegen eine billige Kopie, die ihr Erfüllung und Freude ohne den Schöpfer vorgegaukelt hatte. Es war wie bei Dennis, und es war interessant, dass sie in diesem Zusammenhang an ihn dachte: Sie hatte die Beziehung abgebrochen, denn sie kostete einfach zu viel, sie war ihr zu unbequem, sie hätte zu viele ihrer Sichtweisen korrigieren müssen. Und dabei hatte sie in beiden Fällen das Wichtigste übersehen. Die eigentliche Erfüllung lag *genau auf diesem Weg*. Nachdem sie einen kurzen Schmerz hätte erleiden müssen, hätte sie eine herrliche Zukunft gehabt. Eine glanzvolle Zukunft in der Gemeinschaft des Himmels.

Und jetzt saß sie hier und schrie vor Schmerz. Sie fiel auf ihre Knie, und sie flehte diesen heiligen Schöpfer an, ihr zu vergeben, sie flehte ihn an, ihr die Ignoranz, die sie ihm entgegengebracht hatte, zu verzeihen. Sie weinte, sie bettelte um Gnade, sie bettelte darum, aufgenommen zu werden in die himmlische Familie, von der sie wusste, dass sie existierte. Die wahre Gemeinschaft der Gläubigen.

Und ihr war klar: wenn sie *jetzt* nicht dieses Leben erhielt, wenn ihr Schöpfer ihr Gebet nicht hören würde, könne sie sich gleich jetzt umbringen. Dann wäre ihr Leben nichts mehr wert.

Aber dann wusste sie, dass er ihr Gebet erhört hatte.

Und sie wusste, dass er sie schon viel früher erhört hatte.

Sie verstand: ER selbst war ihr begegnet, er war ihr begegnet auf dem Berg. Er blickte sie aus diesen grünen, brennenden Augen an, in denen so viel bedingungslose Liebe lag, und das Tosen mächtiger Wasser ließ das Zimmer erzittern:

Ich sagte dir, du wirst mich finden.

Denn ich bin der Menschensohn, ich bin der helle Morgenstern, der Anfang und das Ende. Heute ist der Tag der Rettung. Vertraue, vertraue mir, dann wirst du Wunder sehen, die alles übersteigen, was du dir je vorstellen konntest. Wappne dein Herz gegen die Furcht, wappne dein Herz gegen Lüge. Denn geprüft musst du werden. Meine Wege sind höher als deine Wege, und meine Gedanken tiefer als deine Gedanken.

Ich heile dich, und ich gebe dir Leben. Ich gebe dir das wirkliche Leben, du aber folge mir nach. Denn ab heute wirst du ›Himmelstochter‹ genannt werden, und niemand soll dich von mir trennen.

Ihr Geist jubelte, und sie wurde jung wie ein gerade geborenes Kind. Dann erzitterte der Berg, auf dem sie mit ihren nackten Kinderfüßen stand, vor dem Brüllen eines gewaltigen Löwen, der mit wehender Mähne am Horizont stand, und sie lange und durchdringend ansah. Dann schritt er davon, flankiert von je drei weißen Adlern.

Sie ließ sie ihrer Freude freien Lauf und öffnete den Mund, um zu singen. Unaussprechliche Worte strömten daraus hervor, Worte, die sie nicht verstand, und die doch ihr Innerstes heiß erglühen ließen. Wie flüssiges Feuer, dass wie Lava aus ihrem Inneren floss.

Aber allein diese Worte konnten dem gerecht werden, was ihr der Geist sagen wollte. Ihr Verstand war zu träge, und die menschliche Sprache zu schwerfällig, um himmlische Wahrheiten in Worte zu kleiden. Daher hatte der Löwe ihr diese Sprache gegeben. Unaussprechliche Worte für unaussprechliche Geheimnisse!

Einem Impuls folgend schlug sie das vergessene Buch auf, und sie verstand nun, was sie vorher nicht verstehen konnte:

So werft nun euren Mut nicht weg, der doch eine so große Belohnung in sich trägt. Denn ihr müsst aushalten, damit ihr, wenn ihr getan habt, was der Schöpfer will, empfangt, was er verheißen hat. Doch wer gerecht ist, wird sein Leben durch Vertrauen leben, aber wenn er zurückweicht, werde ich keinen Gefallen an ihm finden.

Sie blickte auf die Uhr. Zwei Uhr morgens.

Doch sie war nicht müde, sie war hungrig.

Trotz ihres nächtlichen Erlebnisses war sie ausgesprochen nervös, als sie um 9.55 Uhr mit dem Fahrstuhl ins Erdgeschoss fuhr, wo sich Bistro und Restaurant des Hotels befanden. An der Rezeption fragte sie, ob ein Herr Dorado nach ihr gefragt hätte.

Ja, er würde sie schon erwarten, er sitze am hintersten Tisch, gleich neben dem Fenster.

Mit unsicheren Schritten steuerte sie auf den Tisch zu. Ein elegant gekleideter Mann in dunkelblauem Sakko und Jeans, vielleicht Mitte Dreißig, saß am Tisch und lächelte ihr freundlich zu, als er sie erblickte.

Er erhob sich, um sie zu begrüßen.

Sein Händedruck war fest und angenehm, und seine braunen Augen blickten sie forschend und auch ein wenig neugierig an.

»Frau Stein, Ihr Gesicht strahlt. Kommen Sie gerade aus dem Urlaub?«

Ein Kompliment hätte sie als letztes erwartet, und sie lief rot an. Ihr fiel keine passende Antwort ein, und so setzte sie sich zaghaft auf den Stuhl, den der Mann für sie zurechtgerückt hatte.

»Vielen Dank. Normalerweise erhalte ich keine solchen Komplimente, in der Regel hält man mich für introvertiert und eher griesgrämig.«

Sie versuchte, diesem Satz eine ironische Wendung zu verleihen.

Ihr Gegenüber wirkte ehrlich überrascht.

»Frau Stein, ich glaube, Sie stellen Ihr Licht in den Schatten, denn sie sind eine in jeder Hinsicht attraktive junge Frau, und dieses Lächeln vorhin war einfach bezaubernd.«

Mit Erleichterung registrierte sie den Ehering an seinem Finger.

Das hielt sie jedoch nicht von dem Versuch ab, mit ihren Augen einen bestimmten Punkt in der Ecke des Raumes zu fixieren.

Der Mann lächelte vergnügt.

Wollte er sich über sie lustig machen, oder was bildete er sich ein? Jetzt blickte sie ihn ärgerlich an. Aber seine Augen blickten so freundlich und zuvorkommend, dass ihre Wut sofort verrauchte. Mit einem Mal wusste sie, dass dieser Mann Dennis gut kannte. Vielleicht waren sie sogar Freunde geworden?

Doch der Gedanke war lächerlich.

Dieser Mann war ein ranghoher Polizist, er war ein Profi, und seine Aufgabe war es, Verbrechen aufzuklären, nicht Freundschaft mit Opfern zu schließen.

Sie empfand Achtung vor diesem Mann. Er war eine Persönlichkeit, ein Mann von Format, denn er brachte ihr Respekt entgegen, und sie verstand intuitiv, dass er nur versuchte, ihr zu helfen.

David winkte eine Bedienung zu sich.

Esther aß mit großem Appetit. Das allein schon war ungewöhnlich, denn morgens hatte sie eigentlich nie viel Appetit gehabt. Dann fiel ihr auf, dass sie sich relativ normal fühlte, ganz so, als wäre sie alleine. Das war auch ungewöhnlich, es war sogar außergewöhnlich, und sie musste über sich selbst lachen. Dem ›Herrn Kriminalrat‹ war ihr Appetit wohl nicht entgangen, denn er setzte ein gutmütiges Grinsen auf. Beide mussten lächeln, doch bevor es zu peinlich wurden, leitete er das Gespräch elegant zum eigentlichen Thema über.

»Hatten Sie eine gute Reise nach Berlin?«

Esther bejahte, doch nach kurzem Zögern erwähnte sie auch ihre Müdigkeit und Abgeschlagenheit und das lange Warten am Bahnhof Jüterborg.

Die Vision im Zug erwähnte sie nicht.

David blickte überrascht auf:

»Sie sind über Jüterborg gefahren? Nahe dem Bahnhof wurde gestern Abend die Leiche eines Mannes gefunden. Es gab eine Anfrage an die Berliner Kriminalpolizei, dort in Jüterborg bei der Ermittlung zu helfen. Sie tappen völlig im Dunkeln. Sie haben nicht zufällig etwas bemerkt?«, meinte er in humorvollem Ton.

Dann wurde er ernst. Sie merkte, dass er zum eigentlichen Punkt kommen wollte, und wappnete sich innerlich.

»Nun zum Thema unserer kleinen Unterredung. Dennis Meyer ist der Berliner Kriminalpolizei natürlich bekannt.

Aber ich möchte wissen, wie gut *Sie* ihn kennen. Wie haben Sie ihn kennen gelernt?«

Bereits diese Frage traf sie mit Wucht und riss alte Wunden auf. Er wollte wissen, wie sie Dennis kennengelernt hatte, und warum sie ihn verließ. War das nicht zu persönlich?

Esther schluckte. David blickte ihr in die Augen. Sie spürte, wie sie rot wurde. Es war ihr peinlich.

Warum musste sie einem fremden Mann erzählen, wie sie die Liebe ihres Lebens gefunden hatte? Warum musste sie ihm den größten Fehler ihres Lebens eingestehen? Was bildete sich dieser Mann eigentlich ein? Sie merkte, wie eine Welle des Zorns sie ergriff.

Aber dann fragte eine sanfte Stimme in ihrem Inneren, warum sie sich denn so ärgere. Schließlich sei dieser Mann hier, um ihr zu helfen. Und sie habe ihn schließlich um Antworten gebeten. Er müsse so vorsichtig sein. Dies sei sein Beruf.

Er musste bemerkt haben, wie sie mit sich rang, denn sein Blick wurde sanfter. Stockend begann Esther zu erzählen. Sie berichtete ihm von ihrem ersten Treffen mit Dennis auf einer Silvesterparty und von ihrem romantischen Abend auf dem Münchner Olympiaturm. Von ihrer Verlobung, ihren Träumen und Wünschen. Je mehr sie erzählte, je befreiter fühlte sie sich. Es tat gut, einfach zu reden. Bald sprach sie fließend und überzeugend, so, als redete sie sich eine unerträgliche Last von der Seele.

Davids Blick entspannte sich mehr und mehr, und er lächelte ihr aufmunternd zu. Er versteht etwas von Gesprächsführung, dachte sie anerkennend, während sie zum Grund kam, warum sie Dennis verlassen hatte. Das war der schwierigste Teil, und Esther sah auf den Tisch. Sie wagte nicht, ihm in die Augen zu sehen. Was, wenn er sie verachtete. Sie schämte sich so!

Sie merkte, wie ihre Augen feucht wurden, doch trotzig

sprach sie weiter. Am liebsten wäre sie aus dem Hotel gerannt!

Zum Schluss erzählte sie, dass diese Trennung ein Hauptgrund dafür war, dass sie sich im Krankenhaus vergiftet hatte.

Dann erzählte sie ihm von dem ›Wunder‹.

Sie war fertig und blickte auf.

Überrascht bemerkte sie die Tränen, die in seinen Augen glitzerten.

Er blickte sie eindringlich an.

Sie war überwältigt und hätte am liebsten losgeheult, doch stattdessen schluckte sie nur.

David hatte sich wieder gefasst. Mit sanfter Stimme sagte er:

»Frau Stein, es hat mich berührt, wie Sie in dieser halben Stunde mit solch einer Offenheit Ihr Leben vor einem fremden Mann ausgebreitet haben. Es war bestimmt nicht leicht für Sie.«

Er lächelte schüchtern. Sie fand das sehr sympathisch.

»Frau Stein, ich danke Ihnen für diesen Bericht, aber ich musste einige Details überprüfen, um sicherzugehen, dass Sie wirklich mit Dennis verlobt waren. In Ihrer beiden Schilderung stimmt das meiste überein.«

Er sah offen in ihr Gesicht.

»Dann ist er für Sie nicht nur ein Fall unter vielen, und Sie kennen ihn persönlich?«

Es hing so viel für sie davon ab.

»Ja, ich kenne ihn«, antwortete er schlicht.

»Wir sind Freunde.«

Esther schluckte, doch sie brachte kein Wort hervor. Sie versuchte es noch einmal, doch das, was sie sagen wollte, blieb ungesagt. Sie verbarg ihren Kopf in den Händen. Glückseligkeit durchflutete sie. Eine unendliche Last fiel von ihr. Dann weinte sie wegen der großen Gnade, die ihr widerfuhr. Sie hatte so wenig von all dem verdient!

Dann fing David an zu erzählen. Er berichtete von dem Attentat, von der Zeit, in der Dennis im Krankenhaus lag, und wie sie sich angefreundet hatten. Er, der zum Kriminalrat beförderte Polizist, und Dennis, der Journalist, der wegen seiner Überzeugungen beinahe getötet worden wäre.

Mit großen Augen hörte Esther zu.

Dann beantwortete er die Frage, um die sich so viele ihrer schlaflosen Nächte gedreht hatten:

»Er redet viel von Ihnen. Ich glaube, er hat Sie noch nicht vergessen.«

Ein einfacher Satz.

Doch er schlug in Esthers Herz ein wie eine Bombe, und für einen Augenblick verschwamm alles in einem Nebel.

Als sich ihr Gefühlstaumel gelegt hatte, bemerkte sie, dass David sie in einer Mischung aus Freude und Schmerz ansah.

»Ich sehe in Ihren Augen, dass Sie ihn noch lieben, und das freut mich natürlich für ihn. Er würde sich auch freuen. Es kommt Ihnen vielleicht grausam vor, aber ich kann Ihnen aus Gründen, die ich noch nennen werde, weder seine Adresse noch seine Telefonnummer geben. Ich kann auch keine Treffen für Sie beide arrangieren. Denn er beginnt gerade ein neues Leben«.

Verständnislos hatte sie zugehört.

»Sie – Sie wollen mir allen Ernstes sagen, dass Sie sich der Zukunft von zwei … von zwei Liebenden in den Weg stellen wollen? Woher nehmen Sie das Recht dazu, sind Sie denn an der Stelle des Schöpfers?« Die letzten Worte schrie sie heraus, mit zornrotem Kopf und Tränen in den Augen.

»Ich werde ihn finden,« schluchzte sie, »und es ist mir vollkommen egal, ob Sie mir die Erlaubnis dazu geben, oder nicht!«

Dann verbarg sie ihr Gesicht in den Händen. Ihr Gesprächspartner blieb gelassen. »Ich verstehe Ihren Zorn, Ihren Ärger, sogar Ihr Unverständnis. Es ist nur normal, dass Sie so reagieren. Jeder Mensch mit Herz täte so etwas.«

Ungerührt blickte er sie an, bevor er weiter redete.

»Aber die Umstände sind eben nicht normal, und es geht hier um mehr als Ihr privates Glück. Ich habe die Aufgabe, ihn zu beschützen, und das tue ich. Sie würden zwangsläufig sein Leben in Gefahr bringen, würden Sie ihn jetzt sehen. Eine Beziehung zwischen Mann und Frau ist das beste Druckmittel, das Menschen mit solch finsteren Motiven finden können.«

Seine Stimme wurde erstickt wie durch einen Nebel, und sie hörte eine andere Stimme: *Willst du der Erwählung würdig sein, so vertraue ihm, es wird nichts geschehen, was nicht geschehen soll; du musst den Schmerz aushalten, damit du, nachdem alles erfüllt ist, das Verheißene empfängst. Wenn du in Liebe und Geduld erträgst, wird sich alles zum Besten wenden.*

Die Stimme war leiser als Davids Stimme, doch voller Autorität, und getragen von einer verstehenden Liebe, und ihr Herz schmolz.

»Sie müssen wissen, dass die islamische Welt eine *Fatwa* gegen Dennis erlassen hat«, hörte sie David wieder, »ein schariakonformes Rechtsurteil. Eine bestimmte islamische Strömung ist bestrebt, dieses Urteil, das in ihren Augen gültig und verbindlich ist, in unseren Augen jedoch völlig willkürlich, zu vollstrecken. Egal wo, und egal wie. Auf gut Deutsch: sie wollen ihn umbringen aufgrund eines Todesaufrufs, so wie sie es bei dem Schriftsteller Salman Rushdie versucht haben. Er lebt im Exil, aber er lebt, auch wenn 37 Menschen aus seinem Umfeld von fanatischen Moslems ermordet wurden.«

David erklärte ihr weiter, dass Dennis eine neue Identität besitze und daher verhältnismäßig sicher sei. Er habe sich einen Bart wachsen lassen und seine Haare gefärbt, so dass er kaum wiederzuerkennen sei. Wenn Gras über die Sache gewachsen ist, und er wisse leider nicht, wie lang dies dauere, könnte ein Wiedersehen, vielleicht im Ausland, arrangiert werden.

Da die Bundesregierung ein großes Interesse daran habe, Dennis zu schützen, und er quasi zum Präzedenzfall für die Staatsräson geworden sei, könne er, David, ihnen möglicherweise Hilfe beim Aufbau einer neuen Existenz zusichern.

Esther war ruhiger geworden, nur ihre Finger zitterten noch. Sie hatte sich zu einer Entscheidung durchgerungen, und ihre Stimme klang entschlossen: »Ich werde warten, und wenn er mich noch möchte, werde ich ihn heiraten. Das weiß ich endlich. Ich würde niemals seine Sicherheit gefährden wollen, das wäre egoistisch. Mir ist klar, dass eine lange Durststrecke vor uns allen liegt, wir werden nichts sehen, doch wir werden lernen zu vertrauen, so, als wenn unser Schöpfer neben uns ginge. In seiner Nähe kann uns nichts erschüttern, selbst, wenn die Welt untergeht.«

Sie sprach mit einer Ruhe die sie selbst erstaunte. War das die alte Esther, die zaghafte Esther? Freude erfüllte sie, weil sie sah, dass ihre Veränderung echt war, und nicht wieder eine weitere Maske. Auch David musste etwas wahrgenommen haben, denn Anerkennung lag in seinem Blick, als er sagte:

»Sie beeindrucken mich. Dennis kann stolz auf Sie sein. Ich werde Sie unterstützen und Ihnen immer so viel berichten, wie es möglich ist. Der Himmel sei mit Ihnen, in Ihrem Warten, Hoffen. Er wird Sie nicht alleine lassen.«

»Glauben sie denn auch an den Schöpfer?«

Sie bemerkte, dass sie ihn irritiert haben musste, denn er antwortete ausweichend. »Nun, da Sie die ganze Zeit so ehrlich zu mir waren, muss ich es wohl auch sein. Ich glaube schon, dass es etwas Höheres gibt, denn niemand mit normaler Intelligenz kann die Lückenhaftigkeit der Evolutionstheorie leugnen.

Wie diese höhere Macht allerdings aussieht, ob es eine Kraft ist, eine Person, das hat mich nie wirklich interessiert. Ich bin Jude, zwar kein orthodoxer, aber ich glaube an das Prinzip einer universalen Gerechtigkeit. Mehr nicht.«

Esther grinste. »Ich bin auch jüdischer Abstammung und nicht religiös erzogen worden. Wozu auch, ich habe den Messias auch so gefunden.« Sie lächelte.

»Vielen Dank, dass Sie sich Zeit für mich genommen haben. Ich werde Sie bestimmt anrufen und mit Fragen löchern. Richten Sie Dennis aus, dass ich an ihn denke, und wie sehr es mir leid tut, ihn verlassen zu haben. Aber nicht mehr. Können Sie ihm einen Brief von mir geben?«

David nickte. Sie verabschiedeten sich, und David blieb noch etwas sitzen. Als sie fast den Fahrstuhl erreicht hatte, rannte er ihr hinterher.

»Wann müssen Sie wieder nach München reisen?«

Esther sah ihn fragend an.

»Am Montag, ich habe mir Montag und Dienstag frei genommen. Ich möchte mir morgen noch die Stadt ansehen.«

»Gut. Dann fahren wir am Montag zusammen im Auto nach München. Ich muss dort dienstlich einige Sachen erledigen.«

Sie war ehrlich überrascht.

»Gerne«, sagte sie dann.

21

Dennis hatte gerade eine christliche Gemeinde in Berlin besucht. Er befand sich in einer ›schwierigen psychischen Verfassung‹.

Posttraumatische Belastungsstörung, hatte sein Arzt das genannt:

Sobald er ein Gesicht erblickte, das auch nur entfernt arabisch aussah, bekam er Angstzustände, und ihm wurde schlecht. Er war nur froh, dass er nicht in Kreuzberg oder Neukölln wohnte, sonst würde er noch zum Amokläufer, überlegte er grimmig.

Zu allem Überfluss hatte er heute gemeint, Esther unter den Gottesdienstbesuchern zu entdecken, was natürlich absurd war, und ihm zeigte, dass er dieses Kapitel seines Lebens ebenfalls noch nicht abgeschlossen hatte.

Sein Handy klingelte. Es war David.

Er versuchte es mit einem Witz, um seinen Zustand zu verbergen.

»Hi David, schön dich zu hören. Was macht Deutschland. Ist es noch zu retten oder schon dem Untergang geweiht?«

Die Stimme am anderen Ende lachte. Aber das Lachen klang verhaltener als sonst. Dennis glaubte, eine Spur von Nervosität herauszuhören.

»Du bist nervös, was ist los?«

Einige Sekunden hörte er nichts.

»Ich habe mich entschlossen, dir die Wahrheit zu sagen. Das ist alles.«

»Und wegen solch einer Kleinigkeit bringst du meinen geregelten Tagesablauf durcheinander?«

»Komm schon, lass die Albernheiten. Ich habe mich gestern mit jemandem getroffen, und ich glaube, du solltest wissen, mit wem. Ich würde dich heute um 20 Uhr gerne zum Essen einladen. Um 19.30 Uhr hole ich dich ab, Michaela kocht Spaghetti Carbonara, also zieh dir nichts Weißes an.«

»Gut, klingt spannend«, sagte Dennis. »Bis halb acht.«

Pünktlich um 19.30 Uhr holte ihn David in seinem schwarzen BMW ab. Die Fahrt verlief schweigend, zu schweigend, fand Dennis. Er beschloss, das Eis zu brechen.

»Na, mein schweigsamer Mossad-Agent, scheint ja Top-Secret zu sein, was du mir heute zu sagen hast.«

David steuerte den Wagen unbeeindruckt durch den dichten Berliner Verkehr und sagte nichts. Dennis zuckte resigniert mit den Achseln und ergab sich seinem Schicksal.

Er hatte Davids Haus gemütlich gefunden, seit er es das erste Mal betreten hatte. Nicht zu groß für das Ehepaar Dorado, aber auch nicht zu klein für Kinder, die auf jeden Fall kommen sollten.

Es sei alles nur eine Frage der Zeit, sagte David immer.

Michaela erinnerte ihn an Esther. Sie hatte ähnlich ausdrucksvolle Augen; nur waren Esthers Augen grün, sie hatte braune Augen. Aber er wollte nicht an Esther denken.

Die Spaghetti waren sehr gut, und Dennis hatte nicht einen einzigen Fleck auf sein blaues Hemd gemacht.

Nach dem Essen verabschiedete sich die Köchin. Dennis wusste, dass es nicht daran lag, dass David ihr nicht vertraute. Der Grund war er selbst. In ihrer Gegenwart fühlte er sich immer etwas befangen, und David nahm Rücksicht darauf.

Er begann ohne Umschweife.

»Ich habe gestern mit einer gewissen Esther Stein aus München telefoniert.«

Dennis zuckte zusammen. Das kam etwas zu plötzlich. Sein Puls begann zu rasen, aber er versuchte, sich nichts anmerken zu lassen.

»Und, was wollte sie?« fragte er nach längerem Schweigen.

»Sie ist durch einen Zeitungsartikel auf dich aufmerksam geworden. Sie las über das Attentat auf dich, recherchierte noch etwas im Internet und rief mich dann an. Sie wohnt jetzt nicht mehr bei ihrer Mutter und schien wirklich besorgt um dich zu sein. Ich glaube, sie interessiert sich noch für dich«, fügte er hinzu und klopfte ihm aufmunternd auf den Rücken.

Zaghaft gönnte er sich so etwas wie Freude.

Nach fünf Jahren endlich ein Lebenszeichen von Esther, der Frau, die er nie hatte vergessen können!

»Gibst du mir ihre Nummer?«

»Nicht so schnell«, erwiderte David ernst, »die Sache hat einen großen Haken.« Er blickte zu Boden.

Angst griff nach Dennis. Hatte sie einen anderen? Wollte sie ihn nicht sehen? Er sah fragend in Davids Augen. Beide Männer schwiegen.

»Du kannst sie jetzt nicht sehen …«, begann David.

»Sie wollte dich auch treffen, es liegt nicht an ihr. Aber es geht nicht. Um ihrer, um eurer beider Sicherheit willen. Es gibt etwas, was ich dir noch nie gesagt habe, etwas, was ich vor dir geheim halten musste, weil du … mein Freund bist.«

Dennis blinzelte. Esther hatte ihn nicht vergessen!

Das war doch das Wichtigste. Was immer es unmöglich machte, sie wiederzusehen, wurde nebensächlich angesichts dieser Tatsache.

Ich bin bereit, ich bin bereit, dich in meinem Leben wirken zu lassen, das was du willst, soll geschehen. Deine Weisheit ist größer als meine, und du bist gut. Wenn du es vermagst, eine tote Liebe zu beleben, was sollte dir dann unmöglich sein? Dein Wille geschehe, ich bin bereit!

Er fühlte wirkliches Glück, und er lachte befreit.

Sein Freund sah ihn befremdet an, worüber Dennis noch mehr lachen musste.

»Okay, okay«, sagte David schmunzelnd.

»Der Abend nimmt eine andere Wendung, als ich dachte, und das ist gut. Aber jetzt kommen wir zur Hauptsache. Und bei aller Euphorie: Es ist wichtig.«

Dennis kam sich vor wie ein Schuljunge, der ermahnt wurde, und senkte in gespielter Schuld seinen Kopf.

David beugte sich vor und verschränkte die Hände.

»Du würdest Esther in große Gefahr bringen, sähest du sie jetzt oder würdest auch nur mit ihr telefonieren. Das würdest du aus dem Grund tun, da dein Leben selber in Gefahr ist.«

»Das weiß ich doch«, rief Dennis. »Meinst du, ich bin so naiv zu glauben, dass dieser Schuss ein Ausrutscher war oder so etwas?«

Er wurde ärgerlich.

»Was soll diese Geheimniskrämerei, sag es doch endlich!«

David sprach konzentriert weiter.

»Du erinnerst dich an unser erstes Gespräch vor zwei Monaten in der Cafeteria des Krankenhauses. Ich erzählte dir über die Hintergründe des Anschlages auf Becker. Ich sagte damals nur einen Teil. Ich habe Gott angefleht, dir niemals alles erzählen zu müssen. Aber kann ich etwa einen Freund belügen?«

Er lächelte krampfhaft.

»Ich kann es nicht. Und da jetzt deine ehemalige Verlobte aufgekreuzt ist, muss ich euch eben beide schützen!«

Fast flehentlich sah er seinen Freund an.

Dennis nickte langsam.

»Das BKA erhielt damals über Heberling noch eine weitere Nachricht der Terroristen. Kurz nach dem Mord an Becker, aus Amsterdam. Ich habe hier eine Kopie des Textes.«

Langsam las er ihn vor.

Wir erklären im Bewusstsein der Tatsache, dass wir der Wahrheit dienen, Folgendes:
Wir werden einen Terroranschlag ungewohnten Ausmaßes in einer deutschen Großstadt verüben, sollte der Journalist Dennis Meyer nicht innerhalb von sechs Monaten der saudischen Justiz überstellt werden, um nach der allein gültigen Gerechtigkeit der Scharia verurteilt zu werden.
Juristische Begründung:
Dennis Meyer hat in niederträchtiger Weise gegen den Islam gehetzt und den Kampf der Juden gegen den Islam propagiert, ja in schändlicher Weise dazu aufgerufen. Er ist Schüler und enger Vertrauter des Verstorbenen Stein, inschallah, einem Schandfleck für die glorreiche islamische Nation, aber auch ein Schandfleck für das deutsche Volk, da Meyer mit den Feinden der freien Welt, den zionistischen Weltverschwörern kollaboriert hat. Gemäß der Scharia muss er darum mit dem Tod bestraft werden!«

David machte eine Pause.

»Dann wurde uns nach dem Anschlag von Köln letzten Monat mitgeteilt, dass eine *Todes-Fatwa* gegen dich erlassen wurde. So ähnlich wie bei Salman Rushdie. Du weißt, wie viele Menschen dabei sterben mussten, auch wenn sie ihn selbst nicht erwischten.«

Dennis wusste, was es bedeutete. Er selbst hatte schon einmal einen Artikel über diese Praxis geschrieben. Ihm war hundeelend, und er hatte das dringende Bedürfnis nach einer Auszeit. Aber David sprach unerbittlich weiter.

»Die Haltung unserer Regierung in dieser Sache ist eindeutig: Es kann und wird niemals eine Auslieferung geben. Das würde den inneren Interessen Deutschlands empfindlich schaden, denn dadurch wäre ein Präzedenzfall für die Erpressbarkeit der deutschen Justiz und Politik geschaffen, was niemals toleriert werden wird. Außerdem wäre das mit allen Prinzipien eines Rechtsstaates unvereinbar.

Unsere Regierung wird alles in ihrer Macht Stehende tun, dein Leben zu schützen. Wegen dieser wirren Fatwa musst du dir also keine Sorgen machen. Wir können dir, wann immer es nötig erscheint, eine neue Identität verschaffen. Es geht hier nicht um Geld. Es geht um die politische Souveränität und Glaubwürdigkeit Deutschlands als demokratische Nation. Du hast das Wort der Kanzlerin hinter dir.« Er machte eine Pause.

»Weiter hieß es in der Mitteilung sinngemäß, dass dies eine ernste Warnung wäre, für den Fall, eine Auslieferung käme nicht zustande. Sie drohten in diesem Fall sogar mit dem Einsatz von sogenannten *schmutzigen Bomben,* das sind hochpotente Sprengsätze mit radioaktivem Material.«

Im gedimmten Schein der Lampe sah das Gesicht Davids müde aus. Die Last seiner eigenen Worte schien ihn zu erdrücken, und er senkte verzweifelt den Blick.

Dennis selbst hatte jedes Gefühl für Raum und Zeit verloren. Mechanisch, als wäre er Student in einer der vielen Lehrveranstaltungen, hatte er zugehört. Es dauerte lange, bis die Worte sein Gehirn erreichten, bis er realisierte, dass die Sicherheit Deutschlands in gewisser Weise von ihm, einem kleinen Provinzjournalisten, abhängen sollte.

Es war absurd und grotesk – und es klang wie eine bitterböse Posse, wenn es nicht Wirklichkeit wäre.

Die Gedanken strömten auf ihn ein. Sein Kopf schmerzte. Er bemerkte, dass er am ganzen Körper zitterte, während er sein Weinglas in drei Zügen leerte.

David bot ihm Schnaps an. Er wehrte ab.

»Danke, es geht schon wieder.«

Aber es ging eben nicht!

Hatte er nicht noch vor einer Viertel Stunde dem Schöpfer in seinem Herzen zugejubelt? Wollte dieser ihn nun quälen? Oder wollte er seinem Leben etwa eine ›messianische‹ Note verleihen?

Oder einen Hauch Hiob, jenes Mannes, der von Gott so grausam geprüft wurde?

Bitterkeit ergoss sich in sein Herz, das in nur wenigen Minuten zu einem Trümmerfeld geworden war. Er konnte nicht begreifen, wie er noch vor wenigen Augenblicken einem ›guten‹ Schöpfer seine Bereitschaft signalisiert hatte, seinen Willen zu tun!

Preisgegeben bin ich dem Tod, dachte er.

Hinabsteigen muss ich in das dunkle Grab.

Was ist der Mensch, dass er erwartete, gehört zu werden in diesem riesigen Universum. Wie viel Hochmut gehörte dazu, wenn ein Staubkorn sich auflehnt gegen seine eigene Bedeutungslosigkeit?

***

»Aber eigentlich besteht dein Hochmut darin, dass du es ignorierst, dass du zu etwas weit Größerem geboren wurdest«, murmelte Dōr auf der anderen Seite der Wirklichkeit, und sein Gesicht war schmerzverzerrt.

Besorgt blickte Talmon ihn an.

»Ist alles in Ordnung?«

»Nein«, stieß Dōr wütend hervor, »ich ertrage es nicht, diesen Schmerz zu sehen und nicht eingreifen zu dürfen!«

Beklommen starrte er auf die zwei niedergeschlagenen Männer.

»Weißt du schon das Neueste?«, durchbrach der Jüngere seine düsteren Gedanken.

»Heute habe ich die *Salbung* erhalten! Direkt vom Thron!«

Ausdruckslos starrte Dōr ihn an.

Er war nicht dort gewesen, hatte sich um Dennis gekümmert.

Die Salbung, sie wurde nur für außergewöhnliche Aufgaben verliehen, beispielsweise für die Befreiung ganzer Nationen. Das letzte Mal wurde diese Würde vor fünfhundert Jahren verliehen, als ein einfacher Mönch die Macht schlichten Glaubens wiederentdeckte, und der Himmel über Europa freigekämpft wurde.

Wie zur Demonstration dieser bedeutsamen Tatsache verwandelte sich die sanft glühende Gestalt seines Freundes in einen gleißenden Blitz, der so hell war, dass Dōr sich abwenden musste.

22

Pünktlich um acht Uhr am Montag Morgen hielt David mit seinem BMW vor dem Eingang des Hotels. Als sie Richtung Autobahn fuhren, ließ er Esther noch ein wenig schlafen, da sie übernächtigt aussah. Sie hatten noch genug Zeit zum Reden.

Außerdem verwandelte der morgendliche Berufsverkehr die Straßen in ein Chaos aus Lärm, Blech und Gestank, und er musste sich konzentrieren. Er war zwar ein routinierter Autofahrer, doch diese Stadt stellte ihn jedes Mal vor eine Herausforderung, sowohl seiner Nerven als auch seiner Geduld.

In gewisser Weise erinnerte ihn die Fahrweise der Hauptstädter an den Verkehr in Israel, nur dass das Verkehrschaos in Jerusalem ein Resultat der verwinkelten Gassen der Stadt war, hier war es das Ergebnis zu vieler übervorsichtiger Autofahrer, die schon an einer Ampel stehen blieben, wenn diese lediglich von Grün auf Gelb schaltete.

In den Sekunden zwischen Gelb und Rot könnten noch eine Menge Autos die Ampel passieren, und der Verkehr wäre wesentlich flüssiger, sinnierte er.

Nach einer Stunde Fahrt erreichten sie die A9, die sie nonstop bis nach München führen würde.

Drei Stunden später wachte Esther auf, und er fragte sie neckend, ob sie denn heute Nacht überhaupt geschlafen hätte.

Sie sagte ernst, sie hätte die halbe Nacht gebetet.

Er wunderte sich, antwortete aber nicht.

»Warum wollen Sie mit meiner Mutter sprechen?« fragte Esther.

Er hatte mit dieser Frage gerechnet.

»Vertrauen Sie mir?«, fragte er zurück.

»Ja, ich vertraue Ihnen«, sagte sie etwas ärgerlich, »trotzdem interessieren mich die Gründe!«

Er entspannte sich.

»Das ist gut.« Jetzt lächelte er.

»Es geht um Ihre Sicherheit. Ich muss Ihr Leben kennenlernen, Esther, Ihren Hintergrund, aus welchem sozialen Umfeld Sie stammen.«

Er verschwieg, dass er das beklemmende Gefühl hatte, die Gruppe *A.D.J* wüsste mehr über Esther, als ihnen allen lieb wäre. Dass das der eigentliche Grund war. Die Intuition eines Polizisten.

Er hatte keine Beweise, keine Anhaltspunkte, nur seine Erfahrung. Terroristen durchleuchteten alles, speziell die Familien ihrer Opfer. Sie suchten vorzugsweise nach brüchigen Beziehungen innerhalb der Familiensysteme.

Es war perfide und grausam, und es ging nicht nur um physische, es ging auch um psychische Gewalt. Die Strategie, falls ein Attentat keinen Erfolg hatte, war stets dieselbe:

Zermürbe das Opfer, ängstige das Opfer, gib ihm das Gefühl, es wäre restlos durchleuchtet und bloßgestellt, als gäbe es kein Entrinnen. Zerstöre so viele enge Beziehungen, wie du kannst. Säe Misstrauen und Verrat.

Auf der weiteren Fahrt nickte Esther immer wieder ein, und bewegte die Lippen, als ob sie betete. Sie muss wirklich beeindruckende Erfahrungen mit ihrem Schöpfer gemacht haben, dachte er. Irgendwann würde er sie fragen, warum sie an einen Rabbi glaube, der von sich behauptete, Gottes einziger Sohn zu sein.

Aber wann sie sich in dieser Normalität unterhalten könnten, wusste er nicht.

Um vierzehn Uhr setzte er Esther vor ihrer Wohnung in der Zweibrückenstraße ab. Sie hatte ihn gebeten, noch einen Kaffee mit ihr zu trinken, doch er hatte abgelehnt, da er so schnell wie möglich im Münchner Polizeipräsidium sein wollte. Er müsse noch eine Menge Akten sichten und dann zu ihrer Mutter fahren. Um 14.30 Uhr parkte er seinen Wagen im Innenhof der ›Löwengrube‹, dem legendären Münchner Polizeipräsidium.

Er wurde von Kriminalrat Doldinger, mit dem er telefoniert hatte, in einem geräumigen Büro empfangen. Nach einer förmlichen Begrüßung überreichte er ihm eine mit dem Dienstsiegel des Münchner Polizeipräsidenten versiegelte CD-Rom:

***Esther Sarah Stein** – Vertraulich, nur für internen Gebrauch*

Doldinger wandte sich an David:

»Es wurde eine Standardsicherheitsüberprüfung bei besagter Esther durchgeführt. Dabei wurden alle Informationen, die bei diversen Sicherheitsbehörden gesammelt wurden, durch eine spezielle Software aufbereitet. Dazu gehören Daten des BND, des Bundesgrenzschutzes, des Bundeskriminalamtes, der Ausländerbehörde, des Bundesministeriums für Innere Sicherheit und des Verfassungsschutzes. Ich hoffe, wir können Ihnen damit ein wenig weiterhelfen.«

David schmunzelte.

»Nun ja, ein bisschen zu viel Aufwand vielleicht. Mir hätten normale Personaldaten genügt.«

Doldinger blickte ihn erstaunt an.

»Herr Kollege, immerhin handelt es sich um die Tochter des verstorbenen Prof. Dr. Joseph Stein, der ja damals für einiges Aufsehen gesorgt hat. Da sind natürlich einige Behörden besonders sensibel. Sie wissen ja, Vorsicht ist die Mutter der Porzellankiste«, antwortete er salopp.

Plötzlich tat sich ein gähnender Abgrund vor David auf, der ihn zu verschlingen drohte. Aber schnell hatte er sich wieder in der Gewalt.

»Natürlich«, murmelte er, als wenn nichts gewesen wäre.

Dann verabschiedete er sich mit einem höflichen Lächeln.

Als die Tür hinter ihm geschlossen wurde, hatte er es eilig, aus dem Gebäude zu kommen.

Schweißperlen standen auf seiner Stirn. Er musste an die frische Luft. Draußen atmete er für Minuten die klare Münchner Luft ein und registrierte, als könne er sich von außen beobachten, wie sein Gehirn fieberhaft die Information zu verarbeiten versuchte, die er gerade erhalten hatte. Es gelang ihm nicht. Er versuchte, die Panik zu unterdrücken, die unaufhaltsam in ihm aufstieg. Unter Aufbietung seiner ganzen Willenskraft beschloss er, zu seinem bevorzugten Hotel zu fahren, in dem er immer abstieg, wenn er dienstlich in München unterwegs war. Dort würde er sich die CD-Rom ansehen und die relevanten Daten auf seinem Laptop speichern.

Als er in seinem Wagen saß, wurde ihm klar, dass er nicht so schnell zur Ruhe kommen würde. Seine Hände zitterten die ganze Fahrt über, und er hatte Mühe, sich auf den dichten Verkehr zu konzentrieren.

Hastig checkte er in seinem Hotel nahe der Münchner Theresienwiese ein und bestellte einen großen Kaffee auf sein Zimmer. Als er sich in den Sessel fallen ließ, traf ihn die Information, die er vor gut einer halben Stunde erhalten hatte, mit voller Wucht.

Sein Gehirn war jahrelang darin trainiert worden, mit

Geschwindigkeit und Präzision die primären, wie auch die sekundären Folgen, die sich aus einer neuen Information ergaben, zu analysieren und zu bewerten. Wie ein Computer, der hochgefahren wurde, war er nun seiner eigenen analytischen Brillanz hilflos ausgeliefert.

Er begann, im Zimmer auf und ab zu gehen. Dabei konnte er am besten denken. Dies hing wohl damit zusammen, dass der Arbeitsspeicher des Gehirns mit dessen motorischem Zentrum verbunden war.

Doch das war eigentlich nebensächlich.

Mit feuchten Händen schob er die CD in seinen Laptop und rief die Dienstsoftware auf, die in der Lage war, die Datei zu öffnen. Natürlich war sie schreibgeschützt, doch er hatte ein spezialisiertes Programm, von Informatikern des BKA entwickelt, mit der Fähigkeit, die mehrfach verschlüsselte Datei zu öffnen.

Er klickte auf die Rubrik ›Personenstanddaten‹, und hier auf die Abstammungsurkunde. Als Quelle war das Standesamt München angegeben:

Esther Sarah **Stein**, *geboren am 26. Juni 1978 in München*
Eltern:
Prof. Dr. Jaakov **Stein** *und Sarah* **Stein**, *geb. Cohen,*
wohnhaft in Hebertshausen, Kreis Dachau

David starrte auf den Eintrag. Es war also Tatsache.

Kein geschmackloser Witz. Seine Intuition hatte ihn nicht im Stich gelassen. Er hatte die ganze Zeit über gespürt, dass Esther ein dunkles Geheimnis in sich getragen hatte, dessen Brisanz und Schicksalhaftigkeit er nun langsam begriff.

Schicksal.

Ihm fiel keine andere Bezeichnung ein, die dem gerecht wurde. Dennis war also in völliger Unkenntnis über die Herkunft Esthers im Begriff gewesen, die Tochter seines ehemaligen Professors zu heiraten. Dies alles wäre nur ein belangloser Zufall, wenn nicht zahlreiche Morddrohungen vor dem Tod von Professor Stein die noch primitiven Computernetze überflutet hätten, und wenn nicht fast zwanzig Jahre später auf diesen Dennis Meyer ein Mordversuch unternommen worden wäre, der damit begründet wurde, dass er ein Student dieses Mannes gewesen sei.

Dann war da noch dieses verdammte Video, der Satz … *die ganze Familie Stein*. Dies alles führte zu einer klaren Schlussfolgerung, und es passte alles zusammen:

A.D.J beobachtete Esther Stein schon eine ganze Zeit lang und wartete nur darauf, zuzuschlagen.

Und wahrscheinlich hatten sie die Informationen über Dennis, über seine Ansichten und seine Gewohnheiten, durch sie erhalten. Sie war vermutlich nur benutzt worden, denn er konnte sich nicht vorstellen, dass sie ihn absichtlich seinen Schlächtern ausgeliefert hätte. Oder …

Er musste einen klaren Kopf behalten. Er setzte sich an den Tisch und klickte auf den Namen *Professor Dr. Jaakov Stein.*

Ein neues Fenster öffnete sich, als Quellen wurde angegeben:

Ausländerbehörde, Bundesnachrichtendienst, Ministerium für innere Sicherheit, Staatssicherheit, Jüdische Botschaft Berlin, Videoaufzeichnung ›RIAD 1973‹

Die letzte Quelle war erst kurz vor Beckers Tod hinzugefügt worden. Offensichtlich hatte Becker Zugriff auf diese Daten gehabt und sie ergänzt. David lächelte traurig.

»Gute Arbeit, Herr Hauptkommissar«, flüsterte er leise. Für diese letzte Quelle, ein Zwei-Minuten-Video, war

Hauptkommissar Heinrich Becker brutal hingerichtet worden. David konnte sich nicht mehr beherrschen. Er barg den Kopf in seinen Händen und weinte. Er fühlte den Schmerz beinahe körperlich.

Einmal hatte ihm Becker anvertraut, dieser Fall wachse ihm über den Kopf, und er wisse nicht mehr weiter. Wie achtlos und leichtfertig hatte er diese Befürchtung abgetan mit der selbstsicheren Arroganz eines erfolgsverwöhnten Geheimdienstlers.

Er erinnerte sich an Beckers Worte:

»David, dieser Fall wird eine extreme Bewährungsprobe für uns alle darstellen. Wenn es gut läuft, die Krönung meines Berufslebens, läuft es schlecht, kann mich dieser Fall das Leben kosten. Für dich, David, könnte es ein Sprungbrett nach ganz oben sein.«

David fühlte sich hundeelend. Er hatte moralisch und fachlich versagt. Durch scine Unachtsamkeit, durch seine Lässigkeit musste ein brillanter Polizist sterben. Denn er hatte schon länger gespürt, dass mit Klaus Heberling etwas nicht in Ordnung war. Seine verflixte Intuition. Seine Verantwortung, der er nicht gerecht geworden war. Er wollte mit Becker über Klaus sprechen, hatte gezögert, hatte ›wichtigere‹ Dinge zu tun gehabt. Bis es zu spät war.

Wie sehr er sich danach sehnte, seinen Mentor fragen zu können, was er jetzt tun solle, um Dennis zu schützen, um Esther zu beschützen, um weiteres Blutvergießen zu verhindern. In diesem Augenblick wurde ihm seine Unzulänglichkeit bewusst wie noch niemals zuvor. Er war nicht besser als andere. Er war schlechter, viel schlechter …

»Gott, wenn es dich irgendwo in diesem kalten, tödlichen Universum geben sollte, dann zeig dich mir. Denn ich bin am Ende und liege am Boden …«, flüsterte er mit heiserer Stimme.

Er hatte keine Visionen wie Dennis.

Er hörte keine Stimmen wie Esther.

Aber mit einem Mal wurde es ruhig in ihm.

Und entgegen aller Tatsachen spürte er so etwas wie Hoffnung.

»Danke«, flüsterte er überrascht und ein wenig ängstlich in die Stille hinein.

Das Handy klingelte. Frau Lange.

»Herr Dorado, ich hoffe, es geht Ihnen gut?«

Als er schwieg, redete sie weiter:

»Der Polizeipräsident wollte Sie sprechen. Ich sagte ihm, Sie sind dienstlich verreist, kämen aber am Dienstag wieder. Er meinte, er müsse umgehend persönlich mit Ihnen sprechen, er hätte neue Informationen über Klaus Heberling.«

»Danke«, sagte David und beendete das Gespräch.

Er hatte stechende Kopfschmerzen. Hörte dieser Wahnsinn denn nie auf? Wo sollte er noch überall sein? Wütend knallte er sein Handy auf den Tisch und steckte die CD-ROM in seine Aktentasche. Er sicherte die Daten und fuhr den Computer herunter. Er musste zu Esther, um diverse Dinge mit ihr zu besprechen. Er rief sie an, sagte, er würde noch schnell vorbeikommen.

Er hoffte, die Autofahrt würde ihn beruhigen. Es hatte etwas Entspannendes, sich nur auf den Verkehr konzentrieren zu müssen und auf nichts anderes. Doch trotz aller Vorsätze nahm er zwei Autos die Vorfahrt, und hätte bei einem rasanten Überholmanöver beinahe den linken Außenspiegel eines Porsche abrasiert. Der Fahrer hupte empört. Fast war er versucht, das mobile Blaulicht aufzusetzen, doch er wollte keine Aufmerksamkeit erregen, und so ließ er es bleiben. Eigentlich schade, dachte er angriffslustig. Zum Glück fand er einen Parkplatz direkt vor dem Haus.

Er klingelte. Als die Haustür sich öffnete, stürmte er

zwei Stufen auf einmal nehmend die Treppe in den vierten Stock. Esther stand im Türrahmen und wunderte sich ihrem Gesichtsausdruck nach, warum er nicht wie andere Menschen die Treppe benutzen konnte.

Wortlos folgte er ihr ins Wohnzimmer. Dort angekommen, fing er an, die Wohnung systematisch nach Wanzen zu untersuchen. Als sie den Mund aufmachen wollte, bedeutete er ihr energisch, ruhig zu sein, und setzte seine Arbeit unbeeindruckt fort. Er hatte das schon dutzende Male gemacht, und während seiner Ausbildung beim Mossad immer wieder geübt. Er kannte alle möglichen Kniffe und Tricks, er kannte die Verstecke. Zusätzlich hatte er ein kleines Gerät dabei, das jedes noch so kleinste elektronische Bauteil orten konnte.

Als er zwanzig Minuten später fertig war und nichts gefunden hatte, wandte er sich Esther zu, die eingeschüchtert auf einem Stuhl im Esszimmer saß. Er war selbst über die Schärfe seiner Stimme überrascht:

»Esther, war Ihr Vater der prominente Professor Dr. Jaakov Stein?« Erschrocken blickte sie auf.

»Ja«, erwiderte sie nach einer Weile. Wahrscheinlich ahnte sie, dass er ihre miesen kleinen Spielchen durchschaut hatte.

»Warum haben Sie mir dann vorgelogen, er wäre an einem Herzanfall gestorben, obwohl er sich doch an einem Kronleuchter erhängt hatte, als Sie elf Jahre alt waren?«, fragte er, und versuchte erst gar nicht, die Wut in seiner Stimme zu verbergen.

Erst, als er ihre schreckgeweiteten Augen sah und ihr hysterisches Schluchzen hörte, realisierte er, welch ein Idiot er doch war. Psychologie und Menschenführung durchgefallen, sagte er zu sich selbst und ging auf sie zu.

Wie ein kleines Mädchen schlang sie die Arme um ihn, und ihr ganzer Körper bebte unter ihrem Schluchzen.

Sein Ärger verrauchte, und an seine Stelle trat der fast

übermächtige Wunsch, dieses kleine Mädchen, das sich im Körper einer erwachsenen Frau befand, zu beschützen. Er schalt sich für diese Sentimentalität, aber er konnte diesen Wunsch nicht ignorieren. Oder wollte er es nicht?

Irritiert nahm er die neuen Gefühle wahr, die sich in ihm regten.

Es waren keine romantischen Gefühle, und er liebte seine Frau aus ganzem Herzen, aber er spürte, dass etwas Hartes in ihm schmolz. Er, der harte, mit allen Wassern gewaschene Polizist, tröstete eine hilfsbedürftige junge Frau, die ihn ängstlich schluchzend umklammerte. Die zitterte vor einer Bedrohung ihres Lebens, der sie nichts entgegenhalten konnte, außer einem wilden, trotzigen, verzweifelten Weinen.

Nein, damit hatte er nicht gerechnet. Er war gekommen, um sie zur Rede zu stellen, sie mit ihrer Fahrlässigkeit zu konfrontieren, und jetzt saß er hier wie ein Vater, der seine Tochter tröstet.

Er fing an, beschwichtigend über ihr Haar zu streichen, und langsam verebbte das Weinen. Als es vorbei war, löste sie sich verlegen und setzte sich auf einen Stuhl ihm gegenüber.

Er sammelte sich und sah sie mit neu gewonnenem Verständnis an. Sie ist so verletzlich, dachte er, wie eine Rose, die blühen wollte, doch der Frost setzte zu früh ein, und sie erfror. Doch sie erfror nur beinahe, denn eine verborgene Kraft hielt sie am Leben, auch wenn ihr Leben seit ihrem Ursprung bedroht ist. Und für Bruchteile von Sekunden meinte er, eine riesige, unsichtbare Hand über ihrem Kopf zu sehen. Er räusperte sich und blickte sie an:

»Es tut mir leid, mit welchem Ton ich Sie gerade angefahren habe. Mit welcher Wortwahl. Es war inakzeptabel.«

Er senkte den Kopf.

»Es tut mir leid, David«, sagte sie, »dass ich Sie angelogen habe. Es war inakzeptabel.«

Sie sahen sich an und begannen gleichzeitig zu lächeln.

»Schön, dass wir das geklärt haben«, sagte er schließlich.

Dann erinnerte er sich daran, zu welchem Zweck er hier war.

Er fragte, warum sie ihm nicht die Wahrheit gesagt hätte. Sie habe Angst gehabt, erwiderte sie. Eigentlich, ja eigentlich bestand ihr ganzes Leben aus Angst.

Es war ein geheimer Vertrag mit ihrer Mutter gewesen, Menschen außerhalb der engsten Familie niemals in die Ereignisse, die zum Selbstmord ihres Vaters geführt hatten, einzuweihen. Es wäre eine zu große Schande gewesen. »Der prominente, brillante Professor begeht Selbstmord!«

»Außerdem«, fügte sie hinzu, »wollten wir sein Andenken nicht beschmutzen. Er war ein geachteter Mann im Leben, er sollte auch nach seinem Tod geachtet sein.«

»Was wäre«, fragte David leise, »was wäre, wenn Ihr Vater systematisch in den Tod getrieben worden wäre, was wäre, wenn es nur äußerlich ein Selbstmord gewesen ist, und *diese* Wahrheit käme ans Licht. Würde ihn das auch entehren?«

Esther starrte ihn verständnislos an.

»Was wollen Sie damit andeuten?«, fragte sie.

»Es ist vielleicht ein abwegiger Gedanke von mir, aber erhielt Ihr Vater nicht des öfteren Morddrohungen?«

Esther starrte auf den Boden und schwieg.

»Aber wahrscheinlich ist der Gedanke Unsinn, und ich denke nur laut. Vergessen Sie`s«

Er blickte sie scharf an.

»Warum haben Sie Dennis nicht über Ihren Vaters aufgeklärt?«

Röte schoss in ihr Gesicht.

»Ich wollte ihn nicht belasten«, murmelte sie.

Nach einer Weile sah sie ihm in die Augen.

»Nein, das ist nicht wahr. Ich wollte mich nicht selber mit der Schande konfrontieren, von der ich annahm, sie läge auf meinem Leben, weil mein Vater so feige aus dem Leben geschieden ist und mich im Stich gelassen hat. Wahrscheinlich lief ich nur vor dem eigenen Schmerz davon. Und wahrscheinlich liebte ich mich in all dem sehr viel mehr als Dennis.«

Sie sah ihn fast flehend an.

Jetzt ist sie wunderschön, dachte David.

»Es tut mir leid. Es war der dumme Fehler einer narzisstischen, unreifen Person. Ich entscheide mich ab jetzt, Ihnen, und auch ihm, in allen Dingen die Wahrheit zu sagen. Wenn ich ihn denn noch einmal sehe«, fügte sie traurig hinzu.

David beobachtete sie. Sie schien das, was sie sagte, wirklich zu meinen. Da war keine Falschheit in ihrem Blick, keine versteckte Anklage. Er sah eine Frau vor sich, die gelitten hatte, die die Konsequenzen ihrer Fehler getragen hatte, und die eine zweite Chance verdiente.

»Gut«, sagte er.

»Ich glaube Ihnen. Das, was jetzt vor uns liegt, ist zu wichtig, um irgendetwas zu verheimlichen. Es könnte um das Leben vieler Menschen gehen und um Ihre Beziehung zu Dennis, verstehen Sie das?« Sie nickte.

»Wir sitzen in einem Boot. Sie, ich und Dennis«, fuhr er fort, um sie auf die gemeinsame Sache einzuschwören.

»Es ist wichtig, dass Sie verstehen. Zuallererst: Wohnt Ihre Mutter noch ›Am Kramerberg 15‹, in Hebertshausen?«

Sie sah überrascht auf.

»Ja – aber woher wissen Sie das?«

»Es gehört zu meinem Job, Dinge zu wissen, die ich eigentlich nicht wissen sollte,« brummte er.

»Das zweite, was ich von Ihnen erfahren möchte, ist der Grund, warum sich Ihr Vater wirklich umgebracht hat.«

Sie erzählte ihm, dass er Alkoholiker geworden war, nicht von Anfang an, aber doch bald nach dem Tod ihrer leiblichen Mutter. Er und seine zweite Frau Judith, die während einer Gastprofessur in Israel seine Studentin gewesen war, hätten keine harmonische Ehe gehabt und sich oft gestritten. Er hatte ihr im betrunkenen Zustand oft vorgeworfen, sie würde Esther ablehnen. Er beschuldigte sie auch, ihn selbst nicht wirklich zu lieben.

»Ich glaube, wenn ich alles im Rückblick betrachte, hatte er in beiden Punkten recht«, fügte sie tonlos hinzu.

Es kam dann soweit, dass seit 1988, da war sie neun Jahre, das Thema Scheidung heftig diskutiert wurde.

Der unmittelbare Anlass war ein Streit in der Küche gewesen, den sie mitbekommen hatte, weil sie in dieser Nacht nicht schlafen konnte. Damals offenbarte Judith ihm, sie hätte ein Verhältnis mit einem anderen Mann, und sie wolle zu ihm ziehen. Sie war so voller Aggression, dass sie noch in derselben Nacht das Haus verließ.

»In dieser Nacht hat er sich das Leben genommen.«

Sie starrte in die Leere. Minuten vergingen, in denen keiner ein Wort sagte.

»Esther«, sagte er. Sie reagierte nicht.

»Esther!«, rief er laut und bestimmt, und wie in Trance wandte sie ihm ihr Gesicht zu.

»Diese Zeit ist vorbei, und ein neues Leben hat für Sie begonnen. Sie müssen endlich leben!«

Langsam nickte sie, und ein zaghaftes Lächeln flog über ihr schönes Gesicht.

»Ich werde morgen nach Hebertshausen fahren. Sie brauchen keine Angst haben. Ich werde nicht erwähnen, was mit Dennis passiert ist. Ich bitte Sie aber, den Kontakt mit Judith in der nächsten Zeit auf das Nötigste zu beschränken. Erwähnen Sie auf keinen Fall, dass Sie mich kennen. Ich muss über einige Dinge Klarheit bekommen.«

Nach diesem Gespräch war er ruhiger und verstand nun einiges besser.

Die CD-ROM enthielt auch Informationen über den Krankheitsverlauf von Esther. Die Diagnose fiel unter die ärztliche Schweigepflicht, und es brauchte einen Gerichtsbeschluss, um alle Informationen zu erhalten. Aber er war sich sicher, dass dies nicht nötig sein würde.

Trotzdem gab ihre Persönlichkeit ihm Rätsel auf. Vielleicht war sie früher eine traumatisierte, von Ängsten geplagte Person gewesen, und die heftigen Gefühlsausbrüche gaben dieser Version recht, doch er hatte in ihr auch eine bemerkenswerte innere Stärke entdeckt. Sagte man nicht, Glaube versetzt Berge? Nun, auf was auch immer sich ihr neu gefundener Glaube gründete, er schien ihr eine Stabilität und Hoffnung zu vermitteln, die sie früher wohl nicht hatte.

Er entdeckte Parallelen zum Verhalten von Dennis. Die zwei passen wirklich zusammen, dachte er, als er wiederholt in einer zähen Blechlawine vor einer roten Ampel stand.

Er griff zum Handy, um diese Judith anzurufen, überlegte es sich anders und legte es wieder in die Halterung seiner Freisprechanlage. Möglicherweise wäre es nicht gut, seinen Besuch anzukündigen. Es war ein vages Gefühl, aber etwas warnte ihn.

Er wusste nicht warum, aber er betete, dass er sie zu Hause antreffen würde.

23

Nach fünfundvierzig Minuten hatte er München verlassen, und es ging zügiger voran. Sein Navi leitete ihn sicher nach Hebertshausen, einem Dorf mit fünftausend Einwohnern. Aber nur zehn Minuten vor der Ankunftszeit stellte er zu seiner Bestürzung fest, dass er gerade am Konzentrationslager Dachau vorbeifuhr.

Hier war sein Großvater Mordechai interniert gewesen. Kurz nach der Befreiung durch die US-Army war er an Entkräftung gestorben.

Aber das durfte ihn jetzt nicht weiter beschäftigen.

Er parkte seinen Wagen gegenüber eines zweistöckigen geräumigen Hauses – es war eher ein Palast, der etwas abseits der anderen Häuser auf einem Hügel stand.

Der weiße Rauputz wirkte edel, und man sah, dass erst vor kurzem die Fassade erneuert worden war. Auch sonst war das Haus elegant: Es hatte viele große Fenster, und auf der Seite, die er bei der Anfahrt kurz gesehen hatte, befand sich ein großer Balkon.

Es gab einen Garten, der eher einem Park glich. Das Gras war sorgsam geschnitten, die Büsche nach englischer Art gestutzt. Er war sich sicher, dass hier ein Gärtner beschäftigt wurde, denn der Zustand war zu professionell.

Er öffnete die Gartentür und erklomm die ausladende Treppe zum Vorbau des Hauses. Zwei etwa fünf Meter hohe Marmorsäulen stützten das kunstvoll verzierte Dach dieses Anbaus.

Stein stand in bronzenen Lettern auf dem Namensschild neben der Türglocke, die er betätigte. Er wartete eine Minute, doch nichts geschah. Er klingelte noch einmal und atmete erleichtert auf. Er hörte jemanden die Treppe hinuntergehen, eine Holztreppe, denn es knarrte vernehmlich. Eine attraktive Frau mit langen schwarzen Haaren und einem bronzefarbenen Teint öffnete die Tür. Sie musste Anfang fünfzig sein, doch sie sah aus wie Ende dreißig.

Irritiert blickte sie ihn an.

»Frau Stein, bitte erschrecken Sie nicht, mein Name ist Dorado, Kriminalrat Dorado, Kripo Berlin.«

Er zeigte ihr seine Polizeimarke, die sie eingehend studierte.

Vermutlich überlegte sie, was dieser Besuch zu bedeuten habe.

»Wir haben in Berlin neue Informationen erhalten, die im Zusammenhang mit dem Suizid Ihres Mannes stehen. Ich bin gerade dienstlich in München unterwegs, sonst hätte ich das auch telefonisch erledigen können. Ich würde ihnen gerne einige Fragen stellen. Darf ich hereinkommen?«

Er beobachtete sie. Für einen kurzen Moment wurde ihr Gesicht blass. Dann hatte sie sich wieder im Griff.

»Natürlich, ich habe nichts zu verbergen, kommen Sie doch bitte herein.«

Wenn sie nichts zu verbergen hat, wieso erwähnt sie dann demonstrativ ihre Unschuld, dachte David.

Er folgte ihr ins geräumige Wohnzimmer, in dem gerade eine Haushaltshilfe damit beschäftigt war, Staub zu wischen. Sie bot ihm etwas zum Trinken an.

Er entschied sich für Kaffee. Die Haushaltshilfe – Eva – servierte ihn. Sie lächelte ihn scheu an und verschwand in der Küche.

Als sie sich auf die geräumige Couch gesetzt hatten, begann er:

»Frau Stein, uns liegt eine Videoaufzeichnung vor, die uns glauben lässt, dass Ihr Leben, sowie das Leben Ihrer Stieftochter in Gefahr sein könnte. Außerdem gibt es einige Unklarheiten über den Freitod ihres Mannes. Vielleicht könnten Sie uns weiterhelfen?«

Für einen kurzen Augenblick meinte er, Angst in ihren Augen zu erkennen. Aber vielleicht hatte er sich nur geirrt.

Sie machte keine Anstalten nachzufragen.

Er musste den Druck erhöhen.

»In Berlin sind neue Hinweise darüber aufgetaucht, aus welchem politischen Umfeld die Morddrohungen stammen, die sich an Ihren Mann Mitte der achtziger Jahre richteten. Es handelte sich um eine radikalislamische Gruppierung, die auch Verbindungen zur Hamas unterhält. Ihr Name lautet *ArmDesJihad*. Sagt Ihnen das etwas?«

Frau Stein blickte ihn unverwandt an:

»Ist das dieselbe Gruppe, die für den Anschlag in Köln verantwortlich sein soll?«

Er nickte.

»Danke für Ihre Bemühungen, Herr Dorado, aber Sie erzählen mir da nichts Neues. Die gleichen Vermutungen hege ich schon lange, aber was bringt das nach dieser Zeit noch. Sollte man nicht die Toten in Ruhe lassen?«

David lächelte.

»Nun, ich weiß nicht, was Ihnen diese Information *bringt*, aber ich betrachte es als meine moralische Pflicht, Ihnen neue Erkenntnisse, die im Zusammenhang mit dem Tod Ihres Mannes stehen könnten, mitzuteilen. Es ist aber auch für die innere Sicherheit dieses Landes, sowie zur gezielteren Beobachtung dieser radikalen Gruppierung von Bedeutung, was Sie darüber wissen. Hat Ihr Mann einmal mit Ihnen darüber geredet? Kannte er diese Gruppe?«

Ihr Mund verzog sich zu einem spöttischen, verschlagenen Grinsen. Hass lag darin, und Abscheu. Er konnte es fühlen. Mit einem Mal hatte er das dringende Bedürfnis, dieses Haus zu verlassen. Die Luft war sehr stickig hier. Ja, das musste es sein.

Hastig stand er auf.

»Es hat mich gefreut, mit Ihnen zu sprechen, Frau Stein«, sagte er, »aber jetzt muss ich gehen. Ich habe mir einiges an Arbeit aus Berlin mitgenommen.«

Ich benehme mich wie ein Idiot, dachte er, als sich die Tür hinter ihm geschlossen hatte.

***

Dōr stand auf einem Hügel nahe der Stadt Dachau und beobachtete das Geschehen, das sich in fünf Kilometer Entfernung abspielte.

Nachdem der Polizist gegangen war, lehnte sich die Frau an die Tür und atmete tief durch. Ihr musste übel sein, denn sie verzog ihr Gesicht zu einer hässlichen Grimasse und rieb sich mit kreisförmigen Bewegungen den Bauch. Dann schleppte sie sich langsam in den ersten Stock, als trüge sie eine schwere Last auf ihren Schultern.

Sie öffnete die Tür eines kleinen Raumes, der vollgestopft war mit elektronischen Geräten. Ein Computer stand auf einem Schreibtisch, aber es war keiner dieser billigen Rechner. Dōr erblickte ein unübersichtliches Gewirr von Mikrofonen, mehreren Funkgeräten und Empfängern. Die Frau verriegelte die gepolsterte Tür und setzte sich an einen ausladenden Schreibtisch. Sie fuhr den Computer hoch und öffnete eine Software, die eigens für den Zweck der Codierung von E-Mails entwickelt worden war.

Ihre Hand zitterte leicht, während sie schrieb:

Allah ist groß!
Gerade war ein ranghoher Beamter der Berliner Kriminalpolizei

bei mir. Er sagte, er wäre nur einmal so vorbeigekommen, da er dienstlich in München unterwegs sei, und wolle mir bei dieser Gelegenheit etwas mitteilen. Angeblich haben sie in Berlin neue Informationen über den Tod meines Mannes. Er redete diffus, und ich denke, er wollte nur schnüffeln.
Er faselte von einer Videoaufzeichnung, und dass mein Leben in Gefahr sein könnte. Außerdem suggerierte er mir, der Freitod meines Mannes könne nicht natürlich motiviert gewesen sein! Damit jedoch hat er eine rote Linie überschritten! Es könnte sein, dass er unserem Netzwerk auf der Spur ist.
Ich glaube auch nicht, dass er Ruhe geben wird. Ich könnte wetten, dass er ein jüdischer Spion ist! Die zionistische Seuche ist überall.
Wahrscheinlich ist er uns durch diesen Dilettanten, Klaus Heberling, auf die Spur gekommen. Ich habe immer meine Bedenken gehabt, ihn einzusetzen. Ich werde das Land verlassen. In die Berge, zu meinen Kämpfern. Dort kann ich in Ruhe alles Weitere veranlassen.
Im Namen Allahs, des Allerbarmers, des Barmherzigen

Dann breitete sie einen Teppich aus und betete zu Allah um Erleuchtung.

Im Haus bewegte sich etwas.

Dōr, der von diesen Dingen nur aus Erzählungen gehört hatte, begann zu zittern, als er zusehen musste, wie seine schlimmsten Alb-träume Wirklichkeit wurden: Eine schwarze Wolke, die im Keller des Hauses in der Ecke gelegen hatte, erhob sich. Es war kein gewöhnlicher Staub, es waren nicht einmal irdische Insekten. Er wusste, was es war, was es *werden* würde.

Eine Ausgeburt des Bösen! Es war der Stoff aus dem die Albträume der Menschen sind, es waren geronnene Gedanken der Grausamkeit: Schon begannen fliegende Spinnen jeden Winkel des Hauses auszufüllen.

Spinnen mit drei langen Beinen ohne Körper und Kopf.

Nach fünf Minuten war der ganze Keller ausgefüllt von dieser sirrenden Wolke aus zuckenden Beinen.

Die Wolke wogte durch das Haus wie Meereswellen, getrieben von einem wütenden Orkan, dessen Ursprung er wohl kannte, und je höher sie stieg, desto tödlicher wurde sie.

Fünf weitere Minuten dauerte es, dann hatte die Wolke das Dach erreicht und bestand jetzt aus Milliarden von Spinnentieren, bereit, alles zu vernichten, was sich ihnen in den Weg stellte. Mühelos drangen sie durch das Dach aus Holz und Stein, so wie Menschen einen leeren Raum durchschreiten.

Das Haus erzitterte unter dieser Masse, es ächzte und stöhnte, als donnerte ein Tornado darüber hinweg. Dann geschah etwas, was Dōr noch niemals gesehen hatte, und gegen das er vollkommen machtlos war. Er hatte Geschichten darüber gehört, sie aber als Legenden abgetan:

Ein riesiger schwarz-silberner Rüssel aus Myriaden von Kreaturen aus den Tiefen der Galaxis vereinigte sich mit der Brut im Haus zu einer gewaltigen Streitmacht.

Sie wurden eingesaugt in das Haus, angezogen von der pulsierenden, schwarzen Masse dort unten, einem geheimen Plan folgend, bis die Landschaft bedeckt war von krabbelnden, in Hochfrequenz kreischenden Spinnen, bis Dōrs Kopf widerhallte von dem Inferno und er benommen zu Boden stürzte.

Er konnte nicht sehen, was im Haus vor sich ging, doch noch immer glitten die Horden in gewaltiger Zahl durch diesen Rüssel, diesem Tunnel der Hölle, und da das Haus zu eng wurde, wichen sie aus in das ganze Umland. Bald war jeder Kubikmillimeter Luft auf einer Fläche von fünf Quadratkilometern und einer Höhe von zwanzig Kilometern von dieser schwarzen Wolke erfüllt. Plötzlich sah Dōr silbrig schimmernde, lebende Wände um sich, und Todesangst erfasste ihn. Er wusste, dass keine dieser Kreaturen ihn berühren konnte – sie lösten sich auf, sobald sie seinen Leib, der aus Licht bestand, berührten; aber es war nur die Vorhut der Fürsten der Luft, und eine solche Menge hatte er noch nie erlebt.

Doch dann schlug seine Angst in Panik um, als er sah, wie sie auf seinen Körper krabbelten, ohne zu verschwinden. Etwas musste mit seinem Schutz passiert sein, oder diese Art war bösartiger als die normalen *Fresser*.

Schon bedeckten sie seinen Hals, sie krabbelten höher und höher. Vorsichtig tasteten sie mit ihren Beinen in seinen Mund, in seine Nase, und ein schrilles Kreischen schien den anderen zu signalisieren, dass der Weg ins innere dieses Körpers frei sei.

Eine Starre bemächtigte sich seiner, und er wollte schreien, doch stattdessen würgte er, denn die Fresser saßen schon in seinen Atmungsorganen, und er wusste, dort würden sie erbarmungslos das Werk ihrer Zerstörung fortsetzen, denn das war es, wozu sie gezüchtet wurden: Ihre Opfer zu vernichten. Auf welchem Weg auch immer.

Er konnte sich nicht mehr bewegen. Es gab nur noch eine Rettung, und verzweifelt sammelte er seinen Rest an Lebenswillen.

Adonai! flehte er stumm, *hilf mir, ich ertrinke. Ich gehe elend zu Grunde. Wer wird dann noch da sein, der den Auftrag zu Ende führen könnte? Wer wird streiten für deine Geliebte, deine Aus-erwählten? Sieh mich an: Ich sterbe in Treue, in Erfüllung meines Befehls. Aber ist es dein Wille, so rette mich!*

Sekunden verstrichen in Stille, und sie kamen ihm endlos vor. Nur die Nadelstiche in seinem Inneren erinnerten ihn an das Werk der Zerstörung seines Lebens.

Aber dann floss Kraft in seinen Geist, und er konnte seinen Körper wieder bewegen. Er konnte freier atmen, und er spürte, wie das Vordrängen der Kreaturen ins Stocken kam, als gäbe es eine unsichtbare Mauer, die sie daran hinderte.

Was schreist du zu mir, Dōr? Wo ist dein Glaube, dein Zeugnis als General der himmlischen Heerscharen?

Lässt du dich so leicht ängstigen, mein Fürst?

Und dann, als die Stimme verstummte, erhellte ein Blitz das Land in einem Umkreis von hundert Kilometern.

Das Licht war so blendend, dass in einer ersten Welle Milliarden der Fresser tot ins Nichts zurück fielen. Schließlich erreichten sie eine unsichtbare Barriere, etwas, was sich der Sicht Dōrs entzog, und sie lösten sich in Luft auf.

Tief sog er die himmlische Luft ein, und er spürte, wie in diesem Augenblick alles in ihm wiederhergestellt wurde.

Ein zweites Zittern ging durch die Wolke über dem Land.

Als wäre ein Meteorit in einen Ozean gefallen, so spritzte eine Gischt schwarzer Tiere, nur hier löste sie sich einfach in Luft auf.

Große Löcher bildeten sich jetzt in der Wolke, durch die man den bleiernen Himmel sehen konnte. Dann zerfaserten die Ränder und verwehten im Wind.

Aber der Kern blieb kompakt, auch wenn die Rotation zum Stillstand gekommen war.

Talmon stand mit gezogenem Schwert neben ihm.

Siegestrunken stieß er es in den Himmel.

»Hab keine Furcht«, schrie er triumphierend. »Denn steht nicht geschrieben? Die Wenigen werden die Vielen zur Beute haben?«

Dōr konnte ihn nur verwundert anstarren.

»Wo … kommst du denn auf einmal her?«, stammelte er unbeholfen.

»Was ist das für eine Art, einen alten Freund zu begrüßen, der dir gerade das Leben gerettet hat?«, lachte Talmon, Wellen von Licht von sich schleudernd.

Dōr schluckte.

»Du hast mein Leben gerettet!«, rief er staunend.

»Aber selbst das wird umsonst gewesen sein, wenn du nicht bald *Ruach* benützt«, rief Talmon grimmig und wies mit seinem Schwert in Richtung des Hauses.

»Die dunklen Armeen haben sich erhoben«, flüsterte er, und Dōr sah, was er meinte. Denn sie kamen, die Fürsten der Nacht.

Es war, als flöhe die Luft vor ihnen, und jede Wärme entwich aus ihr. Kalt wurde es, so kalt, dass sich eine Eisschicht auf dem Haus bildete.

Drei waren erschienen. Ihre Namen waren eingebrannt auf ihren Stirnen: *Hass, Lüge, Verrat.*

Das erste, was auffiel, waren Öffnungen an der Stelle, wo die Augen sein sollten. Leblose Höhlen, mit Eis gefüllt.

Sie trugen lange Gewänder aus Stahl, und ihre Stimmen waren nur ein heiseres Flüstern im Wind.

Hass schritt in der Mitte. Er hatte den höchsten Rang unter ihnen und war ihr Sprecher.

Sie verabscheuten sich gegenseitig, denn sobald die anderen etwas sagten, ohne dass *Hass* sie dazu aufgefordert hatte, spie er ihnen ins Gesicht.

Dann sahen sie die Fresser. Diese hatten die Aufgabe, ihnen den Boden zu bereiten, das wussten Dōr und Talmon, und die Fürsten waren wütend, nur unvollendete Arbeit zu sehen.

Daher ging Feuer von ihnen aus und verbrannte die Wolke, die unter großem Kreischen in sich zusammenfiel bis nichts außer Asche den Himmel verdunkelte. Es waren Offiziere, wenn auch keine Generäle, dachte Dōr, der als Heerführer mit der Hierarchie seiner Feinde gut vertraut war.

Plötzlich entstand Unruhe unter ihnen.

Sie hatten die Krieger entdeckt.

»Verflucht, da steht Dōr selbst«, hörten sie *Hass* flüstern.

»Und einer, den wir nicht kennen«, setzte *Verrat* hinzu.

»Halt dein verdammtes Maul, du Narr, das sehe ich selber,« fauchte *Hass*, und seine Stimme kreischte wie rostige Ketten, die gegeneinander schlugen.

Dann wurde die Finsternis um ihn dichter, und seine Fratze verzog sich zu einer höhnischen Grimasse.

Wie ein schwarzes Loch saugte er nun alles Licht in sich auf.

Dōr und Talmon bemerkten, wie sie selbst immer blasser wurden. Blitze zuckten um seinen knöchernen Schädel.

Er hob ein gezacktes Schwert.

»Ich habe eine neue Weisung des Hauptquartiers empfangen«, heulte er in Richtung *Lüge* und *Verrat,* »wir haben Macht über den Feind. Heute wird ein Tag des Schlachtens sein!« Er spuckte diese Worte aus, während weißer Schaum aus seinem Rachen tropfte.

»Folgt mir, Krieger der Nacht«, befahl er mit heiserem Kreischen, und wie ein Sturmwind stürmten sie Dōr und Talmon entgegen.

Sie standen erstarrt. Noch jedes mal hatten die feindlichen Scharen die Flucht ergriffen, sobald sie nur Dōr alleine erblickt hatten.

All das geschah innerhalb eines Gedankens, dann waren sie erneut von *Fressern* umgeben. Schon hatte sich ein dichter, drei Kilometer starker Ring zuckender Schwärze um sie gebildet. In ihrer Mitte erschienen die dunklen Fürsten.

Sie standen Dōr und Talmon direkt gegenüber und blickten sie voller Verachtung an. Das Sirren der geflügelten Spinnen ließ die Luft vibrieren, und Dōr wusste, dass sie nur auf einen Wink warteten, um sie lebendig zu fressen.

Er stand still, wartete und beobachtete konzentriert das Verhalten der Gegenseite. Ruhig redete er mit Eljon, und alle Angst wich.

Er war bereit.

Hass hob sein Schwert. *Lüge* und *Verrat* ebenso.

Seine Fratze verzerrte sich zu einem Grinsen, und tierisches Triumphgeheul drang zu ihnen:

»Heute wird mein Name erschallen in allen Himmeln«, donnerte er, »denn Dōr, den weißen Fürsten vernichtete ich mit einem einzigen Hieb. Dies ist *meine* Rache, und niemand kann dich aus meiner Hand retten.«

Funken sprühten weiß in der Dunkelheit, als sein Schwert auf *Ruach* traf. Doch kein Schwert war wie dieses, denn es war geschmiedet aus Feuer und Geist, von des Königs Hand selbst erschaffen. Hass heulte vor Wut, als er sah, dass er nicht überlegen war, und er schien zu schrumpfen. Aber dann – inmitten der Bewegung erstarrte er.

Er wurde steif wie ein Brett, und wurde größer und größer. Dann schrie er in einer unbekannten Sprache, und aus den Höhlen voller Eis sprühte Feuer. Irgendwo her schien *Hass* Kraft zu erhalten.

Dōr konzentrierte sich auf die Stimme in seinem Geist, denn er wusste, dass sein Leben davon abhing. Aus dem Augenwinkel sah er, wie sich *Lüge* und *Verrat* auf Talmon stürzten. Doch der hatte die Salbung, und so machte er sich um ihn keine Gedanken. Schon sah er einen gleißenden Lichtbogen, und die beiden Angreifer stürzten wie

Steine zu Boden. Dann sah er aus den Augenwinkeln, warum *Hass* erstarkt war.

»Dōr, die *Fresser* kommen!«, schrie Talmon.

Dōr hatte sie vergessen. In rasender Schnelligkeit zogen sie den Kreis um die Kämpfenden enger. Bald hatten Dōr und Talmon keinen Spielraum mehr, sich zu bewegen, dann wurde selbst das Atmen schwierig. Wie eine Mauer, die bis zum Himmel reicht, versperrte ihnen die schwarze Wand die Sicht, und Dunkelheit fiel mit mörderischer Wut auf sie.

»Talmon, ich brauche dich«, keuchte Dōr, der sich nur noch in gebückter Stellung verteidigen konnte. Schon war der Bruder an seiner Seite und wirbelte sein Schwert in einer Schnelligkeit, die Dōr noch niemals zuvor gesehen hatte.

Millionen von Spinnen wurden aufgelöst, sobald es sie berührte. Doch sofort füllte sich die Lücke mit Schwärze. Wie eine endlose Flut ergossen sich die Kreaturen über die Krieger. Wurde ein Bresche geschlagen, so wurde sie aufgefüllt durch weitere Milliarden.

Stunden vergingen, und Dōr lag auf dem Boden. Über ihm kreiste das Schwert Talmons in einem Nebel. Lichter tanzten vor seinen schmerzenden Augen. Er spürte, wie sein Bewusstsein ihn verließ und hörte das höhnische Lachen seiner Feinde. Leiser wurde es, immer leiser.

Er hatte keine Kraft mehr.

Das ist das Ende, war sein letzter Gedanke.

Dōr, lerne mir zu vertrauen. Denn wenn du es nicht tust, wirst du sterben, hörte er eine Stimme. Dann verstummte auch sie.

Es war Nacht.

Das klare Licht der Sterne blendete ihn.

Unter sich erblickte er die Erde.

Wie ein funkelnder Opal leuchtete sie in vollendeter Schönheit aus dem schwarzen Samt des Universums hervor.

Talmon stand neben ihm. Dōr sah, dass er weinte.

»Was ist geschehen?«, brachte er stockend hervor.

»Wäre die Salbung nicht auf mir, hätte heute das Böse triumphiert. Doch sie macht unverwundbar. Sie ist schneller als Licht und heißer als die Sonne. Herrlich wie der Himmel und schrecklich wie Kriegsscharen – so konnten sie uns nur in die Flucht schlagen. Ich schirmte dich mit meinem Glanz, und sie sahen dich nicht. Dann ergriff ich dich und durchbrach den Wall.«

Dōr zitterte am ganzen Körper. Sein Herz war zerbrochen und sein Geist zerschlagen. Tränen strömten aus seinen Augen, und laut schrie er seinen Schmerz in die ewigen Weiten:

»O Eljon, ich bin nicht mehr würdig, deine Armeen zu führen, setze Talmon an meine Stelle. Er ist ein größerer Krieger als ich, und mein Leben wäre ohne ihn nicht mehr.«

Er hörte nichts. Doch er musste Antwort erhalten, sonst würde es ewige Nacht um ihn bleiben!

Gib mir Antwort, mein Herr, gib Antwort, verwirf mich nicht vor deinem Angesicht, und nimm den Geist deiner Heiligkeit nicht von mir!

Endlich hörte er etwas, ein Flüstern in der Unendlichkeit.

Friede sei mit dir.

24

Seit Klaus Heberling denken konnte, hasste er Menschen. Es war ihm aber stets gelungen, das zu verbergen und dem großen Ziel unterzuordnen.

Doch tief in ihm glomm die Glut der Verachtung für die menschliche Rasse. Eine Verachtung, die aus der schlichten Tatsache rührte, dass sich der Mensch immer wieder als das schwächste Glied der Kette offenbarte, und es nur wenige gab, die stark, die wirklich stark waren. Aber das waren strenggenommen keine Menschen. Das waren Götter. Titanen in Menschengestalt. So wie der Führer.

Denn der Zweck der Menschheit war es, sich weiterzuentwickeln. Weiter zu einer glorreichen Zukunft des Sieges und der Herrschaft, in der alles Schwächere weichen musste. So war der Mensch schließlich auch entstanden. Aus der Selektion des Besten. Es musste Diener geben, und es musste Herren geben. So einfach war das.

Und er wusste, dass *er* kein Diener war.

Sein Großvater war Gauleiter von Oberfranken gewesen. Der Krieg war viel zu früh zu Ende gegangen. Seinem Großvater hätte sich eine strahlende Zukunft eröffnet. Er war vom Führer höchstpersönlich für seinen Eifer und seine Kreativität zur Erreichung des Endzieles ausgezeichnet worden. Er hatte zum Beispiel die Methode perfektioniert, Juden massenhaft durch Genickschüsse in einer bestimmten geometrischen Anordnung in den von ihnen geschaufelten Gruben zu verscharren. Das war höchst effektiv gewesen.

Doch dann war sein Großvater in den Nürnberger Prozessen von den verfluchten Amis zum Tod verurteilt worden. Völlig zu Unrecht, da er immer auf der Seite des Rechts gestanden hatte und einen Juden erst dann erschoss, wenn er ganz sicher war, dass es sich wirklich um einen Angehörigen dieser Rasse handelte. Diese schwächlichen Amerikaner. Dumm vor Mitgefühl. Daher würden sie untergehen. Voller Verachtung spuckte er in den heißen Sand.

Dass sie mit diesem Urteil eine Familie zerstört hatten, war ihnen egal gewesen. Seine Großmutter hatte sich kurz danach in tiefer Trauer das Leben genommen. Sein Vater, damals ein Junge von zehn Jahren, wurde sein Held. Trotz Kindheit und Jugend im Waisenhaus hatte er es geschafft, ihm Recht und Ordnung zu vermitteln und ihn die Wahrheiten zu lehren, die Hitler in heldenhafter Geduld immer wieder einem tauben Volk gepredigt hatte.

Doch er, Klaus, war nicht taub gewesen, er hatte früh erkannt, für ein besonderes Schicksal auserwählt zu sein. Langsam und ehrfürchtig rezitierte er den Satz, der zu seinem persönlichen Credo, zu seiner Mission geworden war:

»Ich werde Deutschland, das ich so glühend liebe, erschüttern, damit es wieder zu seiner alten Größe zurückfindet!«

Zugleich aber verachtete er dieses Volk. Er musste die stumpf gewordenen Massen aufrütteln durch den höchsten Einsatz, den es gab. Er würde sein Leben opfern.

Wenn dabei Unschuldige starben, hatten sie es nicht anders verdient. Denn Schwäche war nun mal ein unverzeihlicher Makel. Das deutsche Volk war zu dekadent geworden, und es sollte stolz darauf sein, durch Opfer, durch Blutopfer einer höheren Sache dienen zu dürfen.

Diese hohe Sache war der moralische Erhalt dieses Volkes, das seine wahren Wurzeln hatte in Blut und Ehre und wieder zurückfinden musste zu seiner eigentlichen Bestimmung: Der Herrschaft über Europa, denn die Arier waren dazu bestimmt, das Haupt der Völker zu sein.

Lange hatte er diese Träume unterdrückt. Er hatte in diesem System, das sich Demokratie nannte, und das er verabscheute, mitgespielt. Er hatte sich selbst verleugnet, um sich Fähigkeiten anzueignen, die er benötigte, um dieses Land in eine grundlegende, heilsame Erschütterung zu führen. Über die Jahre hatte er sich zäh hochgearbeitet, hatte den biederen Polizisten gespielt, sich Vertrauen erschlichen, hatte gelitten, weil er sein wahres Potential nie hatte zeigen dürfen. Doch diese Zeit war nun vorbei. *Seine* Zeit war gekommen.

Die Hinrichtung des alternden Kommissars läutete den Beginn der letzten Phase ein. Es würde ein großartiges Fanal geben, und er *wusste*, es würde verstanden werden.

Dann würde die neue Epoche beginnen. Wie Phönix aus der Asche, so würde sich Deutschland aus dem Nebel der Völker erheben, der strahlenden Sonne entgegen.

Als dann vor fünf Jahren eine Gruppe von Jihad-Kämpfern an ihn herantrat mit der Bitte ihnen zu helfen, ihre Leute in sicherheitsrelevante Kreise einzuschleusen, hatte er nicht lange überlegt. Diese Männer würden den Staat destabilisieren, was seiner Mission nur förderlich sein könnte. Als Gegenleistung hatten sie ihm die Bombe versprochen!

Diese Waffe würde ihn unsterblich machen und Deutschland in die glorreiche Zukunft hineinführen, für die es erwählt war. Es war *sein* eigener Weg zur Wiederherstellung des germanischen Geistes! Ihn schauderte, als er daran dachte, und er schluchzte vor Rührung laut auf.

Diese Muselmänner hatten zwar ihre primitive Religion, aber sie hatten etwas verstanden. Sie hatten verstanden, dass nur der Stärkere überleben kann.

Ja, dass es sogar die moralische Pflicht des Stärkeren war, alles Schwache und Unwerte zu vernichten. Und die Nutzlosesten, ja die Schädlichsten waren die Juden. Hatte nicht sogar Hitler persönlich mit einem von ihnen, dem Großmufti von Jerusalem, zusammengearbeitet?

Sie hatten ihm die Bombe versprochen und die finanziellen Mittel, seinen Traum zu verwirklichen, den Makel des deutschen Volkes für immer zu tilgen.

Dafür müsse er nur einen Journalisten töten, der als Volksdeutscher, – was für ein entsetzlicher Verrat an der Sache – die hinterlistigen Ideen eines dreckigen Juden verbreitete.

Der Killer, den er engagiert hatte, hatte jämmerlich versagt, doch sein eigener Coup, seinen ehemaligen Chef in der Wohnung des Opfers zu erschießen, hatte die Araber letztendlich überzeugt. Sie würden ihm die Bombe verschaffen, hatten sie gesagt.

Eine Bombe mit atomarem Mantel, die in der Lage wäre, bis zu zehntausend Menschen sofort zu töten, mit weiteren fünftausend, die an den Folgen starben. Das würde ein heiliges Erwachen in der deutschen Volksseele verursachen.

Heere von Arbeitern würden aufstehen, sie würden Deutschland erst von den Juden säubern, es dann ausländerrein machen, und dann wären sie bereit, ihre wahre Kraft zu entfalten …

Er würde dieses, sein Werk nicht mehr erleben, er war den Heldentod gestorben, aber er würde in Ewigkeit weiterleben im Bewusstsein des großdeutschen Volkes, in der Dankbarkeit der Deutschen, die ihn verehrten, weil er das vollendete, was Hitler begann. Eine brennende Fackel würde er sein für ein Volk von wahrer Größe, wahrem Glauben und wahrem Heldentum.

Dafür war er bereit, es wochenlang in diesem Terrorcamp auszuhalten, zusammen mit Schlangen, Kakerlaken und stinkenden Menschen. Ganz zu schweigen von dem analphabetischen Gesindel, von dem es in diesem Lager nur so wimmelte.

Sie hatten nicht wie er ein höheres Ziel, sie wollten nur ihrer albernen Mondgottheit huldigen.

Er hingegen beugte sich vor Niemandem!

Seine Augen wurden erneut feucht.

Missmutig starrte er auf die bizarren Felsformationen vor ihm. Das Problem war, dass er diese Männer brauchte.

Denn das einzige, was sie im Überfluss besaßen, war Geld. Geld, das über undurchsichtige, versteckte Kanäle zu den Führern dieser paramilitärischen Einheiten floss, von Regierungen, die nach außen hin gern eine weiße Weste präsentierten, innen jedoch den Terror förderten.

Diese Doppelmoral machte ihn wütend, und er zielte mit seiner Beretta auf eine Schlange, die sich unter einem Gesteinsbrocken hervor geschlängelt hatte. Anscheinend hatte sie ihn wahrgenommen, denn blitzschnell verschwand sie wieder. Klaus fluchte und drehte sich um, weil er Stimmengewirr hörte und Schritte, die rasch näher kamen. Leise entsicherte er seine Beretta, denn das Kommen von Männern in dieser Einsamkeit konnte tödlich sein.

Ruhig blickte er ihnen entgegen.

Drei Gestalten kamen in raschem Tempo auf ihn zu. Er hörte nur das Knirschen ihrer Schuhe und das Dröhnen seines eigenen Blutes.

Er erkannte den Kommandeur des Lagers, Mohammed Sharif, und zwei seiner Kontaktleute von *A.D.J*:

Mustafa Kemal und Yussuf Amal. Ob das ihre wirklichen Namen waren, bezweifelte er, aber es spielte keine Rolle. Er setzte sich auf einen Felsen, die Pistole auf seinen Knien.

»Klaus, du dich abgrenzen zu sehr von Lager«, stieß

Mohammed zornig hervor. »Wir respektieren anderen Glauben von dir, denn wir haben gleiches Ziel, aber Gemeinschaft ist wichtig. Haben wir denn noch gleiches Ziel?«

Das war es also. Sie zweifelten an seiner Loyalität. Forschend blickte ihm Mohammed in die Augen.

Sein Mund wurde trocken. Doch dann begann er zu lächeln. Das war die beste Methode, erhitzte Gemüter zu beruhigen.

»Ich möchte töten, denn ich glaube, das deutsche Volk braucht eine Läuterung; ihr wollt töten, weil ihr das Reich Allahs ausbreiten müsst. Ich hasse die Juden, denn sie zersetzen die Kraft meines Volkes; ihr hasst die Juden, denn sie sind ein eiterndes Geschwür im Herzen der islamischen Nation.«

Fest blickte er ihnen in die Augen. Die Gesichter der Männer entspannten sich.

Mit lauter Stimme fuhr er fort: »Eure Feinde sind auch meine Feinde, und meine Ziele auch die euren. Wenn sich auch die Absicht unterscheidet, alleine auf das Ziel kommt es an.«

Er blickte die beiden Verbindungsoffiziere an, Mustafa und Yussuf. Allein sie waren wichtig, und er musste sie unbedingt auf seine Seite ziehen. Zu seinem Entsetzen erkannte er Argwohn in den Augen der Männer.

Yussuf, ein Riese, begann zu sprechen, und Klaus fing an zu zittern, was er aber unter seinem weiten Umhang verbergen konnte.

»Klaus, Führung von *ArmDesJihad* sehr misstrauisch. Sie wollen sicher sein, dass du würdig und fähig, Bombe einzusetzen. Polizei in Deutschland ist uns auf Spur. Du hättest Spuren besser verwischen müssen. Allah aber, gnädig und groß ist er, ist barmherzig. Du bekommst noch eine Chance. Nur dann erhältst du Bombe.«

Klaus nickte.

»Es gibt da ein Mädchen. Tochter von Professor Stein, früher verlobt mit dem Journalisten. Hänge dich an sie, verfolge sie, sie dich führt zu ihm, denn sie liebt ihn. Du als Deutscher bist unauffällig. Dann sag uns, wo er ist. Danach töte sie, denn sie ist einem Geheimnis auf der Spur. Dann, wir geben dir Bombe. Und noch mehr, wenn du es gut machst!«

Gespannt waren drei Augenpaare auf ihn gerichtet.

Nach einer Zeit der Stille, in der nur der heiße Wüstenwind zu hören war, der sich klagend durch die Felsen zwängte, fing er an, breit zu grinsen.

»Ich führe euch zu dem Journalisten,« rief er heiter, »und ihr mich zur Bombe.«

Ein zufriedenes Lächeln spielte um die Lippen von Mohammed Sharif.

»Gut. Wir alles haben arrangiert. Du fliegst übermorgen mit Maschine von Islamabad über Frankfurt nach München. Da wohnt das Mädchen. Geld spielt keine Rolle. Wir brauchen Erfolg. Die Zeit drängt.«

Trotz der Drohung, die unverhohlen über der pakistanischen Gebirgslandschaft hing, lächelte Klaus Heberling.

25

Es war Nacht. Einsam wankte der Mann durch die regennassen, verlassenen Straßen eines östlichen Berliner Stadtteils. Niemand würde vermuten, dachte der silbern schimmernde Wächter, dass es sich um jemanden handelte, der den Lauf der Geschichte für immer verändern würde.

Am wenigsten der Mann selbst, überlegte er weiter und spürte ganz deutlich das Wehen des Geistes. Doch diese Berufung hatte einen hohen Preis. So war es immer.

Der Charakter der Auserwählten wurde geprüft bis der Schmerz zu groß war und sie keinen Ausweg mehr sahen.

Erst *dann* waren sie bereit.

Wie Gold, das nur in der heißesten Glut des Feuers gereinigt werden kann, überlegte er. Aber wenn das Gold dann geschöpft wurde – ein Lächeln huschte über sein Gesicht – dann war es *vollkommen*.

***

Dennis Meyer ahnte nichts von diesen Gedanken.

Allein der Gedanke an eine Berufung oder Bestimmung machte ihn wütend. Dieses ganze Gewäsch war etwas für Weicheier, für Dummköpfe wie ihn, die die Wahrheit nicht ertrugen. Die Wahrheit war, dass keine Frau ihn liebte, und dass er Zeit seines Lebens Liebe und Kraft in Menschen investierte, die ihn betrogen hatten.

»Warum tust du mir das an?«, brüllte er betrunken in die kalte Novembernacht, doch nur der nächtliche Wind schien seine Worte zu verstehen. Wie zur Bestätigung, dass nicht einmal der Schöpfer eine Notiz von ihm nahm, wirbelten schwarze Blätter in bizarrem Reigen durch die dunklen Häuserschluchten.

Der Whiskey, den er hinuntergespült hatte wie Wasser, blieb nicht ohne Wirkung, denn ihm war nicht mehr kalt, und die Gedanken flossen träge durch sein Bewusstsein wie ein trüber Fluss.

»Esther, du blöde Kuh,« lallte er, »wie konnte ich mich nur so von deiner Schönheit bezaubern lassen. Du hast mich betrogen, obwohl ich dir all meine Liebe gegeben habe. Jetzt hast du mich gefunden, und du ekelst dich davor, mich zu sehen.

Na ja, … du bist ja jetzt heilig geworden, ist ja klar, dass du dich vor mir versteckst. So wie dieser sogenannte Schöpfer. Ihr beiden steckt ja zusammen unter einer Decke!«

Den letzten Satz brüllte er dem Wind entgegen. Eine Welle von Übelkeit presste ihn zu Boden, und er erbrach sich lange und anhaltend.

Er versuchte aufzustehen, doch als er es mit großer Mühe geschafft hatte, begann sich alles zu drehen, und ihm wurde schwarz vor Augen. Ein verzweifeltes Schluchzen drang aus seiner Kehle, bevor er endgültig zusammenbrach.

Er erwachte, weil er jämmerlich fror.

Sein Kopf drehte sich wie ein Karussell, doch er schaffte es, auf die Uhr zu sehen. Drei Uhr dreißig.

Wär` an der Zeit heim zu gehen, dachte er, während sein Kopf explodierte. Er versuchte aufzustehen, doch die Übelkeit verhinderte dieses Vorhaben, und stöhnend fiel er zurück in sein Erbrochenes. Wer war er denn schon? Ein toter Hund, der um sein Leben winseln muss, jämmerlich frierend in der Gosse. Ein gedemütigter Liebhaber, dem ewige Treue versprochen wurde, und der Hass geerntet hatte, weil ein Mädchen der Wahrheit nicht ins Gesicht sehen konnte.

Auf ihn war geschossen worden, seine Freunde wurden getötet, eine Bande von Mördern trachtete immer noch nach seinem Leben. Wie ein Tier lebte er, mit einem falschem Namen; er hatte kein Leben mehr, seine Pläne, Wünsche, alles musste sterben. Ich bin ein Sklave, dem Willen von Bestien bin ich ausgeliefert. Das Böse erhebt sein Haupt, um mich zu zerquetschen wie eine Laus, dachte er.

Tränen rannen über sein Gesicht.

Und dieser Schöpfer, ja, dieser Menschenschlächter sah zu! Wahrscheinlich amüsierte er sich köstlich über diesen kleinen, lächerlichen Menschen dort unten, der da um sein Überleben kämpfte, der gehofft hatte … GEHOFFT, DASS ES SOGAR FÜR IHN SO ETWAS WIE GLÜCK GEBEN KÖNNE, EINE LÄCHERLICHE UND ANMASSENDE HOFFNUNG ZWAR … er stöhnte wie ein Tier, während der Schmerz mit tausend Messern sein Herz zerschnitt. Der Schmerz grenzenloser Einsamkeit, Schmerz enttäuschter Hoffnung, Schmerz einer zerrissenen Liebe …

ICH WILL NICHT MEHR, ICH KANN NICHT MEHR, ICH WERDE NICHT MEHR … LEBEN!

Er sah den Ausweg.

Er würde schlafen, und er würde träumen. Träumen von Liebe und Wärme, von Glück und Fröhlichkeit.

Der Alkohol würde ihn wärmen, die Kälte der Nacht ihn erlösen.

Nur nichts mehr spüren, nicht mehr denken.

O, wie sehnte er sich nach Ruhe, nach Frieden, einem Ende dieser pochenden Schmerzen.

Und vielleicht, ja vielleicht weint Esther sogar an meinem Grab, vielleicht fühlt sie etwas, wenn ich nicht mehr bin …

So blieb er liegen, und die Nacht bedeckte seine wunde Seele mit ihren zärtlichen Schwingen, während der Schlag seines Herzens immer leiser wurde und seine Atemzüge immer seltener.

***

Sanft beugte sich der Engel über ihn, noch vor dem Morgengrauen. Kein Mensch bemerkte das helle, strahlende Licht in diesem Teil der Stadt. Denn er hatte strengsten Befehl von Dōr erhalten:

Nicht einzugreifen, egal, was passierte. Es war eine harte Prüfung für dieses machtvolle Wesen, dessen Herz von Erbarmen überfloss.

»Der Mann, dem du dienst, befindet sich in der Schule des Geistes. Es ist die härteste Schule, die es gibt, und nur wenige bestehen sie.«

Voller Bewunderung hatte er den Worten gelauscht, die der hohe Fürst zu ihm geredet hatte.

So stand er bebend vor Mitleid und mit gezogenem Schwert neben der reglosen Gestalt, wild entschlossen, es mit allen Heeren der Hölle aufzunehmen, kämen sie auch nur auf die Idee, seinem Schützling ein Haar zu krümmen.

26

David war verwirrt. Nachdem er das Haus von Judith verlassen hatte, wurde ihm schlecht, und in seinem Kopf hämmerte es unerträglich.

Die Fahrt zum Hotel war eine Tortur, und er fühlte sich, als hätte er einen Marathonlauf mit letzter Kraft durchgestanden, obwohl er körperlich nichts gearbeitet hatte. Da sieht man wieder, wie stark die Psyche den Körper beeinflusst, dachte er. Im Hotel angekommen, packte er, um zügig die Heimreise nach Berlin antreten zu können. Wenn er ohne größeren Stau durchkam, müsste er in sieben Stunden im Büro sein.

Auf der Fahrt gingen ihm unzählige Gedanken durch den Kopf. Doch er hatte weder Zeit noch Kraft, sie konsequent zu Ende zu denken. So grübelte er über das nächstliegende Problem: Was für Informationen hatte der Polizeipräsident über Klaus Heberling? Immer mehr schien ihm die Person Klaus Heberling ein Dreh- und Angelpunkt in dieser verworrenen Geschichte zu sein.

Mittwoch Morgen, pünktlich um acht Uhr, betrat er das Büro seines obersten Dienstherrn. Der Präsident war ein unscheinbarer, untersetzter Herr in den Mitfünfzigern. Doch ging von ihm eine Gelassenheit aus, die ihn zweifelsohne für dieses Amt qualifiziert hatte.

David hatte ihn schon immer recht sympathisch gefunden.

Nachdem sie sich begrüßt hatten, wies der oberste Polizist des Landes Berlin mit der linken Hand auf zwei Ledersessel im hinteren Teil des repräsentativen Büros. David setzte sich dankbar, denn er war erschöpft von den Ereignissen der letzten Tage.

Der Präsident nahm ihm gegenüber Platz und blickte ihn fragend an. Nach den üblichen Sätzen belanglosen Small-Talks, bat er David um eine Zusammenfassung über den momentanen Stand der Ermittlungen der Sonderkommission *Eherne Schlange.*

Diesen Namen hatte David vorgeschlagen, nachdem immer klarer wurde, dass diese ›Affäre‹ über den Fall eines gewöhnlichen Kapitalverbrechens hinausging und einer gewissen Geheimhaltung bedurfte. So berichtete David in aller Kürze von seinem Gespräch mit Esther Stein, dem Besuch bei ihrer Stiefmutter und dem dramatischen Umstand, dass es sich bei der ehemaligen Verlobten von Dennis Meyer um die Tochter Prof. Dr. Steins handle.

Der Präsident hörte aufmerksam zu und stellte nur hier und da Verständnisfragen. Dann kam er unvermittelt auf den eigentlichen Grund ihres Treffens zu sprechen.

»David, Klaus Heberling hat sich am Montag früh aus einem Terrorcamp in der nordpakistanischen Wüste gemeldet. Wir konnten das Signal zweifelsfrei über GPS orten, doch haben wir natürlich keinerlei Befugnisse in einem fremden Staat.«

Er blickte David finster an.

»Er hat sich mit dieser Terrororganisation *A.D.J* zusammengetan. Sie verfolgen unterschiedliche Interessen, anscheinend jedoch dieselben Ziele, wie unsere Mittelsmänner in Riad berichten. Und es wird noch brisanter:

Sie benutzen ihn zur Ausführung ihrer perversen Pläne, die Sicherheit eines zentraleuropäischen Staates so zu erschüttern, dass sie in den nächsten Jahrzehnten ein islamisches Kalifat im Herzen Europas errichten könnten.

Dies wissen wir aus Dokumenten, die wir erst vor kurzem in mehreren deutschen Moscheen sicherstellen konnten.

Offenbar wird er von ihnen massiv unter Druck gesetzt.

Allerdings ist dieser plumpe Erpressungsversuch, bei Nichtauslieferung von Meyer eine nukleare Bombe in einer deutschen Metropole zünden zu wollen, unserer Meinung nach nur ein Vorwand. Heberling war lange genug bei der Terrorabwehr, um zu wissen, dass wir niemals auf so etwas eingehen werden.

Also kann das nur *Eines* heißen:

Er will diese Bombe auf jeden Fall hochgehen lassen, und er hat seine *eigenen* Gründe dafür. Vielleicht muss er sich in diesen Kreisen erst etablieren, seine Skrupellosigkeit unter Beweis stellen. Quasi eine Bewährungsprobe für den internationalen Terrorismus. Vielleicht hat er auch ideologische Motive. Das heißt im Klartext:

Wir müssen ihn stoppen, bevor er zuschlägt, und wir müssen die Kommandoebene von *A.D.J* zerschlagen, die sicherlich auch nicht autonom handelt, sondern in Verbindung mit der Mutterorganisation Al-Quaida steht.«

David unterbrach ihn.

»Das wissen wir nicht, Herr Polizeipräsident. Wir sammeln immer mehr Beweise dafür, dass regionale Gruppen entstehen, die zum Teil sehr unabhängig agieren«, erwiderte David.

Beinahe flehend sah der Polizeipräsident ihn an.

»David, wir *müssen* diesen Wahnsinnigen stoppen, mit allen uns zur Verfügung stehenden Mitteln!«

Eine beklemmende Stille breitete sich in dem großräumigen Büro aus.

Davids Hände zitterten etwas, als er sich mit den Fingern durch die Haare fuhr.

»Meine Wenigkeit als Chef der Polizei, in deren Zuständigkeit das alles angefangen hat, der BKA-Chef, der Innenminister und die Direktoren der deutschen Geheimdienste hatten am Wochenende eine ausführliche Sitzung, um die Motive dieser Gruppe und die möglichen Motive dieses Heberling ausführlich zu beleuchten, sowie die einzelnen erforderlichen Aktivitäten zu koordinieren.«

Der Polizeichef sprach mit leiser, eindringlicher Stimme weiter: »Klaus Heberling hätte niemals eine Laufbahn bei der Berliner Polizei, der Polizei überhaupt beginnen dürfen. Das war ein schwerer Fehler. Er wuchs in den siebziger Jahren in Ost-Berlin auf, dort wurde er auch geboren. Er wohnte in seiner Kindheit und Jugend in Berlin-Hellersdorf, wie Sie wissen, eine Brutstätte rechtsradikaler Gesinnung. Hier war er ab dem Alter von sechzehn Jahren auch Mitglied einer Burschenschaft, die er aber mit zwanzig wegen eines Mädchens wieder verließ. Mit fünfundzwanzig Jahren trat er der rechtsradikalen Gruppierung *Hammer des Thor* bei, mit dreißig kam er zu uns.

Wahrscheinlich erhielt er Unterstützung durch die rechte Szene und wurde von ihnen als eine Art Verbindungs-Mann innerhalb der Polizei betrachtet. Im Übrigen habe ich eine Überprüfung sämtlicher Polizisten, die einen engeren Kontakt zu ihm hatten, veranlasst. Mehr habe ich über diesen feigen Mörder nicht zu sagen.« Die Gefühle des höchsten Berliner Polizisten waren nur zu offensichtlich.

David hatte nachdenklich zugehört. »Installieren wir doch auch einen V-Mann!«

Aufgeregt sprach er weiter.

»Wir schleusen ihn unter falscher Identität in dieses Terrorlager.

Da, wo Heberling sich jetzt aufhält.

Am besten einen Agenten des BND, der für diese Operation mit weitreichenden Vollmachten ausgestattet wird, um die normalen Dienstwege umgehen zu können.«

Dieser Gedanke war ihm gerade erst gekommen, aber je mehr er darüber nachdachte, desto besser gefiel er ihm. Gespannt wartete er auf die Reaktion seines Gegenüber. Nach mehreren Sekunden nickte der Präsident langsam.

»Ein interessanter Vorschlag«, meinte er schließlich. »Ich werde ihn dem Krisenstab unterbreiten … nein, noch besser, Sie selbst werden es tun. Als Mann der Basis und Leiter der Kommission können Sie das überzeugender als ich. Das nächste Treffen ist für morgen um achtzehn Uhr geplant. Hier im Präsidium.«

David nickte.

»Gut, ich werde pünktlich sein.«

***

Schweißgebadet schreckte Dennis hoch. Nur langsam ordneten sich seine Gedanken, und es dauerte eine Weile, bis er begriff, wo er sich befand. Er fühlte sich erbärmlich und schwach.

Sein Leben war ein abgründiges Chaos geworden, und verzweifelt hatte er versucht, die Fäden zusammenzuhalten. In einer kalten Nacht vor drei Tagen waren sie ihm endgültig entglitten.

»Sie haben Glück gehabt, Herr Meyer«, hatte man ihm gesagt. Zum wie viel tausendsten Mal denn noch, dachte er spöttisch.

»Sie sind noch rechtzeitig gefunden worden, bevor Ihre Körpertemperatur so tief gesunken wäre, dass wir Sie nicht mehr hätten retten können.«

Retten von was, dachte er bitter. Retten vor dem eigenen Versagen, retten vor einem verkorksten Leben, retten vor der eigenen Dummheit?

»Wirklich gerettet hätten Sie mich, wenn Sie mich einfach liegen gelassen hätten!«, hatte er die Schwester angebrüllt, die daraufhin fluchtartig das Zimmer verließ.

Er hasste sein Leben. Er hatte nichts mehr in der Hand und wurde gesteuert von Umständen, die er nicht einordnen konnte, die ihn verwirrten, und dann empfand er nichts mehr außer Ohnmacht seinem ungerechten Schicksal gegenüber, und Zorn gegenüber einem Schöpfer, der vorgab liebevoll zu sein und doch sein Leben zerstörte. Nicht einmal den eigenen Tod konnte er selbst bestimmen. Das ›vergessene Buch‹ – warum hatte er das Bedürfnis, darin zu lesen? Die Antwort war simpel.

Etwas tief in ihm *wusste*, dass der Schöpfer gut war, egal was passierte! Dieser Gedanke ließ sich nicht verscheuchen. Aber er fühlte nichts. Das war das Schreckliche. Jeder Mensch war doch darauf trainiert, die Wahrheit als wahr zu betrachten, weil er sie *fühlte*.

Diese Definition von Wahrheit allerdings war nicht richtig!

Der Schöpfer war die Wahrheit, selbst wenn er ihn nicht spürte.

Seine Wege waren Leben, selbst wenn sie ihm als Tod erschienen.

Das also war Glaube.

Doch es war so unendlich schwer!

Tränen rannen über sein Gesicht, während er an einer beliebigen Stelle das zerfledderte Buch aufschlug:

»Ich bin der Weg, und die Wahrheit und das Leben … «

FRIEDE.

Er erwachte, als es an der Tür klopfte. Es klopfte wieder, diesmal energischer.

Er sah auf den Wecker.

Neun Uhr morgens.

»Herein«, rief er mit schwacher Stimme, während er versuchte, wach auszusehen.

Das erste, was er sah, war ein Blumenstrauß, der von einer kräftigen Hand durch die viel zu schmale Tür geschleust wurde. Dahinter wurde die Gestalt eines orientalisch aussehenden Mannes sichtbar, der auf ihn zusteuerte, um ihn herzlich zu umarmen.

»Wie geht es dir?«, fragte David.

»Mir geht es gut«, antwortete er ausweichend, »den Umständen entsprechend.«

Er spürte, dass David nicht zufrieden war.

»Dennis, erklär mir doch einfach, wie du so dumm sein konntest, dich umbringen zu wollen. Warum denkst du, dass dein Leben nichts mehr wert wäre?«

Er schluckte, und da ihm nichts anderes übrigblieb, begann er zu reden. David hörte nur zu und sagte nichts. Aber in seinen wachen Augen konnte man lesen, dass er sehr wohl verstand.

Nachdem Dennis geendet hatte, war es still.

»Esther ist die Tochter von Professor Stein, deinem ehemaligen Dozenten an der LMU in München.« David sagte es so, als hätte er nach langem Ringen einen Widerstand niedergerissen.

Wie Dämonen fielen diese Worte über Dennis her. Krampfhaft versuchte er, den Sinn dieses Satzes zu begreifen.

Esther, die Esther, die ihn betrogen hatte, sollte die Tochter seines ehemaligen Professors sein? Das konnte natürlich nicht sein, aber wenn … wenn es wirklich so wäre, wäre sie berechnender als er bis jetzt dachte, dann hätte sie ihn ja noch viel mehr hintergangen, als er je gedacht hatte; andererseits: es konnte ihm doch völlig egal sein, wessen Tochter diese Frau war. Sie hatte so oder so sein Leben zerstört. Er spürte, wie die Wut in ihm hoch kroch.

Kalte Wut. Unaufhaltsam und tödlich. Zum Glück war sie nicht hier, denn in diesem Moment würde er sie umbringen. Plötzlich empfand er es außerordentlich befreiend, dass Esther ihn nicht kontaktieren durfte.

Solle sie doch bleiben, wo sie war. Er wollte nichts mehr von ihr wissen. David beobachtete sein Gesicht und schien zu ahnen, was ihn bewegte. Mit kalter Stimme, die seinen glühenden Zorn Lügen strafte, wandte sich Dennis an ihn:

»Bitte, richte Esther Folgendes aus, wenn du das nächste Mal mit ihr sprichst:

Dass das Maß voll ist. Ich habe ihre Versteckspielchen, ihre Heimlichtuereien und ihre Lügen satt. Ich möchte nichts mehr von ihr wissen und bin überglücklich, dass sie mich bis jetzt nicht kontaktieren konnte. Ich möchte auch in Zukunft keinerlei Kontakt mehr mit ihr haben. Es ist aus. Endgültig. Ich habe schon genug gelitten ihretwegen. Meinetwegen kann sie jemand anderen unglücklich machen!«

Mit funkelnden Augen sah er David an.

»Und wenn du dir das nicht merken kannst, dann sag, ich möchte *endlich* meinen Frieden. Für immer!«

Er wunderte sich über die Ruhe, die ihn erfüllte, als er seinen Gefühlen Luft machte. Eine tonnenschwere Last fiel von ihm ab, und lächelnd ließ er seinen Kopf ins Kissen fallen.

David schaute ihn mit unergründlichem Blick an.

»Ich werde es ausrichten, Dennis. Doch denk dran: Sie ist trotz allem, was du denkst, welche Enttäuschung du momentan auch empfindest, zu Recht empfindest, eine außergewöhnliche Frau.«

Die Schwester steckte ihren Kopf zur Tür herein.

David stand auf.

»Ich wünsche dir alles Gute.«

Dennis nickte schwach, und David verließ das Zimmer.

27

Hatte es geklingelt? Ist doch egal, dachte Esther. Alles war egal. Nachdem David ihr mitgeteilt hatte, was Dennis gesagt hatte, war ihre gerade errichtete Welt wieder einmal in sich zusammengebrochen.

Ein Weinkrampf folgte dem anderen, und sie hatte sich krank gemeldet, unfähig zu arbeiten. Sie fühlte nichts mehr. Außer Schmerz. Sie konnte nicht mit ihrem Schöpfer reden, nicht das vergessene Buch lesen.

›Der Heilige‹ hatte sich eingeschlossen in seine erhabenen Hallen und ließ sie alleine. Seine Versprechungen waren nichts als Lüge, wahrscheinlich hatte sie sich alles nur eingebildet, weil sie es so ersehnt hatte … *Diese Stille ist unerträglich, ich falle in dieses schwarze Loch, es ist wieder da …*

Es läutete erneut. Beharrlicher diesmal, zwei Mal.

Mit rotgeweinten Augen stand sie auf und ging wie ein Roboter zur Tür. Es war egal, wie sie aussah, nur Zerstreuung, vielleicht ein netter Mann … Esther, reiß dich zusammen.

Das erste, was sie sah, war eine Polizeimarke, die ihr unter die Nase gehalten wurde. Kriminalpolizei.

Nicht schon wieder.

»Frau Stein, bitte entschuldigen Sie die Störung, mein Name ist Thorsten Emig, Kripo München. Vor zwei Tagen war ein Kriminalbeamter aus Berlin, ein Kriminalrat Dorado bei mir und hat mich über den Fall Meyer und Ihre Rolle in diesem Fall unterrichtet. Ich hätte dazu noch einige Fragen an Sie. Darf ich hereinkommen?«

Sie nickte, und wortlos führte sie ihn in die kleine Küche zu dem winzigen Esstisch mit den zwei Stühlen. Nervös blickte sie den Mann an. Sie fing an zu frieren, und das war komisch, da es doch 23 Grad in der Wohnung hatte. Er hatte ein männliches, markantes Gesicht, kurz:

Er sah nicht schlecht aus. Vielleicht fünf Jahre älter als sie. Er war schlank, hatte aber einen muskulösen Oberkörper, was ihr irgendwie Angst machte. Klang er nicht ein wenig wie David – mit Berliner Dialekt, oder bildete sie sich das nur ein?

»Dennis Meyer … « Er sah sie nicht an.

»Kriminalrat Dorado hat vergessen, uns seine Adresse für die Akten zu hinterlassen. Ich wollte ihn noch danach fragen, aber da war er schon weg. Er ist ein beschäftigter Mann, und ich kann ihn telefonisch nicht erreichen.«

»Dann versuchen Sie es weiter. Wozu brauchen Sie mich? Ich möchte da nicht mit reingezogen werden. Lassen Sie mich gefälligst in Ruhe.«

Wütend blickte sie ihn an.

»Nun … ich verstehe Ihren Ärger, es ist mir auch peinlich, aber wir erreichen ihn seit Tagen nicht, und wir bräuchten dringend seine Adresse, nicht zuletzt, um seine Bewachung zu koordinieren.«

Wieso macht ihr das von München aus, ihr Idioten, lasst ihn doch einfach in Ruhe, dachte sie.

»Sehen Sie, Herr Emig, ich bin ehrlich: Selbst *wenn* ich die Adresse hätte, würde ich Sie ihnen kaum mitteilen. Ich bin keine Polizistin, und ihre Arbeit sollten Sie doch wohl selbst erledigen!«

Sie wunderte sich über ihren Mut. Aber langsam ging ihr der Kerl auf die Nerven.

Unruhig rutschte Emig auf dem Stuhl herum.

»Ich bitte Sie, Frau Stein, seien Sie kooperativ. Ich weiß,

wie sehr Sie persönlich betroffen sein müssen. Helfen Sie uns doch, ihm zu helfen!«

Der Mann war widerlich.

»Gehen Sie jetzt bitte«, sagte sie in energischem Ton, »ich weiß nicht mehr, und möchte nur in Ruhe gelassen werden.«

Er machte keine Anstalten aufzustehen. War er taub?

»Gehen Sie jetzt, das ist mein letztes Wort, oder ich werde mich bei Ihrer Dienststelle über Sie beschweren.«

Langsam erhob er sich.

Doch an der Küchentür machte er plötzlich kehrt, schnappte sich einen Stuhl und setzte sich breitbeinig darauf.

Sie fing an zu zittern.

Bedächtig griff er in seine Jackentasche und holte eine Pistole heraus, die er genüsslich auf seinem rechten Knie ausbalancierte.

Ihre Gedanken überschlugen sich. Was konnte sie tun? Sie flehte stumm um Hilfe, ohne ihre Augen von dem Mann zu lassen.

»Sehen sie, Frau Stein, vielleicht haben Sie mich vorhin nicht richtig verstanden. So etwas kann vorkommen. Es wäre wirklich ganz außerordentlich wichtig für mich, die Adresse Ihres ehemaligen Verlobten zu kennen, denn ich muss ihn vor bösen Männern beschützen, Männern, die ihn schon einmal umbringen wollten.«

Seine Augen glitzerten hasserfüllt.

Esther versuchte, ruhig zu atmen. Sie musste Zeit gewinnen, sie musste irgendwie Hilfe holen.

Das alles war so lächerlich, es war absurd.

Wie gierig dieser Mann sie ansah.

»Esther«, er dehnte ihren Namen genüsslich in die Länge, »Sie sind wirklich eine bemerkenswert schöne Frau.«

Lüstern leckte er sich die Lippen.

Sie wollte schreien, doch kein Ton kam über ihre Lippen.

Sie musste würgen.

Sie wollte nicht ohnmächtig werden vor diesem Mann.

Das Telefon klingelte. Er zuckte zusammen.

»Geh da ja nicht hin«, zischte er. »Sonst bist du schneller tot, als du denken kannst.«

Es klingelte ungewöhnlich lange, dann war es ruhig. Sie fing an, hysterisch zu schluchzen.

»Reiß dich zusammen, Mädchen. Wenn du mir die Adresse gibst, werde ich dir nichts tun. Andernfalls … «

Er setzte sich noch etwas breiter auf den Stuhl.

»Ich weiß nicht, wo er wohnt«, flüsterte sie verzweifelt. »Ich weiß es wirklich nicht.«

Ihr Blick wurde leer. Sie sah den schwarzen Engel mit abgewandtem Gesicht vor der Sonne stehen. Sein Schatten war so groß, dass nur vereinzelte Lichtstrahlen die Erde trafen. Er redete in einer dunklen Sprache, die sie nicht verstand.

Sie wollte rufen, was das alles solle, da drehte sich der Engel mit wutverzerrtem Gesicht um und blickte in ihre Augen. Betäubt fiel sie zu Boden, denn der Hass, der in den eisigen Höhlen aufflammte, zerschnitt ihr Gesicht mit tausend Messern.

»Duuuuuu – Menschenfleisch!« Ein Fauchen war es.

»Auf ewig wirst du büßen, dass du nicht *mich* gewählt hast. Deinetwegen wird es in dieser Stadt ein F-e-u-e-r-w-e-r-k geben, das kein Bewohner je vergessen wird. Jedenfalls die, die sich noch daran erinnern können.«

Kalt und genüsslich schleuderte er ihr diesen Satz entgegen, so dass ihr Inneres vor Schmerz erbebte und all ihre Tränen in der heißen Glut erloschen. Höhnisches Gelächter aus tausend Kehlen schloss sich der Stimme an.

Doch dann war da dieser Gedanke:

Wer bin ich, dass ich vor dieser Kreatur im Staub krieche?

Sie spürte, wie kräftige Männerhände ihre Bluse zerrissen. Das heisere Keuchen eines erregten Mannes; sie kannte es nur zu gut.

Sie schrie laut, während sie mit aller Kraft ihr rechtes Knie zwischen seine Beine stieß. Der Mann taumelte zurück und stöhnte vor Schmerz. Sie sprang auf und trat noch einmal mit aller Kraft auf die gleiche Stelle. Er brach zusammen. Doch er rollte sich über den Boden und griff im Aufstehen nach seiner Pistole, die unter ihren Attacken zu Boden gefallen war.

Bebend vor Wut richtete er die Waffe auf sie.

»Ich werde dich töten, du Hure«, schrie er heiser.

Fest blickte sie ihn an. Autorität lag in ihrer Stimme, als sie sagte:

»Du kannst mich nicht töten. Noch bevor du mich berührst, wirst du vor mir fliehen!«

Was … was rede ich da?

Verständnislos starrte er sie an. Dann verzog sich sein Gesicht zu einer hämischen Grimasse, und er fing an, laut zu lachen.

Sein Handy klingelte drei Mal, dann verstummte es. Er wich vor ihr zurück, starrte sie immer noch an, doch wie aus weiter Ferne, und in seinen Augen sah sie nackte Angst.

»Wir sind noch nicht fertig, Schlampe«, keuchte er, während er zur Wohnungstür hechtete.

Dann fiel sie ins Schloss.

Nach Luft ringend setzte sich Esther auf den Stuhl. Sie versuchte, ihren Atem unter Kontrolle zu bringen, doch es gelang ihr nicht. Was war mit ihr passiert? Warum war der Mann so plötzlich verschwunden? Woher hatte sie den Mut genommen, ihm zu drohen?

Plötzlich fing sie an zu lachen. Es klang wohl etwas hysterisch, und sie hörte erst auf, als es an der Wohnungstür klopfte.

»Frau Stein, ist alles in Ordnung bei ihnen? Wir sind von der Schutzpolizei«, rief eine Stimme durch die Tür.

»Die Nächsten«, gluckste sie, während ein weiterer Lachanfall sie durchschüttelte.

»Ich bin halb vergewaltigt worden, aber ich lebe und bin unverletzt. Der Täter ist vor fünf Minuten geflüchtet«, rief sie irgendwann durch die Tür.

Sie hörte Geflüster.

»Könnten Sie bitte aufmachen, wir würden gern mit Ihnen sprechen. Haben Sie keine Angst.«

Sie wusste nicht, warum, aber sie vertraute der Stimme.

Vorsichtig öffnete sie.

Die zwei Polizisten – diesmal in Uniform – blickten sie warm an.

»Sie brauchen keine Angst zu haben«, wiederholte der Ältere beruhigend. »Wir sind über Ihren besonderen Fall informiert worden, und die Münchner Polizei wurde von Berlin gebeten, ein Auge auf Ihre Wohnung zu werfen. Wie sich zeigt, nicht ganz zu Unrecht.«

Er zwinkerte ihr aufmunternd zu.

»So, nun erzählen Sie uns mal in aller Ruhe, was überhaupt vorgefallen ist. Wir haben alle Zeit der Welt.«

Seine Art flößte ihr Mut ein, und sie begann zu erzählen. Erst stockend, dann brach es hervor wie eine Flut.

Nach etlichen Rücksprachen über Funk mit ihrer Dienststelle ergab sich folgendes Bild:

Es gab keinen Thorsten Emig bei der Polizei.

Der Mann, der sich diesen Namen zugelegt hatte, war vermutlich Klaus Heberling. Er hatte die letzten drei Monate in einem Terrorcamp in der pakistanischen Wüste verbracht, bevor er ihr nun – vermutlich mit dem Auftrag, Dennis Meyer zu finden, diesen ›Besuch‹ abgestattet hatte.

Die Beamten nickten anerkennend, als sie berichtete, wie sie ihn kampfunfähig gemacht hatte. Sie erzählte von der Drohung, sie umzubringen, und seiner überstürzten Flucht.

»Sehen Sie, das verblüfft mich am meisten: Warum ergriff er vor mir die Flucht? Ein Mann mit einer Antiterror-Ausbildung wie Heberling?«

Die Beamten mutmaßten, er hätte vielleicht jemanden gehabt, der ihn per Handy gewarnt hätte. Dieser Jemand müsse den Polizeifunk mitgehört haben und wäre auf diese Weise über ihr baldiges Kommen informiert gewesen.

»Warum sind Sie überhaupt gekommen?«, fragte Esther.

»Na ja, ich und mein Kollege sind heute Streife gefahren, und wir erhielten die Einsatzmeldung eines unklaren Geschehens in Ihrer Wohnung. Näheres können Sie auf dem Revier erfahren – dahin müssen wir Sie jetzt mitnehmen. Hier sind Sie im Moment nicht sicher.

Wir fertigen einen Bericht an und werden anhand Ihrer Beschreibung ein Phantombild von Heberling erstellen, wie er jetzt aussieht. Sobald wir das haben, werden wir umgehend eine Fahndung nach ihm freigeben. Natürlich wird Ihre Arbeitsstelle darüber informiert, dass Sie Opfer einer

Straftat geworden sind, über die aus Sicherheitsgründen nicht mehr gesagt werden kann. Es gibt gesetzliche Regelungen über die Entgeltfortzahlung in solchen Fällen. Sie müssen sich also hierüber keine Sorgen machen. Außerdem darf der Arbeitgeber Sie aus diesem Anlass nicht kündigen.«

Sie nickte müde. Dann ging sie in ihr Schlafzimmer, um das Nötigste zu packen.

»Mir ist da noch was eingefallen«, sagte sie, als sie zurückkam. »Auch wenn es Ihnen albern vorkommt, geben Sie das bitte weiter, es könnte wichtig sein: Sekunden, bevor dieser Mann mich vergewaltigen wollte, hatte ich eine Vision, ein Bild, wenn Sie verstehen, was ich meine.«

Der Beamte starrte sie verständnislos an.

»Ich … ich sah einen schwarzen Engel vor der Sonne stehen. Er drehte sich um und schrie: ›*Du, Menschenfleisch! Auf ewig wirst du büßen, dass du nicht mich gewählt hast. Deinetwegen wird es in deiner Stadt ein hübsches Feuerwerk geben, das kein Bewohner je vergessen wird. Jedenfalls die, die sich daran erinnern können.*‹

Vielleicht ist das ja eine Botschaft über einen Anschlag, dessen Ziel München sein könnte?«

Die Beamten sahen sich an. Der Jüngere meinte süffisant:

»Wir halten uns da eher an menschliche Aussagen, Frau Stein, aber wir werden es natürlich weitergeben.«

Esther schluckte. Es war nur logisch, dass sie ihr nicht glaubten. Sie tat es ja selbst nicht. Kurz darauf verließ sie in Begleitung der zwei Polizisten ihre frisch bezogene Wohnung.

28

Routiniert steuerte David den BMW durch den morgendlichen Berliner Verkehr. Leider hatte der Fall Stein/Meyer mit Routine nicht das Geringste zu tun.

Er hatte gestern einen dringenden Anruf aus München erhalten mit allen Details des Einbruchs und der versuchten Vergewaltigung von Esther Stein.

Klaus Heberling war also wieder in Deutschland. Er hatte Esther überfallen und war weiterhin flüchtig. Jetzt war ihr Leben ebenfalls in Gefahr.

Die Fahndung lief zwar bundesweit auf Hochtouren, und es war unwahrscheinlich, dass Heberling das Bundesgebiet schon verlassen haben konnte, trotzdem war diese neueste Wendung eine mittlere Katastrophe. Wenigstens hatte er durch seine Vorsicht das Schlimmste verhindern können, denn er hatte heimlich ihre Wohnung beobachten lassen.

Der eingesetzte Beamte hatte vorbildlich reagiert. Als er gesehen hatte, dass ein Mann in Esthers Wohnung verschwunden war, hatte er ihre Festnetznummer gewählt. Als sich niemand meldete, hatte er sofort eine Streife vorbeigeschickt. Möglicherweise hatte er mit seinem umsichtigen Handeln ihr Leben gerettet.

Das aber war schon das einzig Gute in dieser Sache.

Denn da war noch diese *Vision*, die Esther hatte, und nach der sie meinte, München könne ein mögliches Anschlagsziel werden.

Wenn er ihren Aussagen Glauben schenkte, würde also die südlichste Metropole Deutschlands das Ziel des angedrohten Anschlages werden.

Das wäre eine Überraschung, denn Terrorexperten gingen bislang nur von einer unmittelbaren Gefahr für Berlin aus.

Auf der andern Seite wäre es sicherlich ein cleverer Schachzug, denn wer würde schon einen solchen Anschlag in der sicheren bayerischen Hauptstadt vermuten, deren Polizei zu den Besten der Welt zählte. Aber er wusste nicht, ob er dieser Aussage Glauben schenken konnte, ob er es *wollte*. Der Aussage einer ›Frau mit schizoider Persönlichkeitsstruktur‹.

Schließlich war sie bis vor kurzem in einer psychiatrischen Anstalt gewesen, und in einer akuten Stresssituation wie einer drohenden Vergewaltigung beispielsweise, kann eine labile Psyche empfänglich für alles Mögliche sein. Er ahnte zwar, wie Dennis darüber denken würde, doch bei aller Freundschaft:

Auch Dennis könne etwas mehr Realismus nicht schaden!

Und wenn schon er selbst seine Zweifel hatte – die Leute, mit denen er sich gleich treffen würde, konnte er erst recht nicht mit solchen Dingen behelligen. Das waren alles nüchtern denkende Bürokraten, dachte er, nicht ohne einen Anflug von Sarkasmus.

Zehn Minuten später hatte er das Tagungszentrum erreicht.

Er meldete sich an der Rezeption, und freundlich wurde ihm der Weg zum Konferenzzimmer erklärt. Als er vor der Tür stand, klopfte er und betrat entschlossen den Raum.

»Guten Morgen, Herr Dorado. Schön, dass Sie uns gefunden haben«, begrüßte ihn der Polizeipräsident, der als der Gastgeber das Treffen in Berlin leitete. Anschließend wurden ihm die anwesenden Personen vorgestellt:

»Herr Dr. Schlüter, Innenminister der Bundesrepublik Deutschland; Dr. Rauch, Geheimdienstkoordinator des Bundes; Dr. Heinze, Präsident des BND; Dr. Schmidt, Präsident des BKA; Generalmajor Dr. Müller, Amtschef des MAD; Dr. Hirschwiegel vom Bundesamt für Verfassungsschutz; Herr Ollenschläger von der Bundespolizei.« Eine hochkarätige Versammlung.

David erhob sich.

Im Wesentlichen wiederholte er, was er auch dem Polizeipräsidenten berichtet hatte, mit einer Ausnahme.

In der Nacht nach ihrem Gespräch war ihm eine Idee gekommen, die ihn nicht mehr losgelassen hatte, die ihn fasziniert hatte, die er jedoch als irrational abgetan hatte. Doch hartnäckig war sie wiedergekehrt, und als der Morgen graute, wusste er, was er den Herrschaften erzählen würde.

»Meine Herren, ich habe Ihnen soeben in meiner Funktion als Leiter der Kommission *Eherne Schlange* den aktuellen Stand der Ermittlungen vorgestellt, sowie meinen Vorschlag zur Einschleusung eines Verbindungsmannes in das Ausbildungslager der Terroristen in Pakistan. Zum Schluss möchte ich für diese heikle Aufgabe eine bestimmte Person vorschlagen, einen Mann, der meiner Meinung nach besser als jeder andere dafür geeignet ist. Dieser Mann ist – Dennis Meyer.«

Er konnte sich ein Lächeln nicht verkneifen, als er ungläubiges Raunen vernahm. Damit hatte er gerechnet. Sein oberster Dienstherr blickte überrascht von seinen Notizen auf. »Herr Dorado, könnten Sie uns diesen … diesen kühnen Vorschlag näher erläutern?«

Er räusperte sich.

»Nun, dieser Gedanke kam mir heute Nacht und ließ mich nicht mehr los. Nachdem ich ihn zuerst als lächerlich verwarf – Meyer hat keinerlei polizeiliche Ausbildung –, erkannte ich, dass gerade in der Unwahrscheinlichkeit dieser Personalie unser größter Vorteil liegen könnte.

Denn niemand, wirklich niemand wird damit rechnen, dass ein solcher Mann, ein Mann, der das Ziel dieser Verschwörung zu sein scheint, geradewegs in die Höhle des Löwen marschiert.

Er befindet sich damit im Auge des Sturmes, wo ihn niemand, garantiert nicht diese Terroristen – denn für sie ist er lediglich ein dekadenter, verweichlichter Deutscher – erwarten würde. Auf diese Weise wäre er unsichtbar, und er wäre zudem vor der unmittelbaren Bedrohung, wie sie wissen, wurde ein Todesbefehl gegen ihn erlassen, sicher. Zumindest aus Sicht der deutschen Behörden. Dass er unter einer neuen Identität reisen müsste, ist selbstverständlich.«

Der Innenminister ergriff das Wort.

»Das ist ein durchaus interessanter Vorschlag, Herr Dorado, aber wie beurteilen Sie – Sie sind ja mit ihm befreundet, soweit ich weiß – die Persönlichkeit dieses Herrn Meyer? Wäre er zu so einem gewagten Unternehmen überhaupt in der Lage, und wäre er auch intelligent genug, uns die gewünschten Informationen liefern zu können? Schließlich ist er Journalist und kein Ermittler.«

Die Runde nickte zustimmend.

»Ich habe diese Einwände erwartet, meine Herren, und sie sind berechtigt und logisch. Wie gesagt, hatte auch ich mich einige Zeit mit diesem Gedanken anfreunden müssen. Ich bin, und das sage ich hier ganz offen, stolz auf meine Freundschaft mit diesem Mann. Er ist ein außergewöhnlicher Mensch, der mich mit seiner Zähigkeit, und als ehemaliger Agent weiß ich, wie viel diese Fähigkeit wert ist, immer wieder beeindruckt hat.

Als Journalist stand er kurz vor dem Durchbruch zu einer vielversprechenden Karriere, wenngleich er selbst dies in seiner Bescheidenheit anders sehen würde. Bis er das Opfer dieses Anschlags wurde.

Schon im Krankenhaus war das Personal beeindruckt vom Lebensmut und dem Willen dieses Mannes, und noch heute gilt es dort als medizinische Sensation, dass er überhaupt noch am Leben ist. Und er hat nicht nur überlebt, er ist heute beinahe wiederhergestellt. Dabei müssen sie bedenken, dass er im Koma lag und sich anfangs überhaupt nicht bewegen konnte.

Am Tag seiner Entlassung las er gerade in der Zeitung über den brutalen Mord auf meinen Vorgänger, Herrn Hauptkommissar Becker. Diese Bluttat geschah in seiner Wohnung. Schließlich erfuhr er, dass seine ehemalige Verlobte, Esther Stein, die Tochter seines ehemaligen Professors war. Das war derjenige Professor, der in den achtziger Jahren eine große Bekanntheit erlangte, weil er durch seine Publikationen in brillanter, aber kontroverser Weise, in die leidenschaftlich geführten Diskussionen um die Legitimität der Ambitionen der PLO eingegriffen hatte. Dieser Professor, also der Vater von Esther Stein, beging Ende der achtziger Jahre Suizid, wobei sich nach dem heutigen Stand die Anhaltspunkte dafür verdichten, dass er persönlich wie auch beruflich in derartiger Weise diskreditiert wurde, dass er keinen anderen Ausweg mehr sah.

Seine Tochter war damals gerade elf Jahre alt und konnte diese tragischen Geschehnisse nie wirklich verarbeiten.

Sie leidet bis heute unter schweren psychischen Störungen, die ihr ein normales Leben fast unmöglich machen.

Auch ihre Beziehung mit Dennis zerbrach daran, und sie verließ ihn vor sechs Jahren.

Das war seine Situation, als ich ihn das erste Mal in Berlin traf. Später habe ich ihn in erster Linie als Freund und erst dann als Polizist darüber informiert, dass gegen ihn eine Todes-Fatwa erlassen wurde. Das war vor drei Monaten, und der Terroranschlag von Köln sollte dieser irrwitzigen Forderung den nötigen Nachdruck verleihen. Wieder ist Dennis die eigentliche Zielperson, und das unterstreicht nur die Wahnwitzigkeit von *ArmDesJihad*.

Jeder, meine Herren, der Herrn Meyer kennenlernen könnte, wie ich ihn kennengelernt habe, würde sich über den ungebrochenen Lebensmut, die Freude und Ruhe, die er ausstrahlt, nur wundern. Glauben Sie mir, ich tue es oft. Er scheint einer dieser seltenen Menschen zu sein, die nach jedem Schlag stärker werden.

Dennis Meyer hat so sehr Stellung bezogen für einen Staat, dessen Schutz Verpflichtung für Deutschland bedeutet, dass er die erbitterte Reaktion von Feinden der freien Welt hervorgerufen hat. So wütend sind sie auf diesen Provinzjournalisten geworden, dass sie einen souveränen Staat im Herzen Europas herausfordern, um seiner habhaft zu werden. Welche Angst muss dieser Mann in ihren Herzen bewirken, um solch maßlose Reaktionen hervorzurufen? Schließlich, was ihn in einzigartiger Weise qualifiziert, und zwar fachlich wie psychologisch, ist die seltene Fähigkeit, Geschehnisse vorauszusehen. Dies wurde mehrmals von mir selbst festgestellt.

Eine besondere Begebenheit, die auch meinen Vorgänger beeindruckt hat, möchte ich beispielhaft erwähnen: Bei einem der Verhöre im Krankenhaus hat Dennis einmal von einem Traum erzählt, den er in dieser Nacht gehabt hatte. In diesem Traum schilderte er die Ludwigs-Maximilians-Universität in München, wie sie 1988 war. Die Zusammensetzung der Studentenschaft, die politischen Debatten.

Professor Dr. Stein. Er beschrieb später sehr detailliert das damalige Büro von Prof. Stein, in dem er tatsächlich nur ein einziges Mal, und zwar 1988, gewesen war. Er schilderte es ungewöhnlich präzise, zum Beispiel das Bild von David ben Gurion, das an der Wand hing, die siebenarmige Menora, die Israelfahne, die Anordnung der Sitzecke.

Bei seinem Besuch am nächsten Tag konfrontierte ihn Becker das erste Mal mit der Person des Professor Stein. Ausgerechnet in dieser Nacht hatte David lebhaft von seinem Professor geträumt. Da der Kommissar ein sehr gewissenhafter Mann war, überprüfte er alle Angaben von Dennis, indem er eingehend im Sekretariat der Universität nachforschte. Und siehe da, es fand sich ein Foto aus den achtziger Jahren, das den Professor in seinem Arbeitszimmer zeigte. Alles war genau so, wie es Dennis ihm beschrieben hatte!

Man könnte nun einwenden, Dennis habe dies ja wirklich so gesehen. Aber, meine Herren, seien Sie ehrlich. Könnten Sie detailliert einen Raum beschreiben, den Sie nur ein einziges Mal in Ihrem Leben, und zwar vor neunzehn Jahren betreten haben?

Das ist nur ein Beispiel von vielen, die ich Ihnen nennen könnte. Dennis hat ganz klar ungewöhnliche Fähigkeiten.

Ich habe mich ausführlich mit Doktor Lindemann, seinem behandelnden Psychiater, unterhalten. Er hat es mir bestätigt und versichert, dass Dennis pathophysiologisch gesehen eine kerngesunde Psyche besitzt. Seine Visionen seien keine Psychosen, sondern entspringen einer noch nicht näher untersuchten außerordentlichen Sensitivität, wie sie zum Beispiel auch bei Autisten beobachtet werden kann. Bei ihm allerdings ist das Sozialverhalten normal. Im Übrigen ergab ein erst kürzlich unter modernsten Standards durchgeführter Test einen IQ von 140, den er sich mit drei Prozent der Bevölkerung teilt. Warum also sollte ein so begabter junger Mann mit einem so ungewöhnlichen Charakter nicht eine ebenso ungewöhnliche Mission erfüllen? Ich bin überzeugt, Dennis Meyer ist der richtige Mann für diese Mission.«

Eifriges Klopfen auf die Tische war die wohlwollende Reaktion. David war überrascht.

Verlegen blickte er in die Runde, und mit einem Mal war er bewegt von dem Vertrauen, das diese Männer ihm als einem Ausländer entgegenbrachten, um ihre Demokratie, deren ganze Zerbrechlichkeit nun offenbar wurde, zu schützen.

Der Polizeipräsident bedankte sich und bat ihn, den Sitzungsraum für eine halbe Stunde zu verlassen. Sie würden über seinen Vorschlag beratschlagen und ihn dann wieder holen.

Er ging in die Cafeteria und trank einen Kaffee.

In solchen Ruhepausen stellte er immer fest, wie angespannt er tatsächlich war, und wie schwer ihn die Arbeit belastete. Er sehnte sich nach Erholung und hoffte inständig, dass er noch einmal eine andere Zeit erleben würde.

Er wurde von einem Hotelangestellten geholt.

»Herr Kriminalrat Dorado, ich möchte mich im Namen des gesamten Krisenstabes für Ihre Arbeit, sowie Ihren Einsatz bedanken. Sie sind ein hervorragender Polizist, und wir haben Ihren Vorschlag ausführlich erörtert. Wir sind uns darin einig geworden, dass Sie sich unser uneingeschränktes Vertrauen verdient haben, und wären mit Ihrem Vorschlag, sofern Herr Meyer auch einwilligt, einverstanden. Wir beauftragen Sie mit der Leitung und Durchführung der gesamten Operation. Sie sind der alleinige Adressat seiner Informationen, die Sie umgehend an den Personenkreis in diesem Raum weiterzuleiten haben.

Verschiedene Experten werden, auch wenn Ihr Mann nicht Dennis Meyer heißen sollte, mit der technischen Vorbereitung dieser als ›streng geheim‹ deklarierten Operation betraut werden. Das betrifft die Erteilung eines Diplomatenstatus, sowie die Vorbereitung und Ausarbeitung einer wasserdichten Legende mit entsprechenden Dokumenten. Das Budget wird angemessen sein. Sie sollten nicht alles mit vollen Händen ausgeben, aber Sie bekommen, was Sie brauchen. Wir vertrauen Ihnen und verzichten im Falle des Falles auf eine Vorstellung von Dennis Meyer. Außerdem ernennen wir Sie zu einem offiziellen Mitglied dieses Krisenstabes, der Bundesinnenminister hat sich vehement dafür eingesetzt, so wie ich auch.«

Er bedankte sich und verließ das Kongresszentrum in ambivalenter Stimmung. Zum einen ermutigt, dass sein Vorschlag so positiv aufgenommen wurde, andererseits fürchtete er die neu verliehene Verantwortung.

29

Es schien, als hielte der Himmel den Atem an. Eine gespannte Erwartung lag über den Räumen jenseits seiner vertrauten Welt, und sein Inneres zitterte, da er spürte, dass etwas Außerordentliches geschehen würde. Er konnte es nicht länger aushalten und begann zu weinen, da er nichts sehen konnte von dem, was den Himmel so in Aufruhr versetzte.

Ein Adler, auf dessen Gesicht Flammen tanzten, trug ihn zu einem Ort, von dem er nicht sagen konnte, ob er real war oder nicht. Das Wesen richtete seine Augen auf ein Geschehen in weiter Ferne, und als er dem Blick folgte, kam die Szenerie nahe an ihn heran, oder aber er selbst; er vermochte es nicht zu sagen:

Er sah zwei Kriegsheere, die sich auf einer weitflächigen, grünen Ebene gegenüber lagen. In der Mitte verlief ein schmaler Weg, ein Feldweg, der die beiden Lager voneinander trennte.

Die Soldaten der linken Seite glänzten wie die Sonne, aber es waren nur wenige hundert Kämpfer. Rechts des Weges lagerte ein Millionenheer in einem dunklen Nebel. Einzelne Kämpfer konnte er bei dieser Menge nicht mehr erkennen.

Dann vergrößerte sich das Bild, und er sah, dass der Himmel über der weißen Armee in Flammen stand und die Ebene aus einem Meer von flüssigem Kristall bestand. Am Horizont sah er eine Bergkette, deren Gipfel in Schnee und Eis lagen. Aus dieser Richtung kam das Licht. Nicht wie das Licht der Sonne war es, nicht so grell und doch heller; es hatte eine wärmere Farbe, und es bedeckte das

›Meer‹ mit einem Kleid aus vollen Farben des Regenbogens. Jede Kontur, jeder Gesichtszug der ›Weißen‹ glänzte darin, doch die Unterschiede der einzelnen Gesichter waren wider Erwarten deutlicher zu erkennen, als man es bei dieser Helligkeit erwarten konnte.

Er hatte eine solche Schönheit noch nie gesehen, der Anblick überwältigte ihn, und er fiel zu Boden. Das Gras, auf das seine Tränen flossen, war durchscheinend wie das Kristall des Meeres und bunt schimmernd wie kostbare Edelsteine, und dort, wohin sie fielen, wuchsen Blumen, die einen herrlichen Duft verströmten. Er bemerkte, dass der Boden, nachdem er von seinen Tränen getränkt worden war, zur gleichen fruchtbaren Erde wurde, die er von seinem Heimatplaneten kannte. Vielleicht konnten die Blumen nur auf solchem Boden wachsen, dachte er.

Er wandte seinen Kopf nach rechts und begann zu frieren.

Dunkelheit umzingelte sein Herz.

Schwarze Wolken lagerten sich über diesem Teil des Landes. Ein schrilles Kreischen lag in der Luft, es war so durchdringend, dass er kaum in der Lage war, sich auf irgendetwas zu konzentrieren. Während dieses Tons bebte und stöhnte der Boden, als klage er über seine Vergewaltigung und Entstellung. Denn auf dieser Seite war der Erdboden von tiefen Furchen durchzogen. Stinkendes Wasser stand darin und verwandelte den Boden in eine riesige Fläche aus Morast inmitten unzähliger toter Bäume, die ihre toten Äste anklagend gen Himmel erhoben.

Dann sah er die Krieger, die aus dem Nebel getreten waren. Sie sanken bei jedem Schritt knöcheltief ein, doch sie waren ungemein stark, und hinter jedem Krieger stand ein größerer, der ihn mit einer Peitsche aus Stahl antrieb.

Auch über diesem Heer loderte ein Feuer, doch es war dunkel und glutrot, und die Hitze war so stark, dass er sogar auf dem Berg Brandblasen in seinem Gesicht bekam, wenn der Wind günstig stand. Auch hier leuchtete ein Licht; von einer schwarzen, schroffen Felskette am Horizont, doch es war grell und schmerzte in den Augen, und sein Atem war heiß und verfault, und manchmal spuckte es Feuersalven, die die eigenen Krieger verbrannten, die aber umgehend durch Neue ersetzt wurden. Ihre Gesichter waren nicht mehr als eine blutige, konturlose Masse, und er musste seinen Blick abwenden.

Er würgte und erbrach sich und schrie vor Schmerz, weil er dem Grauen ins Gesicht gesehen hatte, weil er die namenlose Bosheit dieser wogenden, schwarzen Masse aus verbranntem Fleisch gefühlt hatte.

Dann geschah etwas, das völlig fehl am Platz wirkte:

Ein Mann spazierte auf dem Feldweg zwischen diesen beiden Gegnern hindurch. Er wirkte völlig unbekümmert, und er schien nichts von den beiden Heeren wahrzunehmen.

Der Mann hatte keinen Glanz. Weder den lichten Glanz der goldenen Sonne, noch den dunklen Schein des bösen Feuers. Er war gekleidet wie jeder andere Mensch auf der Erde auch.

Fasziniert betrachtete er diesen Mann, der das Geschehen um sich herum gar nicht wahrzunehmen schien. Dann war er so nah, dass er ihn erkennen konnte:

Er blickte in sein eigenes Gesicht.

Das Gesicht von Dennis Meyer.

Schreiend wachte er auf.

Ein Traum, er hatte nur einen Albtraum gehabt.

Fieberhaft versuchte er, seine Gedanken zu ordnen. Das ging jetzt seit einem Monat so, immer wieder hatte er diese bizarren Träume, tagsüber sah und fühlte er Dinge, die ein normaler Mensch nicht sehen und fühlen sollte. Es musste endlich Schluss sein damit!

Er hatte Angst davor, wahnsinnig zu werden, den Verstand zu verlieren. Er hatte zu seinem Schöpfer gebetet, hatte ihn angefleht, diese Dinge doch von ihm zu nehmen. Doch was geschah? Es wurde immer schlimmer, und er befürchtete, jederzeit die Nerven zu verlieren und etwas Schreckliches zu tun. Sein Verstand sagte ihm, das sei unter diesen Umständen normal, das seien Störungen aufgrund der psychischen Belastung in letzter Zeit. Aber es war nicht normal, er musste etwas dagegen unternehmen. Und er würde etwas tun! Wie war das noch, insbesondere bei willensstarken Menschen? Der Leidensdruck musste erst groß genug sein, um sie in Bewegung zu setzen. Diese Grenze war *jetzt* erreicht. Das war er sich selbst und den Leuten, die mit ihm leben mussten, schuldig. Es war ihm ernst, und er würde handeln, auch wenn es seinen Stolz empfindlich verletzte.

Zwei Stunden später saß er Dr. Lindemann gegenüber, einem Polizeipsychologen und Fachmann auf dem weiten Gebiet der posttraumatischen Belastungsstörungen, wie die offizielle Bezeichnung für seinen Zustand lautete.

Da er zur Beobachtung noch immer von Ärzten und Psycho-Docs umhegt wurde, hatte es nur wenige Anrufe erfordert, um einen Termin zu bekommen, auf den man unter normalen Umständen mindestens ein halbes Jahr lang warten musste.

Als Dennis vor ihm saß, fing er an zu erzählen, von seiner Kindheit, seinen nächtlichen Angstzuständen, als er befürchtete, eine böse Macht wolle von seiner Seele Besitz ergreifen. Er redete auch über seinen Glauben, denn er überlegte laut, dass seine Verwirrung vielleicht mit einer zu großen Religiosität zusammenhinge, wozu der Arzt anerkennend nickte. Natürlich kannte Dr. Lindemann die Vita von Dennis, denn er hatte alle möglichen Berichte über ihn gelesen, daher erzählte ihm Dennis lediglich von seinen inneren Qualen.

Und es tat gut, einfach nur darüber zu reden.

Auch seine Beziehung zu Esther und die tiefe Leere, die er empfand, seit sie ihn verlassen hatte, schilderte er. Eben so wenig verschwieg er seinen Zorn, den er auf sie hatte, und seinen Entschluss, nichts mehr von einer Frau wissen zu wollen, der es in seinen Augen schlicht an Charakter mangelte.

Er redete zwei Stunden und ertappte sich dabei – worüber er sich ärgerte – dass er darüber nachdachte, wie schön es wäre, so mit Esther reden zu können. Dann packte ihn die Wut erneut, und mit Vehemenz sprach er über die Verletzungen, die er zweifellos durch Esthers Labilität erlitten hatte. An diesem Punkt pflichtete ihm Dr. Lindemann wieder bei, was ihn sehr beruhigte.

Die Zeit neigte sich dem Ende zu, und der Doktor fasste noch einmal das Ergebnis zusammen:

»Herr Meyer, ich danke Ihnen, dass Sie den Mut hatten, zu mir zu kommen. Ihre Psyche hat sehr viel aushalten müssen, und es grenzt an ein Wunder, dass Sie heute so munter und rege vor mir sitzen. Ich glaube, Sie sind ein willensstarker Mann, der weiß, welches Ziel letztendlich zu erreichen ist, dies aber im Konkreten nicht immer benennen kann. Um es anders auszudrücken: Sie sind jemand, der weiß, was er erreichen will, doch nicht immer, wie. Dies führt zu einigen Konflikten in Ihrer Psyche, die natürlich nach einer Flucht aus diesem Dilemma sucht. Dadurch, dass äußere Schicksalsschläge Sie treffen, sehen Sie sich außerstande, ihre gesteckten Ziele zu erreichen.

Dies wiederum führt zu einer zwangsneurotischen Störung, da Ihre bedrängte Seele Stimmen und Bilder und auch Emotionen produziert, nur, um von der momentanen Unmöglichkeit, dieses Ziel zu erreichen, abzulenken. So haben Sie ein religiös fundamentalistisches System errichtet, das Sie einerseits ermutigt und Ihnen unbestritten die Energie verleiht, mit Schwierigkeiten fertig zu werden, das aber letztlich nur eine Illusion ist, ein Spiegelbild der traumatisierten und unfreien Seele. Dazu kommt, dass Sie sich fürchten, der Realität ins Auge zu blicken, was den Drang, in diese phantastischen Welten zu flüchten, nur verstärkt.

Ich denke aber, wir haben für heute einiges erreicht, das nächste Mal werden wir da einsteigen, wo wir aufgehört haben.«

In seiner Wohnung reflektierte Dennis das Gespräch und überflog die Notizen, die er sich gemacht hatte. Sein Resümee war:

Die Sitzung hatte gut begonnen, doch schlecht geendet. Es hatte wirklich gut getan, sich einmal alles von der Seele zu reden, doch nach der Zusammenfassung des Arztes fühlte er sich wie nach einer Gehirnwäsche.

Dr. Lindemann hatte alles in Frage gestellt, was er glaubte, und rational betrachtet: Es erschien ihm alles sehr logisch. Er seufzte, und begann sich einen Kaffee zu kochen.

Es war still in der Wohnung.

»Warum fragst du nicht mich, wenn du irgendwelche Probleme hast?« Erschrocken drehte er sich um, um zu sehen, wer gesprochen hatte. Aber da war niemand. Natürlich, wer sollte da auch sein, dachte er ärgerlich.

Warum fragst du nicht mich, Dennis, wenn du Probleme hast?

Das klingt etwas beleidigt, dachte er unwillkürlich.

Plötzlich durchflutete ihn prickelnde Freude, und er empfand die Gegenwart Dōrs wie den Hauch des Himmels. Gleichzeitig wurde sein Verstand klarer, wie immer, wenn Dōr ihn besuchte. Er füllte seinen Becher mit Kaffee, setzte sich an den Tisch und wartete.

Warum Dennis, gehst du zu einem Psychologen, der nur menschlich denkt und die Realität leugnet? Ich bin gesandt, um dir den den Weg zu dem zu zeigen, der der Ursprung aller Heilung ist. Gib ihm dein Herz, vertrau dich völlig ihm an. Wer ich bin? Sein Diener, aber auch sein Kommandeur, mit Kraft und Würde reich gekrönt.

Ich, ein leuchtender Cherub, war Wächter des Gartens und Wächter der heiligen Lade. Herrscher der Welten, Durchbrecher des Totenreichs und doch, Geliebter, und doch nur ein Diener der Auserwählten. Dies alles wirst du verstehen, wenn du vertraust, denn ich führe dich in die Tiefe aller Geheimnisse.

Wer ist denn schon auserwählt, dachte er.

Die, die ihn kennen, ihn kennen wollen!

Diese Worte trafen ihn mit Wucht, und er begann zu weinen.

Schmerz über seinen Stolz und seine Dummheit zwang ihn auf die Knie, und er gab sich hin. Er spürte, wie alles von ihm genommen wurde, was ihn belastete, und dann sah er lebendiges Feuer, gleich dem, das er im Traum gesehen hatte. Er betrachtete es genauer: Mit dem Feuer kam ein Wind, und in dem Wind eine Wolke, und in der Wolke einer wie der Sohn eines Menschen. Es hatte nur Sekunden gedauert, doch hatte ihn die Vision so erschüttert, dass er nichts mehr denken konnte. Die Gegenwart, die ihn einhüllte, war zart, aber auch ehrfuchtgebietend, so dass er die Freude und Sehnsucht kaum ertragen konnte, die sein eigenes Herz ihm offenbarte.

Stumm redete er Worte, die er nicht verstand, die aber

stets eine neue Welle von Freude und Kraft in ihm hervorriefen. Er schlug das vergessene Buch auf, und las das Buch Daniel, und die Worte leuchteten wie Gold und ergänzten sich mit den Erlebnissen, die er selbst gehabt hatte, so dass er in das Geheimnis versunken bis in die Nacht am Küchentisch saß.

Nun kennst du mich schon ein wenig mehr. Du wirst mich besser kennenlernen. Wie sehr freue ich mich darauf. Denke daran, alles was dir widerfährt, ist geplant, ich habe die völlige Kontrolle über **allem**, *was geschieht. Ich kenne dich besser als jeder Psychologe, denn du stammst von mir. Er hat nicht die Wahrheit, ich jedoch bin die Wahrheit. Was ist Wahrheit, und was ist Lüge? Das ist eine ewige Frage, so dass ein römischer Befehlshaber daran verzweifelte, und seine Hände vor lauter Scham in Wasser wusch. Dass er ihr aber gegenüberstand, wie ihm gesagt wurde, wollte er nicht glauben.*

Merke dir: die Wahrheit kann nur der erkennen, – und aus--schließlich der, der sie anerkennt, wird sie auch erfahren –, der demütig genug ist, der Tatsache glauben zu schenken, dass die Menschen nicht viel, um genau zu sein, fast überhaupt nichts mehr über mich und meinen Vater wissen. Daher werde ich ab und zu deinen Verstand ein wenig herausfordern, indem ich dir zeige, wozu ich tatsächlich in der Lage bin. Schon ein klein wenig davon würde dich überfordern, aber du wirst wachsen wie ein Baum, der mächtig wird, und Schatten spendet für Vögel und Menschen, so wie du es gelesen hast.

Je mehr du in deinem Herzen wächst, in Liebe und Gerechtigkeit und in der Weisheit, die ich dir gebe, je mehr wirst du verstehen von dem, **was** *ich tue, und je weniger wirst du daran verzweifeln,* **wie** *ich es tue. In dem Maß, in dem du das verstehst, wird Leben von dir fließen.*

Die Stimme klang wie die Stimme Dōrs, und doch war da ein anderer Klang, einer, der so *anders* war, dass er nicht zu beschreiben war.

Dennis meinte, die Stimme lachen zu hören, während er versuchte zu begreifen, was ihm gerade widerfuhr.

Alles hat seine Zeit. Du wirst das verstehen, überfordere dich nicht. Alles wird erfüllt, was ich gesagt habe, auch das auf dem Berg, zusammen mit Dōr. Vertraue und zweifle nicht. Wenn es dir zu groß erscheint, glaube noch mehr und zweifle noch weniger. Denn in dem Maß, wie du zweifelst, wirst du in die Finsternis sinken und kannst nichts mehr sehen. Allein in mir kannst du richtig sehen und sicher beurteilen, was sehr wichtig ist, gerade in deiner Zeit.

Ich kann nicht immer so klar zu dir reden wie heute Abend. Doch habe ich unendliche Möglichkeiten, und wenn ich will, dass etwas geschieht, wird es geschehen.

Er war müde.

Und dann schlief er den Schlaf eines Mannes, der wusste, dass alles in bester Ordnung war.

30

Dennis erwachte so ausgeruht, wie schon lange nicht mehr. Um genau zu sein, konnte er sich nicht erinnern, jemals so gut geschlafen zu haben. Er schlug das vergessene Buch auf, und alles war verwandelt.

Die Worte schienen in einem eigentümlichen Licht zu strahlen, aber es waren nicht die Worte selbst, sondern er erkannte das Leben darin. Er pries seinen Schöpfer in Ehrfurcht, aber nicht andächtig im herkömmlichen Sinn. Er sang und jubelte, und sein Herz schien überzufließen – überzufließen von was?

Es klingelte an der Tür, und er empfand Ärger, gerade jetzt gestört zu werden. Wahrscheinlich nur der Postbote. Aber er entschied, die Tür zu öffnen – das war einfach höflicher – er hatte ja nichts zu verbergen.

David stürmte in die Wohnung.

»Seit wann bist du denn schon so früh unterwegs?«, begrüßte er ihn, aber er erhielt keine Antwort. Als sein Freund begann, mittels einiger stummer Gesten die Wohnung zu durchsuchen, verbarg Dennis sein Gesicht in gespielter Verzweiflung und sank auf den nächsten Stuhl. Nachdem David seine Pflichtübung beendet hatte, wandte er sich mit undurchsichtigem Blick in seine Richtung. »Ich brauch erst mal `nen Kaffee«, waren die ersten Worte, die Dennis an diesem Morgen hörte.

Dazu setzte David sein undurchdringliches Lächeln auf

und brach das Schweigen erst, nachdem er die Tasse geleert hatte. Anscheinend hat er beschlossen, sich heute kurz zu fassen, dachte Dennis.

»Dennis, ich möchte«, begann David und machte eine dramatische Pause, wohl in der Hoffnung, endlich seine ungeteilte Aufmerksamkeit zu erhalten, »ich möchte, dass du weißt, dass du den Vorschlag, den ich dir jetzt unterbreite, jederzeit ablehnen kannst. Fühle dich zu nichts verpflichtet, ich wäre nicht beleidigt, denke aber auf jeden Fall zwei oder drei Tage darüber nach. Und bete zu deinem Gott«, fügte er hinzu.

Dennis sah ihn erwartungsvoll an:

»Dennis, könntest du dir vorstellen, in geheimer Mission nach Pakistan zu reisen?«

Nach zwei Stunden Gespräch und mehreren Tassen Kaffee beschloss er, das Angebot anzunehmen.

Was hatte er zu verlieren? Er saß hier sowieso nur herum, obwohl er schon längst wieder arbeitsfähig war. Aus Sicherheitsgründen, hieß es, werde er für eine unbestimmte Zeit beurlaubt.

Er hatte die Monate der Untätigkeit, der Therapien, der Rehabilitation dazu genutzt, zu lesen und zu studieren. Zum einen das vergessene Buch, zum anderen die Geschichte des Terrorismus im Nahen Osten.

Er hatte die Organisation von Al-Quaida studiert und die Geschichte der Hamas. Er hatte sich eingehend mit der Hisbollah beschäftigt und deren Finanzierung und Steuerung durch Staaten, die niemals die Existenz Israels anerkannt hatten, sondern im Gegenteil offen dessen Vernichtung propagierten.

Die *radikalen* Moslems lebten nur konsequent das, was im Koran über die Behandlung von Ungläubigen geschrieben stand; er selbst hatte ihn gelesen und war erschüttert darüber gewesen, dass Terrorismus im Koran nicht nur geduldet wurde, ja, er wurde in Form des *Jihad* vielmehr zur religiösen Pflicht erhoben. Und damit war wohlgemerkt ausdrücklich der bewaffnete Kampf gemeint, nicht etwas ›Geistliches‹, was einige Exegeten der Welt glauben machen wollten.

Dann war natürlich die Argumentation von David stichhaltig, er wäre für die Terroristen unsichtbar, würde er unter einer neuen Identität genau in ihr Herz marschieren. Damit konnten sie einfach nicht rechnen!

Schließlich – er hatte schon immer einen Hang zum Risiko gehabt, und ihn lockte das Außergewöhnliche.

Vielleicht hatte er ja deshalb Journalismus studiert.

Er brannte darauf, sein Leben wieder unter Kontrolle zu bringen. Er wollte Akteur sein, nicht mehr ein Opfer, das wie ein Kaninchen vor der Schlange zittert. Plötzlich war er in euphorischer Stimmung. Er fühlte sich wie der kleine Junge, der es nicht erwarten konnte zu demonstrieren, was er gelernt hatte; und dann erinnerte er sich daran, wie er mit zehn Jahren in seinem Bett gegen die Nacht gekämpft hatte. Es wurde Zeit, in den Tag hinaus zu treten.

Die nächsten Tage waren so ausgefüllt, dass sie Dennis an die Zeit seiner Berufstätigkeit erinnerten. Es tat gut, wieder unterwegs zu sein, neue Eindrücke zu sammeln, sich mit Menschen zu treffen. David war ihm in dieser Zeit eine große Hilfe und machte ihm Mut, wenn er an seiner Entscheidung zu zweifeln begann. Glücklicherweise konnte er nicht viel nachdenken, denn dafür war schlicht keine Zeit. Er fuhr – meist im Wagen von David, oder er wurde von unscheinbaren Autos abgeholt – zu Spezialisten, die mit ihm an seiner neuen Identität feilten. Sie gingen seine neue Vita immer wieder mit ihm durch.

Sie erklärten, er müsse sie auswendig lernen.

Und zwar so gut, dass er sie im Schlaf konnte. Personalausweis, Reisepass, Führerschein, Geburtsurkunde – alles wurde auf einen Franz Haller ausgestellt.

Die Verwandlung in Franz selbst stellte kein Problem dar. Etwas Färbung für die Haare, ein paar blaue Kontaktlinsen und eine gute Visagistin: Selbst Esther wäre es auf den ersten Blick unmöglich, ihn zu erkennen.

Anschließend wurde er zu einem Kriminalpsychologen chauffiert, der ihn über das Innenleben von Menschen aufklärte, die sich nicht scheuten, eine Straftat zu begehen, um ein bestimmtes Ideal zu erreichen. Sie studierten die narzisstische Persönlichkeitsstruktur von Klaus Heberling, und Dennis erfuhr zum ersten Mal dessen Lebensgeschichte. Vieles wurde ihm dabei deutlich, nicht zuletzt erkannte er die Notwendigkeit, ähnliche Denkmuster und Werte zu imitieren, um sich glaubhaft als Jemand darzustellen, der der Mentalität von Terroristen nahe stand. Das stellte ihn vor ernste Gewissenskonflikte, und er betete, um in dieser Situation weise zu sein. Nicht zuletzt wurde er von allerlei Ärzten auf seine physische und psychische Belastbarkeit untersucht, er erhielt Schulungen zum Gebrauch von Handfeuerwaffen und für den Fall der Fälle auch von Maschinengewehren.

Er absolvierte Kurse diverser Nahkampftechniken, doch immer wieder wurde ihm von David eingeschärft, er solle nur beobachten und berichten, er solle analysieren und berichten. Darin sei er brillant. Nur im Fall der Gefahr für sein Leben dürfe er schießen.

Seine neue Vita ging er gehorsam immer wieder durch:

Franz Haller war Journalist und von der *Axel Springer AG* eingehend instruiert worden, Berichte über sogenannte Terrorcamps aus dem pakistanischen Grenzgebiet zu erstellen.

Doch insgeheim sympathisiere er mit dem Konzept des Heiligen Krieges, denn vor drei Jahren war er aufgrund von Überlegungen zu der Offenbarung gelangt, Allah sei der einzig wahre Gott und Mohammed sein Prophet. Denn als er einmal zufällig den Koran in die Hand bekommen hatte, war daraus ein goldenes Licht geschienen, und er hörte eine Stimme, die ihm gebieterisch die unbedingte Wahrheit dessen bezeugte, was er las. Um seine berufliche Karriere nicht zu behindern, hatte er niemals über diese Offenbarung geredet und war auch niemals offiziell konvertiert. Dies werde er aber nachholen, da ihn diese Stimme mehr und mehr dazu dränge, die Wahrheit zu bekennen.

Er habe von seiner Zeitung den Auftrag erhalten, aus dem Inneren eines Trainingslagers von Freiheitskämpfern zu berichten. Er solle eine Zeit lang darin leben und über den Alltag dort berichten. Dies wäre die große Chance, die negative Meinung, die große Teile der Gesellschaft von diesen paramilitärischen Ausbildungslagern, die doch eigentlich nur dazu dienten, Kämpfer für eine gerechte Sache auszubilden – und Terror sei ein legitimes Mittel des bewaffneten Kampfes gegen einen übermächtigen, hochtechnisierten Militärapparat –, zu korrigieren. Insgeheim habe er jedoch vor, nach einiger Zeit der Reportage auszusteigen.

Diese Tätigkeit biete ihm die Möglichkeit dazu. Er habe keine Kraft mehr, Allah zu verleugnen, indem er einer dekadent gewordenen Gesellschaft diene, die zum Großteil einem schwächlichen Glauben verhaftet ist und nicht das Rückgrat hat, zuzugeben, dass die Demokratie versagt habe.

Franz Haller ist ledig, lebe auch nicht mit einer Frau zusammen, und habe vor, eine hingegebene Muslima zu heiraten. Er möchte sich nach dem Ausstieg aus seinem früheren Leben der Hamas (als legitimer Nachfolgerin der

PLO) im Kampf gegen das übermächtige Israel zur Verfügung stellen.

Überhaupt sei dies ein ungleicher Kampf: Verzweifelte, Steine werfende Kinder gegen hochgerüstete Soldaten, ein Kampf David gegen Goliath, und die Welt müsse erkennen, dass alles moralische Recht auf der Seite der Palästinenser wäre.

Ferner hoffe er durch seine Fähigkeiten als erfahrener Journalist, die Leiden des palästinensischen Volkes ins rechte Licht rücken zu können, um so der gerechten Sache einer unterdrückten Nation gegen den zionistischen Aggressor zum Sieg zu verhelfen.

Der nächste Morgen begann mit einer Aufgabe, die Dennis einige Überwindung kostete. Doch er sagte sich, es müsse sein, und entschlossen griff er nach seinem Handy und wählte die Nummer seiner Beinahe-Schwiegermutter.

Er wartete einige Zeit und dachte schon halb erleichtert, halb frustriert, es sei niemand zu Hause, als sie sich doch meldete:

»Stein«, hörte er. Das war sie, das war die Stimme von Judith.

Er atmete durch.

»Guten Morgen, Frau Stein, hier spricht Dennis Meyer.«

Eine Zeit lang war es still am Telefon.

»Dennis Meyer, der Junge, der meiner Tochter so viel Schmerz zugefügt hat?«

Dennis nahm ihr die leidende, besorgte Mutter keine Sekunde ab und ignorierte diese Unterstellung.

»Frau Stein, Sie haben vielleicht von dem Attentat auf mich gehört, die Zeitungen berichteten ausführlich darüber, und ich … ich wollte Ihnen sagen, dass Sie eine wundervolle Tochter haben, ganz egal, wie verärgert ich über

Esther bin, und wie sich unsere Beziehung entwickelt hat. Mir selbst geht es gesundheitlich wieder besser, ich denke, ich werde ab Montag wieder meine Arbeit in Berlin aufnehmen können.

Vielleicht wundern Sie sich über diesen Anruf und den Zeitpunkt, aber ich bin zu einem tieferen Glauben an den Herrn gelangt, und er wird mich beschützen. Ich muss mir keine Sorgen für die Zukunft machen. Es ist wunderbar. Der Herr ist so wunderbar.

Ich fühle mich verpflichtet, von diesem Glauben Zeugnis abzulegen, denn er ist unser aller Vater, und er liebt uns so sehr. Auch da, wo wir vielleicht nicht verstanden werden. Sehen Sie, Frau Stein, wir müssen keine Angst haben. Gott ist in Gestalt seines Sohnes auf die Erde gekommen, er wurde gekreuzigt und ist auferstanden. Er regiert. Und er gibt mir auch den Mut, das hier zu tun …«

Frau Stein unterbrach ihn genervt:

»Junger Mann, meine Tochter war einmal ganz verrückt nach Ihnen. Jetzt erzählen Sie mir von diesem dummen Christenglauben. Wenn es Sie glücklich macht, bitte schön. Aber missionieren Sie mich nicht. Ich habe heute noch etwas Wichtigeres vor.«

Damit hatte sie aufgelegt.

Dennis lachte in sich hinein.

Er hatte seine Sache gut gemacht.

Er hatte soeben einem Klischee entsprochen, und das konnte manchmal sehr nützlich sein. Von nun an würde sie ihn als einen religiösen Spinner betrachten, der nicht ganz ernst zu nehmen sei.

Teil zwei machte ihm schon mehr Spaß.

Noch vor dem Frühstück schrieb er eine Mail an die Adresse, die ihm David gestern gegeben hatte:

Liebe Esther,
du wirst dich wundern, eine E-Mail von mir zu erhalten. Es ist riskant, doch ich schreibe, weil mein Herz mich drängt, obwohl David es mir verboten hat. Gerade habe ich etwas aufgeräumt und dabei deine E-Mail-Adresse gefunden.
Ich verwende sie noch einmal, ein letztes Mal …
Du hast mich durch dein Verhalten all die Jahre verletzt. Wie du sicher schon von David gehört hast, wünsche ich eigentlich keinen weiteren Kontakt mehr. Falls du dich aber doch noch melden willst, gebe ich dir meine Handynummer: 0176-22376870; nur unter dieser Bedingung könnte ich mir eine weitere Beziehung mir dir vorstellen, denn es ist nicht leicht, alles zu vergessen, was uns miteinander verbunden hat, alles, was wir gemeinsam erlebt haben.
Ich bin jetzt wieder halbwegs gesund, und die Ärzte sagen, ich kann nächste Woche eine leichte Schreibtätigkeit bei meinem früheren Arbeitgeber, dem Berliner ›Tagesspiegel‹, aufnehmen. Nächste Woche fange ich also wieder an zu arbeiten. Es wird bestimmt herausfordernd, aber ich habe einige Sachen zu verarbeiten, und ein wenig Ablenkung wird mir sicher gut tun.
Dein Dennis

Dann klickte er den Button *Einschreiben* und ging auf *Senden.*

Nun, er hatte also tatsächlich noch Gefühle für sie.

Gefühle der Wut.

Computerexperten der Münchner Kripo hatten nach Heberlings Attacke in Esthers Wohnung deren Notebook etwas genauer untersucht. Dabei hatten sie ein verdecktes Programm gefunden, das alle eingehenden Daten von Esthers Rechner – dazu gehörten natürlich auch E-Mails – ohne ihre Kenntnis an Judiths Computer weiterleitete. Die Manipulation war höchst professionell und für Laien unmöglich zu entdecken gewesen.

Aber er war gerade dabei, den Spieß umzudrehen. Er betete inständig, es würde klappen und Judith zweifelsfrei davon überzeugen, dass er sich noch in Berlin aufhielt.

31

Seit dem misslungenen Überfall auf die Tochter des Professors hatte Klaus keine Nacht mehr ruhig geschlafen. Oft erwachte er in einer Szene, die immer wiederkehrte:

Er lief eine lange Straße hinunter. Männer mit langen weißen Kutten, die er nie genau erkennen konnte, verfolgten ihn, und er wusste, sie würden ihn töten. Er rannte bis er glaubte, seine Lungen würden platzen. Doch er bewegte sich nicht vom Fleck, und seine Verfolger kamen immer näher…

Immerhin stand er unter großem Erfolgsdruck, das erklärte Vieles. Seine Auftraggeber kontaktierten ihn wieder und wieder und drängten auf ein verwertbares Ergebnis, obwohl er ihnen mitgeteilt hatte, dass Esther zur Zeit unter strengem Polizeischutz stehe und er im Moment unmöglich an sie herankomme.

Eine derartige Belastung, die kein Mensch lange ertragen konnte, ertrug er gleichmütig, und so war es kein Wunder, dass seine Psyche an ihre Grenzen kam.

Damit versuchte er, sich selbst zu beruhigen.

Gestern kam endlich die erlösende Nachricht: Judith hatte die Telefonnummer von Dennis Meyer, die er als Mail an seine ehemalige Verlobte gesandt hatte, erhalten. Nun, der arme Junge konnte ja nicht ahnen, dass sie alle Nachrichten, die an Esther gesandt wurden, umgehend auf dem eigenen Rechner lesen konnte. Mit neu erwachtem Eifer machte er sich daran, einen Plan auszuarbeiten, wie er Dennis Meyer endgültig ausschalten konnte. Das würde seine Achtung unter diesen Beduinen beträchtlich steigern, und sie würden ihm mit Freuden das geben, was er verlangte.

Vorausschauend wie er war, hatte er in den Zeiten seines aktiven Dienstes bei der Berliner Polizei vielfältige Kontakte geknüpft. Unter anderem zu einem Herrn, der im mittleren Management des Mobilfunkbetreibers *vodafone* Berlin arbeitete.

Dieser biedere Geschäftsmann, der die Damen liebte und schnelle Autos, und der sich nicht zu schade war, für Nächte voller Liebe einen angemessenen Preis zu bezahlen – nun, dieser Herr schuldete ihm einen Gefallen, denn er hatte seine geschäftliche Stellung nur halten können, weil Klaus sein Wissen über dessen nächtliche Aktivitäten geheim gehalten hatte.

Über ihn erfuhr er, dass die Nummer auf dem Rechner der Schwiegermama tatsächlich zu Dennis gehörte. Die zugehörige Adresse herauszufinden, war ein Kinderspiel. Um sicher zu gehen, wurde noch eine sogenannte stille SMS versandt, die das Handy in Unwissenheit seines Besitzers sofort beantwortete. Sie stimmte mit der Ortung des Handys überein.

Jetzt wusste er, wo Dennis Meyer wohnte.

Noch in derselben Nacht hatte er das Münchner Zimmer, das er in einer unauffälligen Pension gemietet hatte, verlassen und war in den Nachtzug nach Berlin eingestiegen. Er war in Hochstimmung, wie immer, wenn er der Jäger war und Blut roch.

Dass sein Konterfei mit einer ordentlichen Belohnung an jeder Straßenecke hing, beunruhigte ihn nicht im Geringsten. Diese Dilettanten ahnten nicht, dass er ein Verkleidungskünstler war, der jedes Aussehen annehmen konnte. Morgen würden sie erkennen, dass sie es mit einem Profi zu tun hatten, der einer höheren Sache diente und nur die Aufgaben ausführte, zu der die Menschen in diesem Land noch nicht bereit waren. Denn sie sahen nicht, was er sah …

Mit diesen Gedanken fiel er in einen traumlosen Schlaf, während der Zug durch die Nacht brauste, seinem ahnungslosen Opfer entgegen.

Am Morgen, noch vor Sonnenaufgang, erreichte er Berlin Ostbahnhof. Er stieg gut gelaunt aus, es sollte etwas schneien, aber klar werden. Nach getaner Arbeit würde er ein Bordell besuchen und sich einmal richtig entspannen. Er kannte diskrete und niveauvolle Häuser. Er frühstückte in einem dieser Cafés, die schon um fünf Uhr öffnen, um die Heere von Arbeitern zu versorgen, die bereits zu dieser Stunde aus der Innenstadt quollen, und von denen es rund um die Bahnhöfe nur so wimmelte.

Anschließend fuhr er mit der Linie S3 nach Erkner, einem Vorort von Berlin. Jetzt war er in Brandenburg, und er ging zügig zu einer kleinen Wohnung, nicht weit vom Bahnhof entfernt.

Dort kannte er einen Gleichgesinnten, einen Kameraden aus frühen Tagen. Er hatte seinen Besuch schon angekündigt, und es galt das ungeschriebene Gesetz, einem Mitglied der Kameradschaft zu helfen, selbst wenn es mit Gefahren für das eigene Leben verbunden war. Ja, sie waren wie Brüder, und darauf war er stolz.

Günther lebte zurückgezogen in einer verwitterten Holzbaracke. Er hatte schon als Zwölfjähriger mit der Waffe für die Wehrmacht gekämpft, als es um die Verteidigung Berlins gegen die jüdisch-bolschewistische Verschwörung ging. Darauf war er besonders stolz, und immer wieder zeigte er den Kameraden das eiserne Kreuz, das er damals für seine Tapferkeit vor dem Feind erhalten hatte.

Klaus hatte seine Pistole nebst Munition für die Zeit

seiner Abwesenheit in Günthers Waffenschrank deponiert.

Ein Schalldämpfer gehörte dazu, ebenso ein Qualitätsfernrohr aus deutscher Produktion. Er konnte alles wunderbar platzsparend in einem zwanzig Zentimeter langen und zehn Zentimeter breiten Metallkoffer verstauen.

Günther gab ihm bereitwillig die Schlüssel seines alten Opel Vectra nebst Papieren. Nun, das war Ehrensache, und er sah an Günthers Gesichtsausdruck, dass dieser stolz darauf war, Klaus Heberling, dem ehemaligem Mitarbeiter einer Spezialeinheit der Berliner Kripo, dem erfolgreichen Absolventen eines paramilitärischen Ausbildungslagers in Pakistan (wo auch immer das war), behilflich sein zu können. Klaus war in der Szene eine respektierte Person, und spätestens seit der Liquidierung des jüdischen Polizisten galt er als einer der großen Hoffnungsträger im Kampf für ein nationales Deutschland.

Klaus überlegte kurz, ob er Günther erschießen solle, denn er traute ihm nicht wirklich, schließlich durfte niemand erfahren, dass er in Berlin war. Aber er verwarf die Idee wieder. Es hätte ihn nur unnötig Zeit gekostet, alle Spuren zu beseitigen, und außerdem – Günther war ein Kamerad. Er verstaute den Koffer im Wagen und fuhr nur wenige Kilometer weit. *Woltersdorf bei Berlin* stand auf dem Ortsschild. Eine Fügung des Schicksals, ein weiterer Beleg dafür, dass er auserwählt war, Dennis zu töten. Ausgerechnet in diesem kleinen Dorf nahe Günthers Wohnung hatte er Zuflucht gesucht. Das machte die Sache sehr einfach!

Ein Dreitausend-Seelen Kaff mit zwei Seen und einer kleinen Schleuse als Touristenattraktion. Dann gab es noch die ›Liebesquelle‹, eine Quelle, deren Wasser eine magische, unwiderstehliche Attraktivität verleihen solle. Wegen dieser Quelle pilgerten noch mehr Menschen nach Woltersdorf als wegen seiner Seenlandschaft, begann hier doch auch der berühmte Spreewald. Aber Menschen sind eben nur intelligentere Tiere.

Dann siegte sein Verstand über seine Erinnerungen, und er konzentrierte sich aufs Wesentliche. Er fand das Haus auf Anhieb. Ein Polizeiwagen mit Berliner Kennzeichen parkte davor, was ihn noch zuversichtlicher machte, das Versteck von Dennis gefunden zu haben. Das Haus lag am Ufer des Flakensees, die kleine Uferpromenade war zum Flanieren erst vor einigen Jahren neu angelegt worden. Das Haus war am Steilufer des Sees erbaut, und ein etwa fünfzig Meter breiter Streifen, auf dem verschiedene Sträucher und Bäume wild und üppig wuchsen, trennte es von dieser Promenade.

Optimale Bedingungen für einen Hinterhalt.

Er parkte seinen Opel Vectra gegenüber dem BMW der Polizei und wartete. Nach einer halben Stunde traten zwei Beamte aus der Tür, die sich von einem Mann, der im Inneren des Hauses blieb, verabschiedeten. Anschließend fuhren sie davon. Klaus wartete eine weitere halbe Stunde. Alles blieb ruhig. Er stieg aus, seine geladene Pistole mit Schalldämpfer unter der Jacke versteckt. Er las das Namensschild über der Türklingel. Es stand kein Name darauf. Logisch, der Mann wollte nicht gefunden werden.

In diesem Augenblick vernahm er ein Geräusch, das ihn erstarren ließ. Das Entsichern einer Waffe.

»Klaus Heberling, Sie sind verhaftet wegen Mord an einem Polizeibeamten, wegen Mitgliedschaft in einer terroristischen Vereinigung, sowie Hochverrat gegen die Bundesrepublik Deutschland. Heben Sie beide Hände hoch und drehen Sie sich langsam um. Mehrere Waffen sind auf sie gerichtet.«

Seine Gedanken überschlugen sich.

Das war die Stimme dieses jüdischen Emporkömmlings, dieses Dorado, den er immer schon gehasst hatte.

Als Jude hatte er sicher nicht den Mut zu schießen.

Rasender Zorn erfüllte ihn.

Woher nahm dieser dreckige, stinkende *Jud* nur die Frechheit, ihn, Klaus Heberling, den Befreier Deutschlands, verhaften zu wollen?

Mit verzerrtem Gesicht drehte er sich um. Ihre Blicke trafen sich. Da war er wieder – dieser jüdische, dieser hündische Blick. Blitz-schnell riss er seine entsicherte Waffe aus der Jacke …

Ein harter Schlag traf ihn am Hals und ließ seine kräftige Gestalt wie Espenlaub erzittern. Während er zu Boden fiel, überflutete ein einziger, quälender Gedanke sein sich auflösendes Bewusstsein:

Die Schattenwelt ist real, sie kommen, mich zu holen …

Dann verschluckte ihn der graue Nebel.

32

Dennis spürte, wie das Flugzeug vibrierte, dann erhob es sich keck vom Flughafen Berlin-Tegel und schob sich kraftvoll in die klare Winterluft.

Seit er als Jugendlicher das erste Mal mit einer Aeroflotmaschine geflogen war, litt er unter Flugangst. Es war logisch nicht nachzuvollziehen, denn jetzt flog er mit einer modernen britischen Maschine, doch der schwankende Boden vermittelte ihm dennoch das bedrohliche Gefühl der Hilflosigkeit. Vermutlich auch so ein Überbleibsel aus seiner angstbesetzten Kindheit. Doch er wollte über diese Dinge nicht weiter nachdenken und blickte in die strahlende Morgensonne, die sich auf der linken Tragfläche spiegelte.

Er flog über London-Heathrow, um von dort mit *Pakistan-Airlines* direkt nach Islamabad zu fliegen.

Es war ein herrlicher Tag zum Fliegen, völlig wolkenlos, und so sollte es auch bleiben. Auf dem Bildschirm über seinem Kopf war zu lesen, dass sie nun ihre Reiseflughöhe erreicht hätten. Das unangenehme Ruckeln war in ein nahezu sanftes Gleiten übergegangen, das seine angespannten Nerven ein wenig beruhigte.

Nachdem die Stewardess ihm Kaffee und ein Croissant serviert hatte, begann er, sich zu entspannen und schlug die Zeitung auf. Doch als er kurz die Schlagzeilen überflog, stockte sein Blick bereits auf der ersten Seite:

Mutmaßlicher Top-Terrorist von Polizei erschossen – Polizei fahndet nach Hintermännern

BERLIN – *Der Attentäter, der vor einigen Monaten einen Berliner Kriminaler erschoss und als ein Drahtzieher des verheerenden Terroranschlags von Köln gilt, ist tot.*
Wie der Sprecher des Berliner Polizeipräsidiums bei einer kurzfristig einberufenen Pressekonferenz mitteilte, wurde der ehemalige Polizist und Rechtsextremist Klaus H. gestern Abend in Woltersdorf bei Berlin von Scharfschützen eines Sonderkommandos der Berliner Polizei erschossen, nachdem er mit seiner Waffe auf sie gezielt hatte. Zuvor hatte H. versucht, mit Tötungsabsicht in das Haus eines Berliner Journalisten einzudringen.
In Expertenkreisen ist man sich einig, »dass H. nur ein Bauernopfer war, von einem islamistischen Netzwerk gezielt nach Deutschland geschleust, nachdem er sich einige Monate in einem Terrorcamp in Pakistan aufgehalten hat. Er war für das Netzwerk ArmDesJihad so etwas wie ein Geschenk des Himmels, da er als deutscher Staatsbürger und waschechter Berliner unsichtbar an den Behörden vorbei agieren konnte«, so ein Sprecher.
»Er hatte viel Blut an den Händen«, sagte David Dorado, Chef der Sonderkommission, gestern Abend in einer ersten Pressekonferenz, »und ich bin nicht wirklich traurig darüber, dass es so endete.«
Als Reaktion auf die dramatischen Entwicklungen wurde gestern Abend in Berlin ein Krisenstab eingerichtet. Zudem sind die deutschen Sicherheitsbehörden schon seit Monaten in erhöhte Alarmbereitschaft versetzt worden.
»Es gibt keine konkreten Anschlagsziele, doch der Grundtenor«, so Dorado, »ist unmissverständlich.«
»Wir müssen die Gefahrensituation, die von islamistischem Terror ausgeht, für Deutschland seit gestern völlig neu bewerten. Dass ein zum Islam konvertierter Deutscher so ohne weiteres in die Bundeshauptstadt eindringen kann, um einen Berliner Journalisten, der lediglich das Richtige zur falschen Zeit geschrieben hat, umzubringen, das ist neu in Deutschland«, sagte der Antiterrorexperte vor versammelter Presse.

Dennis Hände zitterten, als er die Zeitung sinken ließ.

Heberling war also tot. Er schickte ein Dankgebet zum Himmel und schämte sich nicht dafür. Klaus war ein Verräter gewesen, einer derer, die der Hass von innen verzehrt hatte. Er war erschossen worden in Notwehr, ein Nazi von einem Juden. Wie wohltuend Gerechtigkeit doch manchmal sein konnte.

Doch eigentlich freute er sich weniger darüber, dass der Mann tot war, er freute sich darüber, dass mit seinem Tod unsägliches Leid verhindert wurde. Denn Klaus, und das sah er jetzt deutlicher denn je, war eine lebende Bombe gewesen, die kurz vor ihrer Explosion entschärft worden war.

Plötzlich fühlte er sich beobachtet.

Vorsichtig blickte er sich um, doch niemand schien den Aufruhr seiner Gefühle bemerkt zu haben, noch konnte er erkennen, dass ihn jemand anblickte.

Vermutlich der normale Verfolgungswahn eines Mannes, der erst noch mit seiner neuen Identität zurechtkommen muss, dachte er. Er fühlte sich müde. Doch bevor er sich ausruhen durfte, musste er noch einmal seine Legende, sein neues Leben, studieren. David hatte gesagt, wenn er nichts anderes zu tun habe, solle er die Lebensgeschichte des Franz Haller aus München ›meditieren‹. Ja, so hatte er es ausgedrückt. Diese sei seine Lebensversicherung, und er müsse sie im Schlaf beherrschen. Jeder kleine Fehler, jede Unstimmigkeit würde eine Schwachstelle bedeuten, die ihn in Lebensgefahr bringen könnte.

Er spürte, wie seine Augen zufielen, während er mit Franz Hallers Leben beschäftigt war, und wehrte sich nicht dagegen.

Als das Flugzeug ruckelte, wurde er unsanft aus dem Schlaf geweckt.

Mit einem Gefühl großer Erleichterung betrat er britischen Boden und bestieg den Airport-Bus zum Terminal. Es war 9.30 Uhr, und um 16.35 Uhr ging sein Flug nach Islamabad. Er hatte sieben Stunden Zeit, es würde sich kaum lohnen, den Flughafen zu verlassen.

Alle Passkontrollen waren bis zuletzt ohne Probleme verlaufen, und sein Vertrauen in die Vita Hallers war immer mehr gewachsen. Auch wuchs seine Achtung vor der Professionalität der deutschen Sicherheitsbehörden, die ihm dieses ›Abenteuer‹ ermöglichten.

Er spürte, wie er gelassener wurde, und das war wichtig. Er täuschte sich nicht über die Brisanz seines Auftrags hinweg. Es war eine Mission, bei der er leicht sein Leben verlieren konnte. Wie leicht, das hoffte er allerdings, beeinflussen zu können.

Doch die Ereignisse der letzten Monate, angefangen mit dem Attentat auf ihn, dem Anschlag auf Becker, bis hin zum Selbstmordkommando von Köln, hatten ihn nur um so entschlossener gemacht zu kämpfen. Er gab sich keinen Illusionen hin: Die Chancen, jemals wieder ein normales Leben führen zu können, standen denkbar schlecht.

Aus diesem Grund hatte er kurz vor dem Abflug sein Testament gemacht. Tränen traten in seine Augen, als er an die Hoffnungen auf eine eigene Familie zurückdachte, die er sich früher gemacht hatte. Vielleicht wäre es gar nicht das Schlechteste, in der Hingabe an die Sache, als Patriot für sein Land, zu sterben.

Sein protestierender Magen riss ihn aus diesen Grübeleien und erinnerte ihn daran, dass er *jetzt* lebe, und dass jeder Tag seine eigene Not hat. Er suchte sich ein Restaurant, von dem er einen guten Ausblick über den größten Flughafen der Welt hatte. Der Flughafen war in den letzten Jahren erweitert worden, erst vor kurzem war der dritte

Terminal eröffnet worden, ein imposantes Gebäude aus Stahl und Glas. Nun, hier oben ließ es sich aushalten. Immerhin, David hatte ihm ein großzügiges Budget zur Verfügung gestellt. Woher es kam, wusste er nicht und interessierte ihn auch nicht.

Er ertappte sich bei dem Gedanken, wie schön es wäre, mit Esther diesem bunten Treiben zuzusehen. Er schob diese Gedanken gewaltsam zur Seite.

Er wollte sie nicht mehr sehen. Er wusste nicht einmal, ob er überhaupt noch zu einer Beziehung mit einer Frau fähig war. Irgendwann würden diese Gefühle der Vergangenheit angehören, und er würde froh sein, endlich frei und ungebunden zu sein, das wusste er. Doch plötzlich erfasste ihn eine schmerzende Sehnsucht, so schneidend, dass ihm die Tränen in die Augen traten. Er sehnte sich nach dem Engel aus Kindheitstagen, der ihm den Sieg über den dunklen Feind geschenkt hatte, und er sehnte sich nach Eljon, der ihm auf dem Berg erschienen war, wenn auch nur in einer Vision. Er sehnte sich nach seiner wirklichen Heimat, das spürte er deutlich, und es war ein unerklärliches Gefühl, eine Woge voller Romantik, der er sich willenlos hingab. Nein, nicht willenlos, er gab sich hin *mit* seinem Willen, und in dieser Umarmung spürte er, wie der Geist zu seinem Herzen sprach und ihm die Heilung zufließen ließ, die er so dringend benötigte.

Er weinte, mitten in der Öffentlichkeit, doch er schämte sich der Tränen nicht; er weinte vor Schmerz und Freude, voller Wut, aber in Frieden: In dem Wissen, dass nichts ihn trennen konnte von der Liebe des Himmels, und dass diese Liebe nicht zulassen würde, dass er Leid ertrug, das über seine Kraft ging. Diese Minuten waren wie ein tiefes Atemholen vor dem Sturm, der sich über ihm bildete und ihn bestimmt nicht schonen würde. Es war fünfzehn Uhr.

Er blickte noch einmal über die wogenden Menschenmassen und machte sich auf den Weg zu seinem Gate.

Der Flug von London nach Islamabad verlief ruhig.

Er hatte sich sogar einige Stunden ausruhen können.

Und da er in der Maschine gewissermaßen schon pakistanischen Boden betreten hatte, stand ihm keine lästige Passkontrolle mehr bevor. Lediglich der Sicherheitscheck, der in diesem Land vermutlich einige Zeit dauern würde.

Als sich die Kabinentür des Flugzeuges öffnete, stockte ihm für einen Moment der Atem, und sein Kreislauf reagierte mit Schwindel auf die heiße Luft, die ihm entgegenschlug.

Als er den Verbindungstunnel betrat, der ihn zum festen Teil des Terminals bringen würde, traf ihn die Hitze mit voller Wucht, und trieb ihm augenblicklich Schweißperlen auf die Stirn. Er hoffte, sein Körper würde sich so schnell wie möglich an diese tropischen Temperaturen anpassen, und er war heilfroh, als er endlich das klimatisierte Hauptgebäude erreichte.

Nachdem er sein Gepäck geholt hatte, betrat er gegen 8.30 Uhr Ortszeit den öffentlichen Teil des Flughafens, und schlenderte Richtung Ausgang. Ein elegant gekleideter, kräftiger Mann, etwa in seinem Alter, sprach ihn auf deutsch an:

»Franz Haller?«

Er nickte.

»Mein Name ist Klaus Bremer, ich bin Kontaktmann des Nachrichtensenders *NTV.WELT* vor Ort. Ich bringe Sie zu Ihrem Treffpunkt. Dort werden Sie von einem Mann des *Lagers* abgeholt.«

David wusste, dass der Mann wirklich Klaus Bremer hieß, aber kein Kontaktmann von *NTV.WELT* war, sondern ein Agent des BND.

Es war der vereinbarte Erkennungssatz.

Sie stiegen in einen schwarzen BMW-Touring.

Nachdem sie aus der Stadt heraus waren, redete Bremer zum ersten Mal.

»Hier sind wir sicher. Der Wagen ist von unseren Leuten mit modernster Überwachungstechnologie ausgestattet worden, wir können uns also ungezwungen unterhalten.«

Er nahm die schwarze Sonnenbrille ab und grinste Dennis breit an.

»Wir werden ungefähr fünf Stunden Richtung Nord-West in das pakistanische Hindukusch-Massiv fahren. Eine eindrucksvolle Gebirgslandschaft. Ich weiß nicht, wie weit Sie sich mit der Geografie hier vertraut gemacht haben. Wir fahren zu einem Ort namens *Thal* im Kumrat-Tal, in dem ich über meine Firma«, hier lachte er, »ein Zimmer gebucht habe. Für Sie ebenfalls. Morgen beginnt Ihr erster Arbeitstag. Sie werden jeden Tag um sieben Uhr von einem Fahrer aus dem Camp abgeholt, um über das Leben dort zu berichten, um Notizen zu machen, um zu reden … kurz, um ein gutes Bild von der gerechten Sache des islamischen Jihad und der Unvermeidlichkeit eines Guerillakrieges gegen die Unterdrückerregimes, damit ist der zionistische Aggressor, Israel, aber auch der ›Imperialismus‹ weltweit gemeint, zu zeichnen.

Abends werden Sie dann wieder zurückgebracht.

Und ganz wichtig: Es sind auf keinen Fall Terroranschläge, die verübt werden, sondern es ist immer und überall ›bewaffneter Kampf‹ – wenn auch mit aller gebotenen Härte.

Es ist wichtig, dass Sie sich als ein Freund der arabischen Nation und deren Anliegen präsentieren.

Sie haben eine linksliberale Gesinnung und sind schon mit der Muttermilch gelehrt worden, Sympathie für sozial Schwächere und ihren heldenhaften Kampf gegen imperialistische Gegner zu hegen.«

Klaus lachte amüsiert, und blickte ihn mit blitzenden Augen an. Dennis gefiel dieser Mann. Er war intelligent und machte kein Geheimnis aus seinen Ansichten.

»Nennen Sie mich Klaus, und sprechen Sie von mir auch nur über ›Klaus, dem Kollegen von *NTV.WELT*‹. Ich bleibe Ihr Verbindungsmann vom Sender vor Ort, vorerst für eine Woche. Wenn Sie Anweisungen erhalten, länger zu bleiben, bleibe ich auch. Ich weiß nichts von Ihnen, also nur das, was ein Mitarbeiter eben weiß, und das ist auch gut so.«

Damit schwiegen sie für eine längere Zeit.

Dennis versuchte, sich ein wenig zu entspannen, doch die rissige Straße, auf der sie nun schon seit einer Stunde unterwegs waren, war so holprig, dass er dieses Vorhaben entnervt aufgab. Gedankenverloren betrachtete er die Landschaft, die an ihm vorüber zog.

Es ist alles so öde und leer, dachte er, und ein Stich Einsamkeit durchfuhr ihn. Da war nichts Lebendiges, einzig die ferne Gebirgskulisse im Norden unterbrach die Monotonie und machte es dem Auge halbwegs erträglich, in den dunstigen Horizont zu blicken. In dieser ganzen Stunde waren ihnen lediglich zwei rostige Tanklaster begegnet, einer an der Stadtgrenze, und einer vor fünf Minuten.

Es war keine einzige Wolke am Himmel, nur dieser feine Staub, der über der steinigen Wüste hing wie Smog über einer belebten Stadt.

Er war erschöpft. Bleierne Schwere legte sich auf ihn und drückte ihn in seinen Sitz. Düstere Gedanken schossen wie Pfeile in sein Gehirn und zogen ihn tiefer in diese Stimmung, die ihm schon so lange bekannt war.

Was sollte er eigentlich in diesem fremden Land? Es war doch nicht viel mehr als eine Flucht vor Feinden, die zu mächtig waren. Irgendwann würden sie ihn sowieso finden.

Vielleicht sollte er sich einfach stellen.

Vielleicht sollte er sagen: Hey Leute, hier bin ich. Ich bin Dennis Meyer, ich bin zu euch gekommen, macht mit mir, was ihr wollt. Dann würde er vielleicht verhindern, dass irgendwo in Deutschland eine Bombe hochgehen würde. Vielleicht sollte er sich opfern. Verlangte der Schöpfer nicht Opfer, war sein Sohn nicht selbst zum Opfer geworden?

Instinktiv hatte er das vergessene Buch aus seinem Rucksack geholt. Er brauchte Trost, er brauchte Orientierung. Wer war er?

Franz oder Dennis oder …?

Er schlug es in der Mitte auf:

Eljon ist mein Licht und mein Retter; wen sollte ich fürchten? Er ist der Beschützer meines Lebens; vor wem sollte ich verzagen?

Eine unerträgliche Last hob sich, und er spürte, wie die Felsbrocken, die auf seiner Seele lasteten, hinab rollten und in ein verborgenes Tal fielen. Er war nicht allein. Der Himmel war nahe, und ein Hauch dieser anderen Realität wehte ihn an und ließ sein Inneres sanft erglühen.

Dann fiel ihm der Mann neben sich ein, der ihn jetzt seltsam anblickte. Rasch klappte er das Buch zu und murmelte etwas Unverständliches, während er es in seinem Rucksack verstaute.

»Als ich ein zwölfjähriger Junge war, schenkten mir meine Eltern das vergessene Buch«, hörte er die Stimme von Klaus, die weicher klang als vorhin.

»Es hatte mich schon damals gefesselt und seitdem nicht mehr losgelassen. Als ich später zum Geheimdienst ging, wurde es zu meiner stärksten Waffe im Kampf gegen die Lüge«.

Mit offenem Mund starrte er Klaus an.

Da war er am Ende der Welt und dachte, vom Himmel verlassen zu sein. Und dann schickte er ihm einen Bruder, der ihn vor seinem Selbstmitleid schützte.

»Wie kommt es, dass Sie als ›Frommer‹ ausgerechnet beim BND gelandet sind? Einer Behörde, die per Definition vor der Aufgabe steht, Informationen abseits legaler Wege zu beschaffen?«, fragte er.

Klaus sah ihn mit ausdrucksvollen Augen an:

»Als ich jünger war und ihn fragte, ›Was kann ich für dich tun?‹, sagte er: ›Ich suche einen Mann, der den Mut hat, ausgetretene Pfade zu verlassen. Ich suche einen Mann, der meine Geheimnisse in seinem Herzen trägt. Einen Mann, der für die Wahrheit kämpft, auf Schlachtfeldern, die von vielen schon längst aufgegeben wurden. Wirst du dieser Mann sein?‹ Ich sagte: ›Hier bin ich.‹ Seit dieser Zeit, seit fünfzehn Jahren, bin ich dabei.«

Klaus deutete auf die unübersichtliche Ansammlung einiger Häuser, die sich inmitten der hoch aufragenden Berge rund um ein Minarett abzeichneten.

»Wir sind gleich da.«

Als sie näher kamen, sah Dennis, dass *Thal* doch größer war, als er gedacht hatte.

Eine Kleinstadt, erklärte ihm Klaus, fünftausend Menschen leben hier. Nach zehn Minuten Fahrt durch enge und schattige Gassen hatten sie ihr Ziel erreicht.

Haus des Propheten stand in Englisch und Urdu, der Sprache der Einheimischen, auf einem ausgeblichenen Neonschild.

Er blickte in die brennende Nachmittagssonne, die träge über der Landschaft stand und ihre trockene Glut auf den Erdboden übertrug. Glitzernden Diamanten gleich konnte er in der Ferne die weiß gekrönten Berge des Hindukusch erkennen. Ein Gefühl von Ehrfurcht angesichts der kühnen Erhabenheit dieser Wildnis raubte ihm den Atem.

Zehn Minuten später bezog er sein Zimmer und widmete sich ganz den journalistischen Herausforderungen, die vor ihm lagen.

Am nächsten Morgen stand er mit Klaus nervös vor dem Hotel und wartete auf die Ankunft der Jihadis.

Die Luft war eisig, denn die Nacht war sternenklar gewesen. In der Ferne konnten sie vor dem Licht der aufgehenden Sonne eine Staubwolke erkennen, die rasch näher kam.

Kurz darauf hielt ein Military-Jeep vor ihnen. Drei Männer in Tarnanzügen saßen darin, jeder mit einem russischen Sturmgewehr bewaffnet.

Wettergegerbt sahen sie aus, und es war unübersehbar, dass sie arabischer Abstammung waren. So also sehen Taliban-Kämpfer aus, schoss es Dennis durch den Kopf. Wie im Fernsehen.

Die Männer stiegen aus dem Jeep und stellten sich in ge-brochenem, aber verständlichem Englisch vor:

Da war der Kommandeur des Lagers, Mohammed Sharif, der Pressesprecher und sein Stellvertreter, Mustafa Kemal, der ihn auch bei seinen Recherchen begleiten würde, und Yussuf Amal, ein finster blickender Riese, dessen Aufgabe wohl der eines Leibwächters am nächsten kam.

Nachdem Klaus und Dennis sich vorgestellt hatten, sprach Klaus mit deutlichen Worten zu ihnen:

»Denken Sie daran, Franz Haller ist deutscher Journalist, er hat einen Diplomatenpass und untersteht der diplomatischen Immunität.«

Der feste Ton seiner Stimme war nicht zu überhören. Zu Dennis größter Überraschung hielt er ihnen zusammen mit Franz Hallers Diplomatenpass ein offizielles Akkreditierungsschreiben der pakistanischen Regierung unter die Nase.

Es war für jemanden, der kein echter Diplomat war, auf normalem Weg unmöglich, diese amtliche Anerkennung einer Regierungsstelle zu erhalten.

Jedenfalls verfehlte es seine Wirkung auf den Kommandeur nicht, denn sein feindseliger Blick wurde milder.

»Haben Sie keine Angst.«

Er lächelte breit.

»Wir behandeln Freunde immer gut.«

Als Dennis im Jeep saß, wurde sein ungutes Gefühl dadurch verstärkt, dass ihm mit einem schwarzen Tuch die Augen verbunden wurden.

Das Gebiet, durch das sie führen, sei streng geheim, und er müsse verstehen, dass es genug Feinde gebe, die diese Lager gerne vernichteten, wenn sie nur ihre Lage kennen würden. Selbst vor ihren Verbündeten, den Amerikanern, seien sie nicht sicher, denn seit neuestem spionierten diese schon mit Drohnen herum.

Nach einer Stunde holpriger Fahrt, die fast ununterbrochen bergauf ging, wurde der Jeep langsamer und stoppte. Befehle wurden gebrüllt, und das Tuch wurde ihm von den Augen gezogen.

Er sah sich um. Eine atemberaubende Hochgebirgslandschaft umgab sie. Er schätzte, dass sie in dreitausend Metern Höhe waren, und er sog gierig die klare, aromatische Luft ein.

Das Lager stand auf einem kahlen Plateau und war ringsherum von den mächtigen Berghängen des Hindukusch gut von der Außenwelt abgeschirmt. Das Lager selbst glich einem Militärcamp. Fünf große Armeezelte konnte er erkennen, die vielleicht zweihundert Männer beherbergen konnten.

Mohammed winkte Yussuf herbei, und dieser durchsuchte Dennis. Er wollte schon protestieren, besann sich aber dann eines Besseren. Wortlos wurde er vom Kommandeur in eine abseits gelegene Holzbaracke geführt. In ihrer Kargheit war es die typische Feldunterkunft eines höheren Offiziers. Er wurde in ein größeres Zimmer geführt, und er vermutete, dass es sich dabei um einen Besprechungsraum und zugleich die Kommandozentrale des Lagers handelte. Eine große Flagge Pakistans hing an einer Wand, gegenüber jedoch die Karte ›Palästinas‹, auf der der Name Israels fehlte, wie er mit einem Blick feststellte. Ein Bild des verstorbenen Palästinenserpräsidenten Jassir Arafat hing darüber.

In der Mitte des Raumes standen mehrere Holztische, die zusammen ein großes Rechteck bildeten. Nacheinander betraten Männer in einfacher Tarnbekleidung den Raum, die Dennis höflich und in gebrochenem Englisch begrüßten. Es wurde süßer, schwarzer Tee gereicht. Einige Kämpfer verließen den Raum wieder, andere setzten sich um den Tisch. Außer den drei Männern aus dem Jeep waren noch fünf weitere Soldaten im Raum geblieben, vermutlich Ausbilder und Offiziere.

»Wir dich begrüßen hier in unserem Ausbildungslager«, begann Mohammed, »vielleicht du hast dich gewundert, dass ein Bild von Jassir Arafat an der Wand hängt. Wir zwar ein Ausbildungslager gegen Terrorismus und gegen Taliban, aber wir bilden auch Kämpfer aus für Befreiung Palästinas. Arafat war ein großer Präsident, der für seinen friedlichen und gerechten Kampf den Nobelpreis erhielt.«

Dennis spürte ein flaues Gefühl im Magen. Er wusste, dass Arafat kein friedlicher Mann gewesen war, sondern ein Terrorist ersten Ranges, der den Familien von Selbstmordattentätern eine lebenslange Rente für ihre ›Opferbereitschaft‹ gezahlt hatte.

Ihm war aber klar, dass es nicht ratsam wäre, sich in dieser Runde kritisch über diesen Mann zu äußern.

»Wir sind stolz darauf, einen Nobelpreisträger als unser Vorbild zu haben. Er war der dritte arabische Träger dieses Preises!«, verkündete er, und Dennis konnte nicht umhin, über diese jungenhafte Begeisterung zu lächeln. Ungefähr 150 jüdische Nobelpreisträger standen ihnen im gleichen Zeitraum gegenüber. Von einem Volk, das gerade 0,2 Prozent der Weltbevölkerung ausmachte.

»Aber wir nicht zusammen, um über Arafat zu sprechen, sondern, Herr Haller, über dich. Warum du hier bist.«

Dennis stand auf und stellte sich vor, er erklärte sein Anliegen und betonte, ein Bewunderer des heldenhaften Kampfes der arabischen Nation für ihre Freiheit zu sein. Er sei hier, um der Welt so wahrheitsgemäß wie möglich zu schildern, was es mit diesem Kampf auf sich habe. Die Welt müsse erfahren, wie verzweifelt der Kampf sei, und dass auch vor bewaffnetem Kampf nicht zurückgeschreckt werden dürfe. Dabei müsse selbstverständlich jederzeit das Völkerrecht gewahrt bleiben und die Verhältnismäßigkeit der Mittel beachtet werden.

Innerlich krampfte sich alles in ihm zusammen. Er stand hier und erzählte Lügen über sich und verleugnete seine wahren Gefühle.

Doch er musste weiter reden, er hatte ein Ziel. Er musste die Wahrheit herausfinden über die Hintergründe der Affäre Stein/Meyer, auch wenn er dabei log. Aber seine innere Erregung wuchs, und er konnte sich nur mühsam beherrschen. Etwas in ihm drängte ihn, etwas zu sagen, was er nicht sagen wollte.

»Was wird einem Kollegen von mir, Herrn Dennis

Meyer, vorgeworfen? Warum wurde ein anerkannter Gelehrter, ein Professor Dr. Stein, anhaltend mit dem Tod bedroht? Kennen Sie die Gruppierung *A.D.J*?«

Er wusste, dass er jetzt aufhören musste, er wusste, dass er sich um Kopf und Kragen reden konnte, doch er konnte nicht aufhören.

»All das ist wichtig für die Öffentlichkeit. Heute haben sie die Möglichkeit, der Welt die Wahrheit zu sagen. Bei der deutschen Polizei gibt es ein Bekennerschreiben zum Terroranschlag von Köln von der erwähnten Gruppierung!«

Im Raum war es ungewöhnlich still.

Die Augen des Kommandeurs bohrten sich in die seinen, und Dennis musste mit aller Kraft dem Drang widerstehen, seinen Blick zu senken.

»Wir kennen diese Gruppe. Eine unbedeutende Splittergruppe, die aus den Machtkämpfen zwischen Hamas und Fatah entstanden ist nach Rückgabe von Gazastreifen durch die Zionisten 2005. Wir nicht billigen ihre Methoden. Wir keine feigen Mörder.

Was aber diesen Meyer angeht: Er ist ein Verräter. Er ist Jude. Wusstest du das? Er hat die Hetzschriften dieses Professors verbreitet. Er sagt: Wir Palästinenser sollen Schuld sein an Flüchtlingsproblem, er sagt, es kann keinen Staat Palästina geben. Er ein Demagoge. Ein Verführer, ein Satan!«

Die Augen Mohammeds blitzten zornig, und sein Gesicht lief rot an. Dennis musste das Gespräch in andere Bahnen lenken, wenn er nicht ihr Vertrauen verlieren wollte. Wie war das noch? Klug wie die Schlangen musste er sein, und sanft wie die Tauben.

Beschwichtigend hob er seine Arme.

»Es ist gut. Es ist gut«, lachte er.

»Ich bin auch kein großer Freund seiner Darstellung. Aber ist das ein Grund, diesen Mann so zu hassen?«

»Ja, denn *wir* werden gehasst, wir werden zu einem vogelfreien Volk gemacht durch solche Hetzerei«, schrie Mohammed.

»Sage der freien Welt, wie es hier aussieht. Sage der freien Welt, Kinder von Arabern, Blut von Flüchtlingen wird vergossen, durch die zionistische Besatzungsmacht. Sie opfern das Blut unschuldiger Kinder. Sie verkaufen ihre Organe an die, die zahlen! Erkläre der Welt, warum wir kämpfen: Für ein freies Palästina, für eine eigene Heimat. Für den Schutz unserer Kinder!«

Nach diesem Ausbruch wurde er ruhig:

»Du jetzt musst gehen. Genug geredet für heute. Meine Männer fahren dich zurück.«

Als Dennis in Begleitung von Yussuf und einem unbekannten Fahrer zum Jeep ging, spürte er grimmige Blicke in seinem Rücken. Er fühlte den Hass wie flammende Pfeile, und sein Herz fing an, wild zu schlagen. Ich bin zu weich für diese Aufgabe, dachte er verzweifelt, ich schaffe das nicht.

Es war gegen 15 Uhr. Dunkle Wolken überzogen den Himmel, und kalter Wind blähte die Armeezelte auf. Wieder wurden ihm die Augen verbunden.

Nach ungefähr zwanzig Minuten fing es an zu regnen. Erst tröpfelte es, dann verwandelte sich der Regen immer mehr in einen Monsun. Nicht nur einmal spürte er, wie der Wagen auf den rutschigen, schmalen Bergstraßen, die größtenteils nicht befestigt waren, ausbrach. Die Bremsen quietschten fast ununterbrochen. Ein Stoffdach wurde in Eile hochgezogen, doch es war alt und undicht, und Wasser tropfte in sein Gesicht.

Er hörte, wie Yussuf anfing, in seiner Sprache über den Fahrer zu schimpfen, der das nicht auf sich sitzen lassen wollte. Sie brüllten sich gegenseitig an, und der Wagen brach immer wieder gefährlich aus. Er konnte nichts sehen, und seine Kleidung war mittlerweile durchnässt.

Er betete verzweifelt um sein Leben und war erstaunt, wie sehr er noch daran hing – wäre es nicht besser, sie stürzten in die Tiefe?

Plötzlich heulte der Motor hell und kreischend wie eine Kreissäge, es krachte laut, und mit einem Ruck kam der Jeep zum Stillstand. Yussuf fing wieder an zu schimpfen. Er schrie den Fahrer an, und Dennis verstand, dass er seinem Fahrstil die Schuld für den Unfall gab.

Die Tür wurde aufgerissen, und ihm wurde in schlechtem Englisch befohlen, auszusteigen. Yussuf riss ihm die Binde herunter, wohl wissend, dass ein einziger Fehltritt sein Leben beendet hätte.

Die Landschaft war nicht wiederzuerkennen. Es war eiskalt geworden, und dichte Wolken hüllten die Berge ein, die nun düster und bedrohlich wie eine unüberwindbare Mauer in den Himmel ragten. Nebel stieg aus dem Tal, und Dennis erfasste das Gefährliche der Situation. Sie waren an einer steilen und schmalen Kehre stecken geblieben.

Hier war zu wenig Platz für drei Männer, und Yussuf zeigte fluchend auf einen Bergwald wenige Meter über ihnen und bedeutete ihm, dort zu warten, während er und sein Fahrer sich um den Wagen kümmern würden.

Zitternd und erschöpft kletterte Dennis drei Meter glitschiger Felswand empor und suchte Schutz unter einer großen Fichte. Er hatte keine Minute gewartet, als die beiden Männer vor ihm standen, wild gestikulierten, und erregt auf ihn ein schrien. Aus den schlechten Brocken Englisch konnte er heraushören, dass sie ihn als ›Verfluchten Allahs‹ betrachteten, da er vollkommen gottlos sei und wegen ihm dieses Unglück über sie hereingebrochen sei. Jetzt wurde auch er wütend. Lautstark bestritt er die lächerliche Anschuldigung, die sie gegen ihn vorbrachten.

Plötzlich hob Yussuf sein Gewehr und zielte auf ihn. Er erstarrte, und seine Wahrnehmung veränderte sich augenblicklich:

Er sah einen ausgezehrten Löwen, der aus dem Kopf des Mannes sprang, um sich auf Dennis zu stürzen. Doch dann brüllte er laut und fiel von einer unsichtbaren Kraft getroffen zu Boden.

In diesem Augenblick rief der Fahrer Yussuf etwas zu, und widerwillig ließ dieser die Waffe sinken.

Dennis riss den Diplomatenpass aus seiner Tasche und schrie die Männer an, dass sie ihrer Sache extrem schadeten, und dass dieser Vorfall Konsequenzen haben würde und er darüber berichten werde.

Er hatte keine Angst. Bebend vor Wut drehte er sich um und hastete in den Wald hinein. Nach einigen Sekunden riss er seine Pistole aus dem Halfter, entsicherte sie und zielte zitternd vor Empörung auf die Männer, die immer noch laut schimpfend im regennassen Wald standen. Er stand sicher hinter einem Baum, und wenn er jetzt schoss, nur zwei gezielte Schüsse, dann wäre das Notwehr gegen zwei Terroristen, die Talibankämpfer ausbildeten und ihn umbringen wollten.

Es wäre nicht schwer, dies der pakistanischen Polizei zu erklären.

Doch dann drehte er sich um und rannte wie ein gehetztes Wild tiefer in den Wald hinein.

Er glaubte, an dem Schmerz ersticken zu müssen.

Er wollte schreien, doch er konnte nicht, er wollte rufen, doch nichts kam über seine Lippen. Eine bleierne Mauer stand zwischen ihm und seiner Erfahrung, zwischen ihm und seinem Schöpfer.

Mit einem Mal vergaß er alles, was er schon erlebt hatte, und er fühlte sich wie eine von unzähligen Schachfiguren, von kalten Mächten zum Bauernopfer erkoren.

Und wurde er jetzt nicht auch schizophren?

Er hatte Wunder erlebt. Oder etwa nicht?

War sein Geist, sein Verstand ein Spielball haushoch überlegener Mächte?

Damals – damals hatte er Dōr doch gehört. Oder nicht?

Waren diese Gedanken absurd, waren es die letzten Gedanken eines Tieres im Todeskampf? Was war Wahrheit? Während er vor dem Schmerz davonlief, schrie es in ihm, aus jeder Pore schien dieser Schrei zu entweichen: Was ist denn Wahrheit?

Ist Wahrheit das Ideal einer besseren Welt, einer guten Welt? Spiegelt sich in der Sehnsucht nach Wahrheit nicht lediglich der Wunsch, der Unentrinnbarkeit des Schicksals zu entfliehen? Waren Lüge und Wahrheit letztlich gar dasselbe – so wie Tag und Nacht eine Einheit bildeten?

Plötzlich zuckte sein Körper zusammen, wie aus einem Albtraum erwachend, und für Sekunden meinte er, böses Lachen zu hören. Dann entspannte er sich. Es war der Wind gewesen, der durch die Blätter strich. *Ruhig bleiben, Dennis.*

Er sah auf die Uhr, und mit einem Ziehen in der Magengegend wurde ihm klar, dass es mittlerweile früher Abend war, und er keinen Schimmer hatte, wo er sich befand. Wenigstens hörte der Regen auf, und sogar einige verirrte Sonnenstrahlen fanden ihren Weg zu ihm. Er sollte schleunigst Richtung Auto gehen.

Doch als er zum Tal blickte, begann Panik in ihm hochzusteigen. Dunkle, riesige Wolken ballten sich in rasender Schnelligkeit *unter* ihm zusammen. Rasch stiegen sie höher. Wie mein Herz, dachte er, und er lachte grimmig darüber, dass er jetzt an sein Herz dachte.

Plötzlich dröhnte ein gewaltiger Donnerschlag, der die Erde zu zerreißen schien. Erneut setzte Regen ein, erst spärlich, dann immer heftiger. Von Todesangst erfasst, rannte er zu den mächtigen Bäumen, um Schutz zu suchen.

Dann fiel ihm ein, dass es bei Gewitter gefährlich war, einem Baum nahe zu kommen, und so rannte er zwischen den Bäumen und dem Trampelpfad hin und her. Ein heftiger Sturm erhob sich, und er hörte die Bäume ächzen. Es war jetzt so düster, dass er nicht mehr als zehn Meter weit sehen konnte. Die Albträume seiner Kindheit erwachten zum Leben, und aus den Augenwinkeln sah er, wie sich etwas Schwarzes, Großes auf ihn stürzte …

Als er erwachte, war sein Gesicht nass, und sein Kopf schmerzte.

Er wusste nicht, wie lange er so gelegen war, doch war er aufgewacht, weil ihm die Sonne ins Gesicht schien.

Er dachte nichts, er fühlte nichts, außer, dass er glaubte, noch zu leben. Er lag da, empfand, und wusste nicht, ob er wach war oder schlief. Tief berührte ihn die stille, majestätische Schönheit des Waldes. Und so, wie die Blätter leise im Wind rauschten, so wurde seine Seele von einem anderen, mächtigeren Wind bewegt. Er sah, wie sich die riesigen Bäume ihm zuneigten, als verbeugten sie sich vor ihm. Vor ihm, dem Geringen, dem Verachteten. Dem Versager und Flüchtling. Eine Sturzflut rann über sein Gesicht, aber er ließ seinem Schmerz freien Lauf. Das leise Murmeln eines Bachs drang zu ihm. Dieser Bach erzählte eine Geschichte. Seine Geschichte:

Eine uralte Geschichte, und er wusste, dass sie nur seinetwegen erzählt wurde. Sie handelte von Liebe und Verrat, den ewigen Themen des Lebens.

Leidenschaftlich wurde das Murmeln, erst leise, dann lauter. Es schien sich zu entfernen, doch dann lachte es hell und klar in sein Ohr. Plötzlich hörte er einen schneidenden, schmerzenden, disharmonischen Ton, der so gar nichts Liebliches mehr an sich hatte. Drohend wurde der Ton, peitschend, wie das Brechen der Bäume in einem

Sturm. Die Erde bebte, und in dem Tosen hörte er den Bach nicht mehr. Er blickte entsetzt auf das verzweifelte Ringen der Bäume mit dem übermächtigen Gegner, und er vernahm ihr verzweifeltes Ächzen, als sie aufgeben mussten und ihre stolzen Kronen zur Erde sanken.

Dann verstummte jeder Laut, und alles wurde leer und trostlos, und sein Herz war gefüllt mit Leere und Bitterkeit. In dieser Betäubung dämmerte er dumpf dahin, ohne Zeit und ohne Ziel.

Dann drang wieder das lebendige Murmeln des Baches an sein Ohr. Er war hellwach, wacher als je zuvor, denn nun war da ein dritter Ton, ein Ton von großer Schönheit und majestätischer Kraft:

Und über dieser Kraft, die das Bild eines hohen, eines sehr alten Berges in seiner Unerschütterlichkeit vermittelte, lag wie Morgentau im Sonnenlicht, ein goldener Hauch, der sein Herz voller Hoffnung schneller schlagen ließ. Doch dann entfernte er sich von der Quelle, und aus der Ferne konnte er die gesamte Melodie wahrnehmen: Ein sanftes Säuseln, ein Wehen nur, das Heilung versprach, und eine Wirkung hatte, wie Öl auf rissiger Haut.

Plötzlich stand Dōr über ihm und sah ihm in die Augen. Die Macht des Blicks betäubte Dennis, und die Reinheit, die darin brannte, verzehrte ihn, und er fiel in tiefen Schlaf.

Als er die Augen öffnete, saß er einem Mann, einem Waldarbeiter gegenüber, der ihn ruhig und gelassen ansah.

Der Wald hatte sich verändert:

Jede Oberfläche, die Bäume, das Gras, der Fluss, seine Haut, war von einer dünnen Schicht aus Feuer bedeckt. Er fühlte sich schwerelos und geborgen.

Er sah ein kleines Feuer, das zwischen ihnen brannte, darauf Stockbrot, das er als Junge gern gegessen hatte, und zwei große Fische, wohl aus einem der klaren Seen in dieser Gegend.

Schweigend aßen sie, und das Essen war so gut, der Friede so sättigend, dass er in einen traumlosen Schlaf fiel und erst erwachte, als die Sonne schon hoch am Himmel stand.

Nur ein großer, abgebrochener Ast, der auf ihm lag, zeugte vom Sturm der letzten Nacht.

Er setzte sich auf. Er war allein.

Aber er stellte fest, dass sich doch etwas verändert hatte.

Sein Herz war erneuert worden, und eine unbezähmbare Kraft floss durch ihn hindurch. Er hob seinen Blick, und endlich sahen seine Augen, was ihnen lange verborgen geblieben war:

Vor ihm lag im morgendlichen Dunst eine riesige Landmasse.

Aber dahinter – er konnte es nur undeutlich wahrnehmen – glaubte er silberglänzende Ströme, schneebedeckte Berge und einen grünen Wald zu erkennen. Und in dem Wald …

Das Kreuz ist nicht das Ende, dachte er wissend.

Es ist die Brücke zur Herrlichkeit.

Vier Stunden später saß er im Hotelzimmer. Er war in der Wildnis von Klaus gefunden worden, dank des Satellitentelefons, das sie ihm in Deutschland entgegen seiner Proteste aufgedrängt hatten. Jetzt war er dankbar, dass er mit seinem Starrsinn nicht durchgekommen war. Er fror erbärmlich und zitterte am ganzen Körper.

Nachdem er lange und heiß geduscht hatte, spielte er etwas mit dem neuen Laptop herum, der extra für ihn modifiziert worden war. Der alte sei ein zu hohes Sicherheitsrisiko, hatten sie gesagt. Er hatte eine Mail erhalten, Absender unbekannt.

Er klickte auf das Briefsymbol und öffnete die Nachricht.

Es war eine schlichte Mitteilung:

Wir wissen, wo du dich aufhältst!
Liebe Grüße aus Deutschland
Judith

Fassungslos starrte er auf den Bildschirm.

Dann brach er in ein verzweifeltes Lachen aus.

33

Das Wochenende war ruhig gewesen, dachte David, fast unnatürlich ruhig, und er hatte sich nach langer Zeit richtig entspannen können.

Es war auch romantisch gewesen. Am Samstag war er mit Micha zum Starnberger See gefahren. Ein strahlender Herbsttag, die Blätter leuchteten in den sattesten Farbtönen. Gelb wechselte mit Rot, das wieder in ein warmes Braun überging.

Als sie am Ufer entlang schlenderten, hatte David die kleine Insel entdeckt. *Roseninsel* stand auf der Infotafel an dem kleinen Steg: 1850 wurde sie von Maximilian II. gekauft und von seinem Sohn, König Ludwig II. von Bayern, zum Sommersitz erkoren. Ein kleines Schloss wurde gebaut, und da der König Rosen liebte, wurde eine Zucht innerhalb einer Parkanlage angelegt. Für wenig Geld konnte man die zweihundert Meter zur Insel mit der Fähre übersetzen, und spontan hatten sie sich dazu entschlossen.

Der Duft der Rosen im Schlosspark war überwältigend. Es waren Rosen und Kreuzungen aus aller Welt, die ältesten Stöcke waren über hundert Jahre alt!

Der Duft hatte einen betörenden Einfluss. Und wie Rosen sich in der Nacht entfalten, um den köstlichsten Duft zu verströmen, so entfaltete sich diese Nacht die ganze Schönheit ihrer Liebe, und er entdeckte Seiten an seiner Frau, die er noch nie entdeckt hatte.

Mit diesen Erinnerungen betrat er das Büro etwas beschwingter als sonst. Er hatte kein schlechtes Gefühl, als er den Computer hoch fuhr. Er hatte keine Vorahnung, als er das passwortgeschützte E-Mail-Programm öffnete.

Erst als er entdeckte, dass er eine wichtige Nachricht von Franz Haller empfangen hatte, schlug sein Herz etwas schneller. Da seine Mails aufgrund der besonderen Umstände sofort an seinen privaten Rechner weitergeleitet wurden, schalt er sich, dass er nicht zu Hause nachgesehen hatte. Das Absendedatum war Sonntag, 20 Uhr pakistanischer Ortszeit, das war 16 Uhr Berliner Zeit. Die Zeit, während er mit seine Frau spazieren gegangen war!

Meine Tarnung ist aufgeflogen. Bin am Ende. Habe gerade eine Mail von J. empfangen. Sie wissen, wer ich bin und wo ich mich aufhalte. Holt mich schnellstens hier raus!!!

»Verdammte Scheiße« brüllte er und barg den Kopf in den Händen. Der Schock griff nach ihm, als er erkannte, wie verantwortungslos er gehandelt hatte, weil er einen schönen Tag mit seiner Frau verbracht hatte, während Dennis um sein Leben kämpfte.

»Hoffentlich ist es nicht zu spät«, stöhnte er, während er die Notfallnummer von Franz eintippte.

Es rauschte und knackte in der Leitung, und er war nahe daran aufzulegen, als er eine Stimme hörte. Erleichtert atmete er ein. Er wusste, er durfte keine Namen nennen und das Gespräch so allgemein wie möglich führen.

»Warum … so spät an? Ich … auflegen … zu schlecht«.

»Nachricht empfangen«, schrie er ins Telefon und legte auf, nachdem er ein leises »okay« gehört hatte.

Wenigstens war er am Leben.

Er schrieb eine verschlüsselte Nachricht an Klaus Bremer:

Tarnung aufgeflogen. Sicherheit verstärken. Leben schützen.

Klaus würde verstehen.

Die nächste Stunde war er damit beschäftigt, fieberhaft

Telefonanrufe nach München, Jerusalem und Islamabad zu tätigen. Er hatte das Gefühl, alles entgleite seinen Händen, und er stünde vor einem gähnenden Abgrund. War dieser Albtraum denn nie zu Ende?

Es folgte eine konfuse Telefonkonferenz mit den erreichbaren Mitgliedern des Krisenstabes. Schließlich fiel er zitternd auf seine Knie und betete zum ersten Mal in seinem Leben aus einem wirklich zerbrochenen Herzen.

***

Dōr hatte den Himmel lange nicht mehr so in Aufruhr gesehen. »Heute ist eine außerordentliche Ratsversammlung auf dem Berg der Versammlung«, flüsterte ihm Talmon zu.

»Der Engel des Abgrunds hat sich erhoben«, donnerte eine Stimme, und ein Schrei der Empörung aus unzähligen Stimmen war die Antwort.

»Aber das wirklich Außerordentliche ist«, fuhr die Stimme leiser, in fast zärtlichem Ton fort, »dass heute Nacht ein Mann zwei Stunden lang um Gnade für seinen Freund gefleht hat.«

Stille breitete sich aus.

Jeder wusste, was es bedeutete, wenn ein Mensch in der Hitze des Kampfes seine Stimme zum Himmel erhob.

»Darauf wartete ich lange. Deswegen«, und die Stimme dröhnte, »werden wir heute in die Schlacht ziehen – und die Dunkelheit wird erzittern!«

Ein solches Triumphgeschrei erfüllte den Himmel, dass die Luft anfing, zu vibrieren. Millionen machtvoller Wesen stimmten in den Jubel ein, und Dōr stand staunend inmitten dieses Jubels, während sein Herz überfloss vor Freude.

***

Das Haus lag vor ihnen. Offen einsehbar von allen Seiten. Vögel zwitscherten, und die Sonne schien warm vom klaren Himmel, obwohl es schon Oktober war. Goldener Herbst, wie im Bilderbuch.

Es ist zu ruhig hier, dachte der Einsatzleiter der GSG9-Einheit, die hier ihre Stellung bezogen hatte. Er war ein erfahrener Mann, und fast immer hatte er recht behalten, wenn er spürte, dass etwas nicht in Ordnung war.

Äußerlich war nichts wahrzunehmen, doch seine Intuition sagte ihm, dass etwas nicht stimmte. Er überlegte, ob er die Aktion abblasen sollte, als er sah, dass es bereits zu spät war.

***

David betrat den eleganten, in klassischem Stil gemauerten Treppenaufbau.

»Alle Männer in Stellung gehen«, hörte er den Einsatzleiter über Kopfhörer, »auf die Eingangstür zielen.«

Er hatte keine Angst. Er dachte an Esther, was sie in diesem Haus erlitten hatte, und er dachte an Dennis, den sie gnadenlos verfolgten, und sein Zorn vertrieb jede Furcht. Er hatte darauf bestanden, die Verhaftung persönlich vorzunehmen.

Er entsicherte die Pistole, die er in seiner Tasche hielt. Falls diese Frau sich der Verhaftung in irgendeiner Form widersetzten würde, würde ein gezielter Schuss auf ihre Beine etwas nachhelfen. Sie würden keine Fehler mehr machen. Sie würden mit aller Härte vorgehen.

Das hatten sie gestern beschlossen.

Er klingelte.

Nichts.

Er blickte auf die Uhr. Er läutete ein zweites Mal.

Wenn in einer Minute nichts passierte, würden sie das Haus stürmen. Leise sprach er ins Funkgerät.

Zwei Männer postierten sich unsichtbar von der Tür am Sockel des Einganges. Fünfundvierzig Sekunden waren vergangen. David spürte einen Hauch Nervosität, aber auch Genugtuung, dieses Haus und seine Geheimnisse endlich enttarnen zu können. Er gab das Zeichen. Etwas piepste, als die Tür zersplitterte.

Als er bei Bewusstsein war, hörte er aufgeregtes Gemurmel, eine Sirene, und er spürte die Arme der Sanitäter, die hektisch versuchten, ihn auf eine Trage zu legen. Etwas Warmes floss über seine Wange.

»Mir geht es gut«, fauchte er. Ihm war etwas schwindelig, aber so weit er wahrnehmen konnte, war er nicht verletzt.

Er sprang auf und lief zum Gartentor. Es stank fürchterlich. Plötzlich musste er sich übergeben. Anscheinend war doch etwas mit seinem Kopf passiert, denn er sah alles in Zeitlupe. Die Geräusche verstummten, und es wurde still, wie in Watte gepackt. Sie hatten ganze Arbeit geleistet, viel mehr als rauchende Trümmer waren nicht zu erkennen. Es war ein Wunder, dass niemand ernsthaft verletzt worden war. Bei der Wucht dieser Explosion hätte es Tote geben müssen. Plötzlich fror er erbärmlich. Da bewegte sich etwas. Eine Wolke aus Eis, wie ein riesiger Rüssel, erhob sich und raste auf ihn zu. Dann war die Luft erfüllt mit tausend Stimmen. Wispernd, kreischend, grell.

Er fiel zu Boden, als der Rüssel ihn einhüllte. Mühelos drang das Eis durch seine kugelsichere Weste und schnitt durch sein Fleisch wie durch Butter.

Blut floss wie Wasser. Dann wurde er ohnmächtig.

***

Er hatte versagt, und er wusste es.

Dennis lag im Hotelzimmer und starrte benommen zur Decke. Er war ein toter Mann und hatte nicht die geringste Chance, zu überleben. Aber das hatte auch sein Gutes. Es bedeutete ein Ende der Schmerzen. Es bedeutete ein Ende des Kampfes, nach dem er sich immer wieder vergeblich gesehnt hatte.

Willenlos übergab er sich seinen aufgepeitschten Gefühlen und fügte sich in sein Schicksal. Er war ein 38-jähriger Mann, aber er weinte wie ein kleines Kind.

Dann sah er den Baum.

Er sah ihn deutlich vor sich, er selbst stand im Mondlicht, in einem silbrig scheinenden Garten, und der Baum warf einen großen Schatten. Der Stamm war dick und so hoch, dass seine Spitze an den Himmel reichte.

Im Hotel hörte er wildes Rufen und er hörte Schüsse.

Er betrachtete den Baum. Er hatte eine wunderschöne Krone, voller Laub, ein weites Blätterdach. ›Ich setzte dich als einen Setzling in einen dürren Wald‹, vernahm er eine Stimme, wie das Donnern vieler Wasser.

Er hörte arabische Flüche und undeutlich die Stimme von Klaus.

›Ich setzte dich dorthin, weil ich wusste, dass du ein starker Baum bist, und dass deine Wurzeln die Tiefe erreichen, und die Kraft haben, die Erde zusammenzuhalten.‹

»Dennis Meyer, Verräter, wir gekommen, dich zu bestrafen!«

Doch es kamen Holzfäller, derbe Gestalten, und beschnitten den Baum, sie schlugen mit ihren scharfen und schweren Äxten auf die Wurzel und fügten ihm schweren Schaden zu. Aber es gelang ihnen nicht, den Baum zu töten, denn er war zu stark. Aber durch die Schläge verlor er viel Laub und wurde krank und dürr. Schließlich kamen betrunkene Männer, die schlugen seine Äste ab und verletzten ihn und machten ein großes Feuer unter ihm.

Er hörte die panischen Schreie einer Frau. Dann einen Schlag, die Schreie verstummten. Schwere Tritte auf der Holztreppe. Mit einem Krachen flog die Tür auf. Er blickte in die Augen von Yussuf, der eine Pistole auf ihn richtete. Er sah Abscheu in den Augen. Sie hypnotisierten ihn, gossen ihn in Zement, und er erkannte in ihnen den Willen zu töten, nein, es war mehr: Begierde, der süße Rausch des Todes.

Dann, nach langer Zeit, kam ein Vogel des Himmels.

Er ließ sich nieder auf die dürre Spitze des Baumes und sang ein Lied: Es handelte von seiner Heimat, dem Land des Morgens und der ewigen Sonne, und während er sang, rauschte der Wald, und die Tiere des Feldes liefen herbei. Sie lauschten vor Verwunderung, denn so etwas hatten sie noch nie vernommen.

»Dennis Meyer, wir werden dich töten. Nach Gesetz der Scharia, auf Befehl der Propheten, nach Rechtsentscheid der heiligen Fatwa«, brüllte Yussuf, und seine Stimme verschlang Dennis. Er starrte in den Abgrund des Todes und erblickte ihn in der Mündung einer Uzi, eines jüdischen Gewehrs. Darüber musste er lachen, laut und schrill.

Und als der Vogel weitersang und die Tiere andächtig zuhörten, streckte sich der Baum, und Freude erfüllte ihn, denn das erste Mal seit langer Zeit hatte er das Gefühl, er könne leben.

»Nein Ali, nein!«

Laute Männerstimmen erklangen hinter Yussuf.

Dann erhob sich der Adler vom Wipfel des Baumes und flog weiter. Doch immer wieder besuchte er den Baum, um zu sehen, wie es ihm gehe. Im Laufe der Zeiten kamen Stürme, die wüteten und zerrten an ihm, doch das Einzige, was sie erreichten war, dass sich seine Wurzeln in immer tiefere Erdschichten gruben. Das grüne Kleid des Baumes wurde einmal mehr zu Boden geweht. Aber selbst im schlimmsten Sturm blieben Blätter an den Zweigen.

Dennis hörte den Schuss und wartete auf den Tod.

Stattdessen sah er die blutige Masse von Yussufs Kopf und dessen massigen Körper, der in sich zusammenfiel wie morsches Holz.

Und heute ist es so: Viele Vögel des Himmels bauen ihre Nester in der lichten und weiten Krone des Baumes. Und überrascht von seiner wundersamen Verwandlung blickte er umher: Er befand sich inmitten eines dichten Laubwaldes, an den nebelbedeckten Hängen eines hohen Berges. Dort, wo es früher nur trockenen Boden und Disteln gegeben hatte, wuchsen junge, starke Bäume, die den Hang befestigten und die Grundlage bildeten für Pflanzen und Tiere aller Art.

Erst als Dennis Yussufs Körper am Boden liegen sah, verblasste die Vision. Klaus hielt noch immer die rauchende Pistole in seiner Hand. Hinter ihm rannte Mohammed ins Zimmer, der mit einem Fluch auf den Toten spuckte. Dennis drehte sich angewidert zur Seite.

»Ein toter Hund, voller Hass war er. Er nicht gehörte zu uns«, schnaubte Mohammed verächtlich, aber Dennis wusste, dass er log.

Doch das war nicht mehr wichtig.

»Woher wusstest du, dass er mich töten wollte?«, fragte er Klaus, als sie alleine waren. »Es war merkwürdig«, sagte Klaus. »Ich saß in meinem Zimmer, als ich einen starken Impuls spürte, nach draußen zu gehen und die Pistole zu entsichern. Dann hörte ich auch schon den Jeep und rannte in diese Richtung. Mehr kann ich nicht sagen.«

»Woher kannte Yussuf meinen Namen?«, fragte Dennis zitternd, während er Klaus kurz über die Mail informierte, die er erhalten hatte.

Klaus antwortete nichts. Stattdessen alarmierte er die örtliche Polizei und meldete, dass es im Hotel eine tote Person gab.

»Dann wissen sie also Bescheid«, stellte er nach dem Anruf fest.

Forschend blickte er Dennis ins Gesicht.

»Du solltest besser von hier verschwinden, *Herr Meyer*!«

Sie schwiegen.

»Sollte ich?«, fragte Dennis .

»Was soll das?«, fragte Klaus. »Was hast du vor?«

Dennis hatte sich entschieden. Vorhin, kurz vor dem Schuss. Er hatte gebetet und auch Dōr um Rat gefragt. Sein Herr war auch ein Gott des Gerichts. Sollte er sich abschlachten lassen wie ein Lamm?

»Klaus«, sagte er so ruhig wie möglich. »Ich werde Judith töten!«

Verständnislos starrte Klaus ihn an.

»Aber – das geht nicht. Du kannst doch nicht einfach ohne eine Anweisung, ohne eine Legitimation einen Menschen töten. Außerdem steht im vergessenen Buch ›du sollst nicht töten …‹

»Nein!«, schrie Dennis hysterisch, »Das steht da eben nicht. Nach dem hebräischen Urtext steht da: ›Du sollst nicht morden‹. Und ich habe nicht vor, sie zu ermorden.

Ich werde sie töten. Entweder sie oder ich. Kennst du diesen kleinen Unterschied. Es ist Notwehr, verstehst du? Es ist ein Krieg. Gegen mich. Es ist Terror gegen Unschuldige! Diese Frau ist eine Krake. Jeden, mit dem sie in Berührung kommt, lässt sie nicht mehr los. Sie hat ihren Ehemann in den Tod getrieben. Sie hat ihre Tochter verraten. Sie will mich umbringen lassen. Sie wollte David umbringen. Ich habe es gestern über unseren Nachrichtensender gehört. Ihr Haus wurde gestürmt, wahrscheinlich als Reaktion auf meine Mail an David. Dabei kam es zu einer heftigen Detonation. Direkt an der Tür. Es war eine Falle! Judith ist eine Top-Agentin des saudischen Geheimdienstes *Al-Mabahith al-Amma*. Und frag mich jetzt nicht, woher ich das weiß!«

Beinahe flehend blickte er Klaus an.

»Ich habe keine andere Wahl, mein Freund. Sie will mich töten. Sie hat alle möglichen Leute, die das für sie erledigen können. Es sei denn, sie kann keine Befehle mehr erteilen.« Klaus antwortete nicht, und sah ihn nur mit seinen klaren Augen durchdringend an.

»Vielleicht bin ich ein Werkzeug meines Schöpfers. Du weißt, ich bin keiner dieser naiven Pazifisten, die Gewalt grundsätzlich ablehnen, weil das ihre angebliche moralische Überlegenheit in Frage stellen würde.«

Jetzt lächelte Klaus.

»Bei allem, was du tust: Unser Schöpfer ist der Grund der Liebe.«

»Aber er ist auch der Grund der Gerechtigkeit«, entgegnete Dennis trotzig.

Ein Polizei-Jeep kam in einer Staubwolke vor dem Hotel zum Stehen. Gemeinsam gingen sie den Männern entgegen.

34

Langsam bekomme ich eine Aversion gegen Krankenhäuser, dachte er. Es *stank* nach Krankenhaus, und noch bevor er die Augen aufschlug, wusste er, wo er sich befand.

Findest du nicht, du solltest anfangen, dir einige Gedanken zu machen, David?

Die Stimme kam aus dem Nichts und traf ihn wie ein Fausthieb.

»Gedanken worüber«, schnaubte er verächtlich, »ich brauche Ruhe, das ist alles.«

Schön, Ruhe hast du ja jetzt, erwiderte die Stimme mitleidlos.

»Sie sollten anfangen, sich einige Gedanken zu machen, Herr Dorado«, sagte die Krankenschwester, nachdem sie das Zimmer betreten hatte und eine Infusion wechselte.

»Worüber?«, stammelte er perplex.

»Welche Version sollen wir denn nun glauben? – Die, die Sie gestern Abend erzählt haben, nach der Sie mit tausend Messern aus Eis, die aus einem tropischen Wirbelsturm auf Sie zuschossen, drangsaliert wurden – oder doch eher die Version Ihrer Kollegen, die berichteten, Sie hätten einen Nervenzusammenbruch erlitten und seien vor einem explodierten Haus zusammengebrochen, auf das Sie wild schreiend zu rannten – was sehr viel wahrscheinlicher klingt?«

Als wolle sie diese Albernheit korrigieren, fügte sie hinzu:

»Sie haben nur einige Schnittwunden durch herumfliegende Trümmer erlitten, nichts Gefährliches, wenn auch sehr schmerzhaft. In einigen Tagen können Sie wieder entlassen werden.«

David wurde immer verwirrter.

Und wenn er verwirrt war und nicht weiter wusste, kam er sich vor, wie ein kleines Kind, und er wurde wütend. »Ach, lassen Sie mich gefälligst in Ruhe«, grunzte er ärgerlich, da er wegen der Schmerzen nicht laut reden konnte, »und kümmern Sie sich um die Heilung Ihres Patienten, nicht um Dinge, die sie nichts angehen.«

Erschöpft fiel er zurück ins Kissen.

»Wie Sie wünschen«, sagte die Schwester spitz und verließ eilig das Zimmer.

Mit einem Mal wünschte er sich, sein Vater wäre hier. Er hatte so viel erlebt; *er* wüsste, wie man sich in so einer Situation verhalten könnte.

Ich bin hier, sagte die Stimme ungefragt.

Aber du ziehst es vor, dich mit dir selbst zu beratschlagen. Im äußerst günstigen Fall, wenn es überhaupt nicht mehr weitergeht, bist du sogar geneigt, einige deiner Mitarbeiter zu fragen.

Es war kein Vorwurf. Es war eine Feststellung.

»Wer bist du?«, fragte er atemlos in die Stille des Zimmers.

ICH BIN, an den du denkst, wenn du nicht mehr weiter weißt! Ich muss dir heute sagen, dass diese Art von Glauben nicht in die Ewigkeit hinein reicht.

Wo ist Dennis, schrie er innerlich, und bäumte sich auf. *Wie geht es ihm? Warum muss er so leiden?* David war von der Heftigkeit seiner Anklage selbst überrascht. Er hatte nicht gemerkt, was sich da für Gefühle in ihm aufgestaut hatten.

Dennis ist sicher. Viel sicherer, als du ahnst. Er wird von den Meinen bewacht, auf Schritt und Tritt. Die zweite Frage ist etwas schwieriger zu beantworten. Ich sage dir nur soviel: Er spielt eine wichtige Rolle. Und je wichtiger ein Mensch ist, je mehr wird er angegriffen. Aber du solltest jetzt schlafen. Und anfangen zu vertrauen, dann wird alles einfacher. Und jetzt empfange meinen Frieden!

Ein kaum merklicher Wind wehte durchs Zimmer. Und mit ihm ein Duft von Zitrushainen und Olivenbäumen, gewürzt mit einer salzigen Meeresbrise.

Wie in meiner Kindheit, wie in Eretz Israel.

Tränen füllten seine Augen, während ungekannte Geborgenheit ihn einhüllte und er sicher einschlief in den Armen eines Vaters, den er nicht kannte.

***

Esther Sarah Stein war am Ende ihrer Kraft. Sie versuchte verzweifelt, ihre Gedanken zur Ruhe zu bringen, aber es gelang ihr nicht. Sie hatte die halbe Nacht nicht geschlafen. Es war vier Uhr morgens. Sie lag wach und hatte Angst.

Nach langer Zeit wieder hatte ein dunkler Traum ihre Nacht in eine Hölle verwandelt. Noch nachdem sie aufgewacht war, sah sie den schwarzen Engel, der das elfjährige Mädchen über den Abgrund hielt.

Das Spiel hat gerade begonnen, brüllte die Stimme. Sie konnte die Bosheit spüren, die von ihrer Seele Besitz ergriff und ihr Blut schwarz und dick machte, so dass sie meinte, ihr Kopf müsse jeden Moment bersten. Dann verzog sich das fahle Gesicht des schwarzen Engels zu einer Fratze, und sie wusste, dass etwas Böses misslungen war und diese Kreatur ihr die Schuld daran gab. Doch auf dem Gipfel der Angst ertönte eine Stimme jenseits ihres Sichtfeldes.

Sie gehört mir!, verkündete diese Stimme beinahe sanft.

Eine Zeit lang gab ich sie in deine Hand, weil sie mich ignorierte, doch jetzt ist sie mein, und sie wird immer mein bleiben!

Dann spürte sie Frieden, tiefer als die Schlucht, die sie geschaut hatte, tiefer als die Furcht aller Jahre.

Ein Schrei, dünner als Glas, ließ die Luft in tausend Stücke zerspringen, während ein modriger Hauch über sie hinweg strich.

Sie lauschte in die Dunkelheit und betrachtete den Mond, der durch das Fenster schien und alle Gegenstände im Raum in silbernes Licht tauchte. Dann fing sie an zu flüstern, in einer Sprache, die sie nicht verstand, und hatte den Eindruck, dass sich die Worte mit dem Mondlicht verbanden und zu einem silbernen Strom wurden, der schwerelos durch Raum und Zeit floss.

Morgen werden sie mich an einen sicheren Ort auf dem Land bringen, dachte sie schläfrig. Dann schlief sie durch bis zum nächsten Tag.

Ausgeruht wachte sie auf. Während die Morgensonne in ihrem schwarzen Haar spielte, erinnerte sie sich an ein Gespräch mit der Stiefmutter. Den genauen Wortlaut wusste sie nicht mehr, doch der Sinn der Worte hatte sich in ihr Gedächtnis eingebrannt.

»Warum liebst du Papa nicht?«, hatte sie damals gefragt, da war sie zehn Jahre alt und buk Weihnachtsplätzchen mit Judith.

»Wie kommst du darauf, dass ich ihn nicht liebe?«, kam die Gegenfrage.

»Ist nur so ein Gefühl. Du schaust ihn immer so wütend an und gehst weg, wenn er dich umarmen will.«

Judith hatte sie lange angesehen, und ihr wurde unheimlich.

»Du machst dir zu viel Gedanken für ein zehnjähriges Mädchen. Das kann gefährlich sein. Denkende Frauen sind eine Gefahr für Männer. Dein Vater wird schwach. Das ist der Alkohol, der macht alle Männer schwach. Seit dem Tod von Sarah säuft er. Weißt du, wie es ist, wenn dich ein betrunkener Mann küssen will? Ich sage es dir: Es ist widerlich! Er lässt sich gehen wie ein Waschweib. Sag mir: Wie kann ich so einen Mann respektieren? Männer sollen Frauen beschützen. Nicht sich bei ihnen ausheulen. So jemanden kann ich nicht lieben! Wenn er so weiter macht, wird er sich irgendwann selber das Leben nehmen.«

Sie sagte das in so beiläufigem Ton, dass Esther keine Luft mehr bekam. Weinend rannte sie aus der Küche. Sie konnte es nicht ertragen, wenn sie so über Papa redete.

Mit aufgerissenen Augen saß sie im Bett.

»Was hast du gemacht, Judith – was hast du mit ihm gemacht?«, flüsterte sie in die Stille ihres Zimmers.

***

Seit Klaus ihn kontaktiert hatte, waren Davids Nerven aufs Äußerste gespannt. Dennis fing an durchzudrehen. Ja, er fing an, die Nerven zu verlieren und wollte auf eigene Faust handeln. Er gefährdete die gesamte Operation. Sich selbst. Die Strategie der deutsche Außenpolitik.

Die Terroristen würden ihn offiziell als deutschen Agenten brandmarken und die arabischen Massen gegen Deutschland aufwiegeln. So konnten sie die Bundesrepublik einmal mehr als legitimes Ziel des Jihad darstellen, da dieses Land ihren gerechten Kampf torpediere. Und dann ging es nicht mehr nur um *eine* Bombe!

Er eilte zu dem verglasten Raum, in dem ein Dutzend Männer und Frauen damit beschäftigt waren, die Informationen auszuwerten, die sie – nicht zuletzt dank Klaus – über die Terrorcamps im nordpakistanischen Gebirgsland gesammelt hatten. Er überreichte dem Leiter der Abteilung ein Schreiben, das als verschlüsselte Mail an Dennis übermittelt werden sollte:

Was du vorhast, ist verständlich, aber ich verbiete dir als dein Führungsoffizier, diese Frau zu töten. Wenn du es dennoch tust, können und werden wir für deine Sicherheit nicht mehr garantieren!
Dein neuer Befehl lautet: Sofortiger Abbruch der Operation und Rückkehr nach Deutschland. B. wird dich begleiten. Am Flughafen Frankfurt erhältst du neue Anweisungen.
Sei versichert: Wir unternehmen alles, dich zu schützen. Du hast gute Arbeit geleistet. Ich freue mich auf ein Wiedersehen.

Er war sich nur nicht sicher, ob Dennis sich daran halten würde.

***

Seit Dennis den Entschluss gefasst hatte, Judith zu töten, konnte er nicht mehr schlafen. Stattdessen hörte er in wirren Träumen das Echo des Schusses, und er sah blutige Hirnmassen auf schmutzigen Wänden herunterlaufen.

Es war 4.30 Uhr. Er hörte Schritte vor der Tür. Er entsicherte seine Pistole und hielt den Atem an. Es klopfte.

»Franz, mach auf, ich muss mit dir reden.«

Schweißnass fiel er ins Kissen zurück. Nachdem Klaus den Raum mit einem Gerät überprüft hatte, das Wanzen aufspürt, setzte er sich an den Tisch und legte die Finger aneinander.

»Ich habe nachgedacht und gebetet. Ich verstehe es nicht, aber ich habe den Eindruck, ich soll dich nicht hindern, sondern vielmehr unterstützen in dem, was du vorhast. Ich überschreite meine Befugnisse, aber ich kann dir einige Informationen geben, was diese Judith betrifft.« Verblüfft starrte Dennis ihn an. Mit dieser Wendung hatte er nicht gerechnet.

»Judith, oder wie sie in Wirklichkeit heißt, Jamila bint Saleh, ist für uns keine Unbekannte. Wir beobachten sie seit fünf Jahren, und sie wird hier als ›Die Mutter‹ bezeichnet.

Sie stammt, wie du richtig sagst, aus Saudi-Arabien, aus einer vornehmen und einflussreichen Familie, und da sie intelligent ist, verbunden mit großem religiösen Eifer, wurde sie zu einer Agentin ausgebildet, was für Frauen in dieser Gesellschaft sehr ungewöhnlich ist. Wahrscheinlich haben sie den Überraschungsmoment, der in dieser Rekrutierung liegt, richtig erkannt, und der weitere Verlauf hat ihnen recht gegeben.

Keiner der westlichen Geheimdienste ist je auf den Gedanken gekommen, die brave Ehefrau eines renommierten Professors in der bayerischen Idylle könne in Wirklichkeit eine arabische Top-Agentin sein, beauftragt mit der Bildung eines terroristischen Netzwerkes in Europa, sowie der systematischen, psychischen Zerrüttung ihres Ehemannes. Es bedarf schon einer ungewöhnlichen emotionalen Kälte, um das zu bewerkstelligen. Wir konnten mehrere Rechner von Sympathisanten sicherstellen und wissen daher einiges über diese Gruppe. Das ausdrückliche Ziel und der spezielle Auftrag von *A.D.J* ist ›die Vernichtung aller Personen, die in irgendeiner Weise damit beschäftigt sind, Werbung für die zionistische Sache zu machen‹, so heißt es in einer Grundsatzerklärung, sowie ›die Liquidierung all jener, die öffentlich Sympathien für Israel oder das jüdische Volk erkennen lassen‹. Das Fernziel ist die Errichtung eines jihadistischen Terrornetzwerks in Europa. Punkte wie die Etablierung der Scharia und die Zerstörung der inneren Sicherheit gehören ebenso zu ihrem Programm. Der Professor war ihr erstes und prominentestes Ziel, es existiert aber eine Liste von weiteren einflussreichen Persönlichkeiten des öffentlichen Lebens in Europa, die ebenfalls getötet werden sollen.

Soweit wir erkennen können, ist Jamila zu einer Symbolfigur für den kompromisslosen Jihad innerhalb der Islamistenszene geworden, und ihre Schüler sind weltweit in den Startpositionen. Sie besitzt großes Charisma. Ihr Leben hat sie 1973 in Riad in einer theatralischen Inszenierung ganz der Sache geweiht, und sie ist bereit, ›mit Freuden in den Tod zu gehen für Allah, der den Tod der Ungläubigen fordere‹. Es ist bisher einmalig, dass eine Frau in dieser patriarchalischen Gesellschaft so eine zentrale Position erhalten konnte, aber du und ich wissen um die Mächte, die Umstände lenken können.

Dennis hatte schweigend zugehört, doch jetzt sprang er erregt auf.

»Wo ist sie jetzt. Ich will wissen wo sie ist, um diesem Albtraum ein Ende zu machen!«

Klaus sah ihn zweifelnd an, so, als wolle er abschätzen, ob er überhaupt noch zurechnungsfähig sei.

»Sie wird in drei Tagen um 21.30 Uhr Ortszeit mit diesem Flugzeug hier in Islamabad landen.« Er drückte ihm einen Zettel in die Hand. »Momentan hält sie sich in Riad bei ihrer Familie auf. Die Flugtickets sind schon gebucht.«

Klaus hielt den Blick zu Boden gerichtet, während er sprach.

»Töte sie auf dem Weg vom Flughafen ins Lager, denn das ist ihr Ziel. Im Lager selbst hast du keine Chance. Vier Personenschützer bewachen sie Tag und Nacht.

Eine amerikanische Sicherheitsfirma. Das ist weniger auffällig.

Ob sie ihre wahre Identität kennen, wissen wir nicht. Es ist aber anzunehmen.«

An der Tür drehte er sich noch einmal um.

»Möge unser Gott dich beschützen, Dennis, und halt den Mund darüber, dass du diese Informationen von mir hast.«

Dennis nickte.

***

Jamila fluchte. Sechs Stunden musste sie von Riad nach Islamabad fliegen, dann noch einmal vier Stunden Autofahrt durch eine steinige Wüste. Sie sah zu ihren seriös aussehenden Leibwächtern, die neben ihr saßen. Sie schienen fest zu schlafen, doch sic wusste, es war nur Schein, und sie registrierten alles. Sie waren gut bezahlt, denn mit Geld konnte man jeden Amerikaner kaufen. Sie lächelte zynisch. Ja, sie hatte es weit gebracht, von dem verachteten Mädchen zu einer mächtigen Frau. Sie hatte wahre Macht über Leben und Tod. Davon träumten viele arabische Männer, während sie sich mit Wasserpfeife und Tee benebelten und von einer archaischen Welt, einer Welt des Krieges, träumten. Sie jedoch, eine Tochter der Wüste, sie war die Herrin des Krieges!

Einen Augenblick lehnte sie sich zurück und genoss dieses berauschende Gefühl. Aber sie hatte Opfer bringen müssen.

Seit sie achtzehn war, als sie auf die Universität nach Kairo geschickt wurde, nachdem diese Männer mit ihr gesprochen hatten, weil sie intelligent war und so eine hingegebene Muslima, seit dieser Zeit konnte sie sich keine Gefühle mehr erlauben.

In dieser männerdominierten Welt war es nicht leicht für eine junge Frau, sich zu behaupten, sich den Respekt und die Anerkennung der Männer zu verdienen, doch sie war beharrlich den steinigen Pfad gegangen, höher und höher hinauf. In der Hierarchie und der Gunst der Männer. *Inschallah*.

Nur wenige Male musste sie ihren Körper verkaufen, aber sie hatte diese Demütigung ertragen, sie hatte die Augen geschlossen und gebetet, dass ihr Tag kommen möge.

Und er war gekommen. Mit zweiundzwanzig wurde sie angeworben, als einzige aktive Agentin des saudischen Geheimdienstes. Eine einzigartige Ehre und eine Genugtuung, die alle Demütigung vergessen ließ.

Zwei Jahre später schrieb sich eine jüdische Studentin an der Hebräischen Universität in Jerusalem ein. Ihr Name war Judith Weinstock.

Jamila hasste die Juden so sehr, dass sie bereit war, alles auf sich zu nehmen, um Israel zu vernichten. Nachdem die Juden viertausend Jahre die Welt zersetzt hatten, ihre Kinder töteten, ihre Wirtschaft lahmlegten und ihre Regierungen gesteuert hatten, besaßen sie auch noch die Frechheit, arabisches Land zu stehlen und zu besetzen. Dass sie dann diesen Trottel von Professor geheiratet hatte, zeigte nur, wie weit sie bereit war zu gehen, um die Schmach der panarabischen Nation reinzuwaschen. Ja, sie würde abgewaschen werden – mit dem Blut der Kinder Zions.

Sie blickte auf den Bildschirm über ihrem Kopf, der deutsche Polizisten zeigte, die eine Demonstration niederschlugen.

Diese dreckigen Deutschen hatten ihren Bruder auf dem Gewissen! Irgendwo auf einem Feld in der deutschen Provinz, in einem Kaff namens Jüterborg, hatten sie ihn ermordet. Seine Leiche war vollkommen verkohlt gewesen. Sie mussten Flammenwerfer eingesetzt haben, um ihn so unkenntlich zu machen.

Auch dafür würden sie büßen.

Die Bombe war bereit, und sie tickte.

Auch wenn dieser Nazi-Schläger Heberling versagt hatte, das islamische Volk würde nicht versagen. Es hatte genug Kämpfer, die bereit waren, mit Freuden den Tod zu erleiden, damit Allah regiere von einem Ende der Erde zum anderen. Sie würden reinigen, mit Feuer und Schwert, und es würde kein Entkommen geben. Wenn der Funke erst entzündet war … wenn das Land brannte im Feuer des Gerichts … würden alle Ungläubigen die Wahrheit erkennen – und Allah würde herrschen. Durch sein Volk.

Tränen standen in ihren Augen, als sie daran dachte, doch wütend wischte sie sie weg.

Sie konnte sich keine Schwäche leisten.

Denn das Ultimatum war abgelaufen, ihre Krieger standen bereit!

35

Groß und bedrohlich stand er auf den Mauern der Stadt und blickte umher. Weithin sichtbar für den Feind, doch unsichtbar für natürliche Augen.

Er lachte, aber es war nicht hörbar, nicht für menschliche Ohren. Es äußerte sich lediglich in einem unbestimmten Gefühl der Bedrohung, der Unsicherheit und der Angst, die München an diesem heutigen Abend umklammert hielt. Alles war anders heute Abend, und die Menschen blickten besorgt zum Himmel, doch es gab nichts zu sehen, und so senkten sie ihre Köpfe und rätselten, warum sie so viel Unruhe empfanden.

Wieder kicherte er voller Vorfreude. Jetzt wurde das unsichtbare Vibrieren der Luft so stark, dass die Menschen anfingen, unsinnige Dinge zu tun. So erstach in einer Seitengasse ein fünfzehnjähriger einen Bettler, nur weil er die zwanzig Euro haben wollte, die der Mann in seinem Hut hatte. Und draußen vor der Stadt wurde ein zwölfjähriges Mädchen vergewaltigt, von einem Klassenkameraden, der sie nicht einmal sonderlich hübsch fand.

Das war ganz nach seinem Geschmack. Er amüsierte sich köstlich, und bald konnte er nicht mehr aufhören, zu lachen.

***

Im dichten Gedränge der Fußgängerzone fiel niemandem

der arabisch aussehende, dicke Mann auf, der mit bleichem Gesicht vor den Schaufenstern stehen blieb und offenbar sehr schwitzte, obwohl es heute recht kühl war.

Unruhig und ziellos eilte er umher, und Todesqual zeichnete sein Gesicht. Hätte ihn jemand angesprochen, vielleicht, weil er ihm helfen wollte, hätte er keine Antwort erhalten, denn der Mann hatte keine Zunge mehr.

Denn *Eines* hatte man ihm ganz klar gemacht:

»Entweder du arbeitest mit uns zusammen und wirst ehrenvoll als Märtyrer sterben, oder wir schneiden dir noch mehr aus deinem Körper, und du wirst so lange leiden wie der Hund, der du dann bist.« Der geistig behinderte Mann war vernünftig gewesen und hatte das Angebot angenommen, das sie ihm unterbreitet hatten.

Eine junge Frau kam etwas unsicher auf ihn zu, und wedelte mit einem Traktat in der Hand. Der Araber nahm es an, denn er konnte nicht reden und musste ja so unauffällig wie möglich wirken.

Seine Zeit zu sterben würde bald kommen, und in einem Anflug ohnmächtiger Verzweiflung rüttelte er an dem massiven Metallgestell, in das sie ihn eingeschlossen hatten. Er wusste, dass es keine normale Bombe war, sondern der beste Sprengstoff, vermischt mit irgendeinem teuflischen Material. Er sei schon jetzt so vergiftet, dass er so oder so sterben würde.

Hatten sie ihm gesagt.

***

Doch dann geschah etwas, womit niemand rechnen konnte: Die Dunkelheit der Stadt wurde überrollt von einer Woge aus Licht. Darin erkannte der Fürst der Stadt Gestalten. Die Streitkräfte des Feindes! Ihm, der eigentlich wachen sollte, blieb das Lachen im Hals stecken, und nur ein leises Krächzen kam aus seinem Schlund. Er erhob sich und wollte fliehen, doch er konnte sich nicht bewegen.

Mit geweiteten Augen starrte er in das gleißende Licht, während die Woge über ihn rollte.

Nur eine dünne Rauchfahne verkündete für Sekunden, dass er je existiert hatte.

***

Der dicke Mann hatte die Stelle erreicht, die sie ihm gezeigt hatten. Stumm betete er zu Allah, um den Mut, zu ertragen.

Die Bombe würde in drei Minuten explodieren, per Fernsteuerung durch die Brüder. Da das Zünden nicht so einfach sei, hatten sie gesagt, würden sie das für ihn machen.

Schweiß stand auf seiner Stirn. Sein Hals war trocken, und sein Herz raste. Mit einem Mal war er ungewöhnlich wach, und er nahm die Menschen wahr, die ihre Einkäufe erledigten. Sie lachten und unterhielten sich, und die warme Luft trug das Echo ihrer Stimmen auch zu den entlegensten Winkeln des riesigen Kaufhauses. Ein kleines Kind schrie nach seiner Mama und jauchzte erleichtert, als die Mutter es in den Arm nahm.

Eine Gruppe von fünf Jungen im Grundschulalter tuschelten miteinander und zeigten auf drei Mädchen im selben Alter, die kicherten und sich verlegen zur Seite drehten.

Dann lächelte ein kleiner Junge ihn an, einfach so.

Vielleicht hatte er die Qual in seinen Augen gesehen, so, als wolle er ihm sagen: »Es gibt immer einen Ausweg!«

»Komm, David, wir müssen weiter«, hörte er die Mutter, wie durch einen Nebel hindurch.

Er erinnerte sich an seine Kinder, die sie ihm weggenommen hatten. Sie könnten besser für sie sorgen, hatten sie erklärt. Sie hatten ihm gesagt, Juden müssten gehasst werden, denn sie zerstören die Welt.

David. War das ein jüdisches Kind gewesen?

Dieses Lächeln, dieser hoffnungsvolle Blick.

Es war zu viel für ihn.

Tränen strömten über sein Gesicht und begannen, seinen Blick zu verschleiern. Sein Herz zerriss, er spürte es ganz deutlich.

Er stürmte hinaus. Er hatte noch zwei Minuten.

Die kalte Luft empfing ihn, und mit seinem Kopf geschah etwas Seltsames. Zum ersten Mal in seinem Leben konnte er *klar* denken.

Er irrte durch die Münchner Altstadt, auf der verzweifelten Suche nach einem einsamen Ort in diesem Gewühl. Plötzlich sah er die große Kirche, deren dicke Mauern Sicherheit versprachen.

Fünfzig Sekunden. Er stürmte dem Ziegelbau entgegen.

Er betete um Vergebung für das, was er nicht tun konnte.

Dreißig Sekunden. Er würde es nicht schaffen.

Er trug 25 Kilo Gewicht um den Leib.

Er betete, dass die Kirche leer wäre, während er schrie:

»Eine Bombe, ich bin eine lebende Bombe!«

Die Menschen blickten in sein schmerzverzerrtes Gesicht und stoben schreiend davon.

Fünf Sekunden. Er drückte die Klinke und stemmte sich mit aller Kraft gegen die schwere Tür.

Stille empfing ihn. Weihrauch und Stille. Er lief Richtung Altar.

»Vergib mir, Vater. Vergib mir«, schluchzte er.

***

Ein greller Blitz spaltete die Kirche in zwei Teile.

Die Glasfenster zersplitterten durch die Druckwelle, und die Explosion war so stark, dass die romanische Kirche aus dem elften Jahrhundert in sich zusammenstürzte wie ein Lehmhaus vor einem übermächtigen Tsunami. Der Schuttberg, der den Araber begrub, war fünfzehn Meter hoch, so groß wie drei Einfamilienhäuser.

***

In einer führenden deutschen Tageszeitung konnte man am nächsten Tag Folgendes lesen:

Da die deutschen Rettungskräfte sowie Militär und Polizei schon vor Monaten von unbekannter Stelle darüber informiert wurden, dass es zu einem Anschlag mit radioaktivem Material kommen könne, reagierten sie umgehend und sehr professionell.
Noch während die Bevölkerung evakuiert wurde, wurde die Ruine der Pfarrkirche St. Peter ausgiebig mit einer dekontaminierenden Flüssigkeit besprüht. Mithilfe von Wärmebildkameras konnte festgestellt werden, dass außer der Leiche des Attentäters kein weiterer menschlicher Körper unter den Trümmern der Kirche begraben war. Die radioaktiven Messungen ergaben, dass durch den meterdicken Wall an Steinen um das Explosionszentrum herum 95 Prozent der Strahlung dauerhaft absorbiert werden kann.
So konnte bereits ab einem Umkreis von fünfzig Metern um die Kirche eine radioaktive Belastung gemessen werden, die sich innerhalb der zulässigen Grenzwerte befand.
Da es aufgrund der Größe des Sprengsatzes zu keinerlei Kernre-

aktion kommen konnte – lediglich die Ummantelung enthielt strahlendes Material – , gehen Experten davon aus, dass man bereits in einem Jahr unter entsprechenden Schutzmaßnahmen mit der Räumung des Geländes beginnen könne. Bis dahin seien Aufnahmen von Wärmebild und Ultraschallkameras so detailliert, dass man die Lage gut kontrollieren könne.

Warum der Attentäter allerdings die Bombe ausgerechnet in einer Kirche gezündet hatte und nicht im Kaufhaus gegenüber, was zu einer Katastrophe geführt hätte, kann bis heute nicht geklärt werden. Möglich wäre ein technischer Defekt der Zündvorrichtung. Details hierzu erhofft sich die Polizei von der Bergung der Leichenteile.

36

Sie saßen seit einer Stunde in diesem stinkenden Lokal am Flughafen von Islamabad und warteten auf den Fahrer des Lagers. Die Luft war stickig, ganz anders als in Deutschland, und sie musste sich erst wieder daran gewöhnen.

Ihr entfuhr ein arabischer Fluch. Wie auf frischer Tat ertappt, blickte sie um sich. Keiner der Leute schien etwas Außer-gewöhnliches daran zu finden, dass eine arabisch aussehende Frau auch auf arabisch fluchte. Sie lachte in sich hinein. Jetzt wurde sie schon paranoid. Jetzt war sie keine Jüdin mehr. Hier war sie Jamila bint Saleh, Gründerin des europäischen Arms des globalen Jihad!

Sie hatte eine SMS empfangen. Die Nachricht kam vom Imam einer sehr bekannten Moschee in München-Freimann:

Feuerwerk in München fand nicht statt.
Hör dir die Nachrichten an.

Sie ballte die Hände zu Fäusten. Ohnmächtige Wut erfasste sie.

Wie viel Zeit, Mühe und Geld es gekostet hatte, diese Bombe zu beschaffen, das Plutonium über Russland nach Deutschland zu schmuggeln, den Zünder zu installieren, den speziellen Sprengstoff zu beschaffen.

Weich wie Eunuchen waren sie geworden, die glorreichen Kämpfer Allahs. Der Attentäter, Mahmud, sie hatte ihn persönlich gekannt. Zwei Kinder hatte er, doch er hatte den Propheten beleidigt. Dazu noch schwachsinnig. War dabei gewesen, zu konvertieren. Zur dümmsten Religion, die es gab: dem Christentum.

Er hatte den Tod verdient.

Als Vorsichtsmaßnahme hatten sie ihm die Zunge heraus geschnitten. Er hatte die Gnade Allahs, des Allerbarmers geschmeckt, denn er hätte sich einen Platz im Paradies sichern können durch eine Aktion, die viele Ungläubige getötet hätte. Und doch hatte er versagt. Der Teufel selbst schien gegen sie zu arbeiten. Sie bebte vor Wut, als sie mit einem lässigen »Saalam Jamila«, begrüßt wurde.

Breitstämmig und grinsend stand der Kommandant des Lagers im Lokal.

»Idiot«, zischte sie, »warum bist du so spät gekommen?«

Verwirrt starrte er sie an, um herauszufinden, wie er antworten solle.

»Wir wurden aufgehalten. Es gab da einen Unfall.«

»Einen Unfall in der Wüste?« schrie sie. »Eine dümmere Ausrede konnte dir wohl nicht einfallen?«

Seine Augen verengten sich zu Schlitzen.

»Auf halbem Weg zum Flughafen, wir sahen einen Laster, der Obst hatte geladen, quer über Fahrbahn liegen. Ein Kleinbus ihn hat angefahren. Keine Verletzten. Einige Zeit dauern, bis Fahrbahn wieder frei. Aufräumarbeiten dauern mit Sicherheit noch an, bei dem, was auf Straße lag. Feigen, Datteln, Pfirsiche.«

Er lachte.

Sie blickte ihn verächtlich an. Sie hatte als Gründerin von *A.D.J* Befehlsgewalt über ihn, aber als Frau musste sie sich in diesem archaischen System immer wieder behaupten. Ihr Lagerleiter wurde zu lässig.

»Mohammed, deine Lässigkeit kann dich schnell vor das Scharia-Gericht bringen. Wir leben im Krieg. Soll ich einige Anrufe tätigen?«

Sie schenkte ihm ihr unschuldigstes Lächeln.

Mohammed wurde bleich. Seine Stimme zitterte:

»Wir haben Unfall natürlich überprüft. Es war wirklich Unfall. Alles ganz natürlich. Ich habe mit Fahrern gesprochen.«

Jamila nickte. Er war ein Waschlappen, der sich von jeder Frau einschüchtern ließ. Aber sie brauchte ihn. Die Männer vertrauten ihm, er sprach ihre Sprache.

Einer der Leibwächter zahlte, und sie gingen hinaus in die Sonne.

Als sie die Stadtgrenze passiert hatten, wurde die Luft erträglicher. Der alte Rover hatte zwar keine Klimaanlage, aber um diese Jahreszeit ließ es sich aushalten. In Gedanken ging sie noch einmal durch, was sie den Männern sagen wollte.

Der kompromisslose Jihad sei die *Aufgabe*, das *Ziel* die Islamisierung der Welt. Dieses Ziel beherrsche von Anfang an den Koran. Es sei Zeit, dass die Welt begreift, dass es nur noch eine Herrschaft geben kann und wird. Die Unterwerfung der Welt unter Allah. Das ist die eigentliche Bedeutung des Wortes ›Islam‹, aber aus strategischen Gründen sollte dieser Begriff dem Westen gegenüber stets mit ›Frieden‹ übersetzt werden.

Als nächstes würde sie das dekadente Wesen des Westens skizzieren: Dieses System, das sie Demokratie nannten, sei nicht mehr lebensfähig, die Ausbeutung der Armen und Schwachen könne nicht weiter toleriert werden, und das gesamte kranke Konstrukt stütze sich auf eine einzige Grundlage: Ungerechtigkeit und Ausbeutung. Ohne diese Grundlage würde es nicht mehr funktionieren.

Deshalb sei es zu bekämpfen.

Der Islam jedoch verkörpere den Gipfel der Tugenden. Seine kulturellen Leistungen wurden während langer Jahrhunderte bewusst vom Westen übergangen, um die reiche islamische Tradition immer mehr ihrer Wurzel zu berauben. Doch was sage der Koran selbst darüber, was gebiete er den Gläubigen?

Vorgeschrieben ist euch der Kampf, doch ist er euch ein Abscheu. Aber vielleicht verabscheut ihr ein Ding, das gut für euch ist, und vielleicht liebt ihr ein Ding, das schlecht für euch ist; und Allah weiß, ihr aber wisst nicht.

Das war eine ihrer Lieblingsstellen: Sure 2, Vers 217.

Lautes Knirschen und ein dumpfer Schlag riss sie unsanft aus ihren Gedanken. Der Wagen quietschte, als wenn Metall mit großer Gewalt auf Metall rutscht, Schreie und Schüsse erfüllten die Luft. Ihr Kopf wurde auf den Vordersitz geschleudert, und benommen nahm sie wahr, wie etwas Nasses über ihr Gesicht lief. Sie blickte verstört aus dem Fenster. Ein Leibwächter zerrte sie am Arm:

»Raus hier, das ist ein Hinterhalt!«

Er riss die Tür auf, und in wilder Hast taumelten sie aus dem Wagen.

***

Dennis versuchte, ruhig zu bleiben, doch es gelang nicht. Sein Herz schlug ihm bis zum Hals. Er umklammerte das Maschinengewehr fester, aber seine Hand zitterte zu stark. Der Horizont flimmerte in der weiten Ebene, und verzweifelt versuchte er, auf den Kopf der Frau zu zielen.

In dem Moment, als er abdrückte, wusste er, dass er

vom Jäger zum Gejagten geworden war. Er hatte sie nur gestreift, dann war sie hinter dem Wagen verschwunden, und nun feuerten vier Maschinengewehre auf seine Stellung hinter dem umgestürzten Lieferwagen. Er wusste, es war aussichtslos. Sie würden ihn töten, wenn nicht ein Wunder geschah. Aber das hatte er doch einkalkuliert. Warum lehnte er sich so dagegen auf?

Er fing an zu brüllen. Wie ein Wahnsinniger. Er schrie sich die Last von der Seele, den Schmerz des Gehetzten, den Schmerz der Ohnmacht, die Trauer um Esther, und das, was Jamila aus ihr gemacht hatte; die Einsamkeit, die ihn nun langsam tötete.

Sein Verstand setzte aus. Es wurde dunkel um ihn.

Seine Seele verweigerte, sich weiter in der Wirklichkeit zu bewegen. Er verließ sein Versteck und rannte auf die Männer zu.

»Jetzt, du bist tot, Dennis Meyer«, brüllte eine Stimme triumphierend. Ruhig sah er dem Tod ins Auge und blickte dem Mann ins Gesicht, der da gerufen hatte.

Er war wieder in der Realität.

Was er sah, verwunderte ihn, denn er entdeckte Furcht in diesen Augen. Der Mann begann zu gestikulieren, und mit dem Finger auf etwas zu zeigen, was hinter Dennis lag. Die anderen wurden unruhig und schauten nervös in die Richtung, während sie laut durcheinander riefen. Dennis drehte sich um, doch außer dem flimmernden Horizont und der Bergkette konnte er nichts sehen.

Träge erinnerte sich sein Gehirn an etwas, was er einmal während seines Studiums von einem Professor Stein gehört hatte: Es ging um den Sechstagekrieg, und es wurden Berichte von Soldaten geschildert, die von ähnlichem Verhalten auf Seiten der arabischen Armeen berichteten.

Irgendetwas war dort in der flimmernden Ebene, etwas, was er nicht sah, aber diese Männer in Panik versetzte.

Die Blicke, die sie sich zuwarfen, erinnerten ihn an gehetzte Tiere. Dann sprangen sie in den Wagen. Der Motor heulte auf, und der Rover raste in einer Staubwolke in die Richtung, aus der er gekommen war.

Er sank zu Boden und spürte nichts mehr.

Nur eine Stimme dröhnte in seinem Kopf:

Am Tag der Bestrafung will ich vergelten, zur Zeit, wenn ihr Fuß strauchelt; denn der Tag des Verderbens ist nahe, und was für sie vorgesehen ist, wird kommen!

Als er erwachte, fror er jämmerlich.

Nacht war um ihn, und die riesigen Sterne strahlten über ihm, kalt, erhaben.

Benommen setzte er sich auf.

Solch eine Stille hatte er noch nie *wahrgenommen*, und er hörte laut den unregelmäßigen Schlag seines Herzens.

Plötzlich bemerkte er etwas, am Rande seines Gesichtsfeldes, ein Flattern, doch als er seinen Kopf wandte, konnte er nichts sehen.

Da war es wieder, länger als zuvor, aber da war *nichts*.

Er kroch in den gemieteten Laster und verständigte Klaus über Satellitentelefon, wo er sich befand. Dann rollte er sich in der Fahrerkabine zusammen und schlief bis das Morgenrot ihn weckte.

Teil III

Das Geheimnis Jerusalems

Einst, nach der Erschaffung von Himmel und Erde hatte der Allmächtige alle Schönheit und allen Glanz seiner Schöpfung in zehn gleiche Teile aufgespalten.
Neun Teile der Schönheit und des Glanzes gab er der Stadt Jerusalem, und nur einen Teil gab er der restlichen Welt.

Gleichermaßen wurden alles Leid und alle Trauer in zehn Teile aufgeteilt. Neun Teile Leid und Trauer gab der Schöpfer an Jerusalem, und nur einen einzigen Teil der übrigen Welt.

Talmud

37

Es klingelte ein zweites Mal an der Tür. »Warum können sie mich nicht einfach in Ruhe lassen«, murmelte Esther schlaftrunken, während sie umständlich aus ihrem warmen Bett kletterte und sich einen Morgenmantel überzog. Die Beamten waren pünktlich, sie selbst hatte verschlafen.

Sie öffnete die Tür und ließ sich die Dienstmarken zeigen. Sie erklärte ihnen, sie bräuchte eine halbe Stunde, um sich fertig zu machen, dann möchten sie bitte noch einmal klingeln. Die Männer nickten.

Fünfunddreißig Minuten später stieg sie mit gepackten Koffern in eine silberne BMW-Limousine. Alles war edel und sauber, und sie versank in dem bequemen Sitz aus schwarzem Leder. Sie saß vorne und fühlte sich wie ein Staatsgast.

Als sie auf der Autobahn waren, wurden ihr die neuen Dokumente ausgehändigt. Personalausweis, Reisepass und ein neuer Führerschein, alles ausgestellt auf den Namen *Aida Ibn Aziz*, geboren am 25.05.1978 in München.

Wenigstens war es ein deutscher Pass. Überrascht blickte sie auf:

»Wieso habe ich einen arabischen Namen?«

»Das ist nur zu Ihrem Nutzen. Sie sehen orientalisch aus«, kam die lakonische Antwort des Beamten auf der hinteren Sitzbank. Auf ihre Frage, wohin sie genau führen, wurde ihr gesagt, dass sie zu einem kleinen Hotel in der Nähe von Zürich gebracht werden sollte. Jede Woche würde sie den Besuch einer Vertrauensbeamtin erhalten, bis über weitere Schritte entschieden werden würde.

Sie schloss die Augen. Erst jetzt realisierte sie, dass ihr altes Leben, so wie sie es kannte, der Vergangenheit angehörte. Sie hatte einen anderen Namen, und sie wusste in keinster Weise, was ihre Zukunft bringen würde.

Die Berge leuchteten majestätisch in der Sonne, und staunend beugte sich ihr Herz vor dieser Schönheit, in der sie überall Spuren einer Absicht erkennen konnte.

Im Wagen war es angenehm ruhig, und so döste sie ein.

Sie wachte auf, als der BMW ruckelte. Die Sonne stand schon im Zenit, und sie sah durch die abgedunkelten Scheiben, dass sie sich einem kleinen Rollfeld näherten, auf dem ein Flugzeug stand.

Sie war schlagartig wach und beugte sich vor, um genauer sehen zu können. In diesem Augenblick erhielt sie einen heftigen Schlag auf den Kopf.

Als sie erwachte, war sie kurz davor, sich zu erbrechen. Das Flugzeug schaukelte und zitterte, und sie hatte schreckliche Angst. Als sie aufblickte, sah sie in das gleichmütige Gesicht des Fahrers.

»Was soll das? Wo bin ich hier?«, schrie sie ihn an, doch der Mann lächelte nur belustigt.

»Frau Ibn Aziz, Sie sind ab jetzt eine wertvolle Geisel der Befreiungsarmee *A.D.J.*, und wir freuen uns, Sie an Bord unseres bescheidenen Lear-Jets begrüßen zu dürfen.« Sie atmete durch.

Fassungslos starrte sie dem Mann in die Augen. Dann sah sie sich um: Das Flugzeug war etwa zehn Meter lang und außerordentlich luxuriös ausgestattet. Eine Bar zog sich über die gesamte linke Bordwand, fünf Barhocker standen davor. Auf der gegenüberliegenden Seite stand ein riesiges Sofa aus braunem Leder, auf dem sich Zeitung lesend der andere ›Beamte‹ lümmelte.

»Wohin fliegen wir?«, fragte sie.

»Riad.«

»Was haben Sie mit mir vor, und warum haben Sie mich entführt?«

Der Mann nickte bedächtig.

»Sie sind eine wichtige Person, Aida«, sagte er. »Sie sind Stieftochter der ersten und einzigen Gründerin einer arabischen Kampfeinheit. Wir sind dazu auserwählt, den Heiligen Krieg nach Europa zu tragen und die Regierung Allahs vorzubereiten.«

Er lächelte sie herablassend an.

»Schon allein dieser Umstand, macht Sie *fast* zu einer Persönlichkeit. Aber Sie haben darüber hinaus natürlich eine gewisse Rolle zu spielen. Andererseits sind Sie Jüdin, also etwas Minderwertiges. Es gibt einen Todesbefehl von 1973 gegen ihre Familie. Wussten Sie das?«

Sie fing an zu schluchzen, hatte sich aber schnell wieder unter Kontrolle. »Sie können sich gegen Ihr Schicksal nicht auflehnen, Aida.«

Sie blickte aus dem Fenster.

Sie empfand keine Angst, was sie etwas überraschte.

***

David war außer sich. Als er den Anruf aus München erhalten hatte, wusste er, dass alles, was während dieser Operation schief gehen konnte, falsch gelaufen war.

»Was soll das heißen, Sie haben keine Spur von Esther?«, brüllte er ins Mikrophon seines Headsets.

»Wollen Sie mir allen Ernstes erklären, dass da irgendwo in der Welt jemand mit einer falschen Identität herumspaziert, der von Islamisten entführt wurde?«

Am anderen Ende blieb es still. Der Mann auf dem Bildschirm machte eine fahrige Handbewegung über seine Augen.

»Es ist eindeutig unser Versagen. Ich übernehme die volle Verantwortung dafür. Ich kannte die zwei Beamten … Ich glaubte, sie zu kennen … ich verstehe nicht, wie so etwas passieren konnte«, stammelte der ranghohe Münchner Polizeibeamte.

»Das wird Konsequenzen haben«, sagte David leise. Dann wurde er lauter: »Haben Sie zumindest Hinweise, wo sie sich jetzt aufhalten könnte?«

Sein Gesprächspartner räusperte sich und wischte sich wiederholt mit der Hand über die Stirn.

»Wir erhielten gestern einen Anruf unseres Kontaktmannes in Saudi-Arabien. In der Nähe von Riad ist gestern Abend auf einem Privatflughafen eine Cessna mit Schweizer Kennung gelandet. Genaueres haben wir nicht. Wir gehen der Sache nach, und nach dem, was wir über den Eigentümer des Flugzeugs in Erfahrung bringen konnten – ein millionenschwerer Schweizer Geschäftsmann, der zum Islam konvertierte – könnte das die Maschine sein, in der Esther Stein entführt wurde.

»Geben Sie der Sache höchste Priorität. Setzen Sie Ihre besten Leute darauf an. Schalten Sie so wenig Dienste ein, wie möglich. Ich möchte kein großes Aufsehen, vor allem nicht in der Presse. Ich muss wissen, wo sich diese Frau befindet.«

Damit hatte er die Übertragung abrupt beendet.

Er begann, unruhig auf und ab zu gehen. Er informierte die Mitglieder des Krisenstabs, und es wurde für diesen Abend, 18 Uhr, eine Dringlichkeitssitzung in den Räumlichkeiten des Präsidiums vereinbart.

Es klopfte. Georg Köhler, sein Pressesprecher. Ein bleicher, junger Mann, der meist nervös in den Besprechungen saß und seine Hände nicht ruhig halten konnte.

Seit David die Leitung von ›Eherne Schlange‹ übernommen hatte, war Georg ihm zugeteilt worden. Es gehörte zu dessen Aufgaben, ihm wöchentlich die Stimmungslage der Deutschen zu präsentieren, mit dem Schwerpunkt auf die Reaktion der Bevölkerung gegenüber terroristischer Gefährdung.

»Also Georg, dann schieß mal los. Wie ist die Lage?«

Georg räusperte sich und begann umständlich, seine Unterlagen auszubreiten. »Also, äh, sie ist … angespannt. Die ›Süddeutsche Zeitung‹ hat heute morgen eine ausführliches Dossier auf ›Seite Drei‹ über die Folgen des Anschlages von München gebracht. Was uns vor allen Dingen Sorgen machen sollte, sind die psychologischen Wirkungen. Ich fange am besten an, dir die wichtigsten Passagen aus dem Artikel vorzulesen. Ich lasse dann alle Zeitungen da. Du solltest sie dir wirklich durchlesen.«

Die explodierte Furcht
Über die Langzeitfolgen des Anschlags von München

(…) Lange Zeit wurde die Gefahr, die von einem Anschlag mit sogenannten schmutzigen Bomben ausgeht, von konventionellen Sprengsätzen also, die mit radioaktiv strahlenden Substanzen präpariert sind, von den Behörden dramatisch unterschätzt. Was sich an jenem 12. März 2008 im Zentrum von München ereignete, erwies sich im wahrsten Sinne des Wortes als Wunder. Dass es bei diesem Selbstmordanschlag keine Personenschäden gab, ist bei der schieren Masse des Sprengstoffes (20 kg Plastiksprengstoff), nahezu unglaublich. Die freigesetzte Energie hätte ausgereicht, das gesamte Kaufhaus, das sich nur 150 Meter neben der völlig zerstörten Kirche befand, dem Erdboden gleichzumachen.

Zweifellos war dies auch das erste Ziel des Attentäters gewesen, denn Augenzeugen hatten ihn dort wenige Minuten vor der Explosion gesehen. Warum der Attentäter die Bombe in einer Kir-

che gezündet hat (möglicherweise gab es Probleme mit der Zündvorrichtung), ist der Polizei ein Rätsel, das sich, wie aus Sicherheitskreisen zu hören, wohl erst in frühestens einem Jahr lüften lässt. Dann nämlich, wenn sich die Strahlenbelastung so weit reduziert hat, dass es möglich ist, das Epizentrum der Explosion zu untersuchen.
Ein anderes Ziel jedoch hat der Attentäter erreicht:
Die psychologische Wirkung der Bombe, die in großen Teilen der Bevölkerung nach wie vor als ›kleine Atombombe‹ betrachtet wird, ist noch nicht abzusehen. Schon sind etwa 5.000 Anwohner umgezogen, obgleich alle bisherigen Proben ergaben, dass keine reale Gefahr für die Menschen besteht, die weiter als 500 Meter um das Explosionszentrum entfernt wohnen. Der Massenpanik tut das jedoch keinen Abbruch. Die Reaktionen der Bevölkerung erinnern an die Reaktionen auf den Atomunfall von Tschernobyl im Jahr 1986, nur sind sie jetzt noch ungleich dramatischer.
Die Bürgertelefone des Katastrophenschutzes, der Feuerwehren und der Polizei sind seit diesem Terrorakt überlastet. Die wirtschaftlichen Kosten einer großflächigen Evakuierung, die bei Räumung des Geländes notwendig sein werden, sind eminent. Immerhin muss ein Gebiet von 250.000 Quadratmeter in der unmittelbaren Umgebung der zerstörten Kirche evakuiert werden, da bis dorthin noch erhöhte Strahlungswerte gemessen werden. Das betraf immerhin 300 Ladengeschäfte, 20 Kaufhäuser und 300 Privathaushalte, aber auch den Verwaltungssitz, das Münchner Rathaus. Diese Gebäude werden für fünf Jahre nicht genutzt werden können. Das könnte allerdings erst der Anfang sein. Es könnte notwendig werden, die gesamte Bodenschicht in diesem Gebiet bis zu einer Tiefe von 30 Zentimetern abzutragen. Diese Ankündigungen verursachen Unruhe in der Bevölkerung. In allen Großstädten Deutschlands gab es Kundgebungen und Demonstrationen, die teils sehr gegensätzliche Inhalte hatten. (…) In München selbst gab es Aufmärsche mit 60.000 Menschen, die mehr Sicherheit für die Zivilbevölkerung forderten. Die

Inhalte sind eher diffus, es werden Bedrohungsszenarien thematisiert, die mitunter den Ängsten der 68-Generation zu entspringen scheinen. Tatsächlich waren es überwiegend Menschen dieser Altersgruppe, die auf die Straße gingen.(...)
Ein Ende der Hysterie ist noch nicht abzusehen. Ja, es scheint, das sich die Angst, die als unmittelbare Folge von Unkenntnis anzusehen ist, an weiterer Dynamik gewinnen wird. Da helfen auch keine Beteuerungen von Experten, die einhellig versichern, es handele sich hierbei eben nicht um eine Massenvernichtungswaffe. So bleibt es ein zynisches Spiel mit den Ängsten einer Bevölkerung, die den kalten Krieg hinter sich gelassen hat und bei A-Bombe an Hiroshima und Nagasaki denkt.
Aber gerade das ist das Kalkül von Terroristen:
Terror bedeutet nun einmal Schreckensherrschaft. So wird sich Deutschland in Zukunft weit mehr mit seinen innersten Ängsten als mit einer substanziellen Bedrohung auseinandersetzen müssen. Das aber ist keinesfalls so harmlos, wie es sich anhört.(...)

David hatte nur halb zugehört.

»Findest du das nicht etwas übertrieben?«, meinte er zu Georg gewandt. Dieser zuckte hilflos mit den Schultern.

»Meine Aufgabe ist nur, dir eine Übersicht darüber zu geben, was als Stimmungslage der Bevölkerung betrachtet werden kann. Eine Meinung bilden musst du dir schon selber. Du bist der Chef.«

»Na toll«, stöhnte er, während Georg das Büro verließ. Missmutig starrte er auf den Stapel von Zeitungen, die auf dem Schreibtisch lagen. Diese Artikel musste er heute Nacht durcharbeiten, jetzt hatte er keine Zeit dafür.

Er nahm das Telefon und wählte eine Nummer in Israel. Nach einer längeren Wartezeit hatte er endlich den Direktor des Inlandsgeheimdienstes ›Schin Bet‹, Gus Feitmann, am Apparat.

»David, alter Junge, wie geht`s dir?«, dröhnte die Stimme seines alternden Kampfgefährten aus dem Hörer.

Nach zwei Minuten Austausch kam David, der unruhig auf seinem Stuhl hin und her rutschte, zur Sache. »Gus, ich brauche dringend deine Hilfe und deinen Rat. Es ist eine größere Geschichte, und ich kann dir das alles unmöglich am Telefon erklären. Können wir uns morgen Abend in Jerusalem treffen?« Eine Zeitlang war es still am anderen Ende der Leitung.

»Natürlich«, antwortet Gus dann, dem die Überraschung deutlich anzuhören war. »Gut, morgen um 18 Uhr im *King David*. Ich sitze im Foyer.«

Die Nacht war grauenvoll. David hatte sich zwei Stunden durch eine wahre Flut von Artikeln gelesen, dann konnte er nicht mehr. Angefangen vom billigsten Boulevardblatt bis zur seriösen *WIRTSCHAFTSWOCHE*. Sogar die *TIMES* hatte über die Ereignisse in Deutschland einen längeren Artikel geschrieben. Die Bilanz war ernüchternd.

Die schlummernden Ängste, die mit einem Schlag in der deutschen Bevölkerung geweckt worden waren, hatte er derart massiv nicht erwartet. Auch die stets latente Kritik am Vorgehen der deutschen Sicherheitsbehörden ärgerte ihn. Das war zwar die gewohnte Häme aus dem linken Lager, aber in diesem Fall war sie dazu vollkommen widersprüchlich und abwegig. Auf der einen Seite wurde polemisierend mehr Sicherheit gefordert, auf der anderen Seite immer wieder das Szenario eines Überwachungsstaates beschworen.

Was ihn aber persönlich weit mehr belastete:

Er hatte sich in den letzten Tagen häufig mit Michaela gestritten. Sie hatte ihm vorgeworfen, nur noch auf seine Arbeit fixiert zu sein und sich überhaupt nicht mehr um sie zu kümmern. Sie hatte sogar seine Fähigkeiten als künftigen Vater in Frage gestellt, weil er nur noch seine Arbeit sehe und alles andere vernachlässige. Das hatte er natürlich heftig zurück-gewiesen, und es war zu einem handfesten Streit gekommen. Und in vier Stunden ging seine Maschine nach Jerusalem. Übermüdet und mit den Nerven am Ende verließ er am nächsten Morgen das Haus.

38

Dennis nahm die Umgebung nur durch dichten Nebel wahr. Sie hatten den Laster zurückgebracht, und er saß mit Klaus in dessen gepanzertem BMW. Sie fuhren zurück nach *Thal*.

»Dennis«, sagte Klaus, »du bist zurück gepfiffen worden. Ich weiß nicht wie, aber David weiß von deinem missglückten Attentat auf Jamila, und er will dich da herausholen.«

»Nett von ihm«, sagte er und nickte ergeben.

»Dennis, dein Leben ist in Gefahr. Jetzt mehr denn je. Das, was du vermasselt hast, zählt jetzt nicht mehr. Mein Chef hat mir mitgeteilt, dass ab sofort David mein Führungsagent sei, und dieser hat mich nun mal beauftragt, für deine Sicherheit zu sorgen. Er ist dein Freund, Dennis, und er fürchtet um dein Leben.«

Den nächsten Tag verbrachten sie im Hotel, um Telefonate zu führen, Berichte zu schreiben, Flugrouten zusammenzustellen. Sie versuchten, Spuren zu verwischen und schrieben falsche Meldungen über ihre weiteren Absichten. Sicherheitshalber hatten sie beschlossen, alle Kommunikation nur noch über Klaus laufen zu lassen.

Dennis schlief, als Klaus ihn weckte. Er machte ein ernstes Gesicht.

»Ich erhielt gerade eine Mitteilung aus Berlin. Esther ist entführt worden. Wahrscheinlich nach Saudi-Arabien.«

Was geht mich das an, wollte er schreien, doch stattdessen blieb er reglos auf dem Bett sitzen und starrte ins Leere. Klaus verließ das Zimmer. Seine Gedanken arbeiteten in Zeitlupe.

»Was geht mich diese Frau an«, brüllte er, und außer sich vor Wut schleuderte er das nächstbeste Buch in die Ecke. Das vergessene Buch. Er fing an, Eljon anzuklagen. Dann verbarg er sein Gesicht in den Händen.

Sie hatten einen Plan entworfen.

Dennis würde untertauchen, nur nicht in Erscheinung treten. Klaus würde ihn im Haus seines Vaters verstecken. Dort solle er bleiben, bis die Behörden Entwarnung gäben und die akute Gefahr vorüber sei.

Die Wurzeln von Klaus lagen im ehemaligen Ostblock, in der Tschechoslowakei. Im Riesengebirge lebte sein Vater heute ein zurückgezogenes Leben. 1968, kurz nach den Geschehnissen um den Prager Frühling, war die Mutter von Klaus, die einem böhmischen Adelsgeschlecht entstammte, wegen ›imperialistischer und staatsfeindlicher Konspiration‹ ausgewiesen worden und lernte in der Bundesrepublik seinen Vater kennen. Sie heirateten, und Klaus wurde 1970 in Hannover geboren. Seine Mutter war später lange Zeit in der internationalen Menschenrechtsorganisation *Open-Doors* tätig, bis sie 1985 in Ägypten von radikalen Moslems ermordet wurde.

Klaus hatte in der kurzen Zeit, in der sie sich kannten, mit keinem einzigen Wort seine Heimat erwähnt, aber als sie schließlich in Prag landeten, bemerkte Dennis, dass er aufgeregt war wie ein kleines Kind.

***

Nicht, dass sie geschlagen oder schlecht behandelt wurde, bereitete Esther Schmerzen. Doch in ihrem Herzen breitete sich eine Finsternis aus, die mit jeder Stunde wuchs.

So sehr, dass sie meinte, es könne nicht mehr lange dauern, bis sie den Verstand verlöre.

Sie hatte das Empfinden, eine schwarze Welle wolle sie verschlingen, und jede menschliche Regung in ihr auslöschen, wie der Ozean den glimmenden Docht mit garantierter Sicherheit ertränkt.

Sie wurde nun schon eine Woche gefangen gehalten, aber behandelt wie eine Königin. Mürrische Haussklavinnen schienen sie zu verfolgen und ihr jeden Wunsch von den Augen abzulesen. Sie konnte essen, soviel sie wollte. Sollte sie für den Tag ihrer Schlachtung gemästet werden?

Erst nach und nach erfuhr sie, wo sie sich befand. Es war das Geburtshaus ihrer Stiefmutter. Nein, eher ein Palast aus ›1001 Nacht‹.

Sie erfuhr weder, was man mit ihr vorhabe, noch warum und wie lange sie gefangen gehalten würde. Außer den unglücklichen Bediensteten, die wie Sklaven gehalten wurden, sah sie keinen Menschen, und ins Freie durfte sie für dreißig Minuten am Tag, und auch nur unter der ständigen Begleitung zweier sonnenbebrillter Leibwächter, die kein Wort mit ihr redeten.

Alle Pässe, alles Private war ihr abgenommen worden. Lediglich eine Koranausgabe lag demonstrativ auf dem Nachttisch; das vergessene Buch war gleich am ersten Tag konfisziert worden.

Nach drei Tagen nahm sie alles nur noch wie in Watte gepackt wahr, und sie konnte sich über nichts mehr freuen.

Ab dem vierten Tag war sie ein Nervenbündel, und die Nacht aus vergangenen Zeiten brach über ihr herein, und sie wünschte sich zu sterben.

***

Außerhalb des Flughafens wartete der Chauffeur von Klaus` Vater in einem blauen Fiat auf sie. Nach den Rostflecken zu urteilen, war das Auto sicherlich schon fünfzehn Jahre alt. Wie das zusammenpasste, ein Chauffeur und ein rostiger Fiat, fragte sich Dennis auf der Rückbank. Dann überwältigten ihn die Ereignisse der letzten Tage.

»Aufwachen, Schlafmütze«, rief Klaus ihm zu und boxte ihn spielerisch in die Seite. »Du warst zwei Stunden weg, und wir sind gleich da.« Als er die Augen öffnete, glitt zu beiden Seiten des Forstwegs dichter Wald an ihm vorüber. Es ist friedlich hier, war sein erster Gedanke, als er das schattige Grün sah und die Vogelstimmen hörte, die durch das geöffnete Fenster drangen.

Fast so, als umarme der Wald jeden Schmerz, dachte er trübe …

Er kam aber nicht dazu, sich weiter Gedanken zu machen, denn jäh endete der Wald zu beiden Seiten und zeigte kahle Felshänge, die in auffallendem Kontrast zur friedlichen Idylle steil in die Tiefe fielen. Sie waren auf etwa 1200 Metern Höhe, schätzte Dennis, der sich im Gebirge gut auskannte. Dann machte die kleine Straße eine Linkskurve, und er erblickte in hundert Metern Entfernung ein massiv wirkendes Herrenhaus.

Doch je näher sie kamen, umso deutlicher sah er dessen Verfall, und er bemerkte den Putz, der an mehreren Stellen herunter rieselte. Ursprünglich musste dies ein prachtvoller Bau gewesen sein. Aber auch jetzt noch beeindruckten die Mauern aus Sandstein und die großzügige Auffahrt.

Als sie auf das Rondell fuhren, das den Charme englischer Landhäuser verströmte, spürte er die Ruhe, die über dem Gemäuer lag.

Noch bevor er sich wundern konnte, dass ihm so etwas wenig Greifbares auffiel, wurde die Eingangstür aufgerissen, und ein älterer Herr mit weißem Haar stürmte heraus, dicht gefolgt von einem hageren Mann, der verlegen unter dem Steinbogen der Eingangstüre stehenblieb. Das war bestimmt der Butler.

Sobald sie hielten, sprang Klaus aus dem Wagen und warf sich seinem Vater in die Arme. Dennis sah, dass sie weinten.

Sein Vater hatte sich niemals gefreut, wenn er ihn gesehen hatte, und allein bei dem Gedanken wurde er rot. Es war immer ein distanziertes Verhältnis gewesen. Sie hatten sich respektiert, und da war sicher Zuneigung gewesen, doch sein Vater hatte nie Emotionen gezeigt, und es war schon viel, wenn er Dennis überhaupt umarmt hatte. So stieg Dennis etwas unbeholfen aus.

Der Mann mit den weißen Haaren wandte sich an ihn.

»Sie, junger Mann, sind wohl *der* Franz, den Klaus in dem einzigen Brief, den er mir in einem Jahr geschrieben hat, erwähnte.« Dabei lächelte er freundlich und reichte ihm die Hand.

»Aber kommt erst mal rein, ihr zwei Geheimnisträger«, lachte er, »ihr habt bestimmt Hunger.«

Sie folgten ihm in einen Raum, in dem offenes Feuer brannte, und bei dem er unwillkürlich an einen Rittersaal dachte.

Während des Essens unterhielten sie sich angeregt, doch es war eher ein Abtasten, ein erstes Kennenlernen. Das Essen schmeckte vorzüglich, und Dennis begann langsam, sich wohl zu fühlen. Nachdem sie satt waren, wurde der Hausherr ernst und wandte sich fast vorwurfsvoll an seinen Sohn.

»Klaus, warum hast du mir nicht gesagt, dass du kommst und jemanden mitbringst? Ich weiß es erst seit deinem Anruf vom Flughafen.«

Klaus nickte schuldbewusst.

»Vater, es ist eine geheime Operation, in die wir verwickelt sind, mehr kann ich dir nicht sagen. Niemand darf wissen, dass Franz hier ist. Er ist in Gefahr.«

Die Augen des alten Mannes musterten Dennis eingehend.

»Sie brauchen keine Angst zu haben, Franz, oder wie Sie auch sonst heißen mögen. Ich sehe den Schatten des Geistes in ihren Augen, und das ist gut. Mögen Sie Zuflucht finden unter seinen Flügeln. Hier sind Sie sicher, solange es nötig ist.«

Dennis schluckte. Sein Herz hatte bereits entschieden, dem Mann zu vertrauen.

»Wer sind Sie?«, platzte es aus ihm heraus.

»Sagen wir: Ich bin jemand, der sich in diesem Geschäft ein klein wenig auskennt; aber, was weitaus bedeutender ist: Ich kenne den, der hinter allen Geheimnissen steht.«

Dennis blickte unsicher zu Klaus, denn er wusste nicht, was er von diesen Worten halten sollte.

»Ganz mein alter Dad«, lachte Klaus vergnügt und klopfte seinem Vater liebevoll auf den Rücken.

»Franz, ich möchte Ihnen etwas erklären, was wichtig für Sie ist und ein neues Licht auf einige Umstände werfen wird. Ich habe mit meinem Sohn bereits am Telefon darüber gesprochen«, fuhr der alte Mann fort.

»Sie können mich ruhig duzen«, warf Dennis hastig dazwischen.

»Das ist gut. Denn ich kannte den Vater deiner Verlobten.«

Damit hatte er nicht gerechnet.

»Meiner ehemaligen Verlobten«, stotterte er, unfähig einen klaren Gedanken zu fassen.

»Nu, den Vater von Esther eben! Er hat vor seiner Professur kurze Zeit für den Mossad gearbeitet, und seine Informationen trugen maßgeblich dazu bei, dass der Ostteil von Jerusalem zurückerobert werden konnte. Ich selbst bin jüdischer Abstammung, und bevor ich mit meiner Frau in die Tschechoslowakei ging, war ich sein Führungsoffizier!«

Dennis war so aufgeregt, dass er aufsprang.

»Ich erinnere mich daran, als wäre es gestern gewesen«, redete der Mann weiter, und seine Augen glänzten:

»An diesem Tag, es war ein wunderschöner Sommermorgen des 7. Juni 1967, hing der Rauch vergangener Kämpfe über der Stadt des Friedens. Denn unsere Armee hatte bereits tags zuvor den Scopusberg eingenommen. Wir hatten gerade Befehl erhalten, um 8.30 Uhr mit dem Sturm auf Ostjerusalem und die Altstadt zu beginnen, denn Westjerusalem wurde entgegen aller Versprechungen schon seit über einer Stunde von schwerer jordanischer Artillerie beschossen.

Ich stand inmitten einer Kampfeinheit, die ich mit geheimdienstlichen Informationen zu versorgen hatte. An diesem Tag hatte ich nichts Konstruktives zu sagen, und die Stimmung war gedrückt, denn wir standen in einem Vielfrontenkrieg, und die Entscheidung von Verteidigungsminister Moshe Dayan, die Altstadt zurückzuerobern, war gewagt, ja, geradezu tollkühn. Viele Soldaten unserer Einheit bereiteten sich darauf vor, bei dieser Offensive ihr Leben zu lassen. Wir hatten Befehl, in fünfzehn Minuten mit dem Sturm zu beginnen, und alle hatten entsetzliche Angst.

Plötzlich hielt ein Militärjeep vor dem Bataillon. Ein junger Mann in zivil sprang heraus, begleitet von zwei Nachrichtenoffizieren. Dieser Mann war Dr. Jaakov Stein. Seine Aufgabe war es, uns Informationen über die Schwachstellen der jordanischen Verteidigung der Altstadt zu liefern. Er schritt entschlossen auf mich zu und teilte mir etwas mit, was sich im Rückblick als entscheidend erwiesen hat.

Ohne diese Information wäre Jerusalem noch immer geteilt.

Wie ich erst später erfuhr, hatte der Generalstab – nur ein Teil des Generalstabs wurde damals überhaupt eingeweiht – diese brisante Information erst einen Tag vorher erhalten und entwickelte daraufhin einen sehr ungewöhnlichen Angriffsplan. Aus Sicherheitsgründen, so hieß es damals, wurden wir erst zu diesem letztmöglichen Zeitpunkt unterrichtet.

Dr. Stein sprach damals zu mir, wie ein Arzt einem Patienten zu einer dringenden Operation rät. Und es handelte sich ja wirklich um eine dringende, um eine lebensnotwendige Operation. Das Schicksal hatte es so gewollt, dass sich uns an diesem Tag vor den Toren Zions eine historisch einzigartige Chance bot. Denn dieser Krieg hatte schon ungewöhnlich begonnen:

Wir waren von fünf feindlichen Armeen eingekreist worden, und General Nasser hatte schon am 27. Mai einen ›Vernichtungskrieg‹ gegen Israel proklamiert. Aber durch einen fast chirurgischen Präventivschlag, bei dem etwa achtzig Prozent der arabischen Luftwaffe innerhalb weniger Stunden zerstört wurde, konnten wir einen so umfassenden und schnellen Sieg erringen, wie noch niemals zuvor in unserer Geschichte. Ja, es gibt wenige Kriege weltweit, wo so viel in so kurzer Zeit erreicht wurde.

Zu Beginn des Feldzugs zur Verteidigung West-Jerusalems war uns vom Oberkommando mitgeteilt worden, wir dürften erst dann das Feuer eröffnen, wenn die jordanische Armee den ersten Schuss abgebe, da wir ja aus rein defensiven Gründen hier waren. Doch offenbar war Jordanien, das ursprünglich nicht in den Krieg mit hineingezogen werden wollte, derart von der ägyptischen Propaganda, ein Sieg stünde unmittelbar bevor, beeinflusst, dass es unsere Stellungen seit einer Stunde mit schwerem Artilleriefeuer beschoss.

Und erst nach dem Krieg wurde die verratene arabische Welt davon unterrichtet, dass ihr Held, der ägyptische General Nasser, in einem mitgeschnittenen Telefonat den jordanischen König Hussein dreist angelogen hatte, was die militärischen Erfolge der Ägypter betraf.

So ließ man die eigene Bevölkerung mehrere Tage in dem Irrglauben, wir Israelis wären bald vernichtet, und ein Sieg der arabischen Armeen stünde unmittelbar bevor. Doch zu diesem Zeitpunkt schon existierte die ägyptische Luftwaffe nicht mehr. Über 350 Maschinen waren innerhalb weniger Stunden am Boden zerstört worden. Diese Luftwaffe war das Rückgrat der arabischen Allianz gewesen, und Israel hatte dank seiner Geheimdienste gewusst, dass ein Sieg nur möglich war, wenn dieses Rückgrat so schnell wie möglich gebrochen werden konnte.

Nachdem wir an diesem Morgen seit einer Stunde unter feindlichem Beschuss standen, wies uns der Generalstab überraschend an, nicht nur unsere Stellungen zu halten, sondern auch die Altstadt zu stürmen. Wir rechneten mit hohen Verlusten, denn dieser zentralste Ort des Konflikts, heilig für Juden, Moslems und Christen, seit 1948 von den Jordaniern besetzt, galt als sehr gut verteidigt. Unsere Männer befanden sich teilweise schon 72 Stunden in ununterbrochenem Kampfeinsatz, und die Moral war nicht sehr gut. Viele zitterten vor Erschöpfung, und die Hitze machte uns sehr zu schaffen. Doch der Generalstab hatte entschieden, und wir würden gehorchen.«

Er machte eine lange Pause.

»Jaakov war ein außergewöhnlicher Mann«, fuhr er leiser fort. »Mutig und entschlossen, intelligent und dabei so liebenswürdig, wie ich noch nie jemanden kennen gelernt hatte. Ich dachte mir damals, sein Leid im KZ hat ihn nicht bitter, sondern weise gemacht!«

Dennis ewiderte nichts.

Zu deutlich stand ihm das Bild des Professors, wie er leidenschaftlich gestikulierend vor hunderten von Studenten stand, vor Augen. Dieser Wissenschaftler sollte darin verwickelt gewesen sein, Jerusalem, die Sehnsucht aller Juden aller Zeiten, zur ungeteilten Hauptstadt Israels zu machen?

Es war schwer zu glauben. War der Professor etwa Zionist gewesen, einer jener, die in den Augen der Welt den zweifelhaften Ruf hatten, Eiferer im Namen der Religion zu sein? Sollte dieser Akademiker die Araber so gedemütigt haben, dass sie seinen Tod verlangten? Hatte er hier möglicherweise das Motiv zum Todesbefehl?

Herr Bremer sprach die Gedanken aus.

»Ich glaube, das ist auch ein Grund, warum sie ihn und seine Familie so erbittert verfolgen. Die Araber waren überzeugt davon, dass ihre Armeen, insbesondere um Ost-Jerusalem herum, nicht hätten besiegt werden können, außer durch Informationen, die durch Verrat oder Konspiration zu den Juden gelangt wären.

Mitte der siebziger Jahre konzentrierte sich ihr Hass ganz auf Jaakov und seine Familie. Denn der jordanische Geheimdienst hatte 1972 herausgefunden, dass es dieser jüdische Professor gewesen war, der die entscheidende Entdeckung machte, um einen Angriffsplan zu entwickeln, der schließlich zur Eroberung der Altstadt am 7. Juni 1967 führte. Es soll ein Videomitschnitt einer Besprechung in Riad aus dem Jahr 1973 existieren. Darin wird der Befehl zur Liquidierung der Familie Stein gegeben. Doch ich habe es nie gesehen, und die Quelle, die mir die Information lieferte, war höchst undurchsichtig.

Aber es wird noch brisanter:

Diffuse Gerüchte über diese ›Entdeckung‹ lieferten den

Arabern den Vorwand zu einem weiteren Krieg, nämlich dem Überfall auf Israel im Oktober 1973, dem Yom-Kippur Krieg, der Israel an den Rand einer Niederlage brachte. Die Israelis, so wurde konkret argumentiert, seien dabei, geheime Tunnels zu graben, um den Tempelberg zu zerstören.«

Er nahm einen Schluck Wein und redete dann mit eindringlicher Stimme weiter.

»Ein weiterer Grund, warum sie es auf Esther abgesehen haben könnten, ist der, dass Esther als seine Tochter vermutlich über diese Entdeckung Bescheid weiß. Und wenn die Araber Beweise aus erster Hand für diese Entdeckung hätten, beispielsweise schriftliche Aufzeichnungen oder dergleichen, könnten sie damit einen Sturm der Entrüstung in der muslimischen Welt bewirken, der die Kraft hätte, alle Moslems im Hass gegen Israel zu vereinen!«

Dennis schluckte, als er an Esther dachte. Auf einmal erschien sie ihm wie die Königin aus dem Alten Testament, die ihr Leben aufs Spiel gesetzt hatte, um ihr Volk zu retten. Ein Stich ging durch sein Herz. Das erste Mal seit langem. Er beugte sich vor.

»Weiß Esther davon, weiß sie, um was es bei diesen ›Beweisen‹ geht?«

Der alte Mann sah ihm in die Augen.

»Ich weißt nicht, was sie weiß«, sagte er knapp.

Dennis holte Luft.

»Und *was* hatte der Professor nun entdeckt?«

Er stellte die entscheidende Frage und hatte ein flaues Gefühl im Magen. Er ahnte, dass es sich um etwas handelte, das lebensgefährlich war für jeden, der davon wusste. Aber er brauchte den Schlüssel zu dieser Hetzjagd.

»Ich kann es dir nicht sagen«, kam die müde Antwort.

Nur das Prasseln des Feuers war zu hören.

»Auch ich hänge an meinem Leben. Aber ich sage dir«, und jetzt kam Leben in seine Augen, »dass diese Geschichte mich davon überzeugt hat, dass es eine höhere Macht gibt; einen liebenden Schöpfer, der nicht in unerreichbaren Höhen zu Hause ist; ein Schöpfer, der in die Geschichte der Menschen eingreift!«

Seine Stimme gewann an Kraft.

»Ich glaube an den Fels Israels!«

Dieses Bekenntnis kam überraschend, und es lag eine seltsame Kraft darin, eine Kraft, die Dennis bewegte. Denn in diesen schlichten Worten lag Hoffnung, die seine Trostlosigkeit durchbrach, ein wärmender Sonnenstrahl, der den Frühling ankündigt.

An diesem Abend lachten sie noch viel, und der alte Mann erzählte zahlreiche Geschichten aus seiner Vergangenheit, die so spannend waren, dass Dennis jegliches Gefühl für Zeit verlor. Es war bereits zwei Uhr morgens, als sich die Männer eine gute Nacht wünschten. Obwohl es März war, war es heute recht mild. Zu viele Gedanken schwirrten Dennis im Kopf herum, und er beschloss, auf die großzügige Glasveranda zu gehen, die sich dem ›Rittersaal‹ anschloss.

Er genoss die Stille.

Die Sterne, die durchs Glasdach zu sehen waren, leuchteten kalt und klar vom Himmel. Aber heute hatte ihr Schein etwas Tröstendes. Früher hatte er Furcht empfunden vor dieser unendlichen Weite, angesichts derer er sich klein, einsam und hilflos vorkam.

Wer ist denn der Mensch, hatte er sich immer gefragt.

Er hatte die Antwort gefunden, die sein Verstand ihm eingab:

Ein einsames Wesen, durch Zufall entstanden, Kräften,

die viel größer sind, ohnmächtig ausgeliefert. Aber heute staunte er über diese Größe in dem Bewusstsein, da war jemand, der wachte …

Dann sah er das Kreuz.

Riesig und weiß sprühend auf der schwarzblauen Tinte des nächtlichen Himmels. Es war dort vielleicht zwei Sekunden, denn als er ein zweites Mal hinsah, weil er seine Augen vor der Helligkeit geschützt hatte, war es verschwunden. Wärme hüllte ihn ein. Es war eine Botschaft! Ein Hinweis auf die Dimension hinter dem Sichtbaren. Die Dunkelheit war durchbrochen worden von Licht, und der uralte Satz, »das Licht scheint in der Finsternis, und die Finsternis hat es nicht ergriffen«, bekam eine aufregende Bedeutung.

Es war zu groß für ihn. Er fiel in einen beglückten Schlaf. Er träumte von einem Kreuz, das immer näher kam. Dann wurde er von dem Kreuz verschlungen.

Danach sah er einen Löwen.

Majestätisch schritt er durch das Dunkel der ewigen Nacht. Kühn und erhaben, denn es war sein Reich. Licht floss von ihm, aber kein gewöhnliches Licht. Es glitzerte wie morgendlicher Tau auf seinem seidigen Fell und brach sich in den sieben Farben des Regenbogens. Die Farben tanzten um seinen Leib und verflossen ineinander.

Als er Dennis sah, erhob er sein Haupt und brüllte. Und Worte wurden in seinen Geist gehaucht, deren Bedeutung er nicht verstand.

Meine Liebe vollendet. Denn ich bin größer als Alles.

Dennis senkte den Blick, denn die Reinheit dieser Liebe war zu stark.

»Du siehst noch nicht wie ich«, sagte der Löwe und leckte mit der Zunge über sein Gesicht.

Doch kein Tadel lag in seiner Stimme.

»Du bist ein mächtiger Krieger«, fügte er hinzu, und reines Licht strömte aus seinen dunkelgrünen Augen.

Und darin erblickte Dennis die Weisheit Dōrs; in Dōr jedoch hatte er stets die Wildheit eines Löwen gesehen.

Und doch war der Löwe größer als Dōr!

In dieser Nacht schwor er sich, dass er die Information beschaffen würde, die der Vater von Klaus nicht preisgab.

39

Das *King-David-Hotel* ist ein ehrwürdiges Gebäude im Kolonialstil mit dicken Quadern aus Sandstein und der Eleganz eines Pariser Luxushotels. Doch all dies wird in den Schatten gestellt durch den Hauch von Geschichte, der das ganze Haus durchweht.

Eilig hastete David durch die jahrtausendealte Stadt, deren Luft jetzt im März erträglich war, im Sommer jedoch heiß und drückend sein konnte. Jerusalem hatte diese prickelnde Atmosphäre, die er von keinem anderen Ort der Welt kannte. Teils war diese *Aura*, die der Tiefe der Zeit entsprang, anregend, größtenteils machte sie einfach krank. So verstörend konnte sie sein, dass Jerusalem den zweifelhaften Ruf genoss, Namensgeber einer neurotischen Störung zu sein, einer bestimmten, anscheinend ortsgebundenen Form der akuten Psychose: Dem *Jerusalem-Syndrom*. Er hasste und liebte diese Stadt zu fast gleichen Teilen, und schon in diese Ambivalenz war der Boden des Paranoiden hineingelegt. Dies war seine Geburtsstadt, und das *King-David* war in früheren Zeiten, als er noch beim Mossad arbeitete, häufig ein Ort konspirativer Treffs gewesen.

Er war spät dran, da das Flugzeug noch zwei Schleifen am Himmel gedreht hatte und die Sicherheitskontrollen heute besonders streng waren. Aber vielleicht war das jetzt der normale Standard, er war schließlich schon ein Jahr nicht mehr in Israel gewesen. Während er so durch die verwinkelten Straßen hetzte, machte er sich noch einmal Notizen, was er Gus alles sagen wollte.

Um 18.30 Uhr stand David im luxuriösen Foyer und blickte sich um. Schon nach wenigen Sekunden entdeckte er den kleinen, untersetzten Mann fortgeschrittenen Alters, der in einem gediegenen Ledersessel saß und sein Freund und Chef des Schin Bet war, Gus Feitmann. Zielstrebig ging er auf ihn zu und umarmte ihn herzlich. »Gus, alter Freund, es tut mir Leid für die Verspätung, aber die Sicherheitskontrollen sind strenger als sonst.«

Gus lachte dröhnend.

»Du bist immer noch das alte Schlitzohr. Um keine Ausrede verlegen.« Doch er wusste, dass es sich um keine Ausrede handelte. Das war ihre ganz eigene Art der Konversation, und es tat gut, sich ohne viele Worte verstehen zu können.

Nach einem Austausch über ihr Privatleben kam er zur Sache.

»Gus, was ich dir jetzt sage, ist streng vertraulich, und ich bitte dich, darüber nur mit den Leuten zu reden, die auch darin involviert werden.«

Gus nickte.

»Wir haben in Deutschland große Probleme. Größere, als in den Zeitungen zu lesen ist.«

Nachdem er ihm alles, vom Attentat auf Dennis beginnend, erzählt hatte, blickte ihn Gus fragend an.

»Und was für eine Rolle spiele ich dabei? Was für eine Rolle soll Israel dabei spielen?«

»Ich gebe dir ein Stichwort. Diese Stiefmutter von Esther – ihr Geburtsname ist ›Jamila bint Saleh‹.«

Bei der Nennung dieses Namens fing Gus an zu schnaufen.

»Während der zweiten Intifada wurde eine arabische Terroristin dieses Namens, die im Dunstkreis der PLO agierte, von der Armee in unserem Auftrag getötet.

Das weiß ich sicher, denn ich gab den Befehl.

Sie war die Drahtzieherin von fünf Selbstmordattentaten mit 39 Toten.«

David schwieg. Er ließ das Gehirn seines Freundes arbeiten. Er wusste über diese Geschichte Bescheid, mehr als Gus vielleicht ahnte.

»Anscheinend habt ihr die falsche Person erwischt. Oder sie benutzt den Pass einer verstorbenen Frau desselben Namens. Auf jeden Fall läuft sie frei herum und ist niemand Geringere als die zweite Ehefrau Professor Dr. Stein's, und die Stiefmutter seiner Tochter Esther.«

Gus war aufgesprungen. Sein Gesicht glänzte rot vor Aufregung.

»Das bedeutet … das bedeutet, dass diese Person von der saudischen Regierung oder der PLO oder wem auch immer, beauftragt wurde, einen jüdisch-deutschen Wissenschaftler in den Suizid zu treiben.«

Doch David war noch nicht fertig.

»Dieser Professor war nicht nur ein brillanter Wissenschaftler, er war als junger Mann bei euch unter dem Decknamen ›Weißer Löwe‹ bekannt.«

»Weißer Löwe«, Gus hatte sich wieder gesetzt, aber seine Augen funkelten vor Begeisterung, »das ist der Deckname eines Mannes, der zu einer Legende des jüdischen Volkes geworden ist. Es heißt, während des Sechstagekrieges gab es einen Mann in Israel, der die Möglichkeit schuf, Ostjerusalem und die Altstadt zurückzuerobern. 1977 wurde er von der PLO entführt, konnte aber kurz darauf von unserer Armee befreit werden. Er ist so etwas wie ein Mythos. Seine Identität kannten nur eine Handvoll Leute in Israel.«

»Und offensichtlich einige Palästinenser«, ergänzte David düster.

»Gus, wir haben Grund zur Annahme, dass seine ›liebende Ehefrau‹ ihre eigene Tochter entführen ließ. Die letzte Information über Esther lässt uns vermuten, dass sie in die Gegend von Riad verschleppt wurde.« Die Miene seines Freundes verdüsterte sich. David räusperte sich.

Er versuchte, soviel Überzeugungskraft wie möglich in seine Stimme zu legen.

»Du bist Chef des besten Geheimdienstes der Welt. Ich bitte euch, dass ihr dieses Mädchen sucht und findet. Führt eine Tochter Israels wieder nach *Eretz Israel* zurück. Sie hat keinen Vater mehr, keine Mutter. Sie ist Tochter eines jüdischen Nationalhelden und hat möglicherweise einige Informationen, die diese Leute gerne haben möchten. Was meinst du wohl, was sie mit ihr machen?«

Dass ihm die Sicherheit Esthers so viel bedeutete, überraschte ihn selbst. Nun, sie war die Verlobte seines Freundes gewesen, hatte ihn aber nicht gerade auf Händen getragen. Aber sie war auch eine traumatisierte Frau, die mit aller Kraft gegen die Schatten ihrer Vergangenheit ankämpfte. Ihr neuer Glaube hatte ihr Mut gegeben, sich ihrer Geschichte zu stellen, aber half er ihr auch in der Gefangenschaft?

Gus lachte bitter.

»Was sie immer mit Geiseln machen. Den größten Nutzen aus ihnen ziehen und sie dann töten, um den Aggressor Israel zu demütigen. Sie weiß ganz einfach zu viel.«

David nickte.

»Manchmal habe ich dieses Spiel satt«, sagte er. »Manchmal wünsche ich mir, meine Arbeit hinzuschmeißen und mit meiner Frau auf einer kleinen, unbekannten Insel in der Karibik zu leben.«

»Ja, aber die kleine Insel Israel im arabischen Meer braucht ihre fähigsten Söhne«, antwortete Gus. »Wir werden unser Bestes tun, David. Wir werden dieses Mädchen nach Hause bringen!«

Und nun lag in seiner Stimme die selbe Entschlossenheit, die David von früher kannte, und die er schon so lange vermisst hatte.

40

Esther schrie. Laut und hoffnungslos, in der Einsamkeit ihres Gefängnisses. Es war finster, und ihr Herz pochte. Sie spürte sie. Durch die Wände hindurch konnte sie sie spüren. Die Bedrohung, die sich langsam ins Zimmer schlängelte, wie eine Schlange, bereit, den Wanderer in die Ferse zu beißen.

Sie hing zwischen den Welten und konnte sie nicht unterscheiden:

Sprach die Stimme, die sie hörte, in ihrem Traum, oder war da wirklich etwas? Die Stimme wurde deutlicher, es war ihr Vater, er rief sie, aus weiter Ferne, aber sie konnte doch deutliche Worte vernehmen:

Esther, meine Tochter, ich liebe dich. Esther, es gibt ein Geheimnis, das du verstehen musst! Ich muss es erzählen, und du musst verstehen, warum ich gezeichnet war für mein Leben.

Dann erschien die Szene, die sie seit Tagen verfolgte, eine Szene, die grausam war, und doch tröstlich; brutal, und doch rührend; dunkel, und doch erhellend:

Ihr Vater lag nackt auf einem steinernen Boden. Der Raum war schwach erleuchtet, und sie sah drei Männer, die schwarze Tücher um den Kopf geschlungen hatten. Einer der Männer trat auf ihn zu und trat mit dem Stiefel in sein Gesicht. Schmerzhaft laut war die Stimme in ihrem Kopf, einem heiseren Bellen gleich, und sie konnte es kaum ertragen.

Im Namen Allahs, des Barmherzigen, sag, wer dir hat gegeben Plan von Tunnel, wer dir hat gesagt, dass es gibt dieses alte System?

Die Füße ihres Vaters waren mit einem Seil zusammengebunden, und einer der Männer hielt ihm eine brennenden Kerze an die Füße. Er schrie lange, und der Schrei verwandelte ihr Herz zu Eis. Dieses Bild, diese Frage wiederholte sich.

War sie eingeschlafen, sah sie es vor sich. Sobald Vater schrie, schrie auch sie, und dann wachte sie schweißgebadet auf. Der Raum war stets derselbe, die Männer, deren Gesichter sie nie sah, hatten immer dieselbe heisere Stimme.

Einzig die Methoden waren verschieden: Mal stießen sie ihm Nadeln unter die Fingernägel, mal zogen sie seine Zehennägel mit Zangen heraus, mal hängten sie ihn stundenlang nackt mit den Beinen an die Decke. Doch Eines wusste sie: Ihr Vater hatte nie etwas verraten von dem, was sie wissen wollten.

Dann, eines Nachts, veränderte sich der Traum.

Sie vernahm ein Dröhnen, das immer näher kam. Die Erde fing an zu beben. Eine Mauer stürzte mit gewaltigem Krachen ein. Sie sah eine Staubwolke, sie sah blauen Himmel, und sie sah Sonnenlicht.

Durch den Staub erblickte sie Soldaten, sie sah einen blauen Stern auf weißem Grund, sie hörte Befehle und Rufe. Sie blickte zur Trage, auf der ihr Vater lag, und die in großer Eile ins Freie getragen wurde.

Er war bewusstlos, und seine Augen waren mit Blut gefüllt.

Dann wachte sie auf. Ohne jeden Zusammenhang kam ihr das Tagebuch ihres Vaters in den Sinn. Das Buch, in dem sie geblättert und das sie nicht verstanden hatte, das Buch, das sie mit zehn Jahren auf dem Speicher ihres Hauses entdeckt hatte. Damals hatte sie Dinge gelesen, die sie traurig machten, Dinge, die ihr Angst gemacht hatten. Bilder, die sie in den verbotenen Bereich ihrer Seele geworfen hatte. Jenes Buch, das ihr Vater ihr, vielleicht in düsterer

Vorahnung, anvertraut hatte, einen Monat vor seinem Selbstmord. Jetzt fing sie an zu verstehen. »Hab keine Angst, Esther«, hatte er mit fester Stimme gesagt, »ich vertraue dir meine Erinnerung an. Die Zeit kommt, da wirst du wissen, was du damit tun musst. Bis dahin verstecke die Notizen vor allen Leuten, die danach fragen – besonders vor deiner Stiefmutter!«

Seitdem hatte sie Angst vor diesen Zeilen ihres Vaters, die anscheinend ein schreckliches Geheimnis bargen, wenn sie so gut versteckt werden mussten.

Und sie hatte sie *sehr gut* versteckt.

In ihrer Erinnerung.

Den Schlüssel hatte sie weggeworfen.

Plötzlich schien es ihr, als reiße der Himmel entzwei. Im selben Moment wurde es gleißend hell im Zimmer.

Schau tiefer. Nur Mut.

Die dröhnende Stimme, die überall war, erfüllte jede Faser ihres Wesens und brach allen Widerstand. Die Macht der Erinnerung kämpfte gegen ihre Furcht.

Aber sie gehorchte!

Sie nahm ihren Mut zusammen und blickte der Vergangenheit ins Gesicht. Sie stolperte zurück, sie sah sich selbst als zehnjähriges Mädchen auf dem Speicher sitzen, zusammengekauert, voller Schmerz und Angst, denn sie hatte das Gelesene mit den Narben ihres Vaters verbunden.

Mit den vernarbten Fingernägeln und den grauschwarzen Flecken an den Füssen, die er immer hastig zurückzog, wenn sie ihn ohne Socken im Bad gesehen hatte.

Sie biss die Zähne zusammen, um den Schmerz auszuhalten, den die Bilder verursachten. Wie kalter Stahl bohrte sich die Wahrheit in ihr Herz, doch sie musste ihr standhalten!

Dann erwachten die Worte zum Leben, und sie *sah* deutlich Vaters Handschrift vor sich. Ihres geliebten, ihres wunderbaren Vaters:

Hingeworfen in meinem getrockneten Blut, so lag ich auf dem kalten Boden. Nackt. Nur eine Glühbirne erhellte den Raum. Dann kamen sie. Drei Männer, eine Stimme, ein Hass.
Sie traten mir ins Gesicht und hielten eine brennende Kerze an meine nackten Füße. Der Schmerz war unerträglich, und so wurde ich ohnmächtig. Doch ich wurde aufgeweckt durch einen Eimer stinkenden Wassers, den sie über mir ausschütteten, wenn es denn Wasser war. Dann begann es von Neuem, und nur eine Frage fand den Weg in mein Bewusstsein, immer dieselbe Frage, ich weiß nicht, wie oft, Gott weiß es:
›Woher hattest du Information über die Tunnel?‹
›Woher hattest du Information über die Tunnel?‹
›Woher hattest du Information über die Tunnel?‹
Doch ich dachte an meine Esther, die im Bauch ihrer Mutter auf uns wartete, und die keine Zukunft hätte, hätte ich geredet. Denn danach hätten sie mich getötet. Also biss ich die Zähne zusammen und sagte kein Wort. Das KZ habe ich überlebt. Das hier würde ich auch überleben.

Sie hörte Männerstimmen, die rasch näher kamen. Dann wurde die Tür aufgerissen, und grelles Licht blendete ihre Augen. Sie vernahm eine raue Stimme an ihrem Ohr, in gebrochenem Englisch.
»Die Schonzeit ist vorbei, Mädchen.«

Sie hatte keine Furcht. Das wunderte sie, denn normalerweise, in den Filmen, hat man immer Angst, wenn so etwas gesagt wird. Vielleicht bin ich aber nur jenseits aller Furcht, dachte sie. Sollen sie mit mir doch das gleiche machen wie mit meinem Vater!

Einer der Männer beugte sich über sie und schlug ihr ins Gesicht. Ihre Lippe platzte auf, und warmes Blut lief über ihr Kinn.

»Aufwachen«, brüllte er.

Sie wurde brutal in die Höhe gezogen und auf einen Stuhl gestoßen. Zu ihrem Erstaunen betrat ein Europäer in Krawatte und Anzug das Zimmer.

»Behandelt sie nicht zu hart. Sie ist eine feine Dame, und wir sind doch Gentlemen«, sagte er in perfektem Deutsch.

Trotz der Schmerzen blickte sie auf. Der Mann war vielleicht Mitte dreißig und hatte ein markantes Gesicht. Er sah nicht aus wie ein Schläger – eher wie ein Geschäftsmann.

»Ich darf mich kurz vorstellen. Mein Name tut nichts zur Sache, ich bin ein Fahnder von Interpol. Ich leite diese Ermittlungen hier und würde ihnen raten, alle Fragen, die ihnen gestellt werden, korrekt zu beantworten. Denn diese hier«, damit zeigte er auf die drei Araber, »sind nicht so zivilisiert wie ich.«

Er lächelte sie an.

»Es gibt einen Auftrag, Sie zu töten, aber Sie können ihr Leben retten, wenn Sie uns sagen, wo sich das Tagebuch Ihres verstorbenen Vaters befindet.«

Er blickte ihr ins Gesicht, und sie sah Hass und Begierde in seinen Augen. »Nichts Großes, verstehen Sie, ein Leben gegen ein paar alte Notizen. Wir brauchen es für weitere Ermittlungen gegen den internationalen Terrorismus.«

Er sah sie mit toten Augen an.

»Woher soll ich das wissen?«, antwortete sie, und im selben Augenblick wusste sie, dass es die falsche Antwort war.

Der Schlag kam schnell und unerwartet.

»Wir sind es, die die Fragen stellen, merken Sie sich das bitte«, sagte der Mann im Anzug.

Es wurde Nacht um sie.

Ich kann nicht mehr. Ich kann nicht mehr, hilf mir.

Dann begann sie, hysterisch zu schreien und wirre Dinge zu reden. Sie fing an, zu sabbern wie ein kleines Kind. »Morgen bekommen wir, was wir wollen«, schrie der Deutsche angewidert, nachdem er sie zurück aufs Bett geworfen hatte.

41

Der Premierminister Israels ging unruhig durch sein Büro. »Sie wollen mir doch nicht allen Ernstes erklären, dass da ein uraltes System von Tunneln unter Jerusalem existiert? So verzweigt wie ein modernes U-Bahn System, mit dem geringfügigen Unterschied, dass es aus der Zeit nach der Sintflut stammen soll? Das wäre dreitausend Jahre älter als der Gihontunnel, der aus der Zeit der Jebusiter um 2000 vor Christus stammt?!«

Der israelische Premier, der gemeinhin als besonnener Mann galt, redete vor Aufregung schneller als sonst und schüttelte ungläubig den Kopf. David konnte sich ein Lachen kaum verkneifen und sah verstohlen zu Gus, der neben ihm saß.

Dieser hatte seine undurchdringlichste Miene aufgesetzt, und niemand außer Gott wusste, was in ihm vorging.

»Es klingt ja nicht gerade glaubwürdig, aber genau das, Sir, meinte ich.«

Die Augen des Staatsmannes bohrten sich in seine, als verlangten sie nach einer vernünftigen Erklärung, ohne die Gus dieses Büro auf keinen Fall verlassen würde.

Also redete er weiter:

»Im Mai 1967 wurden von einem jüdischen Wissenschaftler unter Umständen, die höchst rätselhaft sind, alte Schriftrollen aus dem sechsten Jahrhundert vor Christus entdeckt. Sie beschreiben ein Tunnelsystem unter der Stadt Jerusalem, dass schon zur Zeit des Verfassers als uralt galt.

Weder Ursprung noch Zweck dieser von Menschenhand angelegten Gänge seien bekannt.

Unser junger Wissenschaftler stellte dann aufgrund dieser Aufzeichnungen seine eigenen Nachforschungen an.

Er fand das beschriebene System tatsächlich. Die Ergebnisse der Grabungen, die die Altertumsbehörde daraufhin in enger Absprache mit uns durchführte, sind so brisant, dass dieses ›System‹ seit damals eines der bestgehüteten Geheimnisse Israels ist.«

Gus grinste verlegen.

»Die Tunnel durchziehen die ganze heutige Altstadt und scheinen ihren Ursprung unter dem Tempelberg zu haben. Die Forschungsergebnisse wurden aus Sorge über einen militärischen Missbrauch seitens der Araber niemals publiziert, ja, nicht einmal erwähnt.

Denn die Befürchtung war, dass eine Kenntnis dieser Anlage unsere Feinde in eine Situation versetzt hätte, die Stadt entweder zu erobern, Jerusalem zu zerstören, oder Waffenschmuggel in großem Stil zu betreiben. Darüber hinaus ist die strategische und militärische Bedeutung dieser Tunnel so überragend und berührt so sehr die vitalsten Bedürfnisse unseres Staates, dass die wissenschaftliche Bedeutung fast nebensächlich erscheint.

Der Ursprung erscheint unseren Fachleuten noch rätselhafter als *Stonehenge*. Und in der Tat wird sie von denjenigen, die an diesem Objekt forschen, immer wieder mit dieser alten keltischen Kultstätte verglichen.

Der Unterschied ist der, dass sich diese ›Pfade der Urzeit‹, wie das System bald genannt wurde, unter einer Stadt befinden, die als heilige Stätte dreier Weltreligionen gilt. Es ist nicht auszudenken, was eine Kenntnis davon in der islamischen Welt, die ja bestrebt ist, alle Beweise jüdischer Besiedelung auszurotten, auslösen würde.«

Davids Hände waren feucht vor Aufregung, und gebannt hörte er der monotonen Stimme des Freundes zu. Der Premier war aufgestanden, nur um sich wieder zu setzen.

»Das ist einfach unglaublich, das ist unglaublich«, murmelte er immer wieder und hatte feuchte Augen. David konnte diese Regung nachempfinden, denn ihm erging es ähnlich.

Was hier nüchtern dargelegt wurde, war nichts anderes als ein Wunder, und unwillkürlich senkte er den Kopf.

Es war wie der Durchzug durchs rote Meer, der das Überleben seines Volkes gesichert hatte. Warum waren diese ›Pfade der Urzeit‹ ausgerechnet 1967 entdeckt worden, am Vorabend eines der entscheidendsten Kriege Israels, der nicht zu Unrecht als ›Israels zweite Geburt‹ bezeichnet wird?

Es war still, als Gus weitersprach, er redete jetzt leiser:

»Diese Entdeckung wurde in jenem historischen Mai 1967 Generalstabschef Yitzak Rabin mitgeteilt. Daraufhin wurde sehr schnell, innerhalb von nur wenigen Tagen, ein Angriffsplan entwickelt, der es uns ermöglichen würde, die Altstadt zu befreien, um die Hauptstadt Israels wieder zu vereinen.

Es waren Fallschirmjäger, die vielleicht seit mehreren tausend Jahren die ersten Menschen waren, die diese Gänge durcheilten und die Gegner dort überraschten, wo sie es niemals erwarten konnten. Es war auch die Stelle, an der König David um 1000 vor Christus die Stadt von den Jebusitern erobert hatte: Der Teich von Siloah, der später Bethesda genannt wurde.

Wenn man so will, war diese Entdeckung zum damaligen Zeitpunkt ein dringend benötigtes ›Wunder‹. Jener Wissenschaftler mit dem Decknamen ›Weißer Löwe‹, der diese Entdeckung machte, ein renommierter Professor für Zeitgeschichte des Nahen Ostens, ist vor neunzehn Jahren unter mysteriösen Umständen in Deutschland ums Leben gekommen.«

»Und warum höre ich das alles zum ersten Mal?«, donnerte der Premierminister. Sein Blick schien Gus aufspießen zu wollen, und das erste Mal, seit David ihn kannte, suchte dieser nach Worten.

»Es – es ist nicht zu entschuldigen, Sir«, sagte er kleinlaut.

David wusste, dass das stimmte. Der Inlandsgeheimdienst Schin Bet operierte schon seit Jahren ohne wirkliche demokratische Legitimierung, da er seine Rechenschaftspflicht gegenüber der Knesset schon seit den späten Achtzigern sträflich vernachlässigt hatte. Er war zu einem Staat im Staate geworden, zu einer mächtigen, unüberschaubaren, aber nach wie vor schlagkräftigen Organisation.

»Ich könnte Sie dafür mit sofortiger Wirkung ihres Amtes entheben, ist Ihnen das klar?«

Der Regierungschef bekam vor Zorn rote Streifen im Gesicht, aber David wusste, dass er Gus jetzt, nach diesen Enthüllungen, mehr brauchte denn je zuvor. So war es keine Überraschung, als er nach einer dramatischen Pause etwas ruhiger weitersprach.

»Ich werde es allerdings nicht tun, da Sie ein fähiger Mann sind, doch es wird sicherlich einigen Gesprächsbedarf geben. Auch werde ich mich wieder verstärkt um die Rechenschaftspflicht der Geheimdienste kümmern.«

Gus nickte schuldbewusst, und David wusste, dass es nicht nur eine Geste war. Der Premier forderte ihn mit einer Handbewegung auf, mit dem Bericht fortzufahren.

»›Weißer Löwe‹ – diesen Tarnnamen erhielt er von uns, da das Wappen Jerusalems einen Löwen darstellt und Weiß als Farbe der Unschuld gilt – arbeitete von 1966-1967 als Agent bei uns. Im Zuge einer akademischen Recherche –

er schrieb gerade seine Doktorarbeit – machte er die Entdeckung einer antiken Schrift mit Hinweisen auf ein altes Gangsystem unter der Jerusalemer Altstadt. Diesen Fund meldete er seinem damaligen Führungsoffizier, der seinerseits die Führungsebene von Schin Bet informierte.

Es wurden unverzüglich erste Grabungen durchgeführt. Unter äußerster Geheimhaltung, denn der damalige Direktor erkannte schnell, welche Bedeutung diese Entdeckung für Israel haben konnte. Der Verlauf der Geschichte gab ihm zweifellos recht.

Nach unserem glänzenden Sieg 1967, der uns auf der ganzen Welt Anerkennung, aber auch Hass und Neid einbrachte, gab ›Weißer Löwe‹ nicht zuletzt aus Sicherheitsgründen seine nachrichtendienstliche Tätigkeit auf und konzentrierte sich ganz auf seine akademische Laufbahn. Kurz darauf lernte er in Jerusalem seine erste Frau kennen und zog nach Deutschland, wo er in München eine angesehene Professur erhielt. Das war unsere Art, uns erkenntlich zu zeigen. Natürlich verlangten die Araber fieberhaft danach, ihn in ihre Hände zu bekommen, und 1977, bei einem Besuch in Israel, wurde er von der PLO als Geisel gefangen genommen. Sie folterten ihn, und versuchten wohl, Informationen über das System aus ihm herauszupressen, aber unsere Armee konnte ihn schließlich befreien.

Durch einen tragischen Unfall verlor er dann 1980 seine erste Frau Sarah und heiratete drei Jahre später eine seiner Studentinnen, die als saudische Agentin gezielt auf ihn angesetzt war. Ob ihm ihre wahre Identität bis zu seinem rätselhaften Suizid bekannt wurde, ist bis heute nicht geklärt.

Aber nun wird David Dorado, ein ehemaliger Kollege und jetziger Chef einer polizeilichen Sondereinheit in Deutschland, mit dem Bericht fortfahren.«

Die Abendsonne spiegelte sich im Wandbild David Ben Gurions, und verlieh dessen weißen Haaren einen fast mystischen Strahlenkranz. Nur der Verkehrslärm der quirligen Stadt drang gedämpft durch die geschlossenen Fenster.

Zwei Augenpaare waren gespannt auf David gerichtet.

»Wie Gus schon erwähnte, kam es 1989 zum tragischen Tod von Professor Dr. Jaakov Stein. Zu dieser Zeit sah sein Tod lediglich nach einem nicht ganz alltäglichen Suizid aus: Er erhängte sich an einem Kronleuchter im Schlafzimmer.

Nachdem allerdings im letzten Jahr ein Attentat auf einen seiner ehemaligen Studenten, einen Journalisten namens Dennis Meyer, misslang, und der Kriminalbeamte, der die Ermittlungen leitete, von seinem ehemaligen Mitarbeiter, einem Rechtsradikalen, erschossen wurde, rollten wir den Fall neu auf.

Es stellte sich heraus, dass Dennis Meyer in München einige Artikel geschrieben hatte, die die Gruppe, welche sich zu dem Attentat bekannte, als zionistische Propaganda interpretierte. Diese Gruppierung nennt sich *ArmDesJihad* und hat nach Erkenntnissen unserer Experten die besondere Zielsetzung, den globalen Dschihad in Deutschland, und damit in Europa, voranzutreiben.

Zu unserer Bestürzung stellte sich heraus, dass die einzige Tochter des Professors, Esther, dass diese Esther drei Jahre lang mit Dennis Meyer verlobt gewesen war. Zufall? Wahrscheinlich.

Aber ein sehr folgenschwerer Zufall.

Esther verließ ihn 2002, was ihn tief verletzte. Sie ist seit dem Tode ihres Vater psychisch krank. *ArmDesJihad* war so sehr an der Eliminierung Meyers gelegen, dass eine Todes-Fatwa gegen ihn erlassen wurde und die deutsche Bundesregierung dahingehend erpresst wurde, ihn auszuliefern. Anderenfalls werde eine schmutzige Bombe bei einem Anschlag in Deutschland eingesetzt werden.

Diese Bombe kam tatsächlich zum Einsatz, nämlich vor einem Monat im Zentrum Münchens, und nur aufgrund glücklicher Umstände ist außer dem Attentäter niemand ums Leben gekommen. Der volkswirtschaftliche Schaden und auch die psychologische Wirkung sind natürlich immens. Ein konventioneller Sprengstoffanschlag ein halbes Jahr zuvor in Köln, verübt von derselben Gruppe, kostete fünfzig Menschen das Leben. Eine Zäsur in der deutschen Nachkriegsgeschichte. Ich machte den Vorschlag, Dennis als Verbindungsmann in ein Terrorcamp in den Norden Pakistans zu schicken, als Korrespondent getarnt, was ja sein eigentliches Metier darstellt. Er sollte uns Informationen über dieses Netzwerk, das unsere Regierung so erheblich unter Druck setzt, liefern. Auch war mein Kalkül, ihn aus der unmittelbaren Gefahrenzone herauszuschaffen. Denn wo ist man sicherer als im Auge des Sturms?

Diese Operation entwickelte sich leider zum Desaster. Auf Dennis wurde in Pakistan ein weiterer Mordanschlag verübt. Er überlebte, wir verloren die Kontrolle, und er versuchte, auf eigene Faust die vermutete Chefin der Gruppe, Jamila bint Saleh, zu töten. Dies misslang. Anschließend brachten wir ihn in einem europäischen Land in Sicherheit.

Dann geschah das, was ich befürchtete, aber wofür ich keinerlei Anhaltspunkte hatte, außer meinem Gefühl als Polizist.

Esther Stein wurde entführt, gerade in dem Augenblick, in dem wir sie mit einer neuen Identität ausstatten wollten!

Dass die Polizeibeamten, die sie in ein Haus in den Schweizer Alpen bringen sollten, an der Geiselnahme maßgeblich beteiligt sind, verdeutlicht, dass wir es mit einer gut aufgestellten Organisation zu tun haben. Esther ist vermutlich nach Saudi-Arabien verschleppt worden.

Ich habe Gus gebeten, den Mossad in die Suche nach Esther zu involvieren.

Vermutlich kennt Esther das ›Geheimnis Jerusalems‹, und weiß, auf welchen Wegen ihr Vater an die Information über die ›Pfade der Urzeit‹ gelangte. Vermutlich wollen sie diese Information aus ihr herauspressen. Danach werden sie Esther töten.

Ich bitte Sie, Herr Premierminister, als höchsten Vertreter des Staates noch einmal: Helfen Sie uns, Esther Stein zu finden.«

Nach einer Weile des Nachdenkens fragte der Regierungschef:

»Und was genau suchen diese Terroristen bei Esther?«

»Ein Buch«, sagte David ohne zu zögern, »ein Tagebuch, das ihr Vater geschrieben hat. Ein Buch, das den legalen Anspruch Israels auf Jerusalem und den Tempelberg durch Tatsachen belegen könnte, die nicht zu leugnen wären. Nicht mehr und nicht weniger.«

Überrascht sah Gus auf:

»Vermutest du das – oder weißt du es?«

»Beides«, antwortete David mit lächelnden Augen.

Gespannt sahen beide zum Premierminister.

»Gut«, sagte er, »ich gebe euch grünes Licht, die Geheimdienste in die Sache einzuschalten. Möge der Fels Israels mit uns sein.«

42

Dennis erwachte, weil ihm kalt war. Es war 6.30 Uhr, und er fühlte sich ganz steif gefroren. Doch komischerweise empfand er ein inneres Glühen, das die Kälte mehr als ausglich. Erst dann erinnerte er sich an die nächtliche Vision und den Entschluss, den er gefasst hatte.

Er schlich in sein Zimmer, denn sein nächtliches Erlebnis sollte nicht publik werden. Es genügte vollkommen, dass er selbst bisweilen an seinem Verstand zweifelte. Gerade, als er sich noch einmal ins Bett legen wollte, klingelte das Handy. Er wollte den Anruf schon wegdrücken, als er sah, dass es David war. Widerwillig nahm er an.

»Hi David«, krächzte er ins Handy.

»Dennis, tut mir leid, dass ich dich so früh wecke, aber ich bin in Jerusalem und kann im Moment nicht weg. Ich hab dir eine verschlüsselte Mail geschrieben mit weiteren Anweisungen. Die Mail wird in vier Stunden automatisch gelöscht werden, also beeil dich. Ruf mich nach dem Lesen der Mail an und bestätige, dass du alles verstanden hast. Klaus wird dich überall hin begleiten. *Er* ist der Profi. Vergiss es nicht!«

Dennis schmunzelte. Das war Davids Art auszudrücken, dass ihn die Aktion in Pakistan nicht gerade in Begeisterung versetzt hatte.

Er zog sich an und überlegte. Hier gab es kein Internet, also würden sie ein Internet-Café aufsuchen müssen, um sich die Mail per USB-Stick herunterzuladen. Als er wenig später mit Klaus im rostigen Fiat saß, der sie in eine Kleinstadt namens *Hochelbe* brachte, fragte er sich, wie dieses

Abenteuer wohl enden würde. Als er eine Stunde später vor einem Computer saß und das Mail-Programm geöffnet hatte, gab er den PGM-Empfängerschlüssel ein, den ihm David schriftlich mitgeteilt hatte und ohne den niemand eine Chance hatte, die Nachricht zu lesen. Diese Verschlüsselungsmethode, hatte David in Berlin gesagt, sei so sicher, dass es selbst Geheimdiensten mit den besten Rechnern nicht gelingen könne, das System zu überlisten. Er durfte nur keine Fehler machen.

Aber er war nicht umsonst zwei Tage lang von IT-Profis in Berlin allein in der Verschlüsselung elektronischer Post geschult worden.

Als er die Nachricht decodiert hatte, speicherte er sie auf Stick, vergewisserte sich dessen noch einmal und löschte sie endgültig vom Server.

In seinem Zimmer öffnete er die Datei.

Schalom Dennis,
ich grüße Dich aus Jerusalem, da ich vor Ort zusammen mit dem Schin Bet die Befreiung Esthers koordiniere. Wir haben nicht viel Zeit, weil ihr Leben akut in Gefahr ist. Auch wenn ich Dich aus Sicherheitsgründen eigentlich nicht mehr in diese Sache einbinden möchte, bleibt mir keine Wahl, da Du sie am besten kennst, und vor allen Dingen das Haus in Hebertshausen.
Deine Aufgabe: Der Professor hat möglicherweise schriftliche Aufzeichnungen über seine Zeit beim Schin Bet verfasst. Über die Entdeckungen, die er 1967 machte. Klaus hat mich informiert, dass Du möglicherweise darüber Bescheid weißt. Es kann sein, dass sich diese Aufzeichnungen in ihrem Elternhaus befinden. Wahrscheinlich sind sie auch der Grund, warum sie als Geisel genommen wurde. Wenn wir diese Notizen hätten, hätten wir ein Druckmittel. Ich will es noch deutlicher ausdrücken: Wenn wir diese Aufzeichnungen hätten, könnten wir ihr Leben retten! Das Haus ist bereits durchsucht worden, aber wir glauben nicht, dass sie es bei ihrer Entführung bei sich hatte.

Wenn Du solch ein Dokument (möglicherweise ein Tagebuch) findest, sollst Du es eins zu eins in den Computer genau abschreiben und speichern. Sende mir alles, was Du hast, sofort per E-Mail zu. Die deutschen Sicherheitsbehörden kennen Dich von nun an unter dem Namen Erwin Resch und haben strikte Anweisung, Dich in allem zu unterstützen. Klaus wird das Nötigste veranlas-sen und Deine neuen Papiere morgen in München abholen.
Unternimm nichts ohne ihn – denn er ist der Profi!
Herzliche Grüße
David

Ein Tagebuch! Vielleicht fand er dort die Information, die er geschworen hatte zu finden.

Der Abschied von Klaus Vater am übernächsten Tag war warm. Er hatte den alten Mann richtig ins Herz geschlossen.

Klaus hatte sich den Fiat seines Vaters für ihre Fahrt geliehen.

»Das ist unauffälliger«, hatte Herr Bremer Senior mit einem verschmitzten Grinsen gemeint, und er hatte damit zweifellos recht.

Auf der Fahrt gingen sie das vor ihnen liegende Unternehmen noch einmal durch, und Dennis machte sich mit seinen neuen Papieren vertraut.

Sie fuhren sieben Stunden, die Fahrt verlief störungsfrei, gegen fünfzehn Uhr waren sie in Hebertshausen. Dennis erkannte das Haus sofort wieder.

Ein Absperrband war um das Grundstück gespannt und flatterte in der Nachmittagssonne. Zwei Beamte in Uniform standen vor dem Eingang und unterhielten sich. Klaus hatte die zuständige Stelle in München gestern informiert, dass sie kommen würden, und so waren die Polizisten nur überrascht, einen verrosteten Fiat zu sehen und nicht den neuesten BMW, mit dem Beamte des BND im Normalfall zu reisen pflegen. Klaus zeigte ihnen die Genehmigung zur Durchsuchung des Hauses, und mit einem Nicken gaben sie die Einfahrt frei.

Bitte, lass mich das finden, was wichtig ist, flehte Dennis im Stillen. Er fühlte sich schwach und übermüdet und unfähig. Nur zu gerne wäre er im abgeschiedenen und friedlichen Riesengebirge geblieben, bei dem weisen alten Mann, und hätte sich weiter mit ihm über den Professor, Israel und darüber unterhalten, wie es ist, als Verfolgter zu leben. Auf der anderen Seite spürte er, dass dies hier wichtig war, und dass er heute etwas entdecken könnte, was sein Leben veränderte.

Und dann wollte er Esther helfen. Nur zögerlich gestand er sich ein, dass die Gefühle, die er für sie empfand, doch tiefer waren, als er sich in den letzten Monaten einreden wollte. Ja, er *war* zornig gewesen, und er hatte allen Grund dazu, aber Esther schien sich durch die vergangenen Ereignisse verändert zu haben, und die Achtung, mit der David stets von ihr gesprochen hatte, verfehlte ihre Wirkung nicht. Unmerklich hatte er angefangen, das Gute zu glauben, das David über sie erzählte, über ihre neu entdeckte Hingabe an ihren Messias und über den kämpferischen Charakter, der zeigte, dass sie nun bereit war, sich ihrer Vergangenheit zu stellen. Schließlich hatte es ihn – entgegen seiner Äußerungen – berührt, dass sie nur aus Sorge um ihn nach Berlin gekommen war und sich, wenn auch unbewusst, in Gefahr gebracht hatte.

Glaube führt zu Liebe, dachte er, und war das nicht der tiefste Sinn von Glauben, zu echter Liebe zu befähigen? Denn der Schöpfer ist Liebe, und aus dem Glauben erwächst die tatsächliche Kenntnis über das Wesen der Dinge. Aber darüber konnte er später nachdenken, denn Klaus blickte ihn fragend an.

»Ach, ich habe nur nachgedacht«, beeilte er sich zu sagen.

Klaus schmunzelte nur.

Er betrachtete die Villa. Hier hatte er sich immer unwohl gefühlt, obwohl er nur fünf oder sechs mal hier war. Aber heute empfand er eine Bedrohung, die über die vagen Gefühle von damals hinausging.

Er spürte die Übelkeit schon, als sie sich dem Eingang näherten.

Er konnte die Bosheit dieses Hauses fühlen, in seinem Geist, und sein Körper reagierte nur auf das Unfassbare. Früher hatte er bei diesen Gefühlen immer gedacht, er sei nicht bei klarem Verstand.

Aber Dōr hatte ihn gelehrt, diese Dinge als real zu betrachten.

Nur *unsere* Sicht der Wirklichkeit ist verzerrt, dachte er.

Der Mauerbogen, in dem sich die Eingangstür befunden hatte, war durch die Wucht der Explosion nur noch im Ansatz erkennbar. Der Schutt war beiseite geräumt worden, doch die rußgeschwärzte Diele zeugte von der Energie der Explosion.

Und doch hatten sie großes Glück gehabt, hatten die Experten einhellig erklärt. Aufgrund der Sprengmasse musste es der ursprüngliche Plan gewesen sein, das Gebäude dem Erdboden gleichzumachen. Das war aus Sicht von Judith auch das einzig Sinnvolle, da jede Spur verwischt werden sollte. Aber aus ungeklärten Gründen hatte der Zündmechanismus nur etwa zehn Prozent der Sprengmasse zur Explosion gebracht. Die restlichen neunzig Prozent konnten unmittelbar danach von Experten kontrolliert entschärft werden. Ein würgendes Geräusch riss ihn aus seinen Überlegungen. Es war Klaus, der entsetzt den großen Blutfleck betrachtete, der von David stammen musste.

Sie erreichten das Wohnzimmer.

Eine dicke Staubschicht unbewohnter Monate bedeckte jede Oberfläche, und es war unnatürlich still im Haus. Alles war liegengelassen worden, wie bei einem überstürzten Aufbruch. Aufgeschlagene Zeitungen ebenso, wie achtlos über die Couch geworfene Hosen und Blusen. Beklommen stiegen sie die Holztreppe zum ersten Stock hinauf. Das Holz knarrte unter ihren Füssen, und der Druck nahm mit jedem Schritt zu. Und mit ihm die Angst.

Wo sollten sie mit dieser sinnlosen Suche beginnen? Diese Frau war ausgebildete Agentin. Sie würden nichts finden. Vor ihnen war ein Zimmer mit einer gepolsterten Tür. Dennis erinnerte sich, dass diese Tür immer geschlossen war, wenn er Esther besucht hatte, und er hatte auch nie das Verlangen gehabt, mehr zu erfahren.

Eine Abstellkammer, hatte er gedacht.

Heute stand sie offen.

Er wunderte sich über das Gewirr von Kabeln, Computern, Mikrophonen und anderen Geräten, deren Zweck er nur erahnen konnte, und die sich auf und unter dem großen Schreibtisch stapelten. Das Siegel der Kriminalpolizei prangte auf jedem Gerät; dort würden sie sicher nichts Bedeutendes mehr finden. Einem Impuls folgend, betrat er Esthers ehemaliges Zimmer. Eine Zeit lang stand er im Türrahmen, von Erinnerungen überwältigt. Tränen des Schmerzes stiegen in ihm hoch, aber er ließ ihn nicht zu. Nicht jetzt. Er lief planlos im Zimmer herum, und betrachtete jedes Möbelstück. Sein Gehirn arbeitete fieberhaft. Da war etwas Wichtiges.

Aber es fiel ihm nicht ein.

»Ich glaube, ich hab was, aber ich kann es nicht fassen«, murmelte er.

Doch langsam, als stiege sie aus den Schatten der Vergangenheit empor, flutete ihn die Erinnerung an, einem Rinnsal gleich, dann schneller und schneller wie eine Springflut.

Triumphierend drehte er sich zu Klaus um:

»Ich kann mich an einen Abend erinnern, an dem Esther sehr aufgewühlt war. Ihre Stiefmutter war nicht da, und sie hatte wieder einmal Panikattacken. Erst nach einer halben Stunde gelang es mir, sie einigermaßen zu beruhigen. Sie flüsterte, sie müsse mir ein Geheimnis verraten. Sie habe Angst davor, aber sie müsse es loswerden, sonst würde sie ersticken. Mit geschlossenen Augen hat sie mir dann diese Geschichte erzählt:

Als sie achtzehn geworden war, hat ihr ein Vertrauter ihres Vaters ein Buch mit schriftlichen Aufzeichnungen überreicht, das bis zu ihrer Volljährigkeit in einem Schweizer Bankfach deponiert gewesen war. Das Buch lag in einer Metallschatulle, mit dem Siegel ihres Vaters verschlossen. Dem Tagebuch, denn um ein solches hatte es sich gehandelt, war noch ein Brief beigelegen. Darin stand, sie dürfe dieses Buch auf keinen Fall ihrer Stiefmutter zeigen und auch keinem anderen Menschen, bis die ›Zeit gekommen sei‹.

Sie sagte mir, sie hat nur drei Mal darin gelesen. Das Buch war mit der engen Handschrift ihres Vaters beschrieben, und sei nur schwer zu lesen.

Eines Abends las sie etwas von Folter und brennenden Kerzen. Sie erinnere sich an die schwarz verbrannten Zehennägel ihres Vaters. Dann wurde ihr schlecht, sie fing an zu zittern und musste sich übergeben. Als sie sich beruhigt hatte, dachte sie darüber nach, was sie damit tun könne. Es in ihrem Zimmer zu behalten, wäre keine gute Möglichkeit, denn dann wäre der Gegenstand ihrer Furcht in ihrem Zimmer, und Judith durfte es ja auch nicht sehen. Schließlich hat sie alles in einen Plastiksack gelegt, und im Garten vergraben … «

»Wo«, Klaus war aufgesprungen, »wo hat sie es vergraben?« »Unter dem Apfelbaum«, sagte Dennis mit belegter Stimme. »›Weil das Leben den Tod umschlingt‹«, hatte sie hinzugefügt.«

Ihm schien es, als wüsste er erst jetzt, wer Esther Sarah Stein wirklich war. Er starrte in die Leere des Zimmers.

»Wie verletzt du doch warst, Esther«, flüsterte er. Mitleid überfiel ihn; so machtvoll, dass er leise aufstöhnte. Diese andauernden Nörgeleien, die wie Peitschenhiebe seine Seele aufgerissen hatten … jeder einzelne Hieb war ein verzweifelter Schrei nach Liebe gewesen. Vielleicht hatte sie ihn aus diesem Grund verlassen? Weil sie Angst hatte, aufgrund ihrer Psychosen *von ihm* verlassen zu werden?

Klaus berührte ihn am Arm.

»Komm, wir gehen in den Garten und graben einen Apfelbaum aus«, sagte er leise.

Dennis nickte und ging voran in den Gartenschuppen, um Schaufel und Spaten zu holen.

»Endlich mal richtige Männersache«, rief er euphorisch, während er innerhalb von fünf Minuten den Baum gefällt hatte. »Du hast den Beruf verfehlt. Du hättest Holzfäller werden sollen – oder Auftragsschatzsucher.« Sie lachten.

»Die gute Judith würde sich nie träumen lassen, was unter ihrem Apfelbaum begraben liegt!«

Er erinnerte sich, wie er einmal zu Besuch gewesen war und Esther zu ihr gesagt hatte, sie wolle als Zeichen der Hoffnung einen Apfelbaum im Garten pflanzen. Judith hatte nur verwirrt mit den Schultern gezuckt, nicht ahnend, was sie damit gebilligt hatte. Tja, dachte er nicht ohne Stolz, deine Stieftochter war schon damals schlauer als du.

Sie begannen, die Wurzel auszugraben. Ein Apfelbaum

ist ein sogenannter ›Flächenwurzler‹, das wusste er, er hatte als Jugendlicher öfter solche Arbeiten gemacht. Das erforderte nicht so sehr, in die Tiefe zu graben, sondern zunächst einen Kreis von einem Meter um die Wurzel herum auszuheben. Anschließend waren nur noch die einzelnen Wurzelstränge zu kappen. Sie arbeiteten eine halbe Stunde, dann lag die Wurzel frei. Mit vereinten Kräften wuchteten sie den Wurzelstock aus der Grube. Darunter war – nichts. Frustriert stieß Dennis seinen Spaten in den lehmigen Boden.

Klaus schrie auf.

Am Boden lag der abgetrennte Fetzen eines Plastikmüllsacks. Mit generöser Handbewegung und einem Grinsen im Gesicht gab Klaus ihm zu verstehen, dass er als erster graben dürfe. Denn er hatte den *Schatz* ja gefunden.

Eine Minute später hatte er den Plastiksack ausgegraben.

Darin befand sich eine verrostete Metallschatulle, und er hielt sie triumphierend in die Höhe. Schwärzliche Reste eines Siegels waren darauf zu erkennen. Hastig machte er den Deckel auf. Das Buch selbst hatte Esther in ein Stück Stoff eingeschlagen.

Behutsam wickelte er das schmale Buch aus und schlug es auf. In der Mitte lag ein zusammengefalteter Bogen Papier. Der Brief, von dem Esther berichtet hatte, mit dem offiziellen Briefkopf des Professors. Sie setzten sich an den Rand der Grube, und Dennis las:

Hebertshausen, Juni 1989

Mein kleiner Stern,
wenn Du das hier liest, lebe ich nicht mehr, und Du bist nun erwachsen. Mazel Tov! Keine sehr schöne Kombination, aber das

Leben ist manchmal grausam. Verzeih mir, wenn etwas Bitterkeit durch die Zeilen tropft, aber Du weißt, wie sehr ich es immer gehasst habe, mich zu verstellen.
Das Leben hat mir Vieles beigebracht, und ich durfte viel erleben. Sogar einige außergewöhnliche Dinge, die gewöhnlichen Menschen nicht oft vergönnt sind. Davon berichtet mein Tagebuch. Ich hinterlasse es Dir, denn ich vertraue Dir. Mehr als ich meiner Ehefrau vertrauen kann. Es enthält Erinnerungen von nur einem Vierteljahr, aber es war die aufregendste Zeit meines Lebens. Nun, da ich nicht mehr bin, musst Du dies Geheimnis für Dich behalten. Die Zeit wird kommen, ich weiß nicht wann und wo, dann musst Du es hinausschreien in die Welt, laut und triumphierend, bis Deine Seele der Freiheit entgegen fliegt, für die sie geschaffen ist!

Esther, Deine Schwiegermutter ist eine arabische Agentin.
Es klingt **meschugge***, und das ist es auch, Esther, oh ja, das ist es.*
Ich habe keine Beweise, Du wirst es aber entdecken, wenn die Zeit gekommen ist. Denn alles im Leben hat seine Zeit. Wie es im dritten Kapitel im Buch des weisen Königs Schlomo geschrieben steht. Aber er schreibt auch: ›Alles Sinnen und Trachten des Menschen ist nichtig, sinnlos und leer‹. Entdecke Du den Sinn des Lebens, suche nach ihm mit all Deiner Kraft!
Meine Zeit ist vergangen. Aber für Dich kommt eine Zeit, Esther, da wirst Du strahlen wie ein Stern am Himmel, und wirst vielen den Weg in die Freiheit weisen. Das sagt mein Herz, und es ist mein Trost in dunkler Stunde.
Mein Innerstes schreit vor Schmerz, doch meine Seele fliegt der Erlösung entgegen. Vielleicht, vielleicht sehen wir uns wieder …
Ich umarme Dich! Ich liebe Dich!
Sei geküsst,
Dein Abba

»Er hat es gewusst«, murmelte Dennis, betäubt von der Wucht der Erinnerungen. Klaus schwieg.

Er faltete den Brief zusammen und steckte ihn zurück in den Umschlag. Beinahe zärtlich betrachtete er das Buch. Es war abgegriffen, die einzelnen Seiten waren vergilbt.

Das Schriftbild war flüssig, aber klein und filigran, als hätte der Autor Angst gehabt, die Seiten könnten nicht alle Gedanken fassen, die er niederzuschreiben habe.

Beschrieben waren sie mit schwarzer Tinte, fast durchgängig, nur hier und da hatte der Professor Kugelschreiber verwendet. Die Eintragungen umfassten einen Zeitraum von drei Monaten, von März bis Mai 1967. Mit roter Tinte stand auf der ersten Seite folgender Satz:

Diese Aufzeichnungen sind streng vertraulich!

Nachdem sie wieder im Haus waren, bewaffnete sich Dennis mit seinem Laptop und begann, den Text in den Computer zu übertragen.

Jerusalem, 25. März 1967
Folgende Begebenheit ist so außergewöhnlich, dass ich beinahe versucht bin zu glauben, der Allerhöchste hat hier eines seiner Wunder vollbracht. Ich bin gewiss kein religiöser Mensch, aber nach diesen Ereignissen fühle ich mich gezwungen, einiges neu zu überdenken.
Ich versuche nun, die Geschehnisse der zeitlichen Reihenfolge nach und so genau, wie sie sich zugetragen haben, niederzuschreiben:
An diesem Morgen des 25. März war ich sehr verzweifelt. Es war Montag, und ich schrieb gerade an meiner Doktorarbeit. Ich kam nicht recht voran, und am Wochenende hatte ich mich mit Sarah gestritten, und ich suchte die Einsamkeit.
Alles schien sinnlos und leer zu sein.
Langeweile trieb mich, nein, es war mehr als Langeweile, eine große Leere hatte mich ergriffen.

Mein Leben erschien mir ohne Bedeutung, und ich fühlte mich verloren.
So ging ich ziellos umher und näherte mich dem modernen Berg Zion, nicht zu verwechseln mit dem Tempelberg im Osten der Altstadt. Es war ein schöner Frühlingstag, und die aufgehende Sonne tauchte den Himmel in zartes Rosa, und das Farbenspiel wurde immer intensiver, eine wirklich königliche Kulisse. Das alles nahm ich aber nur am Rande wahr, da ich ja in ganz andere Sorgen versunken war.
Plötzlich brach die Erde ein. Einfach so.
Von einer Sekunde zur anderen umfing mich Dunkelheit.
Ich fiel etwa drei Meter tief und landete auf einem Haufen Erde, die vor mir in die Grube gerieselt war. Durch die Einbruchsstelle konnte ich den Himmel sehen. Mein Herz raste. Meine Augen gewöhnten sich nur langsam an die Dunkelheit, und ich blickte mich um.
Ich befand mich in einer natürlichen Höhle, die wohl durch Erosion entstanden war, denn unsere Wissenschaftler hatten jüngst herausgefunden, dass die Hügel, auf denen Jerusalem erbaut wurde, durchlöchert sind wie Schweizer Käse: Die Berge hier bestehen aus Kalkstein, und natürliche Höhlen sind keine Seltenheit. Doch die einzige Frage für mich war: Wie komme ich hier wieder raus?
Die Wände waren ein Gemisch aus porösem Fels und bröckeliger Erde und sahen nicht wirklich stabil aus. Zu meinem Erstaunen entdeckte ich eine Öffnung an der hinteren Wand, die zum Hang hinzeigte. Diese Öffnung war nicht natürlichen Ursprungs, das konnte ich sofort sehen! Ich trat näher und betrachtete sie genauer. Im Zwielicht konnte ich erkennen, dass die Wand aus massivem Stein bestand, es war aber nichts Gemauertes zu erkennen. Vielmehr schien es ein ausgeschlagener Eingang in natürlichem Gestein zu sein. Doch der Fels war hier weit massiver als die Wände an der Einbruchsstelle. Die Öffnung war vielleicht 1,85 Meter hoch, denn ich konnte gerade noch darin stehen. Sie bildete den Ausgang eines Weges, der wohl in den Berg führte.
Meine Neugier siegte über meiner Vorsicht, und ich tastete mich ei-

nige Meter weit in den Gang hinein. Um mich herum war massiver Fels.

Da ich mich von der Einbruchsstelle im Hang immer mehr entfernte, wurde das Licht immer schwächer, und ich beschloss umzukehren, da ich bald nichts mehr würde sehen können.
Plötzlich stolperte ich. Ein Stein lag mir im Weg, und um nicht zu fallen, stützte ich mich mit der rechten Hand an die Wand. Irritiert durch den dumpfen Ton, den ich hörte, sah ich mir die Stelle genauer an. Da war eine Einbuchtung in der Mauer, und eine 20x20 Zentimeter große Platte aus Metall schimmerte mir matt entgegen. Voller Aufregung hämmerte ich mit den Fäusten dagegen, und die Metallplatte fiel schwer auf den Boden. Ich hob die Abdeckung, denn um eine solche handelte es sich, auf und wusste sofort aufgrund des Gewichtes, dass es sich um Bronze handeln musste. Bronze, ein Material, das niemals rostet!
Mit der rechten Hand stocherte ich in der dunklen Höhlung herum. Sie war nicht tief, vielleicht dreißig Zentimeter. Mein Finger ertasteten etwas Weiches. Ein Schauer lief mir über den Rücken, aber ich biss die Zähne zusammen und machte weiter. Das weiche Ding ließ sich zusammendrücken und zerbrach dabei halb. Vorsichtig zog ich es zu mir. Es war gleichzeitig weich, bröckelig und hart. Es fühlte sich an wie eine Tasche. Eine Tasche aus brüchigem Leder.
Das Herz schlug mir bis zum Hals, und ich machte mit dem Beutel in der Hand, dass ich herauskam, denn es wurde jetzt schnell dunkel; die Sonne war wohl weiter gewandert, so dass sie nicht mehr direkt den Hang beschien. Der Einbruchsschacht hatte einen Durchmesser von einem Meter, ich konnte also mit etwas Geschick wie in einem Kamin hinaufklettern. Das gelang mir unter großer Anstrengung, und ich glaube, ich war noch niemals so froh gewesen, die Sonne zu sehen. Erschöpft fiel ich ins Gras. Außer dem Zwitschern der Vögel und dem Wind, der über den mit Gestrüpp bewachsenen Hang pfiff, war kein Laut zu hören.

Eilig zog ich den Beutel aus der Jacke und betrachtete ihn. Das Leder war so alt, dass es rissig geworden war. Ich wagte nicht, ihn zu öffnen, aber durch Betasten war ich mir sicher, dass er einen Papyrus oder eine Schriftrolle enthielt. Ich überlegte.
Ich würde mit meinem Fund zu Isaac Finkelstein gehen, einem Kollegen an der Universität, einem Papyrologen. An diesem Tag suchte ich aber zuerst eine andere Adresse auf:
Meinen Führungsoffizier von Schin Bet, der mich vor einem Monat als Verbindungsmann an der Universität angeworben hatte. Denn es war ja nicht ganz unwichtig, was in einer Zeit, in der wir von Staaten umgeben waren, die uns vernichten wollten, in den studentischen Kreisen geredet wurde. An einem akademischen Zentrum des Landes, ja des gesamten Nahen Ostens, wie der Universität von Jerusalem. Ich ging deshalb zu ihm, weil ich vermutete, dass hier etwas verborgen war, was sich als ein Erbe unseres Landes herausstellen könnte. Als Jude, der stolz auf sein Land war, das auf eine über 3.000 Jahre alte Geschichte aus Blut und Tränen zurückblickte, konnte ich mich der Möglichkeit, auf diese Weise etwas für das Land meiner Väter zu tun – auch wenn ich selbst keinen jüdischen Vater hatte –, nicht entziehen.
Nicht zuletzt beruhigte ich mit diesem Gang auch mein Gewissen, denn was ich glaubte, gefunden zu haben, war ja Eigentum des Staates Israel. Wer, wenn nicht der Nachrichtendienst, könnte über weitere Schritte befinden? Mein Führungsoffizier war erfreut über meine Entdeckung und gab mir zu verstehen, ich als Experte der jüdischen Geschichte sei bestimmt in der Lage, die notwendigen Schritte zu unternehmen. Sein Vertrauen schmeichelte mir. Sicherlich war es dabei auch sein Kalkül, eine etwaige wissenschaftliche Sensation vor der jüdischen, aber mehr noch der arabischen Öffentlichkeit geheim zu halten. Denn da ich meine Entdeckung in gut einer Meile Entfernung vom Tempelberg machte, enthielt sie schon aufgrund dieser Tatsache eine Menge politischen Sprengstoff.

So traf ich mich tags darauf mit meinem Kollegen Isaac, den ich

auch als Menschen schätze. Er ist fünf Jahre älter als ich und hat schon einige Fachartikel publiziert, er arbeitete gerade an seinem ersten Buch. In Israel gilt er als anerkannter Experte auf dem Gebiet der klassischen Papyrologie und Philologie mit Schwerpunkt auf Hebraistik. Am übernächsten Tag betraten wir sein Labor. Er konnte es genau so wenig wie ich erwarten, den Fund zu untersuchen. Zuerst besprühte er den Beutel vorsichtig mit einer Flüssigkeit. Erst nach quälenden zwei Stunden, in denen wir Mutmaßungen darüber anstellten, was sich darin wohl verbergen könne, war der Beutel geschmeidig genug, um ohne Gefahr geöffnet zu werden.
Tatsächlich kam darin eine kleine Schriftrolle aus Papyrus zum Vorschein, die sorgfältig in Gaze eingewickelt war. Es dauerte eine weitere Stunde, bis die Rolle geöffnet vor uns lag. Selbst ich als Laie erkannte sofort, dass es sich um einen althebräischen Text von beträchtlichem Alter handeln musste. Nach einer oberflächlichen Sichtung mit Hilfe einer Lupe ächzte Isaac vor Überraschung laut auf.
»Jaakov«, rief er, »sogar jetzt schon kann ich sagen, dass diese Rolle wahrscheinlich das älteste Schriftstück ist, das mir je unter die Augen gekommen ist! Ich werde es sofort anhand der C-14 Methode untersuchen lassen, aber aufgrund der Schreibweise, der Schriftform und des Schreibmaterials würde ich sagen, das da« – er zeigte aufgeregt wie ein kleines Kind auf das brüchige Schriftstück – »ist wenigstens 2.500 Jahre alt. Das wäre die Zeit des Wiederaufbaus des Tempels unter Nehemija! Es wäre damit das weltweit älteste uns bekannte Schriftdokument auf Papyrus«, sagte er aufgeregt.
Eine genaue Datierung der Abfassungszeit, sowie eine Übersetzung dauere zwei Wochen, meinte er. In zwei Wochen also weiß ich mehr, und ich kann es kaum erwarten!

Als Dennis auf die Uhr schaute, war es drei Uhr morgens. Die Prozedur zur Verschlüsselung des Textes als E-Mail dauerte eine weitere halbe Stunde, und langsam verschwammen die Buchstaben vor seinen Augen. Er war noch nicht fertig mit dem Kopieren des Textes, aber für heute konnte er nicht mehr.

Er sandte den fertigen Teil an David, schloss den Laptop und legte sich übermüdet in Esthers altes Bett.

Klaus schlief im Wohnzimmer.

43

Plötzlich wusste Esther, warum sie das Buch wollten. Warum war sie nicht darauf gekommen? *Sie wollten das Buch* … sie hörte Schritte – Männerschritte.

Denk nach Esther, denk nach.

Sie wollten das Buch, weil sie etwas geheim halten wollten, das an die Öffentlichkeit gelangen könnte.

Der Schlüssel knackte laut im Schloss.

Ihre Gedanken überschlugen sich.

Sie wollten das Buch, weil ihr Vater darin über eine Entdeckung geschrieben hatte, die die Frage, ob Israel einen rechtmäßigen Anspruch auf das Land hätte, überflüssig machte.

Die Männer waren wütend, sie schrien laut. Esther wusste, dass die Information, an die sie sich jetzt immer deutlicher erinnerte, sie zumindest für einen Augenblick aufhalten könnte. Sie daran hindern könnte, ihr weh zu tun. Denn ihr Vater hatte geschrieben, dass die Tunnels unter der Stadt alt waren, sehr alt.

(...)Die Anlage konnte nach einer eingehenden Untersuchung anhand der Radio-Carbon Methode auf ein Alter von ca. 7.000 Jahren datiert werden.

Siebentausend Jahre, ihr wurde schwindelig, dass war 5000 vor Christus, da war doch diese Flutkatastrophe gewesen, von der vor kurzem alle Zeitungen geschrieben hatten?

Die Sintflut ist keine Legende, so und ähnlich hatten die Schlagzeilen gelautet.

In dem Tagebuch war weiter die Rede von *Inschriften an den Tunneleingängen in einer sehr alten Schrift …*

»Wo hast du die Aufzeichnungen deines Vaters versteckt«, schrie der Deutsche. Er war gar nicht mehr höflich. Sie versuchte, die Augen zu öffnen, aber es gelang ihr nicht.

»Wir werden dich zum Reden bringen, und du wirst keine Spielchen mehr spielen«, brüllte der Mann, als sie nicht antwortete.

Aber sie hatte lediglich einen Entschluss gefasst. Einen weitreichenden Entschluss, wie sie fand: Sie war bereit zu sterben.

Sie hatte sich entschieden, *Dem* zu vertrauen, der sie vom Tod erretten konnte, und die Angst war von ihr gewichen. Was hatte sie vor langer Zeit, es kam ihr wie eine Ewigkeit vor, gelesen?

> *Eljon ist mein Licht und mein Heil, vor wem sollte ich mich fürchten? Eljon ist die Kraft meines Lebens, vor wem sollte mir grauen?*

Das war Wahrheit, und diese Wahrheit war stärker als der *Schmerz*, den sie ihr zufügen konnten, diese Tatsache war größer als ihre Angst vor dem Tod. Sie wusste, ihr Messias konnte sie erretten. Er hatte es schon einmal getan.

Was bedeutete ihr denn das Leben? Es war zum größten Teil Schmerz und Leid gewesen, war es nicht weit besser zu sterben, bei ihm zu sein, in seiner Gegenwart, wie damals auf dem Berg?

Dann dachte sie unabsichtlich an jemanden, der ihrem Herzen einst sehr nahe gestanden war. Ein männliches Gesicht voller Zärtlichkeit.

Doch – sie wollte leben!

Plötzlich wurde die Tür aufgerissen, und eine Männerstimme brüllte etwas auf arabisch. Sie verstand es nicht, aber die Männer rannten schreiend aus dem Zimmer, und sie blieb allein zurück. Sie wartete, dass etwas geschehen würde. Auf die Explosion einer Bombe zum Beispiel. Aber es blieb ruhig.

Stille legte sich auf sie. Fünf Minuten. Zehn Minuten. Dunkelheit kroch in ihr Herz.

Dann hörte sie Stimmengewirr in einer Sprache, die sie kannte. Ein Gesicht in Uniform beugte sich über sie. Mit ihm wich die Lähmung. Sie wusste, woher die Worte kamen.

Es war Hebräisch! Die eiserne Fessel um ihren Kopf zersprang, und sie ließ ihren Tränen freien Lauf.

Dann fiel sie in den süßen Schlaf einer Geretteten.

***

Als sie die Augen öffnete, rollte die Erinnerung wie eine schwere, wütende Woge über sie hinweg, und sie bekam keine Luft mehr!

Schnell schloss sie die Augen wieder und versuchte, zu vergessen. Es gelang ihr nicht, und mit jedem Versuch, nicht zu denken, wurde die Erinnerung präziser, wie ein Messer, das sich unaufhaltsam seinen Weg bahnt.

Als es energisch an der Tür klopfte, wurde sie endgültig wach. »Herein«, rief sie nach einigen Sekunden. Sie war mehr als überrascht, dass sie ihn hier sah – David Dorado, den charismatischen Polizeichef aus Deutschland.

Hinter ihm trat ein untersetzter Mann durch die Tür, der sie an ihren Vater erinnerte.

David sah sie mit besorgten Augen an.

»Esther, Ihre Befreiung haben Sie zum großen Teil dem Einfallsreichtum des israelischen Sicherheitsdienstes, den dieser Herr hier vertritt«, dabei warf er einen anerkennenden Blick auf Gus, »zu verdanken.«

Beide Männer lächelten.

Gus war der Typ Mann, der der Bezeichnung ›Haudegen‹ am Nächsten kam. Er war war von bulliger Statur, einem ›Bulldozer‹ nicht unähnlich, und erinnerte sie an Ministerpräsident Ariel Scharon, der diesen Spitznamen nicht zu Unrecht bekommen hatte. Er reichte ihr zur Begrüßung seine kräftige Hand, und sie musste gehörig aufpassen, nicht laut aufzuschreien. Sie lächelte tapfer.

»Ich will nicht um den heißen Brei herumreden, Frau Stein, meine Männer haben Sie in einem erbärmlichen Zustand gefunden. Ihre Entführer haben Ihnen Beruhigungsmittel in hohen Dosen verabreicht, weshalb Sie auch hier im Krankenhaus sind. Sie können von Glück sprechen, dass wir diese Gruppierung, die Sie als Geisel genommen hat, schon seit Längerem beobachten.«

Oh ja, aber es ist viel *mehr* als Glück, dachte sie, während sie sich an einen Mann erinnerte, der in einem früheren Leben auf einem Bahnhof neben ihr gesessen hatte.

» … um es kurz zu machen«, hörte sie ihn wieder, »da Ihre Entführung unmittelbar mit Ihrem Vater zusammenhängt, und Sie ihn am Besten kennen, hätten wir einige Fragen an Sie, sobald Sie das Krankenhaus verlassen. Es wäre uns eine Ehre, Sie in den nächsten Tagen, in unserer Zentrale befragen zu dürfen«, sagte er charmant.

»Wo kann ich wohnen?«, fragte sie zaghaft.

»Sie werden sehen, die Stadt Zion behandelt ihre Töchter gut. Sie werden im *King-David* wohnen, neben dem Zimmer von David.

Sie werden sich sicher und frei bewegen können, und wir werden alles Erdenkliche tun, um Ihren Aufenthalt so angenehm wie möglich zu gestalten. Selbstverständlich erhalten Sie Personenschutz, sobald sie außer Haus sind. Unauffällig natürlich. Diskret.«

»Eine Tochter Zions …«, wiederholte sie andächtig.

»Er ist ein wenig religiös«, meinte David entschuldigend, doch er konnte sich ein Grinsen nicht verkneifen.

***

Dieses Büro ist eine Müllhalde, war Esthers erster Gedanke, als sie den großzügigen Arbeitsplatz von Gus betraten.

An den Wänden hingen überall Landkarten, und auf dem riesigen Schreibtisch stapelten sich Akten und Papiere in beträchtlicher Höhe. Mehrere leere Kaffeebecher und eine Reihe von Stühlen standen wahllos im Raum herum. Es war offensichtlich, dass hier vor Kurzem ein Meeting stattgefunden hatte.

»Suchen Sie sich einen Platz aus«, sagte Gus mit ausholender Geste, als wolle er das ganze Zimmer mit dieser Bewegung einnehmen. David, der auch dabei war, ließ sich müde auf einen der Stühle fallen. Sie setzte sich daneben. Es war acht Uhr morgens, und die Strapazen der letzten Tage waren ihm deutlich anzusehen. Ihr ging es nicht anders.

Sie war erst gestern aus dem Krankenhaus entlassen worden, und ihr Zustand war noch immer nicht berauschend. Einzig der Chef dieses Büros schien ganz in seinem Element zu sein und beauftragte seine Sekretärin, ihnen drei mal starken Kaffee, sowie etwas Gebäck zu bringen.

Dann begann die Besprechung.

»Esther, Sie heißen ab heute Maria Stern, wohnhaft in Jerusalem. Wir werden eine gute Arbeitsstelle für Sie besorgen, Ihre Sachen werden Ihnen zugesandt.

Alle nötigen Papiere habe ich hier.«

Damit drückte er ihr einen Stapel Dokumente in die Hand. »Ihre erste Handlung als Bürgerin Jerusalems wird darin bestehen, zum Friseur zu gehen und sich angemessene Kleidung zu besorgen.«

Er grinste breit.

44

Eine alte Frau beugte sich über ein Bett. Ein Kind lag darin. Dennis wusste, dass das Kind erst noch geboren werden würde. Er konnte nichts Genaueres erkennen, denn ein blauer Schein verschleierte die Szene. Die Frau redete auf den Jungen ein, aber er verstand nichts, er sah nur Lippen, die sich bewegten, unaufhörlich, einer Beschwörung gleich.

Das Grauen fesselte ihn, er war gebunden in der Starre des Todes, und er wusste, diese Frau war böse; er musste etwas dagegen tun! Mit großer Anstrengung öffnete er den Mund und befahl laut:

»Verschwinde!!«

Die Frau blickte auf, und als sich die Blicke trafen, glich es einer Entladung kosmischer Energie. Entsetzen packte ihn, als blicke er Bel selbst in die Augen. Blaues Feuer sprühte aus ihren Augen. Dann war sie verschwunden, und im nächsten Moment wachte er auf.

Nur langsam beruhigte er sich.

Dann flüsterte er den Namen Eljons und spürte den Frieden des Geistes. Dieser Friede wurde getragen von einem Geräusch, ähnlich dem Rauschen von Flügeln, doch gewaltiger, majestätischer.

Dōr stand neben seinem Bett.

»Du kannst jetzt schon besser erkennen«, dröhnte seine Stimme laut und hörbar, »und ich werde dir die Dinge zeigen, die unter der Oberfläche liegen. Du beginnst mit den Augen des Geistes zu sehen und betrittst ein Reich, in dem *alles* möglich ist. Doch sei gewarnt: Es ist kein Reich der Phantasie. Es ist das Reich Eljons! Die Ereignisse, die du hier schaust, werden in deiner Welt Realität. Der Schlüssel zu diesem Reich heißt Glaube, und die Tür ist der Menschensohn. Denn in eurem *vergessenen Buch* steht geschrieben, dass nur der Glaubende sieht, dass nur *er* Dinge erschafft, dass nur *er* Totes ins Leben ruft. Einen kleinen Teil von dem, was ich dir sage, hat Jaakov entdeckt. Er entdeckte einen Tunnel, einen Tunnel, der in deiner Welt beginnt und in der wirklichen Welt endet.

Jaakov war kein Sehender, doch sein Mut und seine Liebe bahnten den Weg für die, die es sind. Du bist einer davon. Nicht durch eigene Anstrengung, oder weil du ein so guter Mensch bist, nein, sondern weil du erwählt wurdest, und weil du nicht geflohen bist. Gehe auf diesen Pfaden und vermauere die Trümmer der Vorzeit, richte auf die Fundamente vergangener Generationen! Baue, was zerstört; heile, was gebrochen; tränke, wen dürstet!«

Dann erhob er sich, und unter seinem Flügelschlag vibrierte die Luft. Als Dennis aufsah, war er verschwunden. Er konnte nicht mehr schlafen. Friede hüllte ihn ein, tiefer als seine Fragen, und ein Zauber legte sich auf die Welt, Gold, das vom Himmel fließt.

Neben ihm lagen die Notizen des Professors. Er schnappte seinen Laptop und schrieb weiter:

Jerusalem, 9. April 1967

Heute habe ich das Ergebnis der Untersuchung erfahren. Es ist großartiger, als ich es mir vorgestellt habe. Aber der Reihe nach:
Als ich an diesem Nachmittag das Labor Isaacs betrat, konnte er vor Aufregung kaum sprechen. Er hatte am Vormittag die letzten Untersuchungen abgeschlossen und ein verifizierbares Ergebnis, das kein Wissenschaftler mehr würde leugnen können.
In diesem Stück Papyrus, sagte er, in diesem Stück Kohlenstoff

steckten mehr archäologische Sensationen, als die Ergebnisse vermitteln können.
»Die Radio-Carbon Untersuchung, also die Altersbestimmung aufgrund des Zerfalls des Kohlenstoffisotops C14, hat ein Alter des verwendeten Papyrus von 2.450 Jahren mit einer Ungenauigkeit von 30 Jahren, ergeben. Das datiert dieses Dokument auf die Zeit um 450 v. Christus, was mit der Datumsangabe des Schriftstücks übereinstimmt. Und hier ist die exakte Transliteration.«

Stolz hielt er mir ein computerbeschriebenes Blatt Papier unter die Nase. Ich habe es gleich in das Tagebuch übertragen:

> *Jeruschalajim, im 20. Jahr des Artachschascht, Großkönig von Persien, am 7. des Monats Ab.*
> *Ich, Nehemijah, Statthalter von Jehudah, zog am dritten Tag nach meiner Ankunft in Jeruschalajim hinauf, um die Stadtmauern zu errichten, die so lange zerstört. Ich berichte Ungewöhnliches, das nicht für die Chroniken gedacht ist, etwas, das ich aufzeichne für nachfolgende Generationen und die Geschlechter nach mir, denn die Zeit wird kommen, da das Geheimnis offenbart wird, denn der König des Himmels wird es offenbaren.*
> *Es begab sich am dritten Tag in Jeruschalajim, als ich des nachts bei dem Schein des Mondes durch die Stadt ritt, um die Mauern zu untersuchen und die Planungen zu planen, es geschah um die Mitte der Nacht, da stieß ich unter den Fundamenten der westlichen Mauer beim verfallenen Taltor auf einen Gang, einen Schacht, in die Tiefe getrieben. Ich markierte den Ort, um in der folgenden Nacht und vorbereitet den Gang zu untersuchen. So stieg ich in dieser Nacht hinab, fünfzig Ellen tief, der Gang war fünf Ellen breit und fünf Ellen hoch. Unvermittelt hörte die Schräge auf, und der Gang wurde waagrecht, und er ging auf die Mitte der Stadt zu. Ich ging etwas um 200 Ellen, zu allen Seiten zweigten Gänge ab, ein großes Labyrinth. Ich konnte nicht weiter vordringen, da die Luft knapp wurde und die Flamme klein. Ich*

nahm mir jedoch vor, diese Dinge genauer zu untersuchen. In den nächsten Nächten stieg ich hinunter, und am dritten Tag, nach 300 Ellen des Schachts zur Stadt hin, da tat sich eine Halle vor mir auf, nach Bemessung 100 Ellen lang, sehr hoch und 60 Ellen breit. Die Fackel leuchtete hell, und ich konnte gut sehen. Die Wände waren glatt, in vollendeter Anmut, gleich Marmor, doch war es kein Marmor, noch ein mir bekannter Stein. Die Wand schien poliert, doch sah ich nirgends Spuren der Bearbeitung, es schien natürlich, doch das konnte nicht sein, ein großes Geheimnis. Als ich so dastand und ganz außer mich geriet vor Staunen und Verwunderung über die Pracht die sich mir bot, da rief eine Stimme meinen Namen, ich hörte jene Stimme deutlich, doch indes sah ich niemanden. Da glänzte in der Mitte der Halle etwas auf und wurde hell wie die Sonne, Blitze zuckten darin, so dass ich geblendet zu Boden fiel, vor der Stimme und vor dem Glanz und vor den Blitzen. Und so geschah die Stimme zu mir, sie geschah so:

»Nehemijah, ich bin der Wächter der Lade des Bundes. Versiegle in deinem Herzen, was du heute gesehen, und schreibe es auf zum Gedächtnis für eine Zeit, die folgt. Eine ferne Zeit des Schreckens und der Bedrängnis wird es sein, für eine Zeit, da dein Volk gesammelt wird, und Lüge es zu Fall bringen will. Doch sei nur fest und unverzagt.«

Dies waren die Worte, und sie dröhnten wider in der Halle, und in meinem Herzen. Und als die Stimme endete, da verging auch der Glanz, und die Halle wurde leer. Nur ein Kreis war geblieben aus gediegenem Gold, und er begrenzte den Ort des Heiligen, wo die Erscheinung war. Wie flammendes Feuer aus Erdentiefen leuchtete die Begrenzung, und ich wusste, ich darf den inneren Ring nicht betreten, bei meinem Leben. Die Stärke des Goldes betrug wohl etwa eine Elle, das Durchmaß des Kreises mochte um die zehn Ellen betragen. Ich ging also vorbei, und ich pries den König des Himmels in meinem Herzen und lobte ihn voller Jubel, und ich ging hindurch durch die Halle, und ich folgte dem Gang, der weiter verlief, hinein in den Berg Morijah. Ich ging vielleicht

500 Ellen, eine lange Zeit, und dann stieg der Gang an, er stieg an auf einer langen Strecke, und die Fackel wurde leuchtend, und ich erkannte, dass ich bald die Oberfläche erreichte.
Dann sah ich Nachthimmel über mir. Ich stieg ihm entgegen. Die Sterne schienen klar, ebenso der Mond, und es war silberhell. Oben sah ich umher: Südwärts von mir, 100 Ellen weit, der Turm Mea, dahinter, weiß schimmernd, der neue Tempel, nordwärts die Hochebene Benjamins. Anschließend fiel ich der Länge nach zu Boden und betete an. Nur dem Hohepriester Äsra berichtete ich von meiner Entdeckung, und wir versiegelten den Gang. Darauf-hin verbargen wir diese Schrift zur Bezeugung der Wahrheit in einer unterirdischen Felsgrotte 500 Ellen südwestlich der alten Befestigungsmauer.
Wer sie findet, hat Gunst gefunden vor dem König des Himmels, dem König der Könige und dem Herrn aller Herrn! Dies ist bezeugt und geschrieben und versiegelt von
Nehemijah, Statthalter von Jehudah,
Äsra, Hohepriester von Jeruschalajim

Während er las, war die Stimme meines Freundes Jaakov immer schwerer geworden, und als er fertig war, blickte er mich mit glänzenden Augen an.
Er fragte mich, ob ich verstehe, was das bedeutet? Das ist ein originales Dokument einer Person aus den heiligen Schriften. Dieses Schriftstück beweist unwiderlegbar die Historizität dieser Begebenheiten, wie es auch in den Schriften des Historikers Flavius Josephus geschildert wird. Es sei aber auch politischer Sprengstoff. Denn unter dem Tempelberg darf nicht gegraben werden, die Moslems würden ihn lieber sprengen. Schon jetzt haben sie unzähliges Geröll in einer Müllhalde entsorgt.
Sie wollen die Existenz der Reste der jüdischen Bauwerke, die viele Archäologen unter der Stadt vermuten, vernichten. Damit können sie der Welt und ihrem Volk die Lüge verkaufen, dass die Juden niemals dort gelebt hätten und erst im 20. Jahrhundert dorthin gezogen seien.

Er sah mich an, und in seinem Gesicht sah ich Qual, und in seinen Augen Tränen.
»Ich kann das aber niemals veröffentlichen«, sagte er, »auch wenn dies der Traum eines jeden Wissenschaftlers ist. Ich wäre ein toter Mann.«
Ich nickte und sagte nichts. Ich wusste, dass er recht hatte. Er versprach mir, mehrere Kopien des Textes anzufertigen und das Original sicher in seinem Labor zu verwahren. Nur er und ich wussten nun von Geheimnissen, die außer uns kein lebender Mensch kannte.

In der nächsten Woche, am 15. April, ging ich mit einer Kopie der ›Urkunde des Nehemijah‹ zu meinem Verbindungsoffizier. Er erwartete mich ungeduldig. Ich händigte sie ihm mit Isaaks Untersuchungsbericht aus, mit dem Hinweis, dass er diese Angelegenheit streng vertraulich behandeln müsse.
Am 16. April begann die Erforschung des Gangsystems durch die israelische Altertumsbehörde. Ich sage bewusst Erforschung, denn wir fanden tatsächlich jenen Einstiegsschacht. Das Gebiet ist jetzt militärisches Sperrgebiet.
Ich wurde vom Schin Bet beauftragt, die Expedition zu leiten, und ich nahm nur zwei Männer mit: Isaac Finkelstein als Fachmann und einen Nachrichtenoffizier, einen loyalen Mann, ein höherer Offizier des Schin Bet, der auch ein Studium der Archäologie abgeschlossen hatte. Ich vermutete eine unterirdische Verbindung zwischen der Stelle, an der ich eingebrochen war, und dem Labyrinth oder der Halle, die in dem Papyrus beschrieben wurde. Es war klar, dass wir niemals an die Oberfläche gelangen durften, denn der Felsendom war ja bekanntlich auf den Fundamenten des herodianischen Tempels erbaut worden, und der lag in Ost-Jerusalem, war also heute unter jordanischer Herrschaft.
Wir unterrichteten weder die israelischen noch die jordanischen Behörden, denn diese Expedition wurde als Operation des Schin Bet klassifiziert, den unter militärischen Gesichtspunkten besonders die

Verbindung ›Berg Zion‹ – ›Tempelberg‹ interessierte. Ich dagegen war von dem Papyrus selbst fasziniert, da die Worte etwas vom jüdischen Glauben in mir weckten, den meine Mutter mir vermitteln wollte, und den ich angesichts der Nazi-Gräuel verloren hatte. Verloren zu haben glaubte, ist die bessere Beschreibung. So war es für mich auch eine Reise in die Vergangenheit meines Volkes und zum Ursprung meines Glaubens.

Um es kurz zu machen: Wir fanden die Gänge, den Verbindungsgang, und schließlich – die Halle. Und da wartet noch mehr auf unsere Entdeckung.
Alles war so wie beschrieben. Es war unheimlich, mit welcher Genauigkeit vor 2.500 Jahren Orte beschrieben wurden, die wir nun tatsächlich betraten. Der Tunnel war mit Windungen und Seitenar-men, deren Zweck wir nicht eindeutig erkennen konnten, nach den Vermessungen unseres Archäologen 2,8 Kilometer lang (!). Das war das eineinhalbfache der Luftlinie zwischen Berg Zion und Tempelberg. Der Tunnel selbst war vollkommen schmucklos, ein gewundener Gang in Stein gehauen, ohne erkennbare Merkmale der Bearbeitung. Später werden sicherlich Gesteinsproben gesammelt werden, Messungen und Vermessungen durchgeführt werden, aber jetzt hatten wir dazu nicht die Zeit und auch nicht den Auftrag.
Die politischen Zeichen deuteten auf Krieg, und der wiedererstarkte Nasser sowie die umgebenden Staaten dürsteten nach Rache für die ›nakba‹, die Niederlage der Armeen von Ägypten, Syrien, Transjordanien, Libanon, Irak, Saudi-Arabien, sowie der Befreiungsarmee der ›Arabischen Liga‹ im Jahr 1948. Sie dürsteten danach, uns Juden ›ins Meer zu treiben‹.
Wir erreichten nach einer Stunde (wir gingen sehr langsam und vorsichtig) die beschriebene Halle. Unsere Ortungssysteme zeigten an, dass wir uns tatsächlich unter dem Felsendom befanden, und zwar genau 51 Meter unter der Oberfläche. Wir staunten, denn das war für die damalige Zeit eine außerordentliche technische Leistung.
Mit einem plötzlichen Aufschrei betastete Isaac den schmucklosen

Bogen, der den Eingang zur Halle markierte, und betrachtete konzentriert etwas, das in die Wand gemeißelt war. Ich sprang zu ihm und las eine Buchstabenfolge von fünf Zeilen, die in den Fels geritzt waren. Es waren keilschriftähnliche Zeichen, soviel erkannte ich. Isaac trat zurück und machte Fotos. Er war sehr aufgeregt, und seine Stimme zitterte, als er mir versicherte, er könne nicht glauben, was er hier sehe. Einen Keilschrifttext in Israel!

Den Bericht über das Aussehen der Halle spare ich mir, dem Geheimdienst liegen Fotos vor; sie entsprechen etwa dem, wie in der Urkunde beschrieben.

Ich kann mich allerdings gut an das Gefühl der Ehrfurcht erinnern, dass mich erfasste, als wir den Bogen mit der Inschrift passierten. Es war, als wenn eine große Kraft mich durchströmte, und diese Kraft war gepaart mit Freude und Staunen. Ich spürte, wie Bedenken und Zweifel bezüglich meines Lebens verschwanden und ich nur noch das Wunder bestaunen konnte, das es mir ermöglichte zu leben. Ist es albern, wenn ich das so schreibe? Aber immer, wenn ich heute daran denke, kann ich es spüren, das Geheimnisvolle, das Majestätische, das Transzendente …

Ich spürte, dass es den anderen ähnlich ging, denn keiner sagte ein Wort, und wenn doch die wichtigsten Dinge gesagt werden mussten, so flüsterten wir. Das Gefühl, das ich vorhin zu schildern versucht habe, nahm an Intensität zu, je mehr wir uns der Mitte der Halle näherten. Ich sah nichts, nichts mit meinen natürlichen Augen, doch meine inneren Augen sahen etwas, da bin ich mir ganz sicher. Was, kann ich nicht sagen. Als ich einmal zu weit in die Mitte der Halle geriet, in den Bereich, den die Urkunde benannt hatte, war es wie eine unsichtbare Mauer, an die ich stieß. Ich spürte physischen Widerstand, er war weich, aber ich prallte daran ab. Vielleicht so wie eine unsichtbare Mauer aus festem Gummi, wenn ich mich halbwegs verständlich machen kann. Wir verließen die Halle und befanden uns in dem Abschnitt, der jetzt stetig bergauf ging, wie es beschrieben worden war, etwa 250 Meter mit einer kontinuierlichen Steigung von etwa 10-15 Prozent. Dann machte der Gang einen plötzlichen Knick nach rechts, und nach 20 Metern ge-

langten wir in einen trockenen Schacht, der aber zugemauert war. Irgendwo in der Nähe vernahmen wir das Plätschern von Wasser. Wir hatten die modernste Navigationstechnik der Armee bei uns und konnten den Ort genau bestimmen. Wir befanden uns direkt unter dem Fundament der Kirche ›St. Anne‹, etwa 50 Meter nordwestlich des Löwentors. Das Plätschern, das wir hörten, musste vom Teich Bethesda stammen.
Wir machten Fotos, markierten diesen Punkt und kehrten zurück. Am nächsten Tag fuhr ich voller Erwartung zu Isaac, der inzwischen die Fotos entwickelt hatte und mich in euphorischer Stimmung erwartete.
»Die Inschrift des Halleneinganges ist die Krönung unseres Abenteuers«, verkündete er in dramatischer Pose. Als ich ihn so sah, musste ich an mich halten, nicht in lautes Lachen auszubrechen, aber ich konnte mich gerade noch beherrschen. Er zeigte mir die Kopie mit der genauen Transliteration der Inschrift:

> *›Präge wie ein Siegel mich auf dein Herz, einem Siegel gleich auf deinen Arm, denn stark ist die Liebe [gleich] dem Tod, unnachgie-big wie der Scheol die Eiferglut. Es umgibt sie ein Ring von Feuer, ja, [es sind] ihre Flammen‹.*

Dann sah er mich voller Erwartung an.
»Und?«, fragte er atemlos.
»Und was?«, erwiderte ich, unfähig, die Bedeutung des Textes zu erfassen. Er erklärte mir, dass dies ein Vers aus dem ›Asma‹ sei, dem Lied der Lieder aus der jüdischen Tenach, dem christlichen Alten Testament. Und zwar Kapitel 8, Vers 6, wie er triumphierend verkündete. Ich verstand noch immer nicht.
»Das ist eindeutig eine altbabylonische Schrift aus der Zeit um spätestens 2000 vor Christus! Denn um diese Zeit war diese Schrift bereits ausgestorben.«
Ich kann mich erinnern, wie ich schwach wurde, als ich die Bedeutung dessen begriff, was er da sagte. Ich musste mich setzen und sah

wohl nicht allzu intelligent dabei aus. In diesen Minuten begann sich mein Weltbild zu verändern: Ich war nüchterner Wissenschaftler, auf das Sammeln und Verwerten von Fakten geschult. Ich war geschickt darin, empirische Daten in Gesamtzusammenhänge einzuordnen. Aber auf das hier war ich nicht gefasst.
Denn das, was mir mein Kollege gerade mitteilte, bedeutete, dass Teile der Thora älter waren, viel älter als bisher angenommen. Bis jetzt wurden die ältesten Texte der Bibel auf etwa 1000 vor Christus datiert! Ich würde Tage, Wochen, Jahre brauchen, um das Erlebte einzuordnen, wenn es mir denn jemals gelingen sollte.

23. April 1967

Ein Nachtrag:
Im Rückblick (ich habe dies etwa eine Woche nach unserer archäologischen Reise aufgeschrieben) kann ich sagen, dass mich die Erforschung der ›Grotte‹ natürlich an die Bundeslade erinnert hat, die laut den Makkabäerbüchern sowie dem Historiker Flavius Josephus nach der Zerstörung Jerusalems im Jahre 70 nach Christus nicht mehr gefunden worden war. (Tatsächlich wird sie in der Bibel das letzte Mal vor Zerstörung des salomonischen Tempels durch die Babylonier 586 vor Chr. erwähnt).
In der Tat sprechen viele Theorien weltweit davon, dass die Lade durch Geheimgänge unter dem Tempelberg in Sicherheit gebracht wurde, um einer Zerstörung zu entgehen. Ich weiß nicht, wie viel Glauben ich dem schenken soll, vielmehr vermute ich, dass diese Überlegungen dem Wunschdenken von Juden aber auch der Christen entstammen. Fakt ist, dass über eine Zerstörung der Bundeslade nichts berichtet wird, obgleich Flavius Josephus als Chronist und Augenzeuge die Vernichtung Jerusalems durch die Römer im Jahre 70 nach Christus detailliert beschrieben hat. Ich kann mir ein Zitat von ihm nicht verkneifen, das so anschaulich die Tragik des jüdischen Volkes beschreibt, die auch die meine ist:

›Der Hügel mit dem Tempel, von oben bis unten in Flammen eingeschlossen, schien direkt von seinen Fundamenten her zu kochen. Doch das Flammenmeer war nichts, verglichen mit dem Meer des Blutes, oder die Gruppen der Mörder, verglichen mit den Armeen an Getöteten: An keiner Stelle konnte man den Boden zwischen den Leichen sehen, und die Soldaten kletterten über Berge von Körpern, während sie die Flüchtlinge jagten.‹
Und sicherlich wäre die Zerstörung eines so bedeutenden jüdischen Kultobjektes stolz von den Römern proklamiert worden, die doch so sehr daran interessiert waren, die Erinnerung an alles Jüdische in Jerusalem auszulöschen, dass sie sogar auf dem Platz des zerstörten Tempels einen Jupitertempel errichteten. Warum verkündeten sie es nicht? Weil sie die Lade etwa nicht gefunden hatten?
Letzten Endes weiß ich nicht, was ich von dieser Expedition, die meinem gesunden Menschenverstand in jeder Hinsicht widerspricht, halten soll. Das ist vielleicht das ehrlichste Fazit, das ich an dieser Stelle ziehen kann.

Erschöpft schloss Dennis den Laptop. Sein Kopf tat weh, und er hatte tausend Fragen. Was hatten diese Ereignisse mit Esther zu tun? Nur sein nächster Schritt war ihm klar: Er *musste* sich den Tunnel ansehen. Er *musste* die Halle finden. Und er *musste* wissen, was der Professor dort gesehen hatte.

Mit der Übertragung dieser Daten schrieb er folgende Mail:

Lieber David,
Du hast nun die vollständige Abschrift der Tagebuchaufzeichnun-gen des Professors für diesen Abschnitt seines Lebens. Das Tagebuch enthält noch mehr Material, doch das kann ich Dir auch persönlich überreichen.

Denn ich werde übermorgen nach Jerusalem fliegen. Ich muss

dorthin und werde Dir dort erzählen, warum. Versuch nicht, mich aufzuhalten!
Bitte, buche für übermorgen ein Zimmer in einem Hotel. Falls das Budget nicht ausreicht, übernehme ich es aus eigenen Mitteln.
Ob Klaus mitkommt oder nicht, musst Du entscheiden.
Grüße Dennis

Er lächelte. David würde toben, sich aber schließlich damit abfinden. Es klopfte an der Tür.

Es war Klaus, der ihm mit ausdrucksloser Miene mitteilte, dass er von dem Fall abgezogen sei. Er habe einen Anruf seines Vorgesetzten vom BND erhalten. Das sei mit David so abgesprochen, wurde ihm mitgeteilt.

Dennis erzählte ihm von seinem Entschluss, nach Jerusalem zu fliegen, um über einige Dinge Klarheit zu erhalten.

»Ich spüre, dass dort etwas auf mich wartet. Was, weiß ich nicht, aber ich werde die Antworten bekommen, die ich brauche.«

Er musste schlucken.

»Ich werde dich vermissen und hoffe, wir sehen uns wieder.«

»Bestimmt!«, erwiderte Klaus und lächelte zuversichtlich.

Dann umarmten sie sich und gingen zu Bett.

***

David tobte. So hatte Esther ihn noch nie gesehen. Er lief in Gus` Büro umher wie ein wütender Stier. Er hat komödiantische Qualitäten, dachte sie halb belustigt, während Gus ein Kichern nicht unterdrücken konnte.

»Was bildet dieser Kerl sich ein. Ich war es immerhin, der ihn aus dem Dreck gezogen hat, ich habe ihn aus Pakistan geholt, und jetzt will er nach Jerusalem kommen und ignoriert alle meine Anweisungen.«

Er warf ihnen empörte Blicke zu.

»Du vergisst, dass das mit Pakistan deine Idee war«, sagte Gus, »und dass er das Freiwild von Terroristen ist.

Da darf er, denke ich, schon etwas mitentscheiden.«

David unterbrach seinen Lauf abrupt. Schon streckte er seinen Zeigefinger drohend Gus entgegen, um etwas zu erwidern, doch stattdessen brach er in Gelächter aus.

Esther jedoch war verwirrt. Natürlich freute sie sich, dass sie Dennis endlich sehen würde, aber sie hatte auch Angst. Sie wusste um die Wut, die er auf sie hatte, nicht ohne Grund, wie sie zugeben musste. Wie sollte sie ihm in die Augen sehen? Wie könnte sie ihn um Verzeihung bitten?

Voller Sorgen schloss sie die Augen.

»Nachdem diese Sache erledigt ist, muss ich euch beiden etwas mitteilen.« Die tiefe Stimme von Gus riss sie unsanft aus ihren Gedanken.

»Ich habe gestern ein ausführliches Gespräch mit dem Premierminister gehabt. Er hat gesagt, dieser Fall, und ich spreche jetzt von der geplanten Liquidierung der Familie Stein, berühre empfindlich die Interessen eines souveränen Staates und könne nicht ohne eine adäquate Reaktion bleiben. Deshalb«, er machte eine bedeutungsschwere Pause, »hat die Knesset gestern entschieden, dieser Komplott als Aggression gegen den Staat Israel zu werten. Denn wenn Israel nicht entschieden auf den Mordaufruf gegen einen führenden jüdischen Wissenschaftler und dessen Familie reagieren kann, wird es an Gewicht in der Welt verlieren. Dieses Eingeständnis der Schwäche kann sich unser bedrohter Staat nicht leisten. Somit wurde gestern fast einstimmig beschlossen, diesen Fall vor die ›Vereinten Nationen‹ zu bringen.«

Niemand sagte ein Wort. David blickte zu Boden, Gus

zum Fenster. Diese Wendung würde den Fall auf eine neue Ebene hieven. Plötzlich stolperte Esthers Gehirn über ein Wort, das gefallen war, ein Wort, das sich spitz und grausam anhörte, ein Wort, das nach Zerstörung roch. ›Mordkomplott‹.

Mit leiser Stimme durchbrach sie die angespannte Stille.

»Gus, was meintest du mit Mordkomplott? Was meintest du mit einem Verbrechen gegen einen jüdischen Wissenschaftler und seine Familie?« Ein Teil von ihr wollte die Wahrheit nicht wissen, ein Teil von ihr duckte sich, wie unter einem Schlag, doch sie selbst, sie wollte es wissen. *Musste* es wissen. Gus sah weiter aus dem Fenster, während er wie beiläufig antwortete:

»Wir beobachten seit längerer Zeit eine saudische Agentin. Damals war sie Studentin, wurde aber in Saudi-Arabien als Agentin aufgebaut mit dem langfristigen Ziel, eine jihadistische Terrororganisation in Europa zu gründen. Ich selbst meinte, sie während des Libanonfeldzugs 1982, damals war ich Kommandeur einer Eliteeinheit, getötet zu haben. Also wuchs Gras über die Sache. Das war der schlimmste Fehler meiner Laufbahn.«

Er starrte zu Boden, und Esther sah, wie er mit den Tränen kämpfte. »Schon damals, 1975, hatten wir alle europäischen Sicherheitsbehörden vor dieser Frau gewarnt. Wir erhielten niemals eine Rückmeldung.

Erst als David vor ein paar Tagen bei mir auftauchte und mir die ganze Geschichte erzählte, erkannte ich, wie folgenschwer ich mich geirrt hatte, aber auch, wie gefährlich diese Frau war: Deine Schwiegermutter, Esther. Und es war von langer Hand geplant, deine ganze Familie umzubringen.« Ungläubig starrte Esther ihn an.

»Das kann nicht sein«, schrie sie hysterisch.

»Wer ist denn zu so etwas Grausamen fähig?«

»Ich beweise es dir«, erwiderte Gus leise.

45

Diese Stadt war laut. Und angenehm warm. Obwohl es in Europa noch winterlich war, hatte es hier milde zwanzig Grad. Das waren seine ersten Eindrücke, nachdem er von München nach Tel Aviv geflogen war, um dann ein Auto nach Jerusalem zu mieten.

Als Dennis den Wagen abgegeben hatte, bestellte er ein Taxi, das ihn zum Hotel *Leonardo Inn* brachte, in dem David ein Zimmer für ihn gebucht hatte.

»Das ist billiger«, hatte er geschrieben »und reicht für deine Ambitionen völlig aus.« David war also noch immer etwas verärgert.

Um 16 Uhr sollte er im Büro eines gewissen Gus Feitmann mit David zusammentreffen. Weiter hatte er geschrieben, dass Esther ebenfalls in Jerusalem sei, nachdem sie letzte Woche von einer Spezialeinheit der Armee befreit worden war. Er werde es ihm aber ersparen, heute noch mit ihr zusammenzutreffen.

Sehr rücksichtsvoll von ihm.

Der Gedanke, Esther wiederzusehen, löste ambivalente Gefühle in ihm aus. Anfangs hatte sein Herz wild geschlagen, als er davon gelesen hatte, aber nun war er beinahe niedergeschlagen. Was, wenn sie ihn nicht beachtete? Was, wenn sie uneinsichtig war und ihm weiterhin die Schuld am Scheitern ihrer Beziehung gab? Wie sollte er mit seiner Wut umgehen, die immer noch in ihm war?

Mit diesen Fragen betrat er sein Zimmer. Für einen kurzen Augenblick ging er auf den Balkon und genoss die Aussicht auf die belebte Stadt. Es war 13 Uhr, und er war zu aufgeregt, um sich auszuruhen, obwohl er Schlaf eigentlich dringend benötigte. Er würde noch ein wenig in der Altstadt spazieren gehen, beschloss er. Vielleicht würde ihn das etwas beruhigen.

›Die Stadt des Friedens‹ trägt ihren Namen nicht zu Unrecht, dachte er fast andächtig, als er die Altstadt durch das Jaffa-Tor betrat. Diese Stadt, die schon bei der Eroberung König Davids im Jahr 997 vor Christus uralt war, war von einer Gelassenheit erfüllt, die allem zu trotzen schien, was die Welt über sie schrieb und dachte.

Da war der Nahost-Konflikt, sicher einer der schwierigsten Konflikte der heutigen Zeit. Da war der Terrorismus, der allerdings durch den Bau des Sicherheitszaunes (mit nur wenigen Mauerabschnitten) um 95 Prozent zurückgegangen war.

Blut und Tränen, Leid und Schmerz verkündete fast jedes Bauwerk einer Stadt, die seit ihrer Gründung im Nebel der Geschichte 85 Mal erobert und unzählige Male zerstört worden war. Nur, um ein weiteres Mal wieder aufgebaut zu werden.

Doch als er nun durch die Straßen spazierte, durch das Zionstor hindurch, als er durch das jüdische Quartier ging und die ultraorthodoxen Juden mit ihrer seltsam altmodischen Kleidung aus schwarzem Hut, weißem Hemd und schwarzer Hose betrachtete, erfüllte ihn Freude. Er spürte die Freude dieser Menschen, die in beinahe triumphaler Weise einen Widerspruch zur Weltmeinung darstellte.

Er sah sie tanzen, die Hatikva, auf dem Platz vor der Klagemauer, denn heute wurde dort wie jeden Donnerstag die traditionelle Bar-Mizwa gefeiert, die Aufnahme der dreizehnjährigen Jungen in die jüdische Glaubensgemeinschaft. Freude und Trauer waren hier vereint, und nur dieses Volk, dachte er, konnte wahrhaftig sein in dieser Ambivalenz, denn es hatte diese Gefühle in seiner 3.000-jährigen Geschichte ausgekostet wie kein anderes Volk. Es hatte vom Kelch des Zorns ausgiebig getrunken.

Er sah auf die Uhr. Halb vier. Er winkte ein Taxis herbei und nannte die Adresse.

Er wusste, dass ihn diese Gedanken über Jerusalem in Opposition zur öffentlichen Meinung brachten. Ja, einige seiner Zunft würden sogar sehr aggressiv reagieren.

Aber es war Fakt, dass die meisten Menschen, die in diesem Stückchen Land die größte Gefahr für den Weltfrieden sahen, niemals hier gewesen waren. Und genauso eine Tatsache war es, dass ein nicht geringer Teil der Medien gemäß einem bestimmten Schemata berichtete: Die hochgerüstete Militärmacht Israel gegen die armen steinewerfenden Araber. Konnte Israel nicht mildtätig sein gegenüber der Situation der zahlenmäßig völlig unterlegenen Palästinenser? Doch es wurde nur zu gern übersehen, dass hinter den Palästinensern eine Flut von hunderten Millionen Arabern stand, erzogen im gemeinsamen Hass auf Israel.

Ja, er hatte gründlich recherchiert.

Das, was in diesem Staat geschah, die unwahrscheinlichen Siege einer zahlenmäßig hoffnungslos unterlegenen Armee, die Hingabe, mit der orthodoxe Sanitäter immer wieder in arabische Viertel fuhren, um schwerverletzte Araber zu retten, obwohl ihre Wägen oftmals beschossen und mit Steinen beworfen wurden: Das alles wurde in den Medien nie berichtet.

Nichts wurde darüber geschrieben, dass die Araber das goldene Tor zugemauert hatten, durch das nach jüdischer Tradition der Messias einziehen sollte.

Es wurde auch nicht darüber berichtet, wie viele Lügen und Anfeindungen diese Menschen durch die Welt ertragen mussten, wie oft ihr Handeln an den Palästinensern mit dem Holocaust verglichen wurde, ohne dass die Welt nur einen blassen Schimmer hatte, was hier wirklich vor sich ging.

Wusste die Welt, dass seit der Staatsgründung 1948 225 Millionen Bäume auf diesem Land gepflanzt wurden, da dieses Land zu achtzig Prozent Wüste gewesen war, auf dem kein Araber leben wollte? War ihr bewusst, dass 1917 in ganz Palästina (mit dem fünfmal größeren Jordanien) gerade mal 600.000 Menschen lebten, dass man also mitnichten von einer Okkupation dicht besiedelten Landes sprechen konnte?

War die Tatsache bekannt, dass das Tal Scharon um die Jahrhundertwende eine versumpfte, malariaverseuchte Gegend war, die heute zu den fruchtbarsten Gebieten im gesamten Nahen Osten zählt? Erinnerte die Welt sich daran, dass König Feisal I. von Syrien 1920 in Paris gesagt hatte, dass die Araber dieses Süd-Palästina gar nicht haben wollten und die Juden willkommen seien, da sie allein die Fertigkeiten mit sich brächten, das Land wieder aufzubauen, Fertigkeiten, die wie der Herrscher offen zugab, den Arabern fehlten?

Dieses Land wurde fruchtbar unter Israels Hand. So wie es fruchtbar war vor zweitausend Jahren. Und allein schon unter diesem Aspekt, dachte er, waren sie das auserwählte Volk. Wer aber auserwählt ist, zieht sich den Neid der anderen zu. Und tatsächlich, bildeten Hass und Neid nicht schon seit Jahrtausenden den dumpfen Nährboden des Antisemitismus?

Sie waren am Ziel angelangt. Sie hatten zwanzig Minuten gebraucht, er würde sogar pünktlich kommen.

Er fand das Gebäude schnell, denn David und Gus Feitmann warteten schon auf der Straße.

Trotz Davids unverhohlenem Ärger überwog die Freude des Wiedersehens, und sie umarmten sich.

Feitmann streckte ihm seine riesige Hand entgegen.

»Davids Freunde sind auch meine Freunde«, sagte er herzlich.

Anschließend gingen sie in sein Büro, wenn man es Büro nennen durfte. Auf Dennis machte es eher den Eindruck eines zu großen Abstellraumes, denn überall lag etwas herum. Eine Menge von Stühlen stapelte sich in den Ecken, überall lagen Papierrollen und Pläne herum, und die Wände waren gespickt mit Landkarten des gesamten Nahen Ostens. Der riesige Schreibtisch quoll über vor Aktenordnern und Papierstapeln. Gus aber war König über dieses geordnete Chaos, und er war sichtlich stolz, es ihnen zu zeigen. Er rollte seinen riesigen Chefsessel in die Mitte des Raumes, ließ sich darauf fallen und bestellte telefonisch drei Kaffee. Erst dann fragte er:

»Möchte jeder hier im Raum Kaffee?«

David und Dennis nickten eifrig.

»Also Dennis, ich bin kein Mann langer Rede«, begann Gus, »es freut mich, dass Sie hier sind, Sie scheinen mir ein intelligenter junger Mann zu sein. Auch wenn unseren David Ihre Eigenmächtigkeit anfangs irritiert hat, bin ich zuversichtlich, dass er sich damit abfindet. Wir brauchen gute Männer, und obwohl ich nicht religiös bin, ist es doch interessant, dass Sie gerade jetzt zu uns gefunden haben. Es wird Sie sicher nicht überraschen, dass ich so einiges über Ihr Leben weiß, bitte nehmen Sie mir das nicht übel. Ihre … Esther«, er bemerkte seinen Patzer gerade noch rechtzeitig, »ist nicht mit dabei, ich glaube, das könnte momentan etwas zu viel für sie sein. Ich möchte Ihnen aber etwas zeigen. Ich denke, das wird einiges Licht ins Dunkel bringen.«

Er zog eine altmodische VHS-Kassette aus der untersten Schublade seines Schreibtisches und legte sie umständlich in einen Videorecorder, der in der einzig freien Ecke des Zimmers stand.

»Bevor ich auf Start drücke, möchte ich, dass Sie wissen, dass dieses Band streng geheim ist. Sie dürfen mit niemandem darüber reden, dies würde strafrechtliche Konsequenzen nach sich ziehen.«

Anschließend musste Dennis eine Erklärung über sein Stillschweigen unterschreiben. Er wartete gespannt.

Einige Sekunden war der Bildschirm nur schwarz, dann flackerte es, und rechts oben erschien ein kleiner Schriftzug: ›RIAD, 1973‹.

»Woher … haben Sie dieses Band?«, stotterte er mühsam, nachdem er vor Aufregung aufgesprungen war. Hoffentlich bricht mein Kreislauf nicht zusammen, dachte er benommen. Ihm wurde kalt, obwohl es im Büro stickig war. Doch das kannte er mittlerweile.

»Dieses Band wurde uns – zugespielt«, antwortete Gus ausweichend und sah ihm forschend in die Augen. »Alles in Ordnung mit dir, Junge?«

Er bückte sich und reichte ihm eine Wasserflasche. David blieb als Einziger still, wirkte aber verwirrt. Nachdem Dennis hastig getrunken hatte, fühlte er, wie sich die Blicke der beiden Männer auf ihn richteten.

Mit leiser Stimme versuchte er zu erklären, was nicht zu erklären war.

»Ich habe es euch gegenüber niemals erwähnt, weil ich befürchtete, jeder würde mich für verrückt erklären, aber ich – ich kenne diesen Film. Ich erzählte nur Kommissar Becker davon!« Die Männer sahen sich betreten an. Keiner sagte ein Wort.

»Ich sah ihn im Fernsehen. Inmitten einer Nachrichtensendung. Es war kurz vor dem Attentat auf mich. Ich dachte zuerst, es wäre eine atmosphärische Störung, doch dann sah ich zwei Minuten lang diesen Film. Nur ein Satz wurde auf englisch gesprochen, die Antwort der jungen Frau verstand ich nicht.

Ich erkannte sie nicht, sie war so jung und … «

»Und, wie lautete dieser Satz?«, fragte Gus ruhig.

»Ich weiß natürlich den Wortlaut nicht mehr, aber es war ein Aufruf zum Mord an Familie Stein. Der *ganzen* Familie Stein!«

Gus lächelte. »Gut, mein Junge, du hast das Video offensichtlich wirklich gesehen. Wie das auch immer zugegangen sein mag.«

Auf einmal musste Dennis lachen. Er wusste jetzt, *wer* ihm dieses Band gezeigt hatte.

Gus sprach weiter.

»Dieses Video wurde mir persönlich von einem meiner Agenten, der erfolgreich in die Moslem-Bruderschaft eingeschleust werden konnte, 1983 übergeben. Ich stellte es damals routinemäßig Interpol zur Verfügung mit der dringenden Bitte, es den deutschen Sicherheitsbehörden, insbesondere dem Bundeskriminalamt, zugänglich zu machen.

Leider räumte ich der Sache damals nicht die Priorität ein, die zweifellos vonnöten gewesen wäre, denn ich war felsenfest davon überzeugt, diese Frau, die verschleierte Dame, die auf dem Band zu sehen ist, Jamila bint Saleh, 1982 getötet zu haben. Ich habe ihren Totenschein selbst gesehen.«

Dennis sah, wie schwer Gus dies Eingeständnis fiel.

»Das war sicherlich ein geschicktes Tarnmanöver des saudischen Geheimdienstes, um diese Frau offiziell als verstorben zu führen, und der Fehler lag nicht bei ihnen«, beeilte er sich zu sagen.

Gus nickte unmerklich.

David schaltete sich ins Gespräch ein. Seine Augen waren auf Dennis gerichtet.

»Warum hast du das mir gegenüber niemals erwähnt? Ich selbst kannte das Band, ich habe es von Becker übernommen, außerdem hatten wir es digitalisiert. Warum hast du mir nicht gesagt, dass dir diese Aufzeichnung bekannt ist? Vertraust du mir nicht?«

Dennis wurde rot. Er fing an zu stottern.

»Ich hatte Angst. Angst, du würdest es als eine weitere Spinnerei von mir abtun. Ich kenne deine Einstellung zu diesen Dingen.«

David nickte. Diese Antwort schien ihm zu genügen.

»Wann habt ihr vor, Esther diesen Film zu zeigen?«, fragte Dennis. »Schließlich geht es um sie.«

»Das eilt nicht«, antwortete Gus.

»Sie wird es früh genug erfahren. Vergiss nicht, sie ist gerade erst entführt worden, zuvor eine versuchte Vergewaltigung. Lassen wir ihr Zeit. Denn zuerst, mein Junge«, dabei klopfte er Dennis freundschaftlich auf die Schulter, »solltet ihr zwei euch mal richtig aussprechen.«

»Wo kann ich sie denn erreichen?«, fragte er.

»Sie wohnt ebenfalls im *King-David*.«

46

Sie hatten sich für elf Uhr am Jaffator verabredet. Er sah sie schon von Weitem. Sie lehnte an einer Straßenlaterne und trug ein leichtes, blau geblümtes Kleid, das perfekt zu ihr passte.

Als er sie beim Namen rief, lächelte sie schüchtern. Kurz darauf schüttelten sie sich die Hände. Er fühlte sich unbeholfen wie ein kleiner Junge und wusste nicht, was er sagen sollte.

»Hallo, Esther, schön dich zu sehen.«

Das klingt lahm, dachte er, aber sie machte einen Schritt auf ihn zu, machte eine Bewegung, so, als wolle sie ihn in die Arme schließen. Doch dann zögerte sie, trat zurück und blickte ihn an mit Tränen in den Augen.

Äußerlich hat sie sich nicht verändert, wohl aber innen, dachte er. Sie ist reifer geworden. Er sah sie an und musste lächeln, unbewusst, ohne dass er es beabsichtigte. Sie erwiderte das Lächeln, und er war entzückt. Dann forschte sie in seinen Augen, als suche sie etwas. Suchte sie Verständnis? »Vergibst du mir?«, flüsterte sie zaghaft.

Es waren nur drei Worte, doch sie setzten sein Herz in Flammen. Er sah den flehenden Ausdruck ihrer Augen und musste sich zurückhalten, um sie nicht zärtlich an sich zu ziehen. Gefühle, jahrelang verdrängt, kamen zurück und drohten, all seine Vorsätze zunichte zu machen.

»Woher soll ich wissen, ob du es ehrlich meinst, du hast mich damals einfach so verlassen, ohne Grund!«

Bitterkeit stieg in ihm auf.

»Ich weiß nicht, wie ich dir noch vertrauen soll!«, stieß er hervor.

Sie hatte wohl die Anklage hinter seinen Worten vernommen.

Schon wollte sie beginnen, in sich zusammenzusinken, zu weinen, so wie früher, wenn sie nicht mehr weiter wusste. Stattdessen geschah etwas anderes. Er konnte es nicht erklären. Wie Scheinwerfer, die plötzlich eingeschaltet wurden. Sie richtete sich auf, und ihr Blick wurde klar, als sie sagte:

»Ich beweise es dir. Ich habe noch nie in meinem Leben etwas so ernst gemeint. Ich habe mich kindisch benommen damals, das ist wahr, und es tut mir leid. Ich war nicht stark genug, Lüge von Wahrheit zu trennen. Um mich herum gab es nur Schatten. Es leuchtete kein Licht, das mir den Weg gewiesen hätte. Der Weg zu meinem Herzen war versperrt. Er war versperrt von den Trümmern vieler Jahre.«

Er starrte sie nur an.

»Dieses Licht habe ich jetzt. Dieser Weg, Dennis, kann nun beschritten werden. Das Licht brennt in mir, und es strahlt so hell wie der Morgenstern. Damit blicke ich in die Tiefe der Nacht und habe keine Angst mehr vor den verborgenen, den toten Winkeln meiner Seele. Damals war ich gefangen. Eine Sklavin meiner selbst, eine Getriebene meiner Gefühle, zu sehr verletzt, um die Wahrheit ertragen zu können. Diese Zeit ist vorbei, und ich weiß, selbst wenn du mir nicht vergeben kannst, *er* hat mir vergeben, und ich würde leben und glücklich sein, auch wenn du mich nicht mehr haben wolltest!«

»Wer«, fragte er atemlos, »wer gab dir dieses Licht – wer hat dir vergeben?«

»Der Messias«, sagte sie, »der Sohn eines Zimmermanns.«

Eine Welle von Licht schlug über ihm zusammen, so mächtig, dass er sich an der Mauer festhalten musste. Alles schwankte. Aber es war nicht bedrohlich, nein, es war pure Seligkeit, die ihn durchströmte. Dann zog er sie an sich, und küsste sie sanft, und sie erwiderte den Kuss in stiller Leidenschaft.

»Glaubst du mir nun?«, rief sie mit blitzenden Augen, nachdem sie sich gelöst hatten.

»Ich vergebe dir«, sagte er, und sein Herz wurde weit.

Den Nachmittag verbrachten sie mit Reden. Sie hatten sich viel zu erzählen und gingen spazieren, bis die Sonne ihren roten Schleier über Jerusalem breitete. Am Abend schlenderten sie zum Berg Zion und betrachteten die heilige Stadt, die majestätisch in einem goldenen Meer aus Licht versank.

Er genoss jede Sekunde.

Zum Abendessen lud er sie ins Restaurant des *King-David* ein. Es war teuer, aber ausgezeichnet. Sie lachten ausgelassen, und Esther begann, ihm Komplimente zu machen. Er versuchte, sie zu übertrumpfen, und daraus wurde ein Spiel, denn es fielen ihnen immer neue, aufregende Dinge ein, die beim anderen hervorzuheben waren. Kurzum, es war romantisch und elektrisierend, und er fühlte sich wie ein verliebter Teenager bei seinem ersten Date.

An diesem Abend kam er erschöpft, aber glücklich im Hotel an. Er las noch lange im vergessenen Buch und verstand die Geheimnisse, die notwendig waren, um seine Aufgabe zu erfüllen.

Morgen würde das Abenteuer beginnen. Er würde alleine gehen. Er befürchtete, Gus und David würden nein sagen, und Esther wollte er auf keinen Fall mit hineinziehen. Als erstes würde er Isaac Finkelstein ausfindig machen, Dr. Isaac Finkelstein.

Den ganzen nächsten Tag verbrachte er mit Recherchen. Gegen Abend war er völlig erschöpft. Er hatte Telefonbücher gewälzt, im Internet gesucht, Telefonate geführt, die ihm jedoch nicht weiter halfen. Vielleicht war der Mann ja schon verstorben oder ausgewandert. Verzweifelt rief er Gus an, obwohl er doch eigentlich auf eigene Faust handeln wollte. Aber er brauchte Hilfe.

Erst nachdem er erfahren hatte, dass David nicht da war – er hatte eine längere Videokonferenz mit Leuten aus Deutschland – kam er zur Sache:

»Gus, kennst du einen Dr. Isaac Finkelstein? Vielleicht ist er auch schon Professor.«

Er hörte keinen Ton, aber es herrschte ein beredtes Schweigen.

»Warum willst du das wissen?«

Etwas unfreiwillig erzählte er, was er vorhatte, mit der Bitte, nichts davon David gegenüber zu erwähnen. Gus war einverstanden.

»Ich bin Jude«, erklärte er, »und Juden verstehen verrückte Dinge. Und das, was du vorhast, ist komplett verrückt.«

Dennis wartete.

»Der Eingang zu diesem System ist heute militärisches Sperrgebiet, sie haben ein Funkgebäude darüber erbaut, eine kleine ›Abhöranlage‹, um den Eingang zu tarnen.«

»Du kannst mir da bestimmt helfen reinzukommen?!«

»Könnte ich«, kam die lakonische Antwort.

Dennis machte einen erneuten Versuch.

»Kennst du nun Isaac Finkelstein?«

»Ja, ich kenne ihn. Er ist Professor im Ruhestand und lebt unter anderem Namen im Westen der Stadt. Komm morgen in mein Büro, und ich gebe dir die Anschrift. Telefonisch ist er nie zu erreichen.«

Dennis bedankte sich überschwänglich.

»Aber sei höflich zu ihm!«, ermahnte ihn Gus.

Am nächsten Tag erhielt er von Gus die Adresse Finkelsteins. Eine Stunde später befand er sich in einer ruhigen Villengegend in Nachbarschaft zum Regierungsviertel. Nach wenigen Minuten stand er vor einem repräsentativen Gebäude im Jugendstil. Dort sollte er also wohnen. ›Prof. Dr. Schiller‹ stand auf der Klingel.

Er drückt sie und wartete. Die Tür wurde geöffnet, und ein eleganter Herr mit silbergrauem Haar stand vor ihm. Er dürfte etwa Mitte siebzig sein, rechnete Dennis nach. Freundliche Augen musterten ihn neugierig.

»Bitte erschrecken Sie nicht … Professor Finkelstein, ich bin ein Freund. Gus Feitmann schickt mich.«

Bei der Nennung seines Namens war der Professor unmerklich zusammengezuckt, ließ sich aber weiter nichts anmerken.

Er musterte Dennis jedoch eindringlicher.

»Kommen Sie herein, junger Mann«, sagte er schließlich.

»Im Haus kann man sich besser unterhalten.«

»Hat Gus Ihnen meinen richtigen Namen verraten?«, fragte der Professor, nachdem sie Platz genommen hatten.

»Auch«, antwortete Dennis, »aber eigentlich kenne ich ihn aus gewissen Aufzeichnungen. Aufzeichnungen eines Prof. Dr. Stein. Er war Ihr Freund?«

Plötzlich fingen die Augen des Professors an zu leuchten.

»Wer sind Sie?«, fragte er, und beugte sich interessiert vor.

Dennis begann, seine Geschichte zu erzählen. Er schilderte, wie er zu den Aufzeichnungen Jaakovs gelangt war, und dass dessen Tochter seine ehemalige Verlobte gewesen war.

Dass der Professor im Jahr 1989 Suizid begangen hatte, wusste der Professor.

»Ich habe Gus immer wieder gesagt, dass ich an einen Selbstmord nicht glauben kann. Jaakov war nicht der Mann, der sich einfach umbringen würde. Er war stark, und er liebte das Leben.«

Das Gesicht Finkelsteins sah plötzlich sehr betrübt aus.

»Aber Gus wollte nichts davon wissen, er sagte, das sei Aufgabe der deutschen Behörden, und wir sollten uns da nicht einmischen.«

Er sah Tränen in den Augen des älteren Herrn.

»Oh, wie hatte er seine Sarah geliebt!«

»Wissen Sie, er fragte mich immer wieder, ob er sie heiraten solle. Er hatte eine ziemliche Angst davor, sie zu fragen. Das ging einige Monate so, bis ich schließlich ein Abendessen in einem Fünf-Sterne Lokal für sie arrangierte. ›Heute machst du ihr einen Heiratsantrag‹, sagte ich, ›oder ich verweigere jede weitere Zusammenarbeit mit dir!‹ An diesem Abend haben sie sich verlobt.«

Dennis musste lächeln.

»Aber, was kann ich für Sie tun, Herr …«

»Meyer«, antwortete Dennis und legte dabei vielsagend den Finger auf den Mund. Der Professor nickte.

»Ich möchte in den Tunnel«, sagte Dennis mutig, »ich möchte die Halle sehen, und ich möchte, dass Sie mir sagen, was Sie von der Sache halten!«

Der Professor blickte ihn lange an.

»Das ist das Außergewöhnlichste, was ich jemals erlebt habe«, sagte er schließlich und sah dabei tief bewegt aus.

»Es gibt viele Geheimnisse auf dieser Welt, junger Mann, doch ich bin mir sicher, eines der Größten befindet sich unter dieser Stadt!«

Unwillkürlich jagte es Dennis einen Schauer über den Rücken.

»Meine Forschungsergebnisse liegen der israelischen Regierung vor, ich durfte sie jedoch nie veröffentlichen, da dies zu einem Eklat in der arabischen Welt geführt hätte. Und nebenbei hätten wir auch einige unserer bestgehüteten militärischen Geheimnisse preisgegeben. Ich bin darüber nicht mehr verärgert. Es genügt mir zu wissen, dass ich meinem Land dienen durfte, dass ich teilhaben, ja maßgeblich teilhaben durfte an einer Geschichte, die viel größer ist als das, was sich ein normaler Wissenschaftler erträumen kann. Ich bin mir sicher, würde dies alles publik, würde ich rasch den Nobelpreis erhalten, ich wäre ein geehrter Mann.«

Er lachte. Aber es klang nicht bitter.

»Mein Land allerdings hätte ich möglicherweise der Vernichtung preisgegeben. Der Vernichtung durch den Hass der arabischen Nationen, die dazu erzogen wurden, alles Nicht-Islamische zu verachten und insbesondere in allem Jüdischen Lüge und Verschwörung zu sehen. Denn aufgrund der Forschungsergebnisse hätten sie anerkennen *müssen*, dass die jüdische Geschichte eine zutiefst wahre Geschichte ist, und dass die Verbindung zwischen Israel und diesem Stückchen Erde bis zur Zeit der Sintflut nachweisbar ist. Damit wäre die gesamte Argumentationskette der arabischen Welt, die Bindung der Juden an Israel wäre rein religiöser Natur, ad absurdum geführt:

Denn arabische Führer versuchen seit 1948 in einer beispiellosen Kampagne der Delegitimierung Israels, die Tatsachen einer Jahrtausende alten jüdischen Besiedelung des Landes als dreiste Lüge einer zionistischen Besatzungsmacht hinzustellen. Das ist übrigens auch ihre Methode, die eigene Bevölkerung für den Jihad gegen Israel zu mobilisieren. Was denken Sie, werden die arabischen Massen tun, wenn diese Lügen der eigenen Führung entlarvt werden? Werden sie sich gegen die eigene Regierung wenden? Nein, sie würden genau das tun, was sie schon immer getan haben, da es ihnen von Generation zu Generation ›eingeimpft‹ wurde: Der Hass auf uns Juden würde ins Unermessliche steigen, denn sie würden einmal mehr eine weitere Verschwörung der Zionisten wittern, und sie würden ein weiteres Mal ›Tod den Juden‹ brüllen! Das«, und dabei lächelte er resigniert, »würden sie tun! Ich habe es zu oft erlebt.«

Dennis wusste, dass er recht hatte. Er verstand genug von der arabischen Mentalität und den Hintergründen dieses Konflikts, der Erbfeindschaft zwischen Moslems und Juden, um der Einschätzung des Professors zuzustimmen. Die Welt redet von Frieden, doch die Saat des Hasses sitzt zu tief.

»Sie sind Deutscher«, sprach Isaak weiter, »steigen Sie da hinunter und sehen Sie, sehen Sie mit eigenen Augen die Wunder der jüdischen Geschichte. Sehen Sie mit eigenen Augen, was die Welt nicht sehen darf. Noch nicht. Sehen Sie mit den Augen eines Deutschen.«

Er hatte die Augen geschlossen, und Dennis spürte, dass es eine tiefe Sehnsucht des Professors geben musste, sein Wissen und seine Erfahrungen mitzuteilen, einer jüngeren Generation weiterzugeben und ihnen Anteil zu geben an den Wundern des Lebens.

Dann öffnete er die Augen.

»Ich bin bereit, Ihnen mein Wissen mitzuteilen, allerdings muss ich zuvor noch einige Erkundigungen über Sie einholen. Besuchen Sie mich morgen um achtzehn Uhr.«

An diesem Abend ging Dennis aufgeregt zu Bett. Er war sich sicherer als je zuvor, dass dort, unter der Oberfläche Jerusalems, etwas auf ihn wartete. Ein Vermächtnis. Ein Vermächtnis für die Welt.

Den folgenden Tag verbrachte er mit Recherchen über die antike Geschichte Jerusalems, und er konnte es kaum erwarten, Professor Finkelstein wiederzusehen.

Der Besuch verlief so, wie er sich erhofft hatte:

Er bekam grünes Licht für seine Privatexkursion. Finkelstein hatte mit Gus geredet, der ihm die Erlaubnis erteilt hatte. Finkelstein würde Dennis begleiten:

»Ich besuchte das System zwei Mal. Das erste Mal mit Jaakov, ein paar Monate später mit einem eigenen Forschungsteam und Angehörigen des Militärs, wobei wir auch eine detaillierte Karte erstellten.«

Er zwinkerte vergnügt mit den Augen.

»Aber *eigentlich* soll ich Sie begleiten, um Ihnen ein bisschen auf die Finger zu schauen. Sie sind Journalist und werden im Anschluss einen ausführlichen Bericht über Ihre Erlebnisse schreiben. Also nehmen Sie alles mit, was Sie dafür brauchen. Mir wurde außerdem mitgeteilt, Sie hätten eine gewisse Neigung zum Mystizismus, eine hohe Sensitivität für den übernatürlichen Bereich. Lassen Sie diese Ein-drücke mit in den Bericht einfließen. Der Adressat ist Gus Feitmann. Dieser Bericht wird ausschließlich für den internen Bereich gedacht sein. Ob er irgendwann publiziert wird, entscheiden andere.«

Der Professor nahm einen Schluck aus seinem Glas.

»Wein aus dem Karmel-Gebirge«, verkündete er genießerisch.

»Wir treffen uns morgen, acht Uhr, bei Gus zu einer gemeinsamen Besprechung, dann starten wir. Falls Sie keine weiteren Fragen haben, werde ich mich jetzt entschuldigen. Ich muss noch einiges vorbereiten. Ach ja, während ich arbeite, sollten Sie das hier lesen.«

Er reichte ihm eine zwei Zentimeter dicke Mappe.

»Das ist der vorläufige Untersuchungsbericht. Er ist streng geheim, daher darf ich ihn nicht aus der Hand geben. Schaffen Sie den in einer Stunde?«

Dennis nickte.

Bald darauf vergaß er alles um sich herum und war gefesselt von dem, was er las. Im Kern ging der Bericht von vier Entdeckungen und deren Schlussfolgerungen aus:

I
Dem Gangsystem, das eindeutig nicht natürlichen Ursprungs ist und eine Gesamtlänge von zehn Kilometern (mit Seitenarmen) umfasst.

II
Der ›Urkunde des Nehemija‹, die mittels der Radio-Carbon-Methode zweifelsfrei auf den Zeitraum zwischen 450-420 vor Christus datiert werden konnte.

III
Der Gewölbeinschrift mit einem Text aus dem

IV
Die große Halle, die sich direkt unter dem heutigen Felsendom befindet und damit unter allen ehemaligen jüdischen Tempeln. Höchstwahrscheinlich befindet sich innerhalb des goldenen Kreises, der auf dem Boden der Halle verläuft, die Bundeslade der Israeliten, die ab dem sechsten vorchristlichen Jahrhundert nicht mehr in der Bibel erwähnt wird. Aufgrund der außergewöhnlichen physikalischen Gesetzmäßigkeiten in dieser Halle ist es allerdings auch mit den modernsten Methoden unmöglich, das zweifelsfrei zu belegen.

Von diesen Fakten ausgehend stellte der Professor eine gewagte Hypothese auf, die nicht ohne Weiteres von der Hand zu weisen war: Könne es sein, dass dort unten, innerhalb dieses Kreises, der Ein-gang von ›Gan Eden‹, des

Gartens Eden, gewesen ist, der nach Genesis 3,24 von den ›Cherubim mit dem flammenden, kreisenden Schwert‹ bewacht wurde? Professor Stein hatte von einem riesigen Engelwesen gesprochen, das er gesehen hatte (…)

Dennis starrte vor sich hin. Dies alles würde unter ›aufgeklärten‹ Menschen nur ein müdes Lächeln hervorrufen, religiöse Menschen jedoch waren bereit, dafür Kriege zu führen. Und zwanzig Prozent der Weltbevölkerung, nämlich die Moslems, würden das hier bitter ernst nehmen. Selbst wenn nur ein Bruchteil dieser Menschen zu Gewalt neigte, war der Jihad doch eine Glaubenspflicht für *alle* Moslems, und die Geschichte zeigte in den letzten zehn Jahren sehr deutlich, wie leicht die ›friedliebende‹ Masse der moderaten Moslems durch ›Hardliner‹ instrumentalisiert werden konnte. Denn die Indoktrinierung der islamischen Geschichtsauslegung von frühester Kindheit an war bedeutend stärker, als es der auf Harmonie bedachte Westen wahrhaben wollte.

Er sah deutlich, dass der Westen einem fatalen Irrtum anhing. Man ging davon aus, jeder Mensch würde sich nach Frieden sehnen. Aber es gab Menschen, ja ganze religiöse Gemeinschaften, für die es wichtigere Dinge gab als den Weltfrieden. Dieser Gedanke beginnt erst langsam in das allgemeine Bewusstsein einzusickern, dachte er sorgenvoll. Der ›Kampf der Kulturen‹ war schon lange entbrannt.

Die Zäsur war der 11. September 2001 gewesen.

Aber war dieser ›Kampf der Kulturen‹, wie er so oft propagiert wurde, nicht in Wirklichkeit ein Kampf um Wahrheit? Nicht nur um die Interpretation der Wahrheit, sondern um Wahrheit als geschichtliche Faktizität? Noch vor einem Jahr hätte er diese Hypothese, die er gerade gelesen hatte, zynisch in seinen Artikeln zerrissen, doch seine Weltsicht hatte sich radikal verändert. Jetzt wusste er: In der wirklichen Welt, und damit meinte er die Welt, in die er immer tiefer hinein geführt wurde, war *nichts* unmöglich!

Am nächsten Tag saßen der Professor und Dennis im abgedunkelten Büro von Gus.

»Ich habe alle Genehmigungen erteilt«, sagte er.

Mit einer Warnung wandte er sich an Dennis:

»Falls du trotz deiner Schweigepflicht unautorisiert Dritte in das einweihst, was du sehen wirst, wird dies als Hochverrat gegen den Staat Israel betrachtet werden.«

Dennis nickte gequält und konnte ein Ziehen in der Magengegend nicht länger ignorieren.

47

Nach einer halben Stunde Fahrt mit dem Mercedes Finkelsteins hielten sie vor dem Eingang eines Friedhofs. Die Vögel zwitscherten, und es war friedlich.

»Dieser Friedhof gehört zur ›Dormitio-Kirche‹. Das ist eine Benediktinerabtei, die um 1900 von einem Deutschen erbaut wurde. Kirche und Grundstück befinden sich im Besitz des ›Deutschen Vereins vom Heiligen Lande.‹ 1898 kaufte sie Wilhelm II. dem türkischen Sultan Sulemein II. ab. Wir befinden uns südöstlich der Stadtmauer auf dem Berg Zion. Dieser Hügel war von 1948-1967 Niemandsland, allerdings unter israelischer Verwaltung.«

Sie kletterten eine mit Büschen bewachsene Anhöhe hinauf. In dreißig Metern Entfernung konnte Dennis die sandfarbenen Mauern einer großen Kirche erblicken, die in der Morgensonne golden schimmerten.

Nach fünf Minuten standen sie unvermittelt vor einer mit Tarnfarben versehenen militärischen Anlage. Armeefahrzeuge standen herum, Soldaten patrouillierten, und ein graues Eisentor trennte sie von einem mit Antennen bestückten Gebäude.

Allerdings ist dieser Bau eine Attrappe, und die Bewachung diene etwas ganz anderem, klärte ihn der Professor auf, bevor er auf hebräisch den befehlshabenden Offizier ansprach. Dennis trat dazu, und die Unterredung wurde auf Englisch fortgesetzt.

Finkelstein zeigte dem Offizier das Schreiben von Gus,

das dieser eingehend studierte. Er entschuldigte sich, um seinen Vorgesetzten anzurufen. Nach zwei weiteren Telefonaten und einer telefonischen Bestätigung erhielten sie die Erlaubnis zum Passieren. Zuvor wurde sein Laptop eingehend untersucht. Nachdem er zufrieden nickte, sagte der Offizier:

»Dort unten dürfen Sie nur leise reden. Eine Sicherheitsvorkehrung, die unbedingt eingehalten werden muss.«

Dann öffnete sich das eiserne Tor, und sie betraten das Gebäude.

Im Boden der etwa zwölf Quadratmeter großen, schmucklosen Halle befand sich eine quadratische Öffnung von etwa einem Meter Durchmesser.

»Der Einstieg«, flüsterte Isaac aufgeregt. »Hier brach mein Freund Jaakov in die Erde ein.«

Der Schacht war etwa drei Meter tief und nun ausgemauert. Eine Metalltreppe führte hinunter. Als sie unten ankamen, schalteten sie ihre Stirnlampen ein zusätzlich zu den Kellerlampen, die an der Decke angebracht waren. Am hinteren Ende des Schachts begann ein Gang, der in einem stetigen Gefälle von vielleicht fünf Prozent in nordwestliche Richtung, die Richtung des Tempelberges, führte.

»Die Länge dieses Ganges zum heutigen Felsendom beträgt 1,094 Kilometer, das entspricht so ziemlich der Luftlinie. Also sehr ›zielstrebig.‹ Ein Grund ist wohl, dass es damals keine Stadt gegeben hat, auf die man hätte Rücksicht nehmen müssen«, erläuterte der Professor.

Sie mussten hintereinander gehen, denn der Tunnel war gerade mannshoch und an keiner Stelle breiter als ein Meter. Der Professor ging voraus. Die Luft wurde stickiger, je weiter sie vordrangen. Nach etwa hundert Metern hörte das Gefälle auf, und der Gang verlief waagrecht.

»Wie konnte hier eine ganze Armee durchmarschieren?«, fragte Dennis erstaunt.

»Es waren lediglich hundert Elitesoldaten, der Kommandotrupp einer Fallschirmjägerbrigade«, erklärte Isaac. »Es war sicher keine leichte Übung, und die Angst der Soldaten, die hintereinander laufen mussten, ohne zu wissen, was vor ihnen lag, muss beträchtlich gewesen sein.«

Dennis schaute konzentriert auf seine Füße.

Die Kellerleuchten erhellten den Gang nur spärlich, und der Boden war uneben und schlüpfrig. Der Fels auf dem sie gingen, war glatt poliert wie Marmor, als hätte ihn Wasser für eine lange Zeit bearbeitet. Alle fünfzehn Meter entdeckte er links und rechts Nischen in den Wänden. Stumm deutete er darauf.

»Dort wurden Fackeln hineingestellt. Wir entdeckten organische Rückstände und Rußpartikel, die aus dem vierten vorchristlichen Jahrhundert stammen. Das stützt meine These, dass der Tunnel seit der Entdeckung durch Nehemija sporadisch immer wieder genutzt wurde, möglicherweise auch als Fluchttunnel während der Zerstörung der Stadt im Jahre 70.«

Das Atmen fiel Dennis jetzt schwerer, und so verzichtete er auf weitere Fragen. Nach fünfzehn Minuten schweigsamen Marsches sah Dennis am Ende des Gangs ein goldenes Leuchten. Auch war er unmerklich breiter und etwas höher geworden. Sie konnten jetzt nebeneinander gehen.

Sein Herz begann schneller zu schlagen. Belebende Luft strich über sie hinweg, und seine Müdigkeit war verschwunden. Eine unsichtbare Energie füllte die Luft, anders konnte er es nicht beschreiben. Hoffnungsvolle Gedanken über seine Zukunft brachen durch die Trägheit seines Denkens. Das ist merkwürdig, dachte er gerade, als es plötzlich strahlend hell wurde.

Als wären sie einem engen Gefängnis entflohen, befand er sich in einem völlig veränderten Zustand.

Zuerst sah er nur den Boden, der in mattem Gold schimmerte, obwohl es doch nur Fels war. Dann hob er seine Augen, und sein erster Gedanke war, in der Kathedrale von Notre-Dame zu stehen, die er früher einmal besucht hatte.

Überwältigt blickte er sich um. Aber er sah keinen Schmuck, ja, nichts von Menschenhänden Geschaffenes. Die Halle war nicht groß, vielleicht fünfzig Meter lang und halb so breit, aber sie schien unendlich größer zu sein als das, was er mit den Augen wahrnahm. Eigenartige Erregung erfasste ihn, gepaart mit Furcht. Keine Furcht im Sinne von Angst, eine Art heilige Scheu vielleicht.

Dem Professor schien es ähnlich zu gehen, denn er drückte sich wie ein schüchternes Kind rechts am Felsen entlang und vermied es, direkt die Halle zu durchqueren. Die Kraft, die Dennis durchströmte, nahm mit jedem Schritt zu. Wie wenn man in immer tieferes Wasser hinein geht. Er versuchte, nüchtern zu bleiben.

Denn es war nicht Kraft, was er fühlte, es war *Autorität.*

Es war nicht Autorität, die er spürte, es war *Liebe.*

Es war nicht Liebe, die ihn überwältigte, es war *Herrlichkeit.*

Er befand sich in einem Taumel der Emotionen. Er konnte klar denken, aber gleichzeitig wollte er weinen und jubeln. Ganz außer sich rannte er gegen den Arm des Professors. Mit zitternder Hand deutete der auf ein sanftes Glühen in der Mitte der Halle.

›Der goldene Kreis!‹

Majestätisch ruhte dieser Ring vor ihnen, leuchtend in der Dunkelheit. Er schätzte ihn auf zehn Meter im Durchmesser. Das Gold mochte wohl dreißig Zentimeter stark sein.

Der Ring leuchtete wie Feuer auf dem matt schimmernden Stein, und er sah Flammen, die zur Decke züngelten.

»Dennis, betritt den Kreis!«, befahl eine laute Stimme.
Er wirbelte herum.

Doch außer dem Professor, der mit bleichem Gesicht an der Felswand lehnte, war niemand zu sehen.

»Dennis, betritt den Kreis!!«

Aber wie kann ich das?, schrie er. *Jeder, der den Kreis betritt, muss sterben.*

»Dennis, betritt den Kreis!!!«

Er blickte zurück zum Professor, der ihn mit großen Augen anstarrte.

Als er in die Wand aus Feuer rannte, erkannte er die Stimme. Dann sah er *ihn*. So, wie er ihn noch nie gesehen hatte:

Er war größer als bei allen Begegnungen zuvor, und auf seinem Gesicht tanzten goldene Zungen. Er hielt ein blankes Schwert in der Hand, das in blauem Feuer schimmerte, und Dennis wagte nicht, ihn anzublicken. Doch das Schwert war gesenkt, und die Stimme sanfter, als er sie je vernommen hatte. Aber auch vollmächtiger.

»Zieh die Schuhe von deinen Füßen, denn der Boden, auf dem du stehst, ist heilig!«

Die Halle erzitterte.

Dennis konnte nicht mehr. Mit bloßen Füßen rannte er in die Mitte des Kreises und warf sich zu Boden. Der Boden vibrierte, und Finsternis war um ihn. Tränen verschleierten seinen Blick.

Gefühle, tiefer als Verstehen, zerrissen sein Herz.

Als er ausgestreckt auf dem Boden lag, barfuß, die Arme um den Kopf geschlungen, sah er aus der Dunkelheit eine Gestalt auf sich zukommen:

Weiß und in Leinen gekleidet.

Eine Frau, schöner als jede Frau, die er je erblickt hatte. Sie war jung und trug ein goldenes Diadem mit zwölf leuchtenden Steinen auf ihrem Kopf.

Ihr Haar war schwarz und lang und fiel seidig glänzend über den vollkommenen Hals.

Das Gesicht makellos, wie weißer Marmor. Die Nase klassisch und kühn.

Schauer der Freude durchglühten sein Inneres, als sie ihn anlächelte. Die dunklen Augen weckten eine Sehnsucht in ihm, die ihn zittern ließ. Was das für eine Sehnsucht war, vermochte er auch später nie ganz zu erklären.

Aber er kannte diese Augen …

Dann verblasste die Vision, und zitternd fand er sich auf dem Boden der Halle wieder. Dōr kniete vor ihm.

»Wie heilig ist dieser Ort. Hier ist das Tor zum Himmel«, stammelte er.

Dōr nickte.

»Vor langer Zeit war hier der Eingang zum Garten Eden«, sprach er wie zu sich selbst.

»Die Flut kam, und sie löschte alles Leben aus, und sie half uns, diese Gänge zu graben. Wir gruben nach einem Plan aus den Tiefen der Zeit. Und als das Werk vollendet war, wurden wir eingesetzt, *ihn* zu bewachen.«

Sein Blick ruhte voller Zärtlichkeit auf Dennis.

»In späteren Zeiten wurde ich zum Hüter des Heiligtums ernannt, der Lade des Bundes. Er ist hier, Dennis, aber du kannst ihn nicht sehen, er wird sichtbar zur vorbestimmten Zeit.«

»Wen?«, fragte Dennis atemlos, »*Wen* habt ihr damals bewacht?«

Stolz und Triumph blitzten auf in den Augen Dōrs.

»Den Baum des Lebens«, verkündete er, und seine

Worte hallten wieder wie ein Echo aus längst vergangener Zeit.

»Jeder, der von *diesen* Früchten isst, wird niemals sterben, und der in *seinem* Schatten ruht, wird ewig jubeln.«

Er machte eine Pause.

»Der Baum wurde einst erschlagen, doch weil er heilig ist, konnte er nicht sterben.« Dann blickte Dōr ihn durchdringend an, um triumphierend auszurufen: »Männer wie du stehen auf, Kinder wie du, und sie vollenden das Werk!«

Dennis verstand nichts von alledem.

»Es ist Zeit für dich, zu gehen. Ein Mensch erträgt die Herrlichkeit nicht lange!«

Dennis taumelte aus dem Kreis. Nichts hinderte ihn.

Als er bei Finkelstein ankam, brach er zusammen.

Nach zehn Minuten konnte er wieder sprechen.

»Geht es?«, fragte Isaac.

Dennis nickte benommen.

»Warum bist du da reingegangen?«, fragte Isaac mit leichtem Vorwurf. »Es hätte dein Tod sein können!«

Als er das sorgenvolle Gesicht seines Gefährten sah, musste Dennis lachen. »Herr Professor, ich wusste gar nicht, dass Sie religiös sind!«

Isaac lachte mit ihm.

Nachdem Dennis sich einige Notizen gemacht hatte, ließ er seinen Blick noch einmal durch die Halle schweifen. Ihm fielen sieben mannshohe Eingänge auf, die alle in demselben kreisförmigen Abstand um die Halle angeordnet waren.

Auf seinen fragenden Blick klärte Isaac ihn auf:

»Diese Öffnungen sind Eingänge zu weiteren Gängen. Sie sind jeweils unterschiedlich lang, zwischen zweihundert

Metern und einem Kilometer, und enden alle außerhalb der heutigen Stadtmauer. Außer dem Gang, durch den wir jetzt gehen werden. Er endet innerhalb der Altstadt und führt in nordöstlicher Richtung zum Löwentor.«

Dennis wollte seine Gedanken sortieren, doch es gelang ihm nicht. Zu viel strömte auf ihn ein. Er begriff jetzt mehr und mehr die politische Sprengkraft des Gesehenen.

Sie standen fünfzig Meter unter dem nach Mekka und Medina drittheiligsten Ort des Islam: Dem Tempelberg nebst Felsendom und Al-Aksa Moschee. Mohammed selbst war zwar nie in Jerusalem gewesen – lediglich eine Legende behauptete das –, noch wird ›al-Quds‹, die Heilige, im Koran an irgendeiner Stelle erwähnt, doch in späteren Jahrhunderten hatte man, im Wettstreit zum Judentum, die Bedeutung Jerusalems für den Islam ständig hochgespielt.

Als sie die Halle durchquert hatten, fiel Dennis eine Inschrift auf, die in großen, fast wuchtigen Keilschriftzeichen über der Öffnung geschrieben stand, die in den Gang mündete, der zum Löwentor führen sollte. Sein Begleiter sagte:

»Das ist die Inschrift des Malki-Zedek, eines der größten Rätsel hier unten. Unter meiner Leitung wurde sie mit allen modernen Datierungsmethoden untersucht, und wir kommen immer wieder zum gleichen Ergebnis, das so unglaublich erscheint, dass es eigentlich nicht möglich ist. Und hier siehst du selber eine Signatur vom Verfasser dieser Zeilen«, er zeigte auf eine Ansammlung von Zeichen in der letzten Zeile, »Malki-Zedek/König von Urusalima.«

Dieser Name und die Zuordnung zur Stadt Salem, dem frühen Jerusalem, wird schon in der hebräischen Bibel erwähnt. Da diese Form der Keilschrift, nämlich die altbabylonische, nur zwischen 2200 und 2000 vor Christus verwendet wurde, passt die Datierung zur biblischen Erzäh-

lung, die die Begegnung zwischen Abraham und Malki-Zedek auf etwa 2000 vor Christus datiert.
Eine jahrelange aufwendige Untersuchung des Tunnels anhand der radiometrischen Methode – es wurden Stalaktiten untersucht, die in den Gängen wuchsen, sowie pflanzliches Material, das an den Wänden gefunden wurde – und der sehr exakten paläographischen Methode – die Datierung anhand von Jahresringen eines Baumes, wir fanden eine Pfahlkonstruktion, die als Durchgang fungierte – ergaben ein übereinstimmendes Ergebnis: Die Stollen stammen aus der Zeit um 5000 vor Christus!

Nach einer erst kürzlich vorgestellten, aufregenden Theorie durchbrachen die Wassermassen des Mittelmeeres etwa 5500 vor Christus die damalige Bosporuslandbrücke, und ergossen sich innerhalb kürzester Zeit in das 120 Meter tiefer gelegene Schwarze Meer. Wenn man diese Theorie betrachtet, die die weltweit kursierenden Sintflutberichte zu bestätigten scheint, erscheint dieses hohe Alter durchaus plausibel.«

Der Professor sah ihn mit kindlicher Begeisterung an, sprach aber ganz wie ein Gelehrter:

»Warum also sollte Malki-Zedek nicht König einer nachsintflutlichen Zivilisation gewesen sein und damit vielleicht der erste Mensch, der diese Gänge je betreten hat?«

Dennis dachte an die Worte, die Dōr zu ihm gesprochen hatte:

Dann kam die Flut, und sie löschte alles Leben aus, und sie half uns, diese Gänge zu graben.

Er hatte jedoch keine Zeit, seine Gedanken zu sortieren, denn Isaac las die Inschrift vor:

Leg wie ein Siegel mich auf dein Herz
wie ein Siegel auf deinen Arm
denn stark wie der Tod ist die Liebe
unwiderstehlich wie der Scheol die Leidenschaft
Brandvögel hat sie, Feueradler
ein Flammenring Jahs

Gewaltige Wasser können nicht die Liebe löschen
und Ströme schwemmen sie nicht fort
Gäbe einer seines Hauses Schatz um Liebe
man spottete sein!

Dies schrieb nieder
Malki-Zedek / König von Urusalima nach der großen Flut

»Urusalima war der früheste Name der Stadt. Dies konnte eindeutig durch die Steintontafeln von Ebla, aus der Zeit 2400 vor Christus stammend, belegt werden. Auf einer dieser Tafeln wird der Name ›Urusalima‹ das erste Mal erwähnt. Die Inschrift scheint eine Art Motto zu sein. Die Liebe als höchste Macht. Sehr interessant ist auch der Bezug auf eine Flut, die sie nicht auszulöschen vermag.«

Dann betraten sie den Gang. Während sie in der gewohnten, leicht gebückten Stellung voran gingen, dozierte Isaac mit der Hingabe eines Wissenschaftlers für sein liebstes Projekt.

»Dieser Gangabschnitt ist 360 Meter lang und endet am Teich von Bethesda, in einer alten Zisterne. Hier gelangten die Soldaten an die Oberfläche. Von dort sind es gerade fünfzig Meter zum Löwentor, durch das die israelische Armee Ostjerusalem 1967 das erste Mal betrat. Die Aufgabe war, das Gebiet um das Tor zu besetzen, um unserer Armee einen Zugang zur Stadt zu ermöglichen. Es gibt Berichte von Soldaten, die so erschöpft waren, dass sie durch diese Tunnel wie in Trance marschierten. Als sie dann die Halle unter dem Tempelberg erreichten, berichteten sie von einem großen Leuchten, und eine ›unbekannte Kraft‹ habe sie gestärkt. Etwa vierzig Prozent dieser Soldaten meinten, ohne dieses Erlebnis hätten sie den nachfolgenden Häuserkampf nicht überlebt.

Etwa zwanzig Meter vor ihnen erblickte Dennis eine Metalltür. Isaac gab eine Buchstabenkombination in ein Feld ein, das neben der Tür angebracht war. Sie öffnete sich mit leisem Klicken.

»Das sind Sicherheitstüren der Armee. Du findest sie an jedem Ein- und Ausgang«, erklärte er.

Es wurde wirklich Zeit. Sie waren jetzt schon drei Stunden unter der Erde. Als sie die Stufen hinaufstiegen, erreichten sie einen Betonbau, ähnlich dem Militärposten auf Berg Zion, nur kleiner und unbewacht.

»Dieser Ausgang ist als Wasserreservoir getarnt. Er wird per Kamera überwacht.«

Als sie aus dem Gebäude traten, fanden sie sich in einem Gewirr von Mauerbögen und Steinfundamenten wieder, die inmitten grasbewachsener Hügel standen.

»Was du hier siehst, steht als historische Stätte unter Denkmalschutz. Die Umgebung des Teiches von Bethesda ist heute eine Touristenattraktion und darf auf keiner Jerusalem-Tour fehlen«, sagte der Professor.

Zehn Minuten später schlenderten sie auf der belebten *Lions-Gate-Street* dem Löwentor entgegen, in dem sie schon weit entfernt deutlich die Einschusslöcher des Krieges von 1967 erkennen konnten.

48

Zwei Tage schon hatte Esther nichts mehr von Dennis gehört. Gedanken des Zweifels stiegen in ihr auf, Zweifel, ob seine Gefühle wohl echt gewesen sein konnten. Vielleicht hatte er es sich anders überlegt und hatte nur nicht den Mut, es ihr zu sagen? Warum sonst sollte er sich nicht melden?

Wenn man verliebt ist, redet man miteinander. So einfach war das. Sie hatte versucht, mit David darüber zu sprechen, aber der war zu beschäftigt mit anderen Dingen. Der einzige, der sie aufgebaut hatte, war Gus. Mit seiner gelassenen Art, die sie sehr an ihren Vater erinnerte, wurde er ihr immer sympathischer.

Er war zu ihrer Vertrauensperson in Jerusalem geworden, in einer Stadt, die ihr noch fremd war, ja, die ihr manchmal Angst machte. Er hatte gesagt, dass es jetzt zu gefährlich sei, nach Deutschland zurück zu gehen; sie stehe immer noch auf der Abschussliste, und es gäbe genug ›Schläfer‹ in Europa, die nur darauf warteten, als Märtyrer zu sterben.

Aber was wollte sie in Deutschland?

Ihre Familie war zerstört, ausgelöscht in einem Alptraum aus Lüge und Hass! Sie wurde in München geboren, mehr nicht. Ihre Wurzeln lagen in Israel.

Hier hatte sie letzte Woche die Eltern ihrer echten Mutter besucht und sich sofort zu Hause gefühlt. Sie waren jetzt ihr Halt, ihre Familie. Von der Verwandtschaft ihres Vater kannte sie niemanden.

Ihre Großeltern waren anfangs irritiert gewesen, als sich eine Maria Stern bei ihnen gemeldet hatte und sich als ihre Enkeltochter vorstellte. Aber nach anfänglichem Misstrauen war sie herzlich empfangen worden. Immerhin war sie ein großer Trost nach dem tragischen Tod ihrer einzigen Tochter Sarah, den sie niemals richtig überwunden hatten.

Dennis durfte sie nicht erwähnen, hatte Gus ihr eingeschärft, er sei immer noch ein Mann, der mit dem Tod bedroht wurde. Ein Mann, der versucht hatte, die Chefin einer Terrororganisation zu töten. Ein höchst gefährdeter Mann. Und der Mann, den sie liebte.

Warum konnte sie kein normales Leben führen wie andere? Das hatte sie sich oft gefragt, doch hier in Israel merkte sie immer mehr, wie falsch diese Frage war. Ja, sie war sogar kontraproduktiv, denn sie verwandelte ihre Lebensfreunde nur in Selbstmitleid.

Vor zwei Tagen hatte Gus gesagt, sie könne, wenn dies hier vorbei sei, ein Stipendium für ein Psychologie-Studium erhalten.

Eine späte Anerkennung der Leistungen ihres Vater für den Staat Israel. Diese Geste hatte sie mehr bewegt, als sie zugeben wollte. Sie hatte mit Dennis noch keine Zeit gehabt, über die Zukunft zu reden, wenn es denn eine gab. Das hatte sie eigentlich nachholen wollen, aber jetzt …

Es klopfte, und das Gesicht von David erschien im Türrahmen. Er war bleich und sah erschöpft aus. Sie hatte ihn schon eine Woche nicht mehr gesehen und war entsetzt über die dunklen Ringe unter seinen Augen, die von mehr als einer schlaflosen Nacht zeugten.

»Esther«, begann er, ohne sich zu setzen, »ich war letzte Woche in Berlin und habe einige wichtige Gespräche geführt. Es ging auch um Judith Stein alias Jamila bint Saleh. Ihre Identität ist jetzt eindeutig geklärt.

Wir wissen nur nicht, wo sie sich zur Zeit aufhält. Außerdem genießt sie diplomatische Immunität.«

»Sie genießt was?«

Esther war fassungslos.

Sie saß mit offenem Mund da und wartete auf eine Erklärung.

»Sie ist zweifellos eine saudische Agentin, aber eben auch eine saudische Diplomatin. Es mag dir absurd vorkommen, aber es ist die Wahrheit«, sagte er müde.

»Das ist doch idiotisch«, rief Esther erregt.

Aber David wirkte so zerschlagen, dass sie ihn nicht weiter mit ihrem Ärger belasten wollte.

»Das deutsche Außenministerium ist zu folgender Entscheidung gekommen«, fuhr er fort. »Ohne jeden Zweifel wurde Terrorismus auf deutschem Staatsgebiet verübt, und zwar mit Deckung und Duldung Saudi-Arabiens. Die Kanzlerin ist nicht gewillt, dies stillschweigend hinzunehmen. Im Zentrum all dieser Turbulenzen befindet sich Jamila bint Saleh. Und Dennis.

Daher ist die Bundesregierung nach Beratung mit dem Krisenstab zu dem Entschluss gekommen, diese Affäre nicht zu tolerieren, diesen Vorfall öffentlich zu verurteilen und darauf zu bestehen, dass eine entsprechende Anklage in Den Haag erhoben wird. Wir haben das Video mit dem Mordaufruf gegen Familie Stein als Beweis, sowie eindeutige Belege über die Finanzierung von *A.D.J* durch den Staat Saudi-Arabien.

Die beste Plattform hierfür bietet die UN-Vollversammlung. Kein Land wird es wagen, gegen jemanden vorzugehen, der vor der UNO gesprochen hat, denn dann ist derjenige ›eine Person des öffentlichen Lebens.‹

Wir haben die Absicht, Dennis in dieser Angelegenheit nach New-York zu entsenden. Er wird offiziell von der Regierung beauftragt werden, Deutschland in dieser Sache zu vertreten.

Dazu wird ihm der Status eines Sonderbeauftragten verliehen.

Er ist schließlich ein Hauptziel dieser Verschwörung und kann diese Vorgänge authentischer als andere anprangern. Zudem soll seine Rede eine offizielle Anklage beim *Internationalen Strafgerichtshof Den Haag* vorbereiten.

Die Anschuldigung lautet: Staatlich subventionierter und legalisierter Terrorismus auf fremdem Staatsgebiet.

Wir sind uns natürlich im Klaren darüber, was dieser Schritt bedeutet. Dieser Auftritt bricht mit der Gepflogenheit, eine diplomatische Krise niemals vor den Augen der Weltöffentlichkeit zu lösen. Allerdings wurde bereits mit der saudischen Regierung Kontakt aufgenommen, die aber jede Verstrickung in diese Vorgänge leugnet. Das ist eine Lüge und ein Affront, den die Kanzlerin nicht durchgehen lassen will, obwohl es wie immer einige Stimmen gibt, die zur Zurückhaltung mahnen.«

Esther nickte, war aber in Gedanken bei Dennis.

»Ist er schon informiert worden?«

»Noch nicht«, erwiderte David, »das muss gründlich vorbereitet werden, außerdem ist der Termin erst der 20. September. Dann wird es noch einige Gespräche mit Israel geben, denn auch sie erwägen einen Schritt in diese Richtung.«

Er machte eine Pause, um sich in den Sessel fallen zu lassen.

»Eine Sache ist wichtig: Das betrifft die Terrorismusgeschichte und die Ermittlungen im Fall Stein/Meyer, *nicht* die Entdeckung des Tunnels. Das steht auf einem ganz anderen Blatt und darf nicht kommuniziert werden. Israel betrachtet diese Angelegenheit als Staatsgeheimnis.«

»Warum denn? Was ist denn an den Aufzeichnungen meines Vaters so wichtig?«, fragte Esther ungeduldig.

»Es gibt Dinge, die du nicht wissen musst«, erwiderte er kurz angebunden. Er hatte nicht bemerkt, dass er sie in der zweiten Person angesprochen hatte. Esther schrieb es seiner Übermüdung zu.

Teil IV

Kriegsgerüchte

Es ist Pflicht eines jeden Moslems, wo immer er ist, Jerusalem und die Al-Aksa-Moschee zu verteidigen. Dies muss jeder Moslem mit seiner Seele und seinem Geld, ja, mit allem, was er hat, tun. Andernfalls wird er von Allah bestraft.

Scheich Y. al-Quaradawi, Kairo, 18. Februar 2011

***

Die Atombomben von Iran und Pakistan
sollten Bomben gegen Israel sein.

Yousuf Al-Badri, Ägyptischer Imam, 29. Dezember 2011

***

Der jüngste Tag wird nicht kommen, bis die Muslime gegen die Juden kämpfen und sie töten, so dass sich die Juden hinter Bäumen und Steinen verstecken. Und jeder Baum und Stein wird sagen: ›Oh Muslim, oh Diener Gottes, da ist ein Jude hinter mir. Komm und töte ihn.‹ Und nur der Bocksdorn-Baum wird schweigen. Deshalb ist es kein Wunder, dass sie Bocksdorn rings um ihre Siedlungen und Kolonien pflanzen.

Muhammad A. Hussein, Obermufti von Jerusalem, 9. Januar 2012

49

Als der Sonderbeauftragte der Bundesrepublik Deutschland, der Journalist Dennis Meyer, am 20. September 2008 den Plenarsaal des UN-Hauptquartiers in New York betrat, wurde ihm schwindelig, und seine Beine fühlten sich an wie Gummi.

Er war zwar nicht alleine, denn der ›Ständige Vertreter der BRD bei den UN‹, und sein Stellvertreter begleiteten ihn, doch er fühlte sich einsam.

Wie sehr wünschte er, Esther wäre an seiner Seite. Er wusste, sie verfolgte die Sitzung per Videostream, aber das war nur ein schwacher Trost. Die Luft war erfüllt von gedämpften und auch grellen Stimmen. Worte in allen Sprachen der Welt erreichten sein Gehirn, unmöglich zu verstehen, aber verstörend in ihrer Gereiztheit.

Jetzt wurde ihm klar, unter welchem Stress Diplomaten hier ihre Arbeit verrichten mussten, denn der Dauerbeschuss von Informationsfetzen, die ihn erreichten und denen man sich nie ganz entziehen konnte, wirkte betäubend.

Von Ordnung spürte er wenig, und er blickte hilfesuchend zu seinen Begleitern, die ihn nur wissend anlächelten. Sie bahnten sich den Weg zu den Plätzen, die für das ›Deutsche diplomatische Corps‹ vorgesehen waren. Seine Begleiter wiesen ihm den Sitzplatz in der Mitte zu.

An seinem Revers trug er ein lächerliches Schild:

›Sonderbeauftrager der BRD/Mr. Dennis Meyer‹, und peinlich berührt nahm er die vielen Blicke wahr, die ihn teils reserviert, teils neugierig streiften. Er war schon jetzt ein Politikum. Die arabischen Delegierten musterten ihn fast ausnahmslos mit feindseligem Blick.

Um einen Einblick in das Procedere der UN-Vollversammlung zu erhalten, hatte er im Status eines Beobachters drei Mal an Sitzungen teilgenommen, doch das war von einer Zuschauertribüne aus gewesen, auf der auch die Presse saß.

Heute aber war er mitten im Geschehen und zitterte bei dem Gedanken, vor den Vertretern von 193 Staaten sprechen zu müssen. Darunter eine ganze Reihe, die dem Westen feindlich gesinnt waren, und vor wenigen, die ihn persönlich hassten. Verstohlen versuchte er, einen Blick auf die Delegation aus Saudi-Arabien zu erhaschen, doch er konnte sie nicht entdecken. Er zitterte so sehr, dass er fast sicher war, den Weg zum Rednerpult nicht zu schaffen.

Seine Beine würden den Dienst versagen, und er würde unter dem höhnischen Gelächter der Welt hilflos auf dem Boden liegen. Still flehte er zu seinem Schöpfer um Kraft für diese Aufgabe, und für den Bruchteil einer Sekunde übertönten Worte aus einer anderen Welt allen Lärm um ihn.

Du wirst ein Prophet sein. Ein Prophet der Völker.

Doch er wurde nicht ruhiger, im Gegenteil, er spürte eine böse Macht, er *roch* den dunklen Herrscher, und sein Magen drehte sich um.

Mit schweißnasser Stirn saß er die nächsten Stunden wie festgenagelt auf seinem Platz und verfolgte die Redner, die Diskussionen und Zwischenrufe, die Protestnoten und die Schauspielerei der Leute, die da sprachen. Die Luft wurde trotz der riesigen Lüftungsanlagen stickig. Er wusste, dass er bald aufgerufen würde, und krampfhaft umklammerte er sein Manuskript, als könnten ihn diese paar

Blatt Papier retten. Er wartete jeden Augenblick darauf, ohnmächtig zu werden.

Sein Name wurde genannt.

Er konnte genug Englisch, um keine Übersetzung zu benötigen, und doch war sein Manuskript in Deutsch abgefasst, »da Sie in Ihrer Muttersprache eleganter das ausdrücken können, was Sie wirklich sagen wollen«, hatte ihm ein Germanist erklärt.

»Ich bitte nun den deutschen Sonderbeauftragten Dennis Meyer zum Rednerpult«, wiederholte der Präsident der Versammlung. Dennis konnte ein Tuscheln in den Reihen wahrnehmen, und unter großer Kraftanstrengung stand er auf. Die zwei deutschen Diplomaten klopften ihm aufmunternd auf den Rücken, wie einem Hauptmann vor der alles entscheidenden Schlacht. Es tat ihm gut, und dankbar nickte er ihnen zu.

Es waren fünfzig Meter zum Rednerpult, doch sie kamen ihm vor wie zehn Kilometer. Wie Dolche bohrten sich Blicke in seinen Rücken, während er nach vorne ging.

Er sah sie nicht, aber er *wusste* es. Es war das übernatürliche Wissen seiner Kindheit, das ihn schaudern machte vor bestimmten Gebäuden, das ihn zurückschrecken ließ vor bestimmten Menschen. Er konnte ihre Gedanken lesen, er nahm den Hass wahr, der sich in sein Herz schnitt.

Wir kennen dich, Dennis. Du bist ein Nichts, und dir wird niemand glauben. Du wirst zum Gelächter der Welt werden, zum Gespött der Nachrichten. Du wirst umgebracht werden von fanatischen Moslems, und all deine Bemühungen sind vergeblich.

Denn du hast Lüge in die Welt gesät, du glaubst ja selbst nicht an das, was du sagen willst. Ist es nicht so?

Nichts Greifbares war es, nur eine dunkle Welle der Wut, die sich über ihn ergoss. Er musste seine Gedanken im Zaum halten, die Furcht unterdrücken, die Gefühle beiseite schieben.

Wut, weil er *auserwählt* war für einen Zweck, den er nicht kannte. Er wusste, dass der Himmel mit ihm war, wusste, dass der Feind ein zahnloser Tiger war, solange er ihm nicht glaubte, doch genau das wollte er erreichen, wollte erreichen, dass sich seine Gedanken auf die Angst konzentrierten, wollte, dass er wie das Kaninchen auf die Schlange starrte. Seine Gedanken waren das Schlachtfeld, und in diesen Sekunden erkannte er es überdeutlich, brannte sich diese Erkenntnis in ihm ein, schmerzhaft und doch heilend. Heilend, weil er die Ungeheuerlichkeit des Bösen durchdrang, weil er die Strategie des Feindes durchschaute und mit ihr dessen ganze Jämmerlichkeit.

Er wusste, sein Gang würde aufgezeichnet, würde gesehen von Millionen und für immer gespeichert sein im weltweiten Netz, auf den Rechnern unzähliger Menschen.

Er erreichte das Rednerpult, und mit einem Mal fiel alle Last von ihm ab, und er wurde ruhig. Wie ein Kind in den Armen seiner Mutter. Er fühlte sich geborgen im Auge des Hurrikans, in dem es still ist, während die Welt tobt. In dieser Stille legte er ab alle Furcht und übergab sich in mächtigere Hände. Trost durchdrang seinen Geist, und er spürte, wie er stark wurde.

Schweigen legte sich auf die Versammlung. Eine beängstigende Stille, gleich der Ruhe vor dem alles vernichtenden Sturm. Beinahe, als hätte eine Scheu die Delegierten erfasst, denn die, in deren Gesichter er blickte, wichen seinem Blick aus. Er richtete sich auf und begann mit fester, klarer Stimme zu sprechen, selbst verwirrt über ihren wuchtigen Klang:

»Sehr geehrter Herr Präsident, sehr geehrte Delegierte, sehr geehrte Damen und Herren. Es ist ungewöhnlich, dass ich heute zu Ihnen spreche, vor solch einem Gremium, das ja ein Organ aller Menschen sein möchte. Ich bin kein Berufsdiplomat, und nur außerordentliche Umstände haben mich in dieses Haus geführt. Doch ich genieße das uneingeschränkte Vertrauen meines Heimatlandes, der Bundesrepublik Deutschland.«

Er spürte, wie seine Stimme an Autorität gewann, und er war erstaunt über die Ruhe der Versammlung. Das war bei anderen Rednern nicht so gewesen. Stets hatte es einen latenten Geräuschpegel gegeben.

»Von Beruf bin ich Journalist, doch meine Berufung hat mich an Orte geführt, die ich nie betreten wollte, Orte, vor denen ich mich fürchtete. Diese Furcht ist nun gewichen.«

Er wusste, dass er das Protokoll verließ, dass er sich nicht an sein Skript hielt, aber er wusste auch, dass er nun die volle Aufmerksamkeit der Menschen besaß, die ihm zuhörten.

»Denn ich bin einem Attentat zum Opfer gefallen! Einem Attentat, bei dem Versuch, ein Verbrechen, einen Auftragsmord zu rekonstruieren!«

Sie hörten gebannt zu: Er erzählte vom Anschlag auf sein Leben, seiner verzweifelten Flucht, er berichtete von Esther und ihrer Familie, dem Professor, den sicherlich einige der Versammelten gekannt hatten. Dann kam er zu den Geschehnissen in Pakistan in seiner Eigenschaft als ›Enthüllungsjournalist.‹

»Es war, als hätte ich in ein Wespennest gestochen. Das Ergebnis war ein weiterer Mordversuch, den ich nur durch das Eingreifen eines Freundes überlebte.«

Er kam zur Anklage, zur kühnen Schlussfolgerung seiner Ausführungen, die die Welt erschrecken würde, denn so etwas war noch nie so deutlich ausgesprochen worden:

»All diese verabscheuungswürdigen Verbrechen wurden im Namen einer einzigen Ideologie verübt, einer einzigen Religion. Einer Religionsgemeinschaft, die sich als ewiges Opfer der Welt sieht und doch die wahnsinnige Henkerin all dessen ist, was nicht in ihr fanatisiertes Weltbild passt. – Ich rede vom Islam!«

Er spürte den stockenden Atem der Versammlung. Er wusste, dass von den 193 vertretenen Nationen dreißig Prozent moslemisch waren, doch dieses Wissen schreckte ihn nicht mehr. Heilige Kühnheit und das geheimnisvolle Wissen, dass es richtig war, was er sagte, durchdrangen die Tiefen seines Seins.

»Ich sage bewusst Islam und nicht militanter Islam, denn der Islam ist seinem Wesen und seinem Ursprung nach eine kriegerische Religion, die nicht ruhen kann, bis die gesamte Welt Allah unterworfen wird. Oder, um es in den Worten der 48. Sure des Koran zu sagen: ›*Er ist es, der seinen Gesandten geschickt hat mit der Führung und der Religion der Wahrheit, dass er sie siegreich mache über jede andere Religion. Und Allah genügt als Bezeuger*‹.

Dieser Anspruch der Weltherrschaft spiegelt sich bereits im Namen wieder: Denn *Islam* bedeutet nicht Frieden, wie gutmeinende Menschen oft behaupten, sondern die wörtliche Übersetzung lautet *Unterwerfung*. Und daran lässt auch das zentrale Dokument und heilige Buch des Islam, der Koran, keinerlei Zweifel. Die militanten Moslems, liebe Delegierte, sind nicht fehlgeleitet und fanatisch, *sie* sind es, die den wahren Islam leben. Denn der Islam gebietet die *Scharia*, und er gebietet den *Jihad*. Man braucht kein Islamwissenschaftler sein, um das zu sehen. Und das ist keine Option einiger besonders eifriger Moslems, nein, dies ist ein *Gebot*.

Man sieht es zur Zeit in Afghanistan, wo moderate Glaubensgenossen von Gotteskriegern ermordet werden, die dieselbe Religion ausüben, aber leider nicht *wörtlich* nach dem Koran leben. Überall in den arabischen Ländern kann man das sehen, wenn man den Mut dazu hat. Ich stehe hier vor Ihnen und bezeuge mit meinem Leben, dass es die Wahrheit ist, die ich hier sage. Ich habe diese Form des religiösen Fanatismus am eigenen Leib erfahren, und außer mir gibt es tausende, die Ähnliches durchgemacht haben. Sie wissen das, und trotzdem ignorieren die westlichen Länder die Gefahr der zunehmenden Radikalisierung des Islam und seiner Ambitionen zur Weltherrschaft. Warum? Ich sage es Ihnen, klar und unbequem: Weil sie Angst haben, dass sie die nächsten sind, denen die Kehle durchgeschnitten wird. Ich stehe hier und bezeuge Ihnen, dass ich keine Angst mehr vor dem Tod habe.

Denn es gibt eine Macht, die den Tod besiegt hat, ein für alle Mal. Auch das habe ich erfahren. Diese Macht, diese letzte Autorität des Universums ist der auferstandene Sohn des allerhöchsten Gottes. Mein unwahrscheinliches Überleben ist Zeugnis genug.«

Er machte eine Pause, um zu trinken, und wappnete sich gegen wütende Proteste, gegen tumultartige Szenen, gegen das Aufschreien der Delegierten. Aber er wunderte sich nicht wirklich darüber, dass nichts dergleichen geschah. Denn dies war ein heiliger Moment.

Etwas aus dem Himmel brach durch und überzeugte jeden, der sich im Saal befand, von der Wahrheit dessen, was er sagte. Was dieser dann damit machte, war eine andere Sache.

»Meine sehr verehrten Damen und Herren, wie komme ich dazu, in dieser Form zu Ihnen zu reden? Woher nehme ich das Recht, in solch einer Weise über eine etablierte Weltreligion zu urteilen? Bin ich ein Menschenhasser, ein Religionsverächter, bin ich gar selbst ein Fanatiker? Ich frage das, damit Sie selbst beurteilen können, mit wem Sie es zu tun haben. Ich werde nun ins Detail gehen und zu dem kommen, worüber mein Land mich beauftragt hat zu sprechen, aber auch zu *beweisen.* Ich spreche nun im Auftrag meiner Regierung, und es ist mir wichtig, das zu betonen, denn die Bundesrepublik Deutschland steht voll und ganz hinter dem, was ich sage.«

Eine Welle von Stolz rollte über ihn hinweg. Es war purer Nationalstolz, und in diesem Augenblick war er glücklich, ein Vertreter dieses Landes sein zu dürfen, eines Staates, der sich, wenn auch nur mit menschlicher Kraft, und wenn auch nur bedingt, gegen Lüge und Verführung erhob. Aber es war ein Anfang!

»Ich möchte Ihnen jetzt einen kurzen Film vorführen. Ich bitte Sie, die Qualität zu entschuldigen, aber er stammt aus dem Jahr 1973.«

Er machte dem Techniker ein Zeichen. Auf der heruntergefahrenen Leinwand, oben auf der rechten Ecke, erschien für fünf Sekunden ein weißer Schriftzug: *RIAD 1973.*

Als der Film zu Ende war, ging die Beleuchtung wieder an.

Als Dennis das Wort ergriff, erschrak er über den Klang seiner Stimme. Er spürte die prickelnde Energie, die von ihm floss, während er redete:

»Den meisten der hier Versammelten wird der Name der Familie, die mit dem Tod bedroht wurde, nicht unbekannt sein. Der prominente Wissenschaftler war jüdischer, wie auch deutscher Staatsbürger.

Aufgrund dieses Videos, das leider erst vor zwei Jahren die deutschen Ermittlungsbehörden erreichte, wurde ein bis dahin ungelöster Fall wieder aufgerollt: Der geheimnisvolle Suizid eines Professors und Familienvaters. Es gibt inzwischen genug Indizien zu der Annahme, dass dieser Freitod, sowie der tödliche Unfall seiner Frau acht Jahre zuvor, in Wirklichkeit raffiniert getarnte Morde waren.«

Stimmengemurmel erhob sich, das schnell an Stärke gewann. Dennis hob die Hand, und die Delegierten verstummten.

»Die einzige Tochter dieses deutsch-jüdischen Professors wurde vor kurzem als Geisel nach Saudi-Arabien entführt, befindet sich aber heute in Sicherheit. Jener Mann, den sie im Video gesehen haben und der den Todesbefehl erteilte, ist Scheich al Husseini. Er war ein entfernter Verwandter von Mohammed Amin al-Husseini, dem Großmufti von Jerusalem während der Nazizeit, jenes Mannes also, der großspurig verkündet hatte, dass er das vollenden werde, was Hitler angefangen hat. Scheich al Husseini war Großmufti von Riad und ist vor fünf Jahren unter unbekannten Umständen verstorben.

Erste Zwischenrufe ertönten. Dennis sprach lauter.

»Der Name der jungen Frau in dem Video ist Jamila bint Saleh. Sie ist eine gesuchte Terroristin, für die es mittlerweile einen internationalen Haftbefehl gibt. Sie war die zweite Frau des Professors.«

Er hörte nichts. Wie in einem Film sah er, wie immer mehr Delegierte aufsprangen und die Fäuste in der Luft ballten.

Hass floss von ihren Mündern.

»Lügner, Lügner«, skandierten sie lautstark.

»Weiterhin«, schrie er gegen den Lärm an, »ist diese Frau die Gründerin einer terroristischen Vereinigung namens *ArmDesJihad*, die 1984 in München gegründet wurde. Und zwar in einer Moschee in München-Freimann, die als die viertwichtigste Moschee weltweit traurige Berühmtheit erlangte.

Denn hier wurden nach dem zweiten Weltkrieg radikale Moslems von den USA gefördert, die in ihnen ein Bollwerk gegen den Kommunismus sahen. *ArmDesJihad* wurde aufgebaut mit Billigung und sogar finanzieller Hilfe des saudischen Königshauses!«

Das Chaos war da, eine schäumende, dreckige Flut, nicht mehr zu bändigen. Wenn sie könnten, würden sie mich steinigen, dachte er müde.

Zwei Wachmänner sprangen zu ihm hin und geleiteten ihn durch schreiende Delegierte zu seinem Platz. Es waren ausschließlich arabische Delegationen, die aufgesprungen waren, aber das war fast ein Drittel der Versammlung.

Eine Frau aus der saudischen Gruppe löste sich und bahnte sich mit nicht geringem Körpereinsatz den Weg zum Rednerpult. Gelassen wartete sie, bis sich der Tumult gelegt hatte, was einige Minuten in Anspruch nahm.

»Ich bin Doktor Jamila bint Saleh«, verkündete sie mit sanfter Stimme. Er sah der Frau in die Augen. Blickte in ihr Gesicht.

Aalglatt, wie eine Maske.

Perfekte Züge ohne Leben.

Es ist nur einer dieser schmutzigen Tricks, um mich aus der Fassung zu bringen, dachte er. Aber dann erkannte er sie wieder. Sie hatte sich geschminkt, trug die Haare anders als in Hebertshausen vor einigen Monaten, doch sie war es, ohne jeden Zweifel.

Er versank in einem Strudel der Finsternis.

50

Alle Geräusche verstummten. Es war die Stunde der Jamila bint Saleh, und sie wusste es. Alle Augen waren gebannt auf sie gerichtet.

»Sehr verehrte Delegierte«, ihre Stimme schwebte unschuldig wie die eines Kindes über der gelähmten Versammlung.

»Bin ich eine Mörderin? Sieht so eine Terroristin aus?«

Sie machte eine Pause, und ihre volle Stimme schwebte mild, und doch gewichtig über der Versammlung.

»Das, was dieser Mann behauptet, ist vollkommen irrational und haltlos! Eine Lüge, ein Skandal!«

Man sah, dass sie jetzt vor gerechter Empörung zitterte.

»Ich kenne diesen Mann nicht und weiß nicht, warum er mir und meinem Land schaden möchte.«

»*Sie* aber kennen mich. Ich bin eine akkreditierte Diplomatin mit voller diplomatischer Immunität. Ich arbeite seit zehn Jahren als ständige Vertreterin Saudi-Arabiens bei den Vereinten Nationen. Etwas Absurderes wie diese aus der Luft gegriffenen Anschuldigungen ist mir in meiner ganzen Amtszeit noch nie widerfahren.«

Sie ließ die Worte wirken.

»Ich und mein Land werden entschiedenen Protest bei der deutschen Regierung einlegen.

Seien Sie versichert: Dieses Possenspiel wird nicht ohne Folgen bleiben!«

Sie wollte gerade gehen, als ihr noch etwas einfiel, doch jetzt sprach sie gehetzt und mit einem bösen Leuchten in den Augen:

»Ein Letztes sei mir noch gestattet, zu sagen:
Das alles *riecht* nach zionistischer Verschwörung!«

Dennis saß zitternd auf seinem Platz. Durch einen Nebel sah er, wie sich ihre Lippen bewegten, doch in seinem Kopf vernahm er eine andere, eine grelle, eine männliche Stimme:

Ich hasse dich! Du entarteter und verjudeter Bastard!

Er spürte, wie die Dämonen nach ihm griffen, ihn erdrücken wollten. Sein Kopf lag in einem Schraubstock, der mit Gewalt zugedreht wurde. Sein Herz raste, und kalter Schweiß brach ihm aus allen Poren. Obwohl es stickig war, bekam er Schüttelfrost, und seine Zähne klapperten. Durch einen Schleier sah er Delegierte aufstehen und applaudieren. Mehr und immer mehr. Wie eine Welle der Dunkelheit umringten sie ihn und schrien ihre Begeisterung in die tote Luft.

Die Frau dort am Pult öffnete ihren Mund:

»… und *das* ist jüdisch, diese hinterhältigen Anschuldigungen! Das alles geht zurück auf diesen jüdischen Professor in Deutschland. Ich bin mir sicher, dieses Video hat er selbst produziert. Es ist eine weitere Verschwörung des zionistischen Regimes …«

Sie redete sich in Ekstase. Ihre Lippen bewegten sich wie ein Fisch, der nach Luft schnappt. Zuletzt klang ihre Stimme grell und viel zu hoch. Plötzlich sackte sie zusammen.

Nach Sekunden des Entsetzens, in denen gar nichts geschah, stürmte ein Rescue-Team in den Saal. Infusionen wurden gelegt, und wenige Minuten später wurde Jamila bint Saleh aus dem Saal getragen. Mit fassungslosem Gesicht kündigte der Präsident der Vollversammlung an, die Sitzung für drei Stunden zu unterbrechen.

Als die deutsche Delegation den Saal an diesem Tag zum zweiten Mal betrat, war sie von drei athletisch aussehenden Männern umgeben. Die israelische Regierung hatte während der Pause zwei anonyme Drohungen erhalten, das Regierungsgebäude in Jerusalem dem Erdboden gleichzumachen.

Dennis hatte es erfahren, als er mit Jerusalem telefoniert hatte.

»Mach den Sack zu«, hatte David ihn beschworen. Er klang verärgert, und einzig Esther hatte ihm Mut zugesprochen.

Berlin dagegen war mit dem bisherigen Verlauf der Sitzung zufrieden. Das Auswärtige Amt hatte noch während der Rede bint Salehs deren Identität überprüft, und es wurde festgestellt, dass sie tatsächlich als saudische Diplomatin bei den Vereinten Nationen arbeite. Das stütze aber nur die Vermutung einer Verbindung des Königshauses mit Terrornetzwerken in Europa.

Er solle nicht weiter auf ihre Rede eingehen. Denn es wäre immerhin möglich, dass ihr Zusammenbruch nur eine geschickte Inszenierung für die Medien gewesen sei, um ihren Schock über diese ›Unterstellungen‹ glaubhaft zu machen.

Da er noch Redezeit zur Verfügung hatte, rief ihn der Präsident der Vollversammlung erneut auf.

Dieses Mal ging er zügig, ohne sich umzuschauen, zum Rednerpult. Das war bestimmt selten für dieses Gremium, dass die Spannung so greifbar war, ging es ihm durch den Kopf.

Er drückte sein Bedauern über den Kreislaufkollaps von Dr. Saleh aus, dann setzte er seine Rede fort, gab aber seinem Erstaunen darüber Ausdruck, wie eine gesuchte

Terroristin eine anerkannte Diplomatin bei den Vereinten Nationen sein konnte:

»Es verwundert meine Regierung zutiefst, dass die Machenschaften dieser Frau der Leitungsebene der Vereinten Nationen so lange entgangen sein konnten. Dieses Thema wird sicher noch diskutiert werden müssen. Denn die deutsche Bundesregierung ist nach wie vor der Auffassung, und dies wurde mir gerade noch einmal telefonisch bestätigt, dass Dr. Saleh identisch ist mit der Person, die von 1982 bis 1989 mit Professor Dr. Stein verheiratet war.

Ferner liegen den deutschen Behörden nunmehr eindeutige Beweise vor, dass Dr. Saleh im Jahr 1973 in der Videoaufzeichnung, die Sie gerade gesehen haben, instruiert wurde, eine terroristische Vereinigung auf deutschem Staatsgebiet zu gründen mit dem Ziel, Deutschland zu destabilisieren, und somit einem islamischen Recht den Boden zu bereiten. Wir haben die Charta dieser Gruppe, die das eindeutig belegt.

Dr. Saleh hat nachweislich ihren Ehemann, der für seine projüdischen Einstellungen bekannt war, durch systematischen, psychischen Terror in den Alkoholismus, und dann in den Suizid getrieben. Die Ermittlungen hierüber sind eindeutig und können vorgelegt werden. Auch das geschah im Gehorsam den Anweisungen Scheich al-Husseinis gegenüber.

Außerdem ist es mittlerweile mehr als wahrscheinlich, dass der tödliche Unfall von Sarah Stein, seiner ersten Frau, kein bloßer Unfall war, sondern vorsätzlich herbeigeführt wurde. Untersuchungsergebnisse, die klar in diese Richtung deuten, liegen vor.

Schließlich konnte in Zusammenarbeit mit israelischen Nachrichtendiensten rekonstruiert werden, dass Dr. Saleh 1982 in den Wirren des ersten Libanonkrieges von den saudischen Behörden für tot erklärt wurde.

Das war nichts weiter als eine geschickte Inszenierung,

um ihre weiteren Aktivitäten, nämlich den Aufbau eines europäischen Terrornetzwerkes, zu verschleiern. Die Ehe mit einem seriösen Wissenschaftler bot ihren Bemühungen zusätzlichen Schutz. Diese ›eheliche Verbindung‹ war aus Sicht der Drahtzieher ein Trumpf ohnegleichen.

Ihre Funktion als Gesandte Saudi-Arabiens bei den Vereinten Nationen beweist eindeutig die tiefe Verstrickung des saudischen Königshauses in dieses Komplott. Aufgrund der diplomatischen Immunität konnte sie bis jetzt jeder Strafverfolgung entgehen. Jahrelang konnte sie perfekt getarnt an der Verwirklichung ihres übergeordneten Zieles arbeiten.

Wie dieses Video, das sie heute gesehen haben, jedoch in israelische und später deutsche Hände gelangen konnte, ist nach wie vor ungeklärt.«

Nach einer dramatischen Pause fuhr er fort:

»Das Fazit der deutschen Bundesregierung lautet: Aufgrund dieser Tatsachen erhebt die Bundesregierung – bewusst vor den Augen der Welt – Anklage gegen Dr. Saleh sowie gegen das Königreich Saudi-Arabien vor dem internationalen Gerichtshof in Den Haag. Eine detaillierte Anklageschrift wird zur Zeit durch die Rechtsabteilung des Auswärtigen Amtes vorbereitet. Die Hauptklage ergibt sich aus dem Straftatbestand der ›Bildung einer terroristischen Vereinigung auf deutschem Staatsgebiet.‹

Im Jahr 2007 sind in Köln bei einem Terroranschlag durch die Gruppe *ArmDesJihad* fünfzig Menschen ums Leben gekommen. Ein schriftliches Bekennerschreiben liegt vor. Weiter ist der Mord und geplante Mord an fast der gesamten Familie Stein zu nennen. Die Tochter ist heute zwar in Sicherheit, war aber vor einem halben Jahr als Geisel nach Saudi-Arabien verschleppt worden. Bereits 2007 wurde auf sie eine Messerattacke verübt, mutmaßlich vom Bruder Dr. Salehs.

Wie durch ein Wunder blieb sie unverletzt.

Der Höhepunkt dieser Serie von Anschlägen, die letztlich von einer einzigen Person, nämlich Dr. Saleh, in die Wege geleitet wurden, war ein Selbstmordanschlag mittels einer Bombe aus radioaktivem Material in der belebten Münchner Fußgängerzone. Die psychologische Wirkung für Deutschland ist enorm. Glücklicherweise kam hierbei außer dem geistig verwirrten Attentäter – sie hatten einen Behinderten für ihre perverse Tat missbraucht – niemand ums Leben.

Auf mich selbst wurde im Sommer 2007 geschossen. Ich überlebte dank hervorragender Mediziner. Der leitende Ermittler in diesem Fall wurde kurz darauf von einem Kollegen aus dem rechten Milieu regelrecht *hingerichtet*. Natürlich, um von den wahren Auftraggebern abzulenken. Aber auch, dessen bin ich mir sicher, weil dieser hervorragende Kriminalbeamte jüdische Vorfahren hatte!

Das Ergebnis unserer Polizeiarbeit in all diesen Fällen führt uns zum Ursprung dieser Serie von Terrorakten: Der Terrorgruppe *ArmDesJihad,* die von einer saudischen Agentin gegründet wurde. Dies hätte in diesem Umfang und in dieser Professionalität niemals gelingen können, wenn nicht die Regierung von Saudi-Arabien, und damit das saudische Königshaus, ideologische, logistische und vor allem finanzielle Unterstützung in erheblichem Umfang geleistet hätte.

Daher gebe ich vor den Augen der Weltöffentlichkeit die Entscheidung der deutschen Bundesregierung bekannt, ab sofort jeglichen diplomatischen Kontakt zur saudischen Regierung abzubrechen. Der deutsche Botschafter in Riad wurde bereits abgezogen, der saudische Botschafter in Berlin zur *persona non grata* erklärt und ausgewiesen. Deutschland erwartet von Seiten der UN eine entschiedene Verurteilung eines verbrecherischen Regimes, das Terror toleriert, finanziert und fördert.«

Er machte eine Pause, um zu trinken.

Er räusperte sich in dem Wissen, dass er sich nun auf sehr dünnes Eis begeben würde. »Nicht zuletzt erklärt sich die Bundesrepublik Deutschland solidarisch mit dem Staat Israel, der seit Jahrzehnten dieser Art von Bedrohungen ausgesetzt ist und bisher ohne erkennbare Reaktionen seitens der internationalen Staatengemeinschaft vor dieser Gefahr gewarnt hat. Ich bezichtige die Welt und insbesondere die europäischen Staaten einer Doppelmoral:

Sie unterstützten weiterhin in scheinheiliger Weise Resolutionen des UN-Sicherheitsrates, meine verehrten Damen und Herren, die den islamistischen Terror einiger Staaten gegenüber Israel relativieren, zugleich aber dessen Maßnahmen zur Selbstverteidigung dämonisieren. Ich bezichtige die UNO, meine Damen und Herren, dieses hohe Haus hier, des latenten Antisemitismus!«

Sein Leben war ohne den Schutz der Öffentlichkeit keinen Pfifferling mehr wert. Doch ihm war bewusst, dass ihn gerade mehrere hundert Millionen Menschen gesehen hatten, und es der Sache des Islam empfindlich schaden würde, geschähe ihm etwas.

Nachdem er geendet hatte, herrschte Schweigen. Er spürte, wie sich aufgestauter Zorn sammelte, um in einer verheerenden Flut loszubrechen.

Ein Saaldiener kam zum Präsidenten und reichte ihm einen Zettel. Er las ihn, und schlug dann mit einem Hammer hektisch auf den Tisch: »Ruhe. Ich bitte um Ruhe!«, schrie er.

»Die Delegierte Dr. Saleh ist vor einer halben Stunde an einer Gehirnblutung verstorben. Als direkte Folge ihres Zusammenbruchs in diesem Gremium.«

Nach einem Moment der Verarbeitung entlud sich die geballte Wut der arabischen Delegierten.

»Dieser Wahnsinnige hat Dr. Saleh auf dem Gewissen«, schrien sie. »Wer ist dieser Verrückte? Warum darf er hier sprechen?!«

Dennis empfand Ruhe.

Er wusste, was passiert war. Es war eine unbequeme Wahrheit, eine außerordentliche Wahrheit, eine Wahrheit, die die Welt nicht akzeptieren *konnte*:

Eljon hatte gerichtet.

Wie hieß es in dem vergessenen Buch?

›Wer dich segnet, wird gesegnet sein, wer dir aber flucht, soll verflucht sein‹. Das bezog sich auf ein winziges Land in einem Meer feindlicher Nationen, welche einzig der Wille zu dessen Vernichtung einte. Der Präsident blickte ihn ein letztes Mal herausfordernd an:

»Mr. Dennis Meyer, auch wenn Sie im Namen eines Mitgliedstaates der Vereinten Nationen gesprochen haben mögen:

Verlassen Sie umgehend dieses Gebäude. Sie werden von Sicherheitsbeamten zum Ausgang geleitet.«

Als Dennis zwanzig Minuten später die endlosen Gänge des UN-Hauptgebäudes verlassen hatte, spürte er Erleichterung. Seine Hand zitterte nicht mehr, und als er in die milde Frühlingsluft trat, fühlte er sich, als sei er gerade einem Spinnennetz entkommen. Die Vögel zwitscherten fröhlich und unbeschwert.

Er winkte ein Taxi herbei und bat den Fahrer, ihn zum Flughafen zu bringen. Er würde dieses Land verlassen. Er würde nach Israel fliegen.

Im Taxi wandte er sich noch einmal um, aber was er nun sah, ließ seinen Atem stocken:

Denn dort oben, am strahlenden Himmel konnte er zwei Adler erkennen, die miteinander kämpften. Ein Weißer und ein Schwarzer. Es war keine Vision, er war hellwach, er hörte, wie der Taxifahrer einen alten Song von Frank Sinatra vor sich hinsummte, während sie zügig mehrere Autos überholten. Er befand sich auch nicht in Trance. Er kniff sich, um aufzuwachen.

Er sah die Adler immer noch kämpfen.

Er betrachtete die Raubvögel.

Sie kämpften einen lautlosen Kampf, hoch über dem Hauptquartier der Vereinten Nationen. Er registrierte den Blitz, der vom weißen Adler ausging, oder war es das Glänzen von Metall in der Sonne? Sein Kontrahent fing an zu taumeln, verlor rasch Höhe, und Dennis *spürte*, wie sein dunkler Schatten zur Erde stürzte.

Der Fahrer hatte aufgehört zu singen.

Eine längliche Kapsel löste sich aus dem Gefieder des fallenden Adlers …

Zwanzig Sekunden später bebte der Boden, und das Taxi wurde von einer riesigen Hand in die Luft geschleudert. Er sah einen grellen Blitz im Inneren des Hauptquartiers aufflammen, dann zerbrach das riesige Gebäude in seiner Mitte. Gefällt mit einer goldenen Axt, schoss es durch seinen Kopf.

Mit einem Dröhnen, das die Luft vibrieren ließ, langsam, fast majestätisch, stürzte der mächtige Komplex, der Stolz der vereinten Nationen, zur Erde.

Als sich Staub und Asche gelegt hatten, gab es kein Gebäude mehr. An seiner Stelle bohrte sich ein Berg aus Stahl, Staub und Beton anklagend in den stahlblauen Himmel.

New-York. World-Trade-Center. Pentagon. Terror.

Unaufhaltsam überfluteten die Bilder des 11. September 2001 sein Bewusstsein.

Sie waren unverletzt geblieben, doch der Fahrer stand offensichtlich unter Schock. Wie er, Dennis, auch.

Wild fluchend raste er mit überhöhter Geschwindigkeit Richtung Flughafen. Nach zehn Minuten tödlicher Fahrt kamen die ersten Meldungen aus dem Radio. Der Sprecher redete langsam, seine Stimme klang tonlos und zitterte:

Eine gewaltige Explosion ereignete sich vor einer Viertel Stunde im UN-Hauptquartier am United-Nation-Plaza. Die Ursache ist ungeklärt. Nach ersten Augenzeugenberichten ist das Gebäude nahezu vollständig zerstört worden.

Nach einer längeren Pause redete er weiter.

Es wird befürchtet, dass es kaum Überlebende gibt, denn heute fand hier die Herbsttagung der UN-Generalversammlung statt. Alle verfügbaren Rettungskräfte sind im Einsatz und die Zufahrtswege zum Gelände der UNO weiträumig abgesperrt …

Der Fahrer schaltete das Radio aus. »Was für eine verdammte Scheiße«, schluchzte er fassungslos, »was für eine verfluchte Scheiße. Diese verdammten Gotteskrieger!«

Dennis erwiderte nichts. Stattdessen drückte er ihm eine Hundert-Dollar-Note in die Hand und betrat mit zitternden Knien das Flughafengelände.

Erst vier Stunden später saß er in einem Flugzeug nach Israel.

Er hatte gegessen und lange im vergessenen Buch gelesen. Er versuchte, die Bilder zu verdrängen, und wusste doch, sie würden ihn ein Leben lang begleiten. Aber erst nachdem er das Unbegreifliche, dessen Zeuge er geworden war, Eljon vorgelegt hatte, brachen zaghafte Gefühle der

Hoffnung in ihm durch. Hoffnung auf ein neues Leben, Hoffnung auf ein ruhiges Leben, Hoffnung auf ein Leben mit Esther. Denn er würde sie heiraten.

Dann fiel Dennis in den Schlaf der Erschöpfung.

Er wachte auf, als das Flugzeug mit sanftem Ruck auf der Landebahn aufsetzte.

Er blickte über die schon vertrauten Gebäude des Ben-Gurion Flughafens in Tel-Aviv, und mit einem Mal war er tief bewegt:

Er hatte das Gefühl, nach Hause zu kommen.

Doch schnell wich diese poetische Anwandlung einer eher nüchternen Bestürzung. Denn auf dem Vorfeld sah er Kamerateams aus aller Herren Länder stehen, die sich wie ein Schwarm Bienen um das gerade erst stehende Flugzeug drängten.

Er war ja jetzt ein bekannter Mann, und Terroristen wären nicht gut beraten, ihm etwas anzutun, waren seine positiveren Gedanken.

Als er in das Blitzlichtgewitter schritt, das den milden Abend erhellte, konnte er sich ein Lächeln nicht verkneifen. Dieses Land war doch immer für Überraschungen gut. Als ihn die ersten Reporter fragten, wie es ihm gehe, winkte er ab. Er sei jetzt zu müde, um etwas zu sagen, er stünde ihnen morgen zur Verfügung.

Zielsicher steuerte er auf die kleine Gruppe zu, die hinter der Presse stand: Gus, David, sogar der alte Isaac Finkelstein und – Esther. Eine Fahrzeugkolonne hielt mit wehenden Fahnen vor dem Flugzeug. Die versammelte Presse bildete einen respektvollen Halbkreis. Aus der schwarzen Limousine, die von drei Polizeiautos flankiert war, stieg der Premierminister.

51

Esther zitterte, obwohl es schwülwarm war, und betrachtete die zwei ungleichen Männer, die sich auf dem Flughafen von Tel-Aviv begrüßten:

Den erfahrenen Staatsmann und den jugendlich wirkenden Journalisten. Sie hatte sich, so weit es ging, hinter David, Gus und Isaac versteckt, und nur einzelne Blicke verrieten ihre Zuneigung zu dem Mann, der vor etlichen Stunden das Gewissen der Welt gewesen war.

Die letzten Monate, die Zeit der Vorbereitung für seine Ansprache vor der UNO, hatten sie sich nur selten gesehen. Und auch das waren nur formelle Treffen gewesen, Treffen, in denen sie besprochen hatten, was sie als Anhaltspunkte für eine Anklage gegen Saudi-Arabien in der Hand hatten. Auch war Dennis oft in Deutschland gewesen, um sich mit den Behörden dort abzusprechen. Danach wirkte er auf sie mit jedem Mal verschlossener, wie jemand, der voreilig Gefühle gezeigt hatte, die er nun bereuen würde.

Aber als sie ihn jetzt sah, gutaussehend und mit einem strahlenden Lächeln, versuchte sie, die Tränen zurückzuhalten, die ihr in die Augen schossen. Sie hätte sich gern versteckt, doch das wäre kindisch, und so biss sie die Zähne zusammen und versuchte, das Geschehen um sie herum zu begreifen.

Dennis hatte den Premierminister erreicht, und dieser schüttelte lange die Hand von Dennis, so, dass auch ja alle ein Foto von diesem Handschlag machen konnten.

Es war ein Zeichen großer Hochachtung.

»Herr Meyer, unser Land ist stolz auf Sie. Sie haben unsere Sache hervorragend vertreten. Ich begrüße Sie aufs Herzlichste in Israel. Auch«, und sie sah die Anspannung in seinem Gesicht, »wenn wir gerade Zeuge dramatischer, ja, wahnwitziger Ereignisse geworden sind. Willkommen in *Eretz Israel*«

Die Presse applaudierte, auch wenn kaum jemand etwas verstanden haben konnte. Kameras wurden gezückt, und Blitze erhellten die sommerliche Nacht.

Dennis kam ihnen entgegen, umarmte Gus, David – und auch sie. Er wirkte erschöpft. Sie fuhren gemeinsam zum Terminal und plauderten noch etwas, aber eher Belangloses. Anschließend luden sie ihn zu einem Essen ein, aber Dennis sagte, er wolle nur noch in sein Bett. Dann bestieg er ein Taxi und fuhr zu seinem Hotel.

Der nächste Tag verlief schon zu Beginn nicht so, wie sie gehofft hatte. Um 6.30 Uhr klingelte Gus sie aus dem Bett und befahl ihr aufgeregt, sofort in seinem Büro zu erscheinen. David und Dennis wären schon da.

Eine halbe Stunde später saß sie mit klopfendem Herzen an dem wuchtigen Konferenztisch. Gus knallte die englische Ausgabe einer arabischen Tageszeitung auf den Tisch, so dass jeder die riesige Schlagzeile lesen konnte:

Zionisten sprengen UN-Zentrale in die Luft. 2000 Todesopfer.
Arabische Liga: ›Es war eine jüdische Verschwörung zur Errichtung einer neuen Weltordnung!‹

Sie war so wenig darauf vorbereitet, dass sie leise aufschrie. Auch die anderen stöhnten fassungslos.

Die Stimme von Gus zerstörte die angespannte Stille.

»Diese niederträchtige Behauptung wird bisher nur von einigen arabischen Medien aufgestellt. Die westlichen Medien sprechen von ›unbekannter Ursache‹. Und was zum Teufel wirklich dahintersteckt, weiß niemand! Unsere Nachrichtendienste tappen im Dunkeln. Alle Welt tappt im Dun-keln.«

Er schrie, und er tat ihr leid. Das, was gestern geschehen war, war ein Schock für die ganze Welt, und sie konnte sich nur ungefähr vorstellen, unter welchem Druck er als Chef eines Nachrichtendienstes stehen musste, dessen Land eine andauernde Zielscheibe von Hasspropaganda war.

»Die deutsche Regierung spricht von einem Rätsel. Es kursieren natürlich viele Verschwörungstheorien im Netz. Von den Juden bis zu den Arabern, bis hin zu außerirdischen Mächten. Alles ist dabei«, warf David ein.

»Wer«, fragte Gus, »wer denkt ihr, war es wirklich? Es muss doch eine Macht auf dieser Welt gewesen sein, Himmel noch mal!«

Dennis räusperte sich.

Er hatte einen Kloß im Hals. Sie sah seinen zögernden Blick und war versucht, ihre Hand auf die Seine zu legen, ließ es aber bleiben.

Nachdem er von seiner Beobachtung während der Taxifahrt berichtet hatte, war es lange still in dem großen Büro.

David fand als erster Worte.

»*Nu*, das klingt in der Tat unwahrscheinlich. Das mit der Vision von Esther, dass in München ein Anschlag stattfinden sollte, hat immerhin gestimmt; – aber willst du etwa sagen, der *Himmel* kämpft für Israel?

Das ist völlig absurd!«

»Ich sage nur, was ich gesehen habe«, erwiderte Dennis gereizt. »Ja, es steht in dem vergessenen Buch. Ja, ich glaube, dass ein Krieg in der himmlischen Welt die Geschicke der Erde beeinflusst!« Er blickte an die Zimmerdecke, als suche er dort irgend etwas.

»Aber ich glaube, dass das in den letzten zweitausend Jahren etwas subtiler vonstatten ging. Der Geist wirkte im Verborgenen, versteht ihr?«

Sie starrten ihn verständnislos an.

»Ich denke, dass jetzt eine neue Zeit anbricht, eine Zeit, die die Welt wieder unmittelbarer mit der Realität des Himmels und seinen Kräften konfrontiert!«

Esther lächelte ihm aufmunternd zu.

»Ich weiß wirklich nicht, was ich davon halten soll, mein Junge«, brummte Gus kopfschüttelnd.

***

An diesem Abend war Dennis sehr aufgeregt. Es hing nicht damit zusammen, was er in der UNO erlebt hatte. Es hing nicht einmal damit zusammen, was er im Himmel über New York gesehen hatte. Es hing damit zusammen, dass er Esther morgen einen Heiratsantrag machen wollte.

Sie hatte heute so bezaubernd ausgesehen, dass er seinen Blick nicht von ihr hatte wenden können. Falls er jemals in seinem Leben verliebt gewesen war, dann war es in diesem Moment gewesen, als sie ihn anlächelte und zu sagen schien, ›ich halte zu dir, selbst wenn alle dich für einen Narren halten.‹ Und jetzt lag er wach in seinem Hotelzimmer und konnte nicht einschlafen.

Am nächsten Tag saß er unruhig auf einem Stuhl in einem teuren Restaurant. Er hatte noch fünfzehn Minuten

Zeit, bis Esther kommen würde. Ein Strauß roter Rosen lag bereit. Er schickte ein Stoßgebet zum Himmel.

Als sie das Restaurant betrat, stand er hastig auf, um ihr aus dem Mantel zu helfen. Er führte sie zu ihrem Platz. Als er sich selber setzte, stieß er sich das Knie am Tisch an, worauf sie in heftiges Lachen ausbrach.

War das ein gutes Zeichen? Fand sie ihn unbeholfen? Er spürte, wie er rot wurde, was er doch längst überwunden glaubte.

»Schön, dass du gekommen bist«, sagte er in die peinliche Stille hinein.

»Ich freue mich auch«, antwortete sie, und er wusste nicht, war es Höflichkeit, oder war da mehr …

Warum war er nur so nervös? Er hatte früher einige Absagen erhalten, vielleicht lag es daran.

Nachdem sie gegessen hatten, es war übrigens ausgezeichnet, wie sie ihm später sagte, ging er zum Angriff über.

»Esther«, er blickte ihr fest in die Augen, und … versank darin.

Er wurde etwas mutiger.

»Esther … «, stammelte er noch einmal, während er ihr galant den Rosenstrauß vor die Nase hielt. Weiter kam er nicht, denn plötzlich fing sie an, heftig zu weinen. Erschrocken starrte er sie an. Hatte er etwas falsch gemacht?

Aber während er sich darüber noch den Kopf zerbrach, war sie um den Tisch gerannt und hatte ihre Arme um ihn geschlungen. Wie im Film, war sein erster Gedanke.

»Ja«, schluchzte sie. »Ja, ich will!«

Erst war er so verwirrt, dass er nicht reagieren konnte. Dann erwiderte er die Umarmung und küsste sie, bis sie keine Luft mehr bekam.

Dann lachten sie befreit, und der Rest des Abends kam ihnen vor wie ein Traum.

Eine Woche später heirateten sie in einer kleinen Kirche am Stadtrand Jerusalems. Nur seine Eltern waren anwesend, die Großeltern von Esther, sowie das Trio Gus, David und Isaac. Als sie in der Hochzeitsnacht nach einer rauschenden Feier in ihrem neuen Haus in der Negev Wüste zu Bett gingen, war Dennis der glücklichste Mensch der Erde.

***

Der Herr ist mein Hirte, mir wird nichts mangeln, er weidet mich auf grünen Wiesen und lagert mich an stillen Wassern.

Leise wehte der trockene Abendwind die tröstenden Worte dieses alten jüdischen Gedichtes in ihr Bewusstsein. Talmudschüler rezitierten es in der Synagoge auf dem nächsten Hügel. Esther lag in Dennis Armen, und zitternd vor Glück genoss sie seine Nähe.

So musste es Eljon im Sinn gehabt haben, ging es ihr durch den Kopf. Die Liebe als Krone der Schöpfung. Und die Liebe adelt die Schöpfung und wird sie wieder krönen, dann, wenn erfüllt wird, was geschrieben steht: ›Denn die ganze Schöpfung windet sich in Geburtswehen und stöhnt in sich selbst und wartet voller Schmerz auf die Offenbarung der Kinder Eljons.‹

Wie war es möglich, die Schöpfung, das waren alle Menschen, das war jedes Tier, in die Freiheit der Kinder Eljons zu führen?

»Es ist Zeit, Liebes«, sagte Dennis, »es ist Zeit, der Welt das Geheimnis Jerusalems zu offenbaren. Ob sie es akzeptiert oder nicht, ist ihre Sache, aber wir haben unseren Job zu tun. Einige Menschen werden uns hassen, aber das sollte uns nicht bekümmern. Dōr sagte mir einmal, es ist wichtig zu wissen, dass wir auf der Seite der Wahrheit stehen, denn die Wahrheit wird immer siegen. Gefährlich wird es dann, wenn wir unsere menschliche, begrenzte Wahrheit mit der ewigen Wahrheit verwechseln.«

Oh, wie sehr sie ihn doch liebte.

»Also los, wer zuerst beim Auto ist!«

Prof. Dr. Finkelstein war wissenschaftlicher Berater, Verfasser und Herausgeber in Einem. Der Titel seines Werkes:

DIE WURZELN JERUSALEMS –
EINE ARCHÄOLOGISCHE SENSATION

Der Plan, den sie in langen Sitzungen erörtert hatten, der Plan, der auf einer eiligen Entscheidung der Knesset angesichts der antisemitischen Berichterstattung nach der ›zweiten New-Yorker Katastrophe‹ beruhte, dieser Plan lag nun vor ihnen.

Ein halbes Jahr nur hatte Finkelstein gebraucht, um die Untersuchungsergebnisse in einem Buch zusammenzufassen. Nun saß er aufgeregt wie ein Schuljunge vor ihnen, und der Stolz in seiner kurzen Ansprache war nicht zu überhören:

»Liebe Freunde, mit diesem Werk geht ein Lebenstraum von mir in Erfüllung. Dass ich meine Forschungsergebnisse nach über vierzig Jahren verordneten Schweigens endlich publizieren darf, ist ein Geschenk Gottes, und ich werde ihm ewig danken.«

Seine Stimme versagte den Dienst, und drei Augenpaare blickten ihn teils gerührt, teils belustigt an.

»Wann wird es denn veröffentlicht?«, fragte Gus.

»Die Regierung hat sich in Zusammenarbeit mit dem Herausgeber, das heißt mit mir, entschieden, das Buch am 7. Juni im nächsten Jahr zu veröffentlichen, an dem Datum, an dem vor 42 Jahren die Jerusalemer Altstadt zurückerobert wurde«, sagte der Professor

»Ein symbolträchtiges Datum«, bemerkte David.

»Das wird wie eine Bombe hochgehen!«

»Das ist ja der Zweck des Ganzen«, rief Gus begeistert. »Die Regierung will deutlich machen, dass die Altstadt schon vor viertausend Jahren, zur Zeit Abrahams, fest in hebräischer Hand war!«

Er redete sich in Rage.

»Das Buch wird in alle arabischen Sprachen übersetzt werden. Wir haben lange gezögert, wir haben lange Angst gehabt vor dem Aufschrei der arabischen Massen, aber jetzt, nach dieser grotesken Beschuldigung einer Weltverschwörung, müssen wir handeln! Denn auf diese Weise hat auch Hitler seine Judenpogrome eingeführt. Wenn wir nichts unternehmen, werden bald sehr viele Nationen diese Hetze übernehmen.« Seine tiefe Stimme füllte den Raum.

»Wenn wir kämpfen müssen, werden wir kämpfen. Wir sind es ja gewohnt«, fügte er trotzig hinzu.

Esther musste schlucken. So weit waren sie bereit zu gehen?

»Die Welt hasst uns so oder so«, erklärte Gus bitter. »Die arabischen Staaten werden nicht eher ruhen, bis wir vernichtet sind – oder sie kampfunfähig. Es ist wichtig, dass die Welt nicht auf ihre boshafte Argumentation hereinfällt! Nicht allein wegen Israel, sondern der gesamten demokratischen Welt wegen.«

Plötzlich wusste Esther, wohin sie gehörten. Sie würden in diesem bedrängten Land bleiben. War es nötig, würden sie hier sterben. Sie blickte Dennis an mit einer stummen Frage im Herzen. Er hielt dem Blick stand mit seinen klaren Augen, und nickte langsam.

Das Zimmer verschwamm hinter dem Schleier ihrer Tränen.

***

Dōr blickte lange auf die schlafende Gestalt von Dennis. Jetzt besaß er eine Schönheit, von der er nichts ahnen konnte.

Die Würde eines Königssohns.

Der volle Mond warf einen Schleier silbernen Lichts durch das Fenster und beschien dieses Gesicht in einer Weise, wie es kein Künstler je hätte arrangieren können.

Dōr kam mit einem besonderen Auftrag, und es war ungewöhnlich, dass ihm erlaubt wurde, sich in seiner wahren Gestalt zu zeigen. Aber die Offenbarung, die er zu bringen hatte, war so bedeutsam, dass es wohl angemessen war. Der Wind des Geistes bewegte sanft seine Flügel, und sein Gefieder rauschte leise im Licht des Mondes.

Es war Zeit, seinen Schützling zu wecken, doch er zögerte, denn eine seltsame Scheu hatte ihn erfasst.

»Es ist Zeit, dass deine Visionen *wirklich* werden, Geliebter«, flüsterte er und sah für einen Augenblick *den* Mann in Dennis, den Eljon selbst gesehen haben musste, als er ihn bildete, tief unten, im Dunkel der Erde. Dann breitete er seine Schwingen wie eine schützende Wand um das Bett und begann zu sprechen.

***

Dennis blinzelte, aber die Woge von Licht, die ihn empfing, war so stark, dass er die Augen sofort wieder schloss.

Kurz darauf probierte er es erneut.

Das Licht war noch da, doch sanfter, und in diesem Licht sah er Dōr neben seinem Bett stehen. Ein königlicher Adler mit Augen aus glühenden Kohlen. Er traute sich nicht, zu atmen.

»Dennis, ich bin gekommen, um dich Verständnis zu lehren über die Dinge, die geschehen müssen, und Dinge, die geschehen sind: Einst erblickte ich eine Frau«, sprach er und blickte in weite Ferne, »eine Frau, so schön wie der Morgen und so schrecklich wie eine Kriegsmacht. Eine Fürstentochter, die mich mit einem Blick durchbohrte und Flammen der Freude in mir entfachte. Bis zu diesem Tag wusste ich nicht, zu welchen Gefühlen ich fähig war. Ich sah sie, vor langer Zeit, vor den Toren einer Stadt, vor den Toren der Stadt, die *er* liebt, und sie kniete vor dem Einen, der berufen ist, Himmel und Erde zu erschüttern.

Sie war die Braut, die eine, die sein Herz entflammte wie niemand zuvor, und ihr Gesicht spiegelt sich wider in dieser Stadt.

Sie ist die Braut, erwählt aus Ländern und Nationen, um mit ihm vereint zu sein in Ewigkeit.

Sie wird die Braut sein, die einzigartig ist.

Die Gemeinschaft derer, die die Wirklichkeit sehen.

Ein Funke von ihr ist auch in Sarah, deiner eigenen Frau.

Dieser Funke wird zu einer lodernden Flamme werden, und diese Flamme wird zeugen von dem Feuer der Liebe Eljons im Herzen seiner Kinder. Dieses Feuer aber wird die Welt entzünden, für die Liebe, für die sie erschaffen ist:

Der Liebe zwischen Mann und Frau; zwischen Eljon und Geschöpf, zwischen König und Königin. Sie ist das Mädchen, das dir erschien, als wir sprachen unter den Mauern der Stadt, die er für immer erwählt hat. Und *sie* ist es schließlich, die fortlief und sich verirrte in der Wüste dieser Welt, aber sie wird jetzt gefunden werden.«

Dennis hörte diese rätselhaften Worte, unfähig, sich zu bewegen. Sie erreichten sein Gehirn, und er verstand nichts von ihrem Sinn: Doch sie weckten eine Sehnsucht in ihm, die tiefer ging als jedes Verlangen, das er je gespürt hatte. Sie brannten sich ein in sein Herz, wie die Worte einer Geliebten. Und auf eine Art, die sich jeder Logik entzog, wusste er auf einmal, was die Inschrift im Tunnel wirklich bedeutete.

Lange noch, nachdem Dōr das Zimmer verlassen hatte, lag er wach im Bett, bis zum Morgengrauen.

Er konnte sich nicht bewegen, doch die köstliche Schwere, die auf ihm ruhte, war mit nichts auf der Welt zu vergleichen.

52

David Dorado fühlte sich zerschlagen von den Ereignissen der letzten Monate. Aber er freute sich auf seine Frau und sein Haus in Berlin. In den vergangenen vier Wochen war er fast nur zwischen Berlin und Jerusalem hin und her gependelt, und Micha und er benötigten dringend Zeit füreinander.

Die letzte Woche, jene Woche nach der rätselhaften Katastrophe im UN-Hauptquartier, hatte alles getoppt. In Berlin nahm er an fünf Sitzungen zur Lage der inneren Sicherheit, zu den möglichen Hintergründen eines zweiten, großen Terroranschlags in New-York, teil. Es war ein riesiges Rätselraten, aber keiner der teilnehmenden Politiker und Amtsträger konnte sich eingestehen, dass sie – im Dunkeln tappten.

Das Schlimmste aber waren die Journalisten. Sie ließen ihm keine Ruhe, er musste sich sogar verteidigen für seine Ermittlungen, es war einfach grotesk:

Viele Medienvertreter, vornehmlich aus dem linken Spektrum, fanden seine Zusammenarbeit mit den Israelis deplatziert und durch nichts zu rechtfertigen. Er spürte die verlogene Brise des ›politisch korrekten‹ Antisemitismus, und es war ihm widerwärtig. Ja, es gab Momente, in denen er nur mühsam seine Haltung hatte wahren können.

Zwischen diesen Terminen konferierte er mit dem Krisenstab, hatte des öfteren Fernsehtermine und wurde als Experte zu Fragen der inneren Sicherheit gehandelt. Ihm wurde mitgeteilt, dass einstimmig beschlossen wurde, ihm das Bundesverdienstkreuz zu verleihen, obwohl er Leute kannte, die es eher verdient hätten, aber nicht so sehr im

Licht der Öffentlichkeit standen. Er wurde befördert, obwohl er nicht genau wusste, wofür. Die eigentliche Arbeit hatte Gus Feitmann geleistet, sowie Dennis. Vielleicht war es Understatement, was er empfand, doch er fühlte sich auf merkwürdige Weise unwürdig. Er war dankbar für Dinge, die er nicht hatte beeinflussen können. Er würde in nächster Zeit über Einiges nachdenken müssen.

Aber bevor er heute nach Hause fuhr, musste er in sein Berliner Büro, um etwas zu erledigen.

Der große Bürokomplex lag unbeleuchtet vor ihm. Kein Wunder, dachte er, ist ja schließlich Wochenende.

Als er das leere Büro betrat, empfand er ein bohrendes Gefühl der Einsamkeit. Es wurde Zeit, nach Hause zu kommen. Er kam sich lächerlich vor. In der Mitte des Raumes blieb er stehen.

»Dōr«, flüsterte er unsicher.

Er nahm all seinen Mut zusammen.

»Dōr«, rief er in die Stille des Zimmer, »wenn es dich wirklich gibt, dann zeig dich mir.« Seine Stimme klang seltsam dumpf.

»Bitte«, fügte er hinzu.

Er wartete, hörte die Uhr ticken. Die Schatten wurden länger.

Nichts passierte.

Fünf Minuten waren vergangen, und er wollte endlich gehen, da spürte er eine Gegenwart im Zimmer.

Er war gekommen!

Leichtigkeit erfasste ihn, und dann hatte er eine Vision:

Das Zimmer rollte sich vor seinen Augen zusammen. Wie eine alte Tapete. Dahinter sah er Gold. Glänzendes, leuchtendes Gold. Und vor dieser glänzenden Wand stand ein Wesen, so überwältigend herrlich, dass es unmöglich zu beschreiben war:

»David«, ertönte eine volle, hörbare Stimme. »David, Geliebter!«

Das war alles.

Dann verblasste das Gold, und der Raum wurde zu dem nüchternen Zimmer, das er so gut kannte. Der Grauschleier legte sich wieder über die Welt, und er fand sich auf dem Boden kniend wieder.

Ja, jetzt konnte er nach Hause, zu seiner Frau.

Und er freute sich auf sie wie noch nie zuvor in seinem Leben.

53

Dennis war selten so glücklich gewesen wie an diesem strahlenden Junimorgen. Sein Herz zersprang beinahe vor Stolz, als er Sarah betrachtete, seine frischgebackene Ehefrau, die noch schlafend neben ihm lag. Ein halbes Jahr waren sie nun verheiratet, und ihre Beziehung wurde mit jedem Tag schöner und tiefer.

Ab sofort wollte sie nur noch mit diesem, ihrem zweiten Vornamen, angesprochen werden, im Gedenken an ihre Mutter, aber auch, weil er eine so schöne Bedeutung hatte: »Die Fürstin«, hatte sie schwärmerisch gesagt, nur um in ihr helles, ansteckendes Lachen auszubrechen.

Der Staat Israel war sehr großzügig gewesen und hatte ihm ein großzügiges Darlehen gewährt, Rückzahlung nicht erforderlich. Das Haus hatte zwar nicht die Größe, die Sarah gewohnt war, doch die Wüste, die direkt vor ihnen lag, machte dies mehr als wett. Ihn reizte der Hauch des Abenteuers, wie er zugeben musste, denn das Gebiet war alles andere als sicher.

Auch wenn man sich hier gut verstecken konnte.

Er schmunzelte.

Die Nächte waren so eindrucksvoll und majestätisch, dass es ihnen immer wieder den Atem verschlug. Dann lagen sie auf der Veranda oder in ihren Schlafsäcken auf einem Felsplateau und betrachteten den klaren Sternenhimmel. Dabei vergaßen sie alle Sorgen und Probleme, und wurden eingehüllt von der Liebe Eljons, die ihren winzigen Leben eine so überragende Bedeutung zumaß.

Vor zwei Tagen, als sie die Nacht in dieser Wildnis verbrachten, wachte er um drei Uhr auf. Gerade ging ein überaus heller Stern auf, und er wusste, es war der Morgenstern. Als er ihn sah, fing er plötzlich an zu weinen, ohne zu wissen, warum. Sarah wachte nur kurz auf und murmelte schlaftrunken: »Das ist der Morgenstern, der wacht über Israel. Ich kenne ihn.«

Damit war sie wieder eingeschlafen.

Vor zwei Monaten hatte sie sich zum Psychologiestudium an der Hebräischen Universität eingeschrieben. Er selbst hatte Aussicht auf eine Stelle als Dozent für politischen Journalismus, doch auch Gus wollte ihn haben. Als Schulungsleiter für den Schin Bet.

Er war jetzt eine Art Nationalheld, weil er die Sache Israels brillant vertreten habe, allerdings dürfe er ruhig noch eine Zeit lang seine Anonymität als *Franz* genießen, hatte ihm Gus augenzwinkernd mitgeteilt:

»Dieser Name steht schließlich in deinem Pass.«

Heute Abend würde ihnen eine außerordentliche Ehre zuteil werden. Sie hatten eine Einladung zum Dinner im Haus des Premierministers erhalten. Gus und Isaac würden ebenfalls kommen. Gus, der die Einladung überbrachte, ließ durchsickern, dass dieser Abend auch ein Austausch darüber sein solle, was die weltweite und insbesondere arabische Reaktion auf die Finkelstein`sche Veröffentlichung anfangs des Monats betraf.

Als er gegen zwanzig Uhr ›nebst Gattin‹ in der Villa des Regierungschefs angekündigt wurde, hatte er für einige Augenblicke Zeit, seine Frau zu betrachten: Sie hatte ein sommerliches Abendkleid an, in Bordeauxrot, und jetzt sah sie wirklich aus wie eine Fürstin. Dazu trug sie Ohrringe mit echten Rubinen in Form kleiner Granatäpfel, die sie von ihrer Mutter geerbt hatte, mit passendem Halsschmuck. Ihr tiefschwarzes Haar hatte sie kühn hoch gesteckt, und ihr Nacken war so anmutig, dass er inständig darum betete, dem inhaltlichen Teil dieses Abends folgen zu können. Sie bemerkte seinen Blick und errötete lächelnd, was sie endgültig zur schönsten Frau machte, die je auf Erden gewandelt war.

Jetzt bat sie der Bedienstete, einzutreten. Er führte sie durch einen großzügigen Vorraum im Bauhausstil, der allein so geräumig war, wie ihr ganzes Haus zusammen genommen.

Sie waren die Letzten. Doch bevor er eine Entschuldigung murmeln konnte, erhob sich der Premier und lächelte ihm gutmütig zu. »Sie brauchen sich nicht zu entschuldigen, die anderen sind auch gerade erst gekommen.« Er blickte Gus an, der ihn anstrahlte, und alle Scheu war verschwunden.

Gerade begrüßte der Professor in der formvollendeten Höflichkeit eines ›Gentleman der alten Schule‹ seine Sarah.

Jetzt konnte der Abend beginnen.

Nachdem sie vorzüglich gegessen hatten, informierte Gus über den neuesten Stand. »Das Buch ist weltweit ein riesiger Verkaufserfolg, und rangiert in fast allen Staaten auf Nummer eins der Bestsellerlisten. Verlagstechnisch gesehen also ein voller Erfolg.

Leider sind die politischen Reaktionen weniger beruhigend. Unsere Hoffnung, insbesondere der arabischen Bevölkerung die Rechtmäßigkeit des jüdischen Anspruchs auf Jerusalem plausibel zu machen, scheint nicht aufgegangen zu sein. Es ist eher so, als hätten wir die Büchse der Pandora geöffnet.«

Er schwieg einige Sekunden.

»Die arabische Liga bezichtigt uns der Propaganda.

Arabische Demonstrationen gegen Israel werden immer verbreiteter. ›Tod den Juden‹ wird jetzt auch in einigen westlichen Staaten immer häufiger skandiert.«

Der Premier unterbrach ihn:

»Heute rief die deutschen Kanzlerin an. Sie fragte mich allen Ernstes, ob es wahr sei, was in diesem Buch geschrieben steht. Ich sagte, ›natürlich ist es wahr, meinen Sie, wir erfinden diese Dinge?‹ Daraufhin lachte sie. Aber mir zeigte es deutlich, dass uns nicht mehr geglaubt wird. Ein eindrucksvoller Sieg der arabischen Propaganda, die es aufs Vorzüglichste versteht, antisemitische Bewegungen vorrangig aus dem linken Parteienspektrum auf ihre Seite zu ziehen.«

Dennis verlor seine Zurückhaltung und unterbrach ihn:

»Kurz vor seiner Abreise nach Deutschland hatte ich ein längeres Gespräch mit David. Wir räumten einige Meinungsverschiedenheiten aus dem Weg, und dann erklärte er: ›Mein Geburtsland sieht einer schwierigen Zeit entgegen. In Deutschland werde ich alles tun, um die Beziehungen zu Israel zu vertiefen. Israel ist stark und wird niemals untergehen. Verliesse es sich jedoch auf menschliche Stärke, *wäre* es schon lange vom Erdboden verschwunden.‹«

»Heißt das etwa, wir müssen wieder zurück zu unseren Wurzeln?«, fragte der mächtigste Mann des Staates und wirkte seltsam bewegt. »Müssen wir wieder zu dem zurück, den David ben-Gurion als den ›Fels Israels‹ bezeichnete?«

»Wir müssen tiefer zurück«, antwortete Dennis.

»Wir müssen zum Ursprung Israels, wir müssen zum Messias zurück, der vor zweitausend Jahren von diesem Volk verworfen wurde!«

Es war, als hätte jemand das Licht ausgeknipst, so still wurde es.

Dann geschah etwas höchst Unerhörtes.

Der Premierminister des Staates Israel, der Chef des Geheimdienstes und der bekannteste Wissenschaftler des Landes fingen an zu weinen.

Dennis hatte Mühe zu reden, denn eine große Kraft erfüllte ihn mit einem Mal:

»›Und es wird geschehen an jenem Tag, da mache ich Jerusalem zum Stemmstein für alle Völker; alle, die ihn hochstemmen wollen, werden sich wund reißen …‹ Das sagte der Prophet Sacharja vor 2.500 Jahren. Weiter heißt es: ›Zu dieser Zeit gieße ich über die Bewohner Jerusalems aus den Geist der Gnade und des Flehens, und sie werden auf mich blicken, den sie durchbohrt haben, und werden über ihn wehklagen, wie man über einen einzigen Sohn wehklagt, und werden bitter über ihn weinen, wie man bitter über den Erstgeborenen weint …‹«

Er fühlte, dass er die Kontrolle verloren hatte. Drei der einflussreichsten Männer Israels blickten ihn an, als erwarteten sie etwas von ihm. Von ihm! Dem Provinzjournalisten. Wenn sie nur wüssten, wie unfähig er sich fühlte! Auch die beiden Frauen blickten ihn aus geröteten Augen an. Erwarteten sie von ihm, dass er erklären würde, was geschehen war? Erwarteten sie, dass er etwas von dem verstand, was hier vor sich ging? – »Was muss Israel tun?«, fragte der Premierminister mit heiserer Stimme. »Was müssen wir tun, um diese Schuld zu begleichen?«

Sein Atem stockte. Wer war er denn??! Was sahen sie in ihm?

Es ist alles unter Kontrolle, hörte er eine sanfte Stimme in seinem Inneren.

Stockend erst, dann flüssiger, begann er zu reden:

»Es gibt ein Gruppe von Menschen in diesem Land, die verfolgt, verlacht und verhöhnt werden. Wirkliche Juden, doch das wird ihnen, insbesondere von den Religiösen, immer wieder abgesprochen. Es sind Juden, die an den Messias glauben.«

Mit eindringlicher Stimme wandte er sich an den Premierminister.

»Heben Sie die Spaltung innerhalb Israels auf, geben Sie dieser Gemeinschaft ihre Rechte wieder zurück, lernen Sie von ihnen. Und glauben Sie an den Messias *Jeschua*, welcher der Fels Israels ist. Denn aus *diesem Samen* wird Israel wiederauferstehen, und dank *seiner Nachkommenschaft* wird Israel leben. *Sie* sind die Erstlingsfrucht, und durch *sie* wird ganz Israel gerettet werden.«

Er war mit seiner Kraft am Ende, und Schweiß lief über seine Stirn. Sarah streichelte seine Hand. Gus starrte auf den Boden, der Professor lächelte ihn versonnen an. Der Premierminister saß ruhig da und blickte ihm feierlich in die Augen:

»Es wird Zeit, dass sich Israel seinem Messias zuwendet. Ihr Christen habt viel zu lange das Monopol darin gehabt. Vielleicht werde ich einen Tag nationaler Buße ausrufen!«

Er lachte.

Aber es ist ein Lachen der Freude, dachte Dennis.

In dieser Nacht lag er noch lange wach und dachte über dieses sonderbare Erlebnis nach. Einordnen konnte er es nicht. Es war so – ungeplant gekommen. *Ich komme nie geplant,* vernahm er eine leise Stimme, und er hätte schwören können, dass darin ein Lächeln lag.

Am nächsten Tag rief er den Professor an. Ob dieser sich mit ihm treffen könne, er hätte noch einige Fragen zu dem Gangsystem für seinen Bericht, den er für Berlin anfertigen solle. So kam es, dass er heute Nachmittag nicht mit Sarah essen konnte, sondern das auch nicht schlechte Essen im Haus Finkelstein genoss.

»Was denken Sie wirklich, Herr Professor?«, fragte er

ihn, als sie gegessen hatten. »Was bedeutet dieses System unter der Stadt, und von wem wurde es erschaffen?« Der Professor sah ihn mit leuchtenden Augen an. »Nach dem gestrigen Abend hat sich meine Sichtweise über eine Menge von Dingen verändert«, sagte er geheimnisvoll.

Er zuckte zusammen. Gestern – es war also echt gewesen.

»Ich habe heute Nacht sehr lange über diese Fragen nachgedacht, und es ist interessant, dass Sie heute mit mir darüber reden möchten:

Zuerst einmal glaube ich, dass dieses ganze System ein Geheimnis ist, das wir nicht so ohne weiteres ergründen können, das sich sozusagen selbst offenbart, wenn die Zeit gekommen ist. Ich glaube, dass diese Zeit begonnen hat, und ich denke, dass eine Absicht dahinter steckt, warum wir mit Hilfe dieser Entdeckung Ostjerusalem zurückerobern konnten. Ich glaube, dass es ganz einfach Eljons Zeitpunkt war.

Weiter glaube ich, dass das alte Buch, auf das wir unsere Identität als Juden gründen, wahrer ist und das Erbe Israels reicher, als wir es jemals mit unserem rationalen Weltbild erfassen können. Es ist nicht reicher, weil wir bessere Menschen sind, vielmehr sind wir ein sehr kleines und verachtetes Volk; es ist reicher, weil Gott realer ist, als wir es bis jetzt wahrhaben wollten.«

Er machte eine Pause, und Dennis blickte ihn erwartungsvoll an.

»Das Wesen, das uns dort unten begegnete, konnte ich nicht so sehen wie Sie, doch ich fühlte eine riesige Kraftquelle und sah einen mächtigen leuchtenden Wirbel, der in sich vollkommen lebendig schien. Ich hatte lange Zeit, darüber nachzudenken, Jahrzehnte sogar, und seit unserer gemeinsamen Exkursion glaube ich, es war ein Cherub, eines jener uralten Wesen, die Eljon einst dazu bestimmt hatte, den Eingang zum Paradies zu bewachen. Später dann hüteten sie das legendäre Zeugnis des Bundes mit Israel schlechthin: Die Tafeln des Gesetzes, von Eljons eigener Hand beschrieben.«

Begeistert sprach er weiter:

»Es ist heute unter Wissenschaftlern anerkannte Tatsache, dass eine riesige Flutkatastrophe etwa im fünften oder sechsten Jahrtausend vor unserer Zeitrechnung statt fand, nur über das *wie* war man sich bis heute uneinig. Es ist durchaus plausibel, dass dieses System von Gängen damit in Zusammenhang steht. Fast alle Völker der Erde berichten in ihren frühesten Geschichten von einer riesigen Flut.

Ein international anerkannter Geologe hat erst vor kurzem herausgefunden, dass sich unter der alten Jebusiterstadt ›Salem‹, also dem ältesten Teil Jerusalems, ein ausgedehntes natürliches Kluftsystem im Karstgestein befindet.

Karst ist die geologische Bezeichnung für ein System von Erosionstrichtern, Höhlen und Abflussrinnen, die das Grundwasser – oder eine Flut – beim Sickern und Fließen durch unterirdische Felsformationen, ausgewaschen hat. Es könnte also durchaus sein«, schloss er mit bedeutungsvollem Blick, »dass Eljon selbst diese Katastrophe dazu verwendete, einen ›unterirdischen Tempel‹ für die Bundeslade zu schaffen, der somit für lange Zeit der Willkür der Menschen entzogen worden wäre, und deren Hüter eben Cherubim sind!«

Er grinste, zufrieden mit sich selbst.

»Wussten Sie, dass gemäß der jüdischen Überlieferung der Tempelberg den Ausgang des Paradieses darstellte? Und Eljon den Tempelberg dazu benutzte, die ›Quellen der Tiefe‹, wie es in Genesis 2,8 heißt, zu verschließen?

Das sind vielleicht legendenhafte Ausschmückungen, doch nichtsdestotrotz verbirgt sich hinter solchen Geschichten oft eine tiefere Wahrheit.«

Die Sonne schien so einladend und heiß vom blauen Himmel, dass sie beschlossen, das Gespräch auf der Terrasse fortzusetzen. Nachdem sie sich gesetzt hatten, fuhr Finkelstein fort.

»Das Aufregendste ist aber für mich die Inschrift über dem Tunnelabschnitt, der zum Löwentor führt. Ein Vers aus dem Hohelied in altbabylonischer Keilschrift! Dies beweist, dass Teile der Thora, mindestens aber das ›Lied der Lieder‹ gut tausend Jahre älter sind, als bisher angenommen. Denn ab 2000 vor Christus war die altbabylonische Keilschrift nicht mehr in Gebrauch!«

Der Professor bekam glänzende Augen, und Dennis wusste, ab jetzt würde es schwierig werden, ihn zu unterbrechen.

»Wir haben hier den Beweis, dass hebräisches Leben schon im Jahr 2000 vor Christus in Jerusalem eine Blütezeit erreichte. So wie die Gänge angelegt wurden, sternförmig um eine große Halle, könnte man vermuten, dass die Stifthütte der Wüstenwanderung, also der Vorläufer des Tempels, hier aufbewahrt wurde. Doch das ist nur eine Vermutung und muss noch genauer untersucht werden. Die Beweise für diese Theorie wären überwältigend. Wenn wir jetzt das ›Übernatürliche‹ hinzuziehen, von dem wir nun beide wissen, dass es real ist, muss man annehmen, die Gänge sind 7.500 Jahre alt. Denn um diese Zeit, das ist etwa 5500 vor Christus, fand nach neuesten wissenschaftlichen Erkenntnissen die Sintflut statt. Ich bin überzeugt, in nächster Zeit werden einige sehr interessante Entdeckungen hierzu gemacht werden. Ich schildere Ihnen jetzt den neuesten Stand der Forschung und etwas, was heute erst wenige Menschen wissen:

Etwa um 5500 vor Christus war das Eis der letzten Eiszeit so sehr geschmolzen, dass die Wassermassen sich mit riesigem Druck bis vor die schmalste Landbrücke zwischen Europa und Asien, dem Bosporus in der heutigen Türkei, aufstauten. Die Wassermassen drängten aus dem Mittelmeer ins kleine Marmarameer und drückten mit unerbittlicher Gewalt gegen die schmale Landbrücke. Diese konnte dem Druck schließlich nicht mehr standhalten und brach. Das Wasser stürzte über ein Jahr lang mit der 200-fachen Gewalt der Niagara-Fälle in das 150 Meter tiefer gelegene Becken des Schwarzen Meeres, das damals noch ein Süßwassersee war. Ich möchte jetzt einige überzeugende Belege für diese Theorie liefern, da ich denke, es ist wichtig für Sie, Dennis, das zu wissen:

Auf dem Grund des Schwarzen Meeres wurden zwei verschiedene Muscheltypen gefunden. Die einen haben vor 7.500 Jahren in Süßwasser gelebt, die anderen 500 Jahre später in Salzwasser. Das wurde wissenschaftlich nachgewiesen.

Das Fazit ist simpel: Salzwasser *muss* ins Schwarze Meer eingedrungen sein! Ein Unterwasserarchäologe entdeckte vor einigen Jahren die ehemalige Küstenlinie des Schwarzen Meeres – 150 Meter unter der heutigen Wasseroberfläche! Ein Jahr später stieß sein ferngesteuertes U-Boot auf die Überreste steinzeitlicher Siedlungen. ›Noahs Haus entdeckt‹, stand daraufhin im *Daily Telegraph*. Die Istanbuler Zeitung *Hürriyet* titelte gar: ›Noah war Türke‹.

Im Jahr 2004 legte eine Gruppe um besagten Ozeanographen nach. Um herauszufinden, welche Ablagerungen eine Sintflut am Bosporus hinterlassen hätte, haben sie die Flut in einem Rechenmodell simuliert. Ein plötzlicher Wassereinbruch ins Schwarze Meer hätte eine Strömung ausgelöst, die sich scharf nach links oder rechts bewegt und die Meerenge in einer steilen Kurve verlassen hätte.

Und auf dem Meeresgrund befindet sich tatsächlich so ein entsprechender Kanal! Auch einige hundert Meter hohe Sandhügel, die auf dem Grund des Schwarzen Meeres gefunden wurden, könnten von dieser mächtigen Strömung stammen. Kürzlich haben deutsche Forscher noch etwas herausgefunden: Das gegen den Uhrzeigersinn zirkulierende Oberflächenwasser des Schwarzen Meeres hat die Arche tatsächlich gegen das Araratgebirge getrieben. Wie in der Bibel beschrieben!

Dieses Szenario erscheint mir sehr plausibel. Noch einmal eine Zusammenfassung:

Die Sintflut fiel in eine Zeit weltweiter Klimaänderung. Nach der letzten Eiszeit sind die Gletscher geschmolzen, die damals weite Teile der Erde bedeckten. Das Schmelzwasser ließ die Pegel der Ozeane um 130 Meter ansteigen, acht Prozent der Landfläche versanken. Vor zwölftausend Jahren war das Mittelmeer so weit angestiegen, dass es ins Marmarameer überlief. Nach weiteren 6.500 Jahren, also etwa um 5500 vor Christus sprengten dann die Wassermassen den Bosporus. Erst dadurch wurde der überflutete Süßwassersee zum salzhaltigen Schwarzen Meer.«

Der Professor blickte ihn mit leuchtenden Augen an, als erwarte er stürmischen Applaus.

Doch Dennis schwirrte der Kopf aufgrund der Menge an Informationen. Er bedankte sich und verließ die Villa des Professors.

54

Dör weinte lautlos. Denn gerade war folgender Hintergrundbericht in einer großen deutschen Tageszeitung erschienen. Verfasst im Stil eines Nachrufs:

Sie hatten ihren besten Mann geschickt. ›Der Fahnder‹ wurde er in Anlehnung an eine erfolgreiche Fernsehserie genannt. Er recherchierte aus Leidenschaft, für ihn war nichts Routine. Er war ein Getriebener, und er wollte die Story hinter der Story. Hintergründe bewegten ihn, Schicksale berührten ihn. Er verzehrte sich eine Woche lang. Jeden Tag stand er um fünf Uhr auf und ging erst nach Mitternacht zu Bett. Schlaf war wichtig, da sein Körper funktionieren musste. Er redete mit Lokalpolitikern, Polizisten, Feuerwehrleuten. Er interviewte Sachverständige, selbsternannte und wirkliche Fachleute. Er deckte Hintergründe auf, und er tat, was einen guten Journalisten ausmacht:
Er blickte den Menschen ins Herz. Er berichtete über ihre Sorgen, ihre Nöte und Ängste. Über all das also, was mit der ›Explosion des Bösen‹, wie die Leute den Anschlag schon früh nannten, in Zusammenhang stand.
Am 24. Juni 2008 erschien sein Artikel in der ›Süddeutschen Zeitung‹, der auflagenstärksten deutschen Tageszeitung. Es war ein Schlussstrich, das Fazit über einen barbarischen Akt, der die Republik nachhaltig veränderte. Und der sich schließlich als Ver-mächtnis erweisen sollte. Nach einer Analyse des Tathergangs und seiner Folgen für die Region und Deutschland schrieb der Autor unter anderem folgendes:

›(...) Nach über einem Jahr also, in dem wir Männer in Schutzanzügen herumlaufen sahen, die akribisch und kostenintensiv mit schwerem Gerät arbeitend, kontaminierte Erdschichten ab-trugen und Fassaden schliffen, auf einem Gebiet so groß wie 100 Fußballfelder; (…) Nach über einem Jahr, in dem wir uns fragten, warum der Wahnsinn eingebrochen war in unsere geordnete Welt, wie der Hass so groß werden konnte und wie wir überhaupt würden weiterleben können; nach diesem Jahr also ging man daran, die Trümmer der zerstörten Kirche wegzuräumen. (...) Denn nach diesem Jahr war die radioaktive Belastung nicht mehr allzu groß, und man konnte sich mit Schutzanzügen an diese umfangreiche Aufgabe wagen.
Die Räumarbeiten dauerten drei Monate. Im Zentrum der Kirche entdeckte man die Überreste des Attentäters. Von den Leichenteilen erhoffte sich die Polizei neue Erkenntnisse darüber, warum er sich in einer leeren Kirche und nicht im nahen Einkaufszentrum mit hunderten von Passanten in die Luft gesprengt hatte. Inzwischen geht man davon aus, dass der Attentäter kurz vor dem Zeitpunkt der Zündung in Gewissensnot geriet und in die Kirche flüchtete, um so wenig Schaden wie möglich anzurichten.
Der Sprengsatz, das konnte mit der Bergung seiner Überreste nachgewiesen werden, hatte einen Zeitzünder, der nur über Funk hätte deaktiviert werden können. Der Attentäter selbst hatte keinen Sender. Die Drahtzieher wollten ein Scheitern der Mission offenbar in jedem Fall verhindern.
Auf einem halb verbrannten Traktat, das in unmittelbarer Nähe der sterblichen Überreste gefunden wurden, stand:
›Jesus Christus rettet‹
Haben wir hier die Antwort auf all unsere Fragen?(…)‹

Vermutlich hätte der Autor über diese Entdeckung nicht berichten dürfen: Am Tag nach Erscheinen dieses Artikels wurde er erstochen in seiner Wohnung aufgefunden. Neben der Lei-

che lag eine Notiz, beschrieben in schlechtem Deutsch: ›Nichts ist Rettung. Allahu Akbar.‹

55

Der deutsche Außenminister redete sich in Rage. »Wir haben ein Buch, nein, ein wissenschaftliches Werk, in dem nachgewiesen wird, dass Hebräer schon im dritten Jahrtausend vor Christus Jerusalem zu einer Größe und einem Glanz brachten, was es erforderlich macht, die Geschichte der Antike neu zu schreiben. Wir sind dabei, eine Gruppe namens *ArmDesJihad* zu zerschlagen, wir bestehen darauf, Saudi-Arabien vor den internationalen Gerichtshof zu bringen, und das UN-Hauptquartier in New York wurde von wem auch immer dem Erdboden gleichgemacht. Dabei starben annähernd zweitausend Menschen.«

Er machte eine dramatische Pause und wischte sich den Schweiß von der Stirn.

»Das alles ist höchst brisant, und der weltpolitische Konflikt, der sich seit Jahrzehnten um ein Stückchen Land im Nahen Osten dreht, wird mit an Sicherheit grenzender Wahrscheinlichkeit in einer bewaffneten Auseinandersetzung enden. Das sagen unsere Nachrichtendienste und Diplomaten.

Sie sagen, dass dieser ›Kalte Krieg‹ spätestens innerhalb der nächsten vier Jahre zu einem heißen Krieg werden wird. Wo er genau ausgefochten wird und wie, ist noch nicht entschieden. Doch die Gegner sind klar:

Die arabische Welt auf der einen, Israel auf der anderen Seite.

Die Reaktion der arabischen Massen auf die jüngste wissenschaftliche Sensation hat der Welt deutlich vor Augen geführt – oder sollte ihr vor Augen führen –, dass der Islam auf vollkommen unredliche Weise Tatsachen verdreht oder nicht zur Kenntnis nimmt, die die Existenz und Geschichte Israels betreffen. Das tun andere Religionen auch, Tatsachen nicht zur Kenntnis zu nehmen, die nicht in ihre Ideologie passen, doch es wird immer offensichtlicher, wie sehr die Politik der arabischen Welt beeinflusst wird durch die islamische Religion.

Wir sind, glaube ich, an einem Punkt in der Weltgeschichte angelangt, an dem die Welt diese Problematik, die sich bereits seit dem Ende des britischen Mandats über Palästina angekündigt hat, nicht länger tolerieren kann. Denn die Aggressionen der arabischen Massen, die jahrzehntelang durch eine antisemitische Hasspropaganda seitens ihrer Regierungen geschürt wurden, *werden* sich entladen.

Die Araber haben immer wieder, sowohl auf Regierungsebene wie auch innerhalb ihrer Organisationen, aber auch im Rahmen ihrer Gottesdienste, zur Vernichtung Israels aufgerufen. Die Weltgemeinschaft, die in naiver Weise den Lügen der arabischen Terrorregimes glaubte, ist *mehr* beeinflusst von ihrem Wunschdenken nach Frieden in der Region als von der Realität und dem Faschismus der arabischen Länder. Wenn es zu dieser Auseinandersetzung kommt, steht Israel relativ alleine, und die USA, die dabei sind, ihre Rolle als Supermacht zu verlieren, sind auch kein sicherer Bündnispartner mehr.

Deutschland aber ist entschlossen, Israel militärisch zu unterstützen!

Es ist wichtig für Sie, zu wissen, dass wir zu diesem weitreichenden Schritt eine breite Zustimmung innerhalb der Bevölkerung besitzen. Die deutsche Unterstützung zur

Verteidigung Israels ist nicht mehr nur eine Frage der Schuld unserer Vergangenheit, sondern vielmehr eine Frage der politischen Glaubwürdigkeit.

Darüber hinaus ist es eine Notwendigkeit, denn unsere jüngste Erfahrung mit Saudi-Arabien lehrt uns, dass der Islam wesentlich aggressiver agiert, als in den letzten Jahrzehnten vermutet, und die Erfahrung mit *A.D.J* lehrt uns, dass im Verborgenen Dinge geschehen, vor denen die demokratische Welt nicht länger die Augen verschließen kann. Denn die heutige Lage ähnelt in beunruhigender Weise der Appeasement-Politik Chamberlains Hitler gegenüber.

Wir westlichen Staaten wollten die Gefahr durch den politisch instrumentalisierten Islam lange Zeit nicht wahrnehmen. Wir hofften lange Zeit, dass sich arabische Staaten immer weiter demokratischen Werten annähern würden. Doch jetzt sehen wir, jetzt müssen wir erkennen, dass der sogenannte ›arabische Frühling‹ nicht zu einer Demokratisierung führte, sondern vielmehr zu einer Radikalisierung einer islamistisch expansionistischen Politik, da sich die religiös-fundamentalistische Elite durch die jüngsten Ereignisse heraus-gefordert sieht, ihr reaktionäres Weltbild zu verteidigen und zu konsolidieren. Und waren es vor kurzem noch extreme Gruppierungen, die eine Politik, die den Koran als Grundlage betrachteten, förderten, sind es heute Regierungen, und es wird immer offensichtlicher, dass der Islam die Vergrößerung seiner Einflusssphäre auch flächenmäßig anstrebt.

Das, was immer wieder dieses Streben auf beinahe übermenschliche Weise begrenzte und hinderte, war ein kleiner Staat in einem Meer arabischer Nationen. Ein Staat, so groß wie Hessen, aber weitsichtiger, und das muss ich leider sagen, mutiger als das ganze große Europa.

Es stimmt, wir haben nicht zuletzt eine moralische Verpflichtung gegenüber Israel. Aber es geht hier nicht um unsere moralische Bringschuld, die wir immer noch haben mögen, es geht primär um die Verteidigung von Demokratie, von Werten der Freiheit und der Souveranität von Staaten: Ein bekannter Schlachtruf des Islam, der die Situation vielleicht am besten beschreibt, lautet: ›Am Samstag töten wir die Juden, am Sonntag die Christen.‹ Und seine Entsprechung aus dem Koran, Sure 9,30, lautet: ›Die Juden und die Nazarener sprechen wie die Ungläubigen; Allah, schlag sie tot!‹

Die jüngsten Ereignisse haben uns vor Augen geführt, dass das nicht nur Worte sind.«

David saß gebannt auf der Presseempore des Berliner Reichstages. Seit er zum Sicherheitsberater des Auswärtigen Amtes in Bezug auf internationalen Terrorismus ernannt worden war, war es seine Pflicht, solchen Plenardebatten beizuwohnen. Er dachte an Dennis. Ohne seinen Mut, ohne seine Recherchen im Terrorcamp, ohne seine Rede vor der UNO hätte die Regierung sicherlich nicht diese Entschlossenheit an den Tag gelegt. Zweifellos würden er und Sarah diese wichtige Rede im Fernsehen mitverfolgen, und er wünschte, dass sich Dennis von ganzem Herzen über das Erreichte freuen könne.

Den nächsten Tag saß er in seinem neuen Büro. Er war in schlechter Stimmung, und die Situation erschien ihm so verworren wie niemals zuvor. *A.D.J* war noch nicht zerschlagen, und ihr Augenmerk lag ganz eindeutig noch auf Deutschland. Schlimmer noch, für den Tod von Jamila bint Saleh machte ihr Netzwerk Dennis verantwortlich. *A.D.J* würde auf Rache sinnen, und die Sicherheit von Dennis und Sarah war keineswegs gewährleistet, auch wenn sie in Israel lebten, und auch, wenn sie von einem der besten Geheimdienste der Welt geschützt wurden.

Die Rede des Außenministers gestern war eindeutig und klar, und David bewunderte seinen Mut. Aber es war auch klar, dass die Welt sich geradewegs auf einen Krieg zubewegte, und durch dieses Statement war Deutschland quasi Bündnispartner Israels, und in einem Angriff auf Israel würde eben dieser Bündnisfall eintreten.

Die arabischen Hasstiraden gegen Israel wurden immer heftiger, und es schien, als hätte die Veröffentlichung von Finkelstein genau das Gegenteil von dem erreicht, was die israelische Regierung beabsichtigte. Es schien, als könne der Großteil der arabischen Bevölkerungen die Fakten dieses Berichts nicht ertragen.

Plötzlich klopfte es energisch, und ohne eine Antwort abzuwarten, wurde die Tür aufgerissen. Georg stand mit hochrotem Kopf vor ihm: »Hast du gehört«, stieß er hervor, »der Iran hat eine Mittelstreckenrakete auf Tel-Aviv abgeschossen. Die israelische Regierung erklärte dem Iran den Krieg!«

David saß erstarrt in seinem Stuhl und konnte sich nicht bewegen. Gerade erst hatte er darüber nachgedacht, und jetzt war es Realität geworden. Eine bizarre Realität.

Mit einer nervösen Handbewegung bat er Georg, den Raum zu verlassen. Einige Minuten saß er regungslos und starrte ins Zimmer.

Dann wählte er die private Nummer des Außenministers.

»Ist es wahr?«, fragte er fassungslos, »ist es wahr, was die Medien berichten?«

Der Außenminister bestätigte müde.

»Ein deutsches Kriegsschiff ist unterwegs in den Persischen Golf und wird ihn morgen früh Ortszeit erreichen«, fügte er hinzu.

Dann griff David zum Telefon und rief Dennis an.

»Was ist bei euch los? Kannst du mir die Lage beschreiben?«

Er schrie fast ins Telefon.

Es war still am anderen Ende.

Dann hörte er die Stimme von Dennis.

»Heute um ein Uhr Ortszeit schlug eine iranische Mittelstreckenrakete in einem Vorort von Tel-Aviv ein. Hundert Menschen kamen ums Leben, es gab siebenhundert Verletzte. Es war glücklicherweise ein konventioneller Gefechtskopf. Zur gleichen Zeit hat die Hisbollah mit einem massiven Beschuss von *Katjuscha* und *Fadsch3*-Raketen auf die Golanhöhen und auf Zentral-Israel begonnen. Im Moment sind dadurch 63 Zivilpersonen ums Leben gekommen. Um sechs Uhr hat der Premierminister dem Iran den Krieg erklärt. Weitere Raketen aus dem Iran wurden abgefangen. Eine mit nuklearem Sprengsatz, der aus unerklärlichen Gründen nicht detonierte.«

Seine Stimme zittert nicht, und er ist so gelassen, wunderte David sich, nachdem er aufgelegt hatte.

56

Dōr sah alles, und er hatte alles geplant. Der Engelsfürst von Persien hatte ein Interesse daran, Israel zu vernichten! Nun, dieser Plan war uralt, er reichte Jahrtausende in die menschliche Geschichte und konnte niemals erfolgreich sein, auch wenn die *Nephilim* gelegentlich große Schlachten gewonnen hatten. Und dieser erneute Versuch war so durchschaubar, so lächerlich. Nachdem Bel sich dieser Marionette von Regierungschef bemächtigt hatte, meinte dieser, er könne mit seinen Atombomben um sich werfen, wie es ihm beliebte.

Aber er, Dōr, hatte etwas dagegen!

Vor allem aber der, der ›Fels Israels‹ genannt wurde.

Er lachte. Wie anmaßend und verblendet doch die Menschen sein konnten! Zwei Dinge waren es, die die modernen Perser so sehr in Wut versetzt hatten, dass ihr Judenhass zu einer alles verzehrenden Flamme wurde: Die wahnhafte Idee, den Anschlag auf das Hauptquartier der UNO könnten Juden begangen haben und der zweifellos wahre Bericht des Isaac Finkelstein.

Jetzt also war die Zeit gekommen!

Er erteilte die nötigen Befehle.

Dinge würden nun ins Rollen kommen, die nicht mehr aufzuhalten wären. Dinge, die im Zusammenbruch eines religiösen Systems enden würden, das die Welt 1.400 Jahre lang in Angst und Schrecken versetzt hatte.

***

»Wie um Himmels willen sollen wir der Übermacht von acht arabischen Armeen standhalten können? Die Hisbollah übersät uns von Syrien aus mit einem Raketenhagel, und die Hamas hat zum gnadenlosen Terror gegen uns aufgerufen?«

Dem Generalstabschef der israelischen Armee war seine Frustration deutlich anzuhören.

»Vom Gazastreifen und aus dem Westjordanland werden wir ebenfalls beschossen. Unsere Raketenabwehrsysteme *ArrowIII* und *Iron-Dome* sind zwar nach dem ersten Überraschungsangriff auf Tel-Aviv erfolgreich im Einsatz, doch die Übermacht ist in der Tat erdrückend«, ergänzte der Verteidigungsminister resigniert.

Der Premierminister ließ seinen Blick bedächtig über die Gesichter schweifen, so, als wolle er allen Beteiligten Mut zusprechen. Und das tat er wohl auch.

Es war für Dennis eine große Ehre, an einer Sitzung des nationalen Sicherheitsrates teilnehmen zu dürfen. Diese heutige Zusammenkunft sollte der Analyse der aktuellen Lage dienen, was bei diesem überraschenden Angriff sicherlich notwendig war. Ihm war klar, dass er diesen Auftritt ausschließlich der vehementen Fürsprache von Gus zu verdanken hatte, der argumentiert hatte, einen ›Nationalhelden‹ könne man unmöglich aus einer so wichtigen Sitzung ausschließen.

Der Verteidigungsminister ergriff das Wort.

»Zumindest haben wir zwei starke Verbündete, die USA und Deutschland. Ich persönlich hätte von den Deutschen nicht erwartet, zu ihrem Wort zu stehen, doch es sind tatsächlich deutsche Kriegsschiffe in die Straße von Hormuz im Persischen Golf unterwegs. Wir alle wissen, welche strategische Bedeutung eine Kontrolle dieser Meerenge besitzt. Falls es gelingt, sie zu blockieren, wird der Iran daran gehindert, sein Erdöl zu exportieren. Von diesem Erdölhandel aber ist er wirtschaftlich abhängig, denn das macht 80 Prozent seiner Einnahmen aus.«

Der Premier räusperte sich.

»Ich habe vor kurzem mit der deutschen Kanzlerin gesprochen, und wir haben vereinbart«, ein Lächeln huschte über sein Gesicht, »dass diese Schiffe gerade diese Aufgabe haben.«

Er blickte auf die Uhr. »Wenn alles gut läuft, wird besagte Meerenge in zwei Stunden blockiert sein.«

Ein erstauntes Raunen ging durch die Runde, und Dennis meinte, die Erleichterung mit Händen greifen zu können.

Israel war nicht alleine! Was für eine psychologische Wirkung dieser Loyalitätsbeweis eines Staates bedeutete, der noch vor siebzig Jahren alle Juden auslöschen wollte, ist kaum zu überschätzen, dachte Dennis.

»Auch die USA stehen zu uns. Sie haben heute morgen mit der Bombardierung mehrerer Militärbasen der iranischen Streitkräfte gedroht, sollten nicht alle Angriffe auf Israel unverzüglich eingestellt werden«, sagte er weiter. »Durch den iranischen Angriff mit einem nuklearen Sprengkopf ist der Welt endgültig bewiesen worden, dass der Iran tatsächlich an einem militärischen Atomprogramm arbeitete und die Weltöffentlichkeit aufs Schlimmste getäuscht wurde. Es hieß, die Bemühungen des Landes um Atomtechnologie dienten einer rein zivilen Nutzung der Kernkraft, was schon allein deshalb unsinnig ist, weil das Land eine der höchsten Energiereserven weltweit besitzt. Der gesamten Welt sind jetzt auf die schlimmstmögliche Art und Weise die Augen geöffnet worden über etwas, was unsere Geheimdienste schon lange wussten. Und genau aus diesem Grund, aufgrund dieser Blamage, nicht aus ideologischen Bedenken heraus, werden sich die westlichen

Staaten weigern, dem Iran militärische Hilfe zu gewähren«, schloss der Premier.

»Dennoch hat der Krieg gerade erst begonnen«, erwiderte der Generalstabschef. »Acht islamische Nationen: Iran, Saudi-Arabien, die Türkei, Syrien, der Jemen, der Sudan, Jordanien und Tunesien haben uns in den letzten Stunden offiziell den Krieg erklärt. Dazu kommen noch schlagkräftige paramilitärische Verbände wie die Hisbollah, die Hamas, sowie die al-Aksa-Brigaden der Fatah, die teils sogar innerhalb unseres Staatsgebietes, nämlich von der Westbank aus, gegen uns operieren. Wo nicht, werden wir von Syrien und dem Sinai aus massiv beschossen. In den letzten zwölf Stunden sind außerdem zwei Selbstmordattentate auf israelischem Boden verübt worden. Es ist ein Wunder, dass niemand außer den Attentätern ums Leben kam.

Die arabische Liga drohte vor zwei Stunden mit dem Ausschluss all derjenigen Mitgliedsstaaten, die sich nicht an einem Krieg gegen Israel beteiligen. Das betrifft vor allen Dingen die kleinen Golfstaaten, Ägypten, sowie einige nordafrikanische Länder. Der Iran untermauert mit diesem Überfall seinen Führungsanspruch über die islamische Welt, obwohl er als einziger kein Mitglied der Liga ist.«

Ein Mann, der aussah wie ein Personenschützer, trat zum Premierminister und flüsterte ihm etwas ins Ohr. Dieser schien sehr erfreut. Es klopfte an der Tür, und ein Offizier trat ein. Er salutierte, und der Premier begrüßte ihn ebenso.

Dann wandte er sich an die versammelte Runde.

»Meine Herren, ich habe die Ehre, Ihnen Oberstleutnant Mordechai Gur vorzustellen. Er ist Kompaniechef einer Raketenabwehreinheit, die Süd-Israel schützt. Seine Einheit war es, die erfolgreich zwei der drei Mittelstreckenraketen, die unser Land überflogen, abfing und zerstörte. Aber hören wir ihn selbst.«

Der Oberstleutnant war ein Mann von vielleicht 35 Jahren mit klaren, ruhigen Augen. Seine Uniform war schmutzig, und man sah, dass er wohl länger nicht mehr geschlafen hatte. Er wirkte vertrauenswürdig. Er sprach in flüssigem Englisch, vermutlich war ihm mitgeteilt worden, dass ein Mann mit ›Beobachterstatus‹ anwesend wäre, der nur einige Brocken hebräisch beherrsche.

»Meine Kompanie ist im südlichen Negev stationiert, dreißig Kilometer südlich des Toten Meeres. Uns obliegt die Bedienung eines *ArrowIII* Raketenabwehrsystems, das ein Schutzschild gegen ballistische Raketen für ganz Süd-Israel darstellt. Das System besteht aus einer Radareinheit zur Lokalisierung der feindlichen Raketen, einem Kontrollsystem und mehreren Batterien *ArrowIII*-Abwehrraketen, die das erfasste, beziehungsweise die erfassten Ziele zerstören sollen.

Heute um zwei Uhr, wir waren schon in erhöhter Alarmbereitschaft durch den Raketenangriff auf Tel-Aviv, gab es Alarm. Drei Mittelstreckenraketen des Typs *Shahab3* waren in der Nähe von Teheran gestartet. Als Ziel errechnete das System den Westteil von Jerusalem. Diese Raketen fliegen sehr hoch, in fünfzig Kilometer Höhe. Wir hatten sechs Minuten Zeit, dann würden die Raketen ihr Ziel erreicht haben.

Als kommandierendem Offizier oblag mir die letztendliche Entscheidung über den Abschuss der Anti-Raketen-Rakete. Das System meldete, dass es sich wahrscheinlich um Waffen mit atomaren Gefechtsköpfen handelte. Eine Zerstörung dieser Raketen würde in der Stratosphäre – in fünfzig Kilometer Höhe – weniger Schaden anrichten, in geringerer Höhe einen massiven Fallout, sowie massive atmo-sphärische Störungen verursachen. Das bedeutet konkret, je niedriger die Abschusshöhe, desto massiver die Wirkung der nuklearen Explosion, die in jedem Fall stattfinden würde.

Als unser Radar die gegnerischen Raketen erfasst hatte, blieben uns noch drei Minuten bis die *Shahab3* Jerusalem erreichen würden. Ich befahl den Abschuss für eine Batterie unserer Raketen. Es gelang auch, zwei der feindlichen Raketen noch in der Stratosphäre, in ihrer höchsten Flugbahn, zu zerstören. Die dritte flog jedoch weiter und hatte eine Minute später bereits den Negev erreicht. Nach einer weiteren Minute hatte das Radar das Ziel neu erfasst. Wir konnten die Rakete hören und auch sehen, denn sie flog nur noch in zehn Kilometer Höhe, im Anflug auf Jerusalem. Sie hörte sich an wie das entfernte Donnern eines Jagdflugzeugs. Es war gespenstisch in der Dunkelheit.

Wir wussten, dass eine atomare Explosion bereits in dieser Höhe gefährlich für uns sein würde. Die Druckwirkung auf den Erdboden wäre stark und würde einiges an Zerstörung nach sich ziehen. Ich startete mehrere unserer Raketen, und die *Shahab3* verschwand vom Radarschirm. Wir sahen einen großen Feuerball am nächtlichen, sternübersäten Himmel, und das Grollen der Explosion hallte wieder in der steinernen Wüste. Es war ein bizarres Schauspiel.

Wegen der Trümmerteile und der Druckwelle suchten wir Zuflucht unter einem Felsen. Aber dann – was wir erwartet hatten blieb aus! Die spezifische Pilzform einer atomaren Explosion bildete sich nicht aus.

Die Daten des US-Satelliten, der unser System indirekt unterstützte, bestätigten uns, dass es sich um atomare Sprengköpfe gehandelt haben musste, aber all unsere Messgeräte registrierten nur eine konventionelle Explosion.

Es war etwas, das ich mir nicht erklären kann. Als ich in die Runde meiner Kameraden blickte, sahen einige verlegen zu Boden, und mir selbst brannte nicht nur der Schweiß in den Augen. Einer von uns fing spontan an, die Hatikva zu singen, und wir anderen stimmten mit ein.

Es war wirklich ein ergreifender Moment.«

Die Strapazen und die Anspannung dieser Nacht waren dem Oberstleutnant deutlich anzusehen.

Die Männer im Raum applaudierten.

»Da draußen in der nächtlichen Wüste ist etwas geschehen, was ich mir nicht erklären kann. Es war eine wirklich ehrfurchtgebietende Atmosphäre, als wir die Nationalhymne sangen. Ich kann es nicht anders sagen, aber es schien, als hätte eine unsichtbare Wand eine atomare Kettenreaktion verhindert. Ich bin nicht religiös, aber so etwas habe ich noch nie erlebt.«

Als er gerade den Raum verlassen hatte, kam ein Nachrichtenoffizier herein und reichte dem Premier ein Dokument. Er überflog es kurz und nickte befriedigt.

»Die USA haben soeben zwei Flugzeugträger in den Persischen Golf entsandt und die sofortige Mobilmachung ihrer Teilstreitkräfte in der Region angeordnet. Das sind immerhin 70.000 Mann. Allerdings ist mir bewusst, dass die Hauptgefahr im Moment auf israelischem Boden besteht. Die Armeen von Syrien und Jordanien haben von Norden und Osten aus Bodenoffensiven gestartet. Unsere Panzer und Artillerieverbände sind stark und gut positioniert, dennoch brauchen wir jede erdenkliche Luftunterstützung.«

Er machte eine Pause.

Plötzlich sprach er Dennis direkt an, als sei ihm ein Geistesblitz gekommen.

»Dennis, würden Sie eine etwas heikle diplomatische Mission für uns unternehmen?«

Er wartete keine Antwort ab.

»Sie sollen nach Washington reisen und herausfinden, was die Amis wirklich über den Anschlag von New-York denken. Weiter wäre es wichtig für uns zu wissen, ob die USA beabsichtigen, die UNO in ihrer alten Form wieder ›auferstehen‹ zu lassen. Drittens ist es von Interesse zu wissen, wie die USA die islamistische Bedrohungslage allgemein einschätzen.«

Für den Premier schien diese Mission beschlossene Sache zu sein.

»Ich will Sie haben, Dennis, da Sie auf diplomatischem Parkett noch nahezu unbekannt sind, aber durch Ihre Rede vor der UNO Eindruck auf die US-Administration gemacht haben. Die lieben solche Cowboy-Auftritte.«

Dennis sah ihn ungläubig an und fing an zu lachen.

Eljon hatte wirklich Sinn für Humor. Sollte er nicht gleich eine Rede vor dem US-Präsidenten halten? »Ich muss erst mit meiner Frau darüber sprechen«, erwiderte er tapfer. »Gut, tun Sie das«, sagte der Regierungschef.

Als sie sich verabschiedeten, zwinkerte Gus ihm schelmisch zu.

Am nächsten Tag war Dennis bereits in Washington D.C.

Er war vor zwei Stunden mit dem Flugzeug gelandet und hatte Quartier in einem noblen Hotel in nicht allzu großer Entfernung vom Weißen Haus bezogen. Die Zeitungen waren voll von den Geschehnissen der letzten Tage, aber hier herrschte eine ruhige Gelassenheit, ganz anders, als er es nach einem Kriegsausbruch in der Krisenregion ›Naher Osten‹ erwartet hätte. Den viel größeren Raum nahm in der öffentlichen Diskussion die Frage ein, wer hinter dem Anschlag auf die UNO stand.

Jetzt saß er hier, in einem teuren Lokal, und hörte sich die Ausführungen eines Dr. John Ascott an, dem sicherheitspolitischen Sprecher des Außenministeriums.

»Das Epizentrum der Explosion im Hauptquartier ist gründlich untersucht worden. Die Zerstörung ähnelte dem Zustand nach einer kleineren nuklearen Explosion, aber ohne Nachweis einer irgendwie erhöhten Radioaktivität. Es muss eine außergewöhnliche Hitze geherrscht haben, denn alles verdampfte im wahrsten Sinn des Wortes.«

Dennis spürte eine grauenhafte Übelkeit, doch nach wenigen Sekunden war sie vorbei.

»Der Ascheregen verdunkelte den Himmel über Manhattan für zwei Tage. Daher gab es auch verhältnismäßig wenig Trümmer für einen Komplex dieser Größenordnung. Das meiste ist einfach pulverisiert worden. Aber keine erhöhte Strahlung wurde gemessen! Nichts. Im Moment kursieren viele Verschwörungstheorien, das können Sie sich denken!«

Dennis nickte und wandte sich seinem Rindersteak zu. Er hatte einen Bärenhunger und war etwas überrascht, wie er jetzt noch mit Appetit essen konnte. Aber warum nicht, dachte er dann.

»Das Einzige, was wir haben, ist eine Bekennerschreiben.«

Vor lauter Schreck verschluckte sich Dennis und musste heftig husten.

Dr. Ascott lächelte ihn gutmütig an.

»Es ist das Skurrilste, was ich seit langem gelesen habe. Eine Gruppe namens *Islamisches Weltkalifat* hat sich zum Anschlag bekannt. Sie schrieben: ›Wir sind die neue Weltregierung. Allah hat euch bestraft, wir waren sein Arm. Durch Zauberei und die Kraft des dämonischen Geistes, welches ist das schwarze Tier, haben wir es vollbracht. Der Westen wird in Asche verglühen, und eine schwarze Sonne wird über dem Land scheinen. Tod den Juden!‹

Wir stellten fest, dass diese Gruppe sich in der Tradition der Assassinen sieht, einer muslimischen Sekte, die im Mittelalter durch brutale Selbstmordattentate Tod und Terror in die Welt getragen hat. Darüber hinaus erwarten sie noch zu ihren Lebzeiten das Kommen des zwölften Imam, dem Mahdi, der die Welt unter dem Islam vereinen soll. Und nach dem islamischen Kult, dem der iranische Präsident ja anhängt, muss eben vor Ankunft des zwölften Imam als Retter der Welt Israel zerstört werden.«

Zum Schluss lächelte er Dennis warm an.

»Unser Präsident hat übrigens das Buch von Professor Finkelstein gelesen. Es hat ihn sehr beeindruckt. Wir wussten schon immer, dass Jerusalem etwas Besonderes ist.«

***

Talmon blickte weit über den Persischen Golf. Er ließ seine Augen über die Straße von Hormuz gleiten, und er sah die Kriegsschiffe, die einige Nationen dorthin entsandt hatten. Er lächelte über die Furcht der Menschen. Aber es war kein bitteres Lächeln, eher ein Trauriges, denn die Menschheit ahnte nicht einmal, wie viel sie verloren hatte, weil sie nicht mehr auf die Macht hoffte, die ihnen verborgen war.

Ebenso spürte er die Bosheit, die sich in der Landmasse östlich des Golfes zusammenbraute, im früheren Persien also, dort, wo einst Nebukadnezar II. von Babylon regiert hatte.

Der schwarze Fürst würde ahnen, dass er nicht mehr lange existierte. Aber er würde sich niemals vorstellen können, von *wessen* Hand der tödliche Schlag käme.

***

Dennis saß in seinem Hotelzimmer und sah gerade einen Politthriller, um sich zu entspannen. Bei solchen Filmen, die andere kaum als Beruhigung empfanden, konnte er wirklich abschalten. Plötzlich wurde die Sendung unterbrochen durch eine Sondermeldung, was für das amerikanische Fernsehen höchst ungewöhnlich war:

»Vor einer Stunde verkündete der iranische Präsident der entsetzten Welt in einer Rundfunkansprache, das ›zionistische Gebilde ein für alle Mal auslöschen‹ zu wollen. Die ›unaufhörlichen Provokationen, wie die letzten Kriegshandlungen beweisen‹, seien nicht mehr hinnehmbar. ›Daher wird die islamische Nation in Kürze einen nuklearen Befreiungsschlag gegen diese von Gott verfluchte Nation führen. In einer Woche wird dieses Krebsgeschwür im Körper der Welt nicht mehr existieren.‹
Das geistliche Staatsoberhaupt und oberster Befehlshaber der Streitkräfte, Ayatollah Khamuni, bestätigte im Anschluss diese Entscheidung.«

Sein erstes Gefühl war Erschrecken. Sein zweites ein Gefühl der Zuversicht, das ihm unangemessen schien. Er zappte auf den Kanal von CNN:

»… Der amerikanische Präsident hat nach einer Sondersitzung des nationalen Sicherheitsrates, die vor zehn Minuten endete, verkündet, einen Luftangriff gegen die Republik Iran zu starten, mit dem Ziel einer Zerstörung der militärischen Infrastruktur des Landes. Sollte das nicht gelingen, werde ein Luftschlag gegen den Regierungssitz in Teheran erfolgen. Massive Marineeinheiten werden unterstützend hinzugezogen.
Dies alles geschieht in enger Absprache und Kooperation mit der NATO, Kanada und Australien. Russland und China haben erklärt, sich nicht in den Konflikt einmischen zu wollen. Diese Drohung der Vernichtung eines souveränen Staates bedrohe die freie Welt und könne unter keinen Umständen hingenommen werden, so der Präsident in der Erklärung …«

Er schaltete den Fernseher aus. Er musste unbedingt mit Sarah sprechen. Er sehnte sich nach ihr, brauchte ihre Nähe. Er musste wissen, ob es ihr gut ging, ob sie wohl schon die Nachrichten gehört hatte? Wie sah es in Israel aus … dort war es schon später Abend …

Er wählte ihre Nummer.

»Hallo Schatz, wie geht es dir?«, begann er unbeholfen.

»Geht so. Ich vermisse dich, aber ist ja nicht für ewig«, murmelte sie verschlafen.

»Wie geht es unserem Haus?«

»Ich höre Explosionen in der Ferne. Gus ist manchmal bei mir. Er sagt, hier in der Negev ist es sicherer als in Jerusalem. Außerdem haben wir ja einen Luftschutzkeller.«

»Hast du die neuesten Nachrichten gehört?«, fragte er ungeduldig. »Ja, dieser Irre aus dem Iran hat gedroht, unser Land zu vernichten. Eigentlich … eigentlich sollte ich herumlaufen und hysterisch weinen oder so. Aber ich spüre keine Unruhe. Dennis, stimmt was nicht mit mir?«

Dennis musste schlucken.

Er war stolz auf sie.

»Nein, Schatz, nein. Mir geht es genau so.«

Dann schwiegen sie und genossen das Gefühl einer Einheit, die jede Entfernung der Welt überwand.

»Schlaf gut, Liebster. Ich bin sehr müde«, sagte sie mit sanfter Stimme.

»Gute Nacht«, erwiderte er.

Mehr war nicht zu sagen.

Er las noch etwas im vergessenen Buch und legte sich anschließend auch ins Bett. So früh ging er selten schlafen. Das musste der Jet-Lag sein.

Er träumte.

Darüber wunderte er sich noch im Traum, denn er hatte schon lange nichts mehr geträumt, das ihm so wirklich erschien.

Er stand auf einem hohen Berg. Nein, es war nicht irgendein Berg, es war *der* Berg, auf dem er schon einmal gestanden hatte – dann hörte er eine vertraute Stimme: »Die große Schlacht wurde geschlagen. Der Sieg wurde errungen, der Tag ist nicht mehr fern.«

Dann sah er Krieger, in Licht gekleidet, die aus dem Himmel herabstürzten, und sie hatten entschlossene, ja, grimmige Gesichter, und sie zogen ihre Schwerter blank … Dann sah er einen grellen Blitz und einen schwarzen Schatten, der wie ein riesiger Vogel auf die Erde fiel. Der Schatten verging, und aus seinem Leib fielen schwarze Tiere, wie verbrannt; sie waren tot. Als die Flut von Licht sie erreichte, waren sie nicht mehr.

Sein Handy klingelte. Sarah. Plötzlich war er hellwach, und sein Kopf dröhnte.

»Ja, Schatz?«

»Liebling, mach den Fernseher an, es ist unglaublich, es kommt bestimmt in jedem Sender. Du musst es sehen, es ist einfach unglaublich …«

Er war schon aus dem Bett gesprungen und schaltete den Fernseher an. Das Handy klemmte er ans Ohr, so war Sarah immer bei ihm. Es war zwölf Minuten nach Mitternacht.

Der Nachrichtensprecher von CNN grinste, als hätte er ein zu großes Steak verschluckt. Dann sah er ruckelnde und verschwommene Bilder, die von einer Hubschrauber-Kamera stammen mussten, und einen israelischen Reporter, der mit ernster Miene die Bilder kommentierte:

»(…) Das sind die ersten Bilder, die uns soeben aus Teheran erreichen. Der Ayatollah ist tot. Eine Eliteeinheit der israelischen

Armee hat ihn vor zwei Stunden gezielt getötet. Eine zweite Einheit ent-führte unterdessen den iranischen Präsidenten aus seinem Palast.«

Dann wurde der Pressesprecher des Militärs eingeblendet, der erschöpft, aber stolz in die Kamera blickte:

»Heute Nacht schrieb das israelische Militär einmal mehr Geschichte. In einer Operation, die an Kühnheit und Brillanz an den Sechstagekrieg erinnert, gelang es einer Spezialeinheit der IDF, der israelischen Streitkräfte, das geistliche Oberhaupt des Iran und obersten Befehlshaber der iranischen Streitkräfte, Ayatollah Khamuni, in seinem Palast zu töten. Zeitgleich konnte eine weitere Eliteeinheit den Präsidenten der Republik Iran im Schlaf überraschen und in Gewahrsam nehmen.
Die konzertierte Aktion dauerte 35 Minuten. Die Spezialkräfte verließen Teheran mit dem Hubschrauber. Kampfjets der israelischen Luftwaffe boten dem Hubschrauber Geleitschutz. Dabei wurde ein israelisches Flugzeug abgeschossen. Vor einer Stunde schließlich landete der Militärhubschrauber in der Nähe von Jerusalem, wo er mit großen Ehren empfangen wurde. Der iranische Regierungschef befindet sich zur Zeit in Untersuchungshaft …«

»Liebster, bist du noch da?«

Sarah brüllte in sein Ohr. Dennis hatte sie ganz vergessen, so sehr zogen ihn die Fernsehbilder in Bann.

»Natürlich«, antwortete er schnell.

Die israelische Regierung wird die Telefonkosten sicher übernehmen, dachte er euphorisch. Schließlich war er in nationalem Interesse unterwegs.

Nachdem sie noch eine Zeit lang wie Schüler herumblödelten, die eine wichtige Prüfung bestanden hatten, legten sie auf. Er schlief bis zehn Uhr morgens, und erst die strahlende Sonne weckte ihn.

Sofort schaltete er den Fernseher ein. Er erfuhr, dass Israel dem Generalstab der Republik Iran ein Ultimatum gestellt hatte. Sollten sie nicht binnen zwei Stunden die Drohung zurückziehen, den jüdischen Staat zu bombardieren, würde eine *Jericho3* Rakete mit atomarem Sprengkopf im Zentrum von Teheran explodieren. Dabei kämen auf einen Schlag schätzungsweise eine Million Menschen ums Leben, die Spätfolgen seien nicht abzusehen.

Er schmunzelte. Kein Land der Welt würde es sich leisten können, solch ein Ultimatum zu ignorieren.

Noch am gleichen Tag flog er nach Hause.

57

Das Haus vibrierte unter der Wucht des ständigen Geschützdonners massiver Artillerie. Zwar waren die Kämpfe noch mehrere Kilometer entfernt, doch der Erdboden bebte unaufhörlich, als könne er die dumpfe Gewalt seiner Bewohner allein durch sein trotziges Aufbäumen abschütteln.

Sarah klammerte sich ängstlich an Dennis. Die Bedrohung war mit Händen zu greifen. Er hoffte verzweifelt, die Gefechte würden bald enden. War nicht die iranische Regierung, die Führung der arabischen Allianz, entmachtet worden? Was also wollten die arabischen Militärs noch? Eljon hatte ihm doch gezeigt, dass Israel siegen würde. Wo waren die Ergebnisse? Was passierte da draußen in der Wüste? Und plötzlich musste er gegen die Furcht ankämpfen, die in ihm empor stieg, die Furcht, dass er vielleicht nur wahnsinnig wäre, die Angst, gar nichts gehört zu haben von einem Schöpfer und nur den Mechanismen seiner Seele gefolgt zu sein, um seinen Geisteszustand zu verschleiern.

Wenn es doch nur um ihn allein ginge! Aber es klammerten sich mehr Menschen an ihn, als nur Sarah. Es gab Menschen, fehlgeleitete Menschen wohl, die in ihm ein Zeichen der Hoffnung erblickten, die in ihm etwas zu sehen meinten von dem Anbruch eines neuen Tages. Wenn sie nur wüssten, wie schwach er war, wie sehr er um das bisschen Glauben kämpfte, das noch in ihm war. Er erkannte die Verantwortung, die er trug. Denn er hatte behauptet: ›Ich kenne die Antwort‹, ›Ich weiß, was die Zukunft bringt.‹ War das die ›Last des Propheten‹, von der das vergessene Buch sprach? Ahnte Sarah etwas von den Fragen, die ihn bewegten?

»Liebster, ich habe solche Angst«, schluchzte Sarah neben ihm. »Ich hab versucht, mir einzureden, dass alles unter Kontrolle sei, doch es gelingt mir nicht.« Sie blickte ihm verzweifelt in die Augen, während ihr Körper heftig bebte.

So wie das Land, dachte er.

»Es ist Zeit, Eljon, es ist Zeit, dass dies alles ein Ende hat«, schrie er zum Himmel, doch der schien bleiern und durch nichts zu erschüttern. Als kümmerten ihn die Ereignisse auf der Erde nicht besonders. Die Explosionen kamen näher. Sie hörten das laute Kreischen der Flugzeuge und das dumpfe Gebrüll der Artillerie.

Dennis löste sich von Sarah und warf sich auf die Erde.

»Eljon«, brüllte er verzweifelt, »Eljon, ich will dein Prophet nicht sein. Ich bin nur ein Mensch und werde sterben wie alle!«

Dann rannte er zu Sarah und presste sie stürmisch an sich, um sie mit seinem Körper zu schützen, wenn die Bomben auf sie fielen, und das Haus über ihnen einstürzte.

So warteten sie auf den Tod.

Doch stattdessen verstummte das Dröhnen, und das Kreischen erstarb. Die Ruhe trat zu abrupt ein, und er wusste, ihre Ursache konnte nicht natürlicher Art sein.

Es war still, aber es war keine angsterregende Stille, es war ein Schweigen, das die Ewigkeit in sich barg. Wortlos gingen sie nach oben. Sarah weinte, doch er wusste, dass es ein heilendes Weinen war. Sie wussten nicht, was geschehen war, doch Eines wussten sie:

Ihr Gott hatte sie erhört.

Dann traten sie auf die Veranda und blickten über die Wüste. Sie sahen Rauchsäulen am Horizont, und ausgebrannte Panzer.

Doch dann sah er etwas gänzlich Unerwartetes:

Eine Frau schritt auf ihn zu. Ihr Gang war kühn und selbstbewusst, und ein weißes Gewand umwehte ihre vollendete Gestalt. Ihr Gesicht war majestätisch wie die Sonne, die des Morgens über den Bergen des Negev erscheint.

Ihr Anblick raubte ihm den Atem, denn – sie war gewaltig wie eine Kriegsheer und dabei anmutig wie –

wie … Jerusalem!

Dann blickte sie ihn an, mit Augen voller Begeisterung.

Sofort fing er an zu weinen.

Sie ist meine Braut, Dennis, wie sie sein wird.
Aus der Wüste kommt sie mir entgegen.
Sie wird vollkommen sein.

Dann war sie verschwunden.

Sarah lehnte sich voller Seligkeit an ihn. Sie verstand so wenig wie er, aber sie nahm das Wunder des geretteten Lebens als Geschenk, und in ihren Augen glänzte das Glück.

Schon nach wenigen Stunden war ihnen klar, was geschehen war. Israel hatte einen überwältigenden Sieg errungen. Teheran hatte seine Drohung zurückgenommen, und die Militärführung des Iran trat unter heftigen Protesten eines missbrauchten Volkes zurück.

Was aber wirklich an diesem heißen Julitag 2009 in der Wüste der Negev geschehen war, verheimlichte die Regierung der Weltöffentlichkeit.

Sie hatte schlicht Angst, unglaubwürdig zu erscheinen.

Denn israelische Soldaten erzählten, mitten im heftigsten Kampf, als die zahlenmäßige Überlegenheit der arabischen Armeen sie erdrückte und Jerusalem schon in Reichweite des Feindes lag, erschien auf einmal eine riesige Feuersäule in der Wüste, direkt vor der alliierten arabischen Armee. Sie war hundert Meter hoch, und so lang wie die gesamte gegnerische Front, die gegen Jerusalem heranzog. Sie wurde von Kriegsschiffen vom Mittelmeer aus gesehen, ebenso von Heeresverbänden im Osten, an der Grenze zu Jordanien.

Arabische Einheiten, die von israelischen Soldaten gefangen genommen wurden, berichteten, sie hätten im Feuer eine Frau erblickt, so schön wie die Sonne, doch so glänzend, dass sie sofort erblindeten, als sie sie sahen. ›Dann warfen wir unsere Waffen weg und warteten auf den Tod.‹ Andere Soldaten gaben an, dass sie sahen, wie ganze arabische Divisionen in wilder Hast flohen, nachdem sie die Walze aus Feuer erblickten. Sie sagten, flammende Schwerter seien darin erschienen, und Panzer explodierten einfach, als sie führerlos hinein rollten.

Dennis lächelte milde, als sie eine Woche später die Berichte im Fernsehen sahen. »Die Welt glaubt so sehr an die militärische Überlegenheit Israels, dass es für die Regierung nicht schwer sein wird zu erklären, warum die Araber geflohen sind«, sagte er und blickte übermütig seine Frau an. »Weltweit schreiben die Zeitungen schon vom ›Dreitagekrieg‹ in Anlehnung an den Sechstagekrieg 1967«, ergänzte Sarah und stimmte in sein Lachen ein.

Er dachte an heute Abend.

Denn heute würden sie der ersten Sitzung der Knesset nach diesem triumphalen Sieg beiwohnen. Und wieder hatte Gus dies arrangiert, und auch David würde in seiner Funktion als Sicherheitsberater des deutschen Außenministeriums anwesend sein. Sarah und er freuten sich auf das Wiedersehen. Es würde bestimmt viel zu erzählen geben. Sie würden auf der Besuchertribüne sitzen, und so wie er die Mentalität der Israelis kannte, würde es bestimmt nicht langweilig werden.

Das Wort ›Knesset‹ ist das hebräische Wort für ›Versammlung‹ und erinnert an die erste Zusammenkunft dieser Art vor 2.500 Jahren unter Äsra, dem bedeutenden Reformer und Erbauer des zweiten Tempels, und Nehemija, dem Statthalter Jerusalems, kurz nach der Rückkehr der Juden aus dem babylonischen Exil.

Es bezeichnete damals eine jüdische Ratsversammlung von 120 Ältesten aus allen Stämmen Israels, und meint heute das Parlament von 120 Abgeordneten aus allen demokratisch gewählten Parteien des Staates Israel.

Die Knesset war auch der Ort, an dem die deutsche Bundeskanzlerin im August 2008 als erster ausländischer Regierungschef ihre bedeutende Rede hielt, in der sie die grundsätzliche Verantwortung und einzigartige Beziehung zwischen Deutschland und Israel betonte. »Die Sicherheit Israels gehört zur deutschen Staatsräson«, hatte sie damals gesagt.

Als Dennis und Esther die gut besuchte Zuschauertribüne betraten, erwartete sie schon David und begrüßte sie mit einer festen Umarmung. Michaela war auch dabei, und beide Frauen versanken bald in einem angeregten Gespräch, was bei diesem Geräuschpegel eine gewisse Leistung war. Dennis war erstaunt. David sah viel besser aus, als bei ihrer letzten Begegnung vor einigen Monaten.

»Na, David, die Pflege deiner Frau scheint dich ja um mindestens zehn Jahre jünger gemacht zu haben.«

David strahlte ihn an.

»Meine Liebe zu ihr wächst jeden Tag«, flüsterte er ihm verschwörerisch ins Ohr. Sie lachten.

Das wirklich Bedeutende heute Abend würde eine Ansprache des Premierministers zum Sieg und zur Zukunft Israels sein. Diplomaten und politische Vertreter fast aller führenden Staaten waren heute zu Gast. Als der Premier dann endlich das Rednerpult betrat, war die Spannung deutlich spürbar. Die versammelte Presse verwandelte den Saal in in ein Hollywood-Studio, und zahllose Mikrofone zeigten in seine Richtung.

»Meine sehr verehrten Damen und Herren, liebe Vertreter aus dem Ausland. Ich möchte Ihre Geduld an diesem Abend nicht zu sehr strapazieren, daher will ich mich kurz fassen.

Heute feiern wir einen großen Sieg über die arabische Allianz. Es ging in diesem kurzen Krieg, der in Vielem an den Sechstagekrieg erinnert, nicht so sehr um Macht, sondern um Religion. Das ist insbesondere für Europäer schwer zu verstehen, die sich ja gerne als Vorreiter einer aufgeklärten Gesellschaft betrachten. Doch der Kern des Konflikts, der Kern des Nahostkonflikts, war schon immer religiöser Natur, und erst danach kommen die anderen bösartigen Auswüchse wie Rassismus oder Antisemitismus hinzu. Auch auf jüdischer Seite.

Der Konflikt, das sehe ich immer klarer, ist eine lange und tragische Geschichte der Ablehnung und der daraus resultierenden Rebellion. Die Bibel beschreibt dies so:

Der Stammvater der arabischen Nationen war Ismael. Er wurde verstoßen, weil er der uneheliche Sohn Abrahams war. Isaak, sein Bruder, wurde nicht verstoßen. Er war der ehelich gezeugte Stammvater Israels. War es Bitterkeit über ihr Schicksal, das die Nachfahren Ismaels, unter ihnen einen gewissen Mohammed, dazu brachten, eine Art

Gegenreligion zum Judentum zu errichten? Denn der Islam wurde auf den Fundamenten des jüdischen Glaubens errichtet. Das sind die Fakten, ob einer ›säkularen‹ Welt das gefällt oder nicht. Und die Bibel schreibt tatsächlich über Ismael:

›Er wird ein Mensch wie ein Wildesel sein, seine Hand gegen alle, und die Hand aller gegen ihn, und allen seinen Brüdern setzt er sich vors Angesicht.‹

Wurde hier nicht mit drastischen Worten eine Realität skizziert, die heute Wirklichkeit ist? Der Islam ist zuerst gegen seine Brüder, die Juden, und dann gegen die ganze Welt. Wir als Juden und hauptsächlich Leidtragenden dieses Wahns, alles Jüdische vernichten zu wollen, wir dürfen, ja, wir müssen das sagen:

Die Religion des Islam ist das Problem.

Es ist der Gott dieser Religion, der die Menschen versklavt.

Er ist ein Gott des Todes, denn er befiehlt zu töten. Alles, was unislamisch, anders ist. Im Koran wird an unzähligen Stellen der Tod für die Gottlosen beschrieben, wenn sie sich nicht Allah unterwerfen.

Ist es da ein Wunder, dass dieser Hass da ist? Ist es da ein Wunder, dass bei ihnen diese Verherrlichung des Todes herrscht, wenn die Märtyrer gefeiert werden und deren Familien lebenslang Rente dafür erhalten – unter Arafat erhalten haben – weil sie Juden ermordeten? Sind dann Selbstmordattentate verwunderlich?

Nein, denn es sind die Heldentaten derer, die zu solch einem Hass erzogen wurden!

Zum Schluss frage ich Sie, ich frage die Welt. Wo findet sich solch ein Hass, solch eine Lust zum Töten im jüdischen Volk? Jeder ernstzunehmende Christ verurteilt die Kreuzzüge.

Denn damals wurden im Namen Gottes schreckliche Verbrechen begangen.

Wo sind aber heute die Stimmen der sogenannten moderaten Moslems, die die blutigen Untaten ihrer Landsleute verurteilen, die in schrecklichen Anschlägen Hunderte Christen niedermetzeln oder wahllos Juden töten? Ich höre sie nicht! Vielmehr gefallen sie sich in immer absurderen Urteilen über die Demokratie, über die Dekadenz des Westens und seine Verweichlichung. Sie verspotten uns, im Namen ihres Allah!«

Es war still geworden im Publikum.

»Ich wünsche mir, dass diese Religion geächtet wird. Ich möchte, dass dieser Kult des Todes angeprangert wird, denn in seinem Namen wurde selbst dieser jüngste Krieg geführt. Er wurde begonnen, um den jüdischen Staat zu vernichten, er wurde angestrengt, um die Demokratie als solche *ad absurdum* zu führen. Im Namen dieser Religion hat uns der Verrückte aus Teheran, dieser Pseudo-Mahdi, mit Vernichtung gedroht. Und wir, das sage ich deutlich, denn es ist die Wahrheit, und keiner kann es leugnen, wir haben eine Stellvertreterschlacht gefochten anstelle des Westens, als Vorreiter des Westens. Denn wenn *wir* fallen, fällt die Demokratie!«

Für einen Augenblick war es still, dann erhob sich tosender Applaus. Die Menschen sprangen von ihren Sitzen, um einem Mann Respekt zu zollen, der durch seine Besonnenheit und eine gewagte, einsame Entscheidung – auf den Angriff des Iran nicht mit einer großangelegten militärischen Operation zu reagieren – ungleich größeres Leid verhinderte. Auf beiden Seiten.

***

Eine Woche nach dieser Rede ging er mit Sarah in der Jerusalemer Altstadt spazieren. Die Sonne schien vom blauen

Himmel, und sie genossen den Wind, der ihre Gesichter streichelte, als sei er ein Gruß des Himmels nach allen Kämpfen dieser Welt.

Es herrschte ein dichtes Gedränge in den verwinkelten Gassen, wie immer um diese Tageszeit. Die Siegesfeiern, die hier überall stattfanden, waren vorüber, und die normale geschäftliche Routine hatte die Stadt wieder fest im Griff.

Plötzlich blieb Dennis vor einem Kiosk stehen, denn ein Artikel in der *Jerusalem Post* hatte seine Aufmerksamkeit erregt. Er kaufte sich die Zeitung, und sie setzten sich auf eine Bank in die Sonne und lasen den Artikel gemeinsam:

Der US-Präsident hatte eine Rede vor dem Sicherheitsrat gehalten, und sie war von Politikern der ganzen Welt als wegweisend und programmatisch betrachtet worden. Zu Beginn seiner Rede kündigte er an, die USA würden keine Ölgeschäfte mehr mit Staaten abschließen, die islamistische Gruppierungen in ihrem Land dulden oder unterstützen. »Das wäre dann beinahe jedes arabische Land«, murmelte Dennis.

Aber das wirklich Aufregende war ein veröffentlichter CIA-Bericht, aus dem der Präsident zitierte, der die Reaktion der Bevölkerung in moslemischen Ländern auf den politischen und militärischen Zusammenbruch des Iran hin untersucht hatte: Es wurde festgestellt – was von mehreren humanitären Organisationen bestätigt wurde –, dass sich seit diesem Sieg Israels über den Iran das Bild der muslimischen Welt Israel gegenüber grundlegend ändert. Israel werde nicht mehr ausschließlich als Aggressor betrachtet, als zionistische Bande von Verschwörern, sondern als Staat, der sogar Vorbildcharakter besitze: Bezüglich der Werte, vor allen Dingen aber in Bezug auf eine gewaltfreie Religionsausübung. Besonders attraktiv wird die selbstbewusste Rolle der Frau innerhalb der jüdischen Gesellschaft gesehen. Es gebe bislang noch keine plausible Erklärung dafür, warum der Wandel der Wahrnehmung Israels in der muslimischen Welt so dramatisch und abrupt sei, zitierte der US-Präsident zum Schluss seiner Rede aus dem Untersuchungsbericht.

Sarah wurde unruhig und stieß ihn in die Seite.

Sie hatte genug vom vielen Herumsitzen.

»Komm, Dennis, lass uns etwas spazieren gehen, bevor die Sonne ganz untergegangen ist.«

Er lächelte schuldbewusst und klappte die Zeitung zu. Dann bot er ihr galant den Arm, und sie schlenderten in Richtung Goldenes Tor. Es war das einzige der antiken Stadttore, das einen direkten Zugang zum Tempelberg ermöglicht hatte, bis es im Jahr 1541 zugemauert wurde, da nach jüdischer Überlieferung durch dieses Tor der Messias einziehen werde, um ein tausendjähriges Friedensreich aufzurichten. Daneben sollte mit dieser Maßnahme wohl den ›Ungläubigen‹ der Zugang zum Tempelberg verwehrt werden.

Plötzlich blieb Sarah stehen und stand für einige Sekunden reglos auf der Straße. Dann berührte sie ihn aufgeregt am Arm.

Ihr Gesicht strahlte.

»Dennis, Dōr hat zu mir geredet!«

Er starrte sie ungläubig an.

Dann brach er in Gelächter aus.

»Mach`s nicht so spannend. Was hat er gesagt?«

Staunend, als könne sie nicht fassen, dass ausgerechnet ihr dies anvertraut wurde, wiederholte sie die Botschaft, und in ihren Augen lag eine jubelnde, eine alles durchdringende Freude:

»Das Zeitalter der Heiligen beginnt«, flüsterte sie.

»Die Braut hat sich geschmückt.«

Epilog

Israel, Wüste Negev, Winter 2010

Als Dennis das abgedunkelte Zimmer betrat, fühlte er, dass dies ein außergewöhnlicher Ort war. Eine nie gekannte Atmosphäre von Heiligkeit hüllte ihn ein. Kindliche Andacht erfasste ihn, und er lächelte still über die Weisheit seines Schöpfers.

Vor ihm lag die gebrochene Gestalt eines Mannes.
Eines Helden.
Eines Menschen, der bereit war, den Preis zu zahlen.

Er blickte auf den zerschlagenen Körper, und er sah die Schussverletzung, die ihn so grauenhaft entstellte. Doch Augen leuchteten daraus hervor, wie Sterne des Himmels!

»Kommissar … Becker …«, brachte er mühsam hervor.

Dann versagte seine Stimme. Wortlos setzte er sich auf den Stuhl, der neben dem Bett stand. Zärtlich ergriff er die Hände jenes Mannes, der für seine Sicherheit mit dem Leben bezahlt hatte. Er blickte in dessen Augen, und er sah die Schönheit einer künftigen Welt: *Güte, Liebe und Kraft.*

Dann begann der Sterbende mit Mühe zu sprechen:

»Nun, Dennis, haben Sie die Welt gerettet?

Und sind Sie selbst dabei gerettet worden?«

Dennis war unfähig zu einer Erwiderung.

Denn die Gegenwart des Geistes war nun so machtvoll, dass er jeden Augenblick meinte, den Flügelschlag Dōrs zu hören, oder eine dröhnende Stimme, gleich tausend Wasserfällen.

»Du brauchst nichts zu sagen, mein Junge. Ich lese in deinen Augen, und ich bin glücklich. Ich habe meinen Frieden gefunden. Es war das Beste in meinem Leben …«, er suchte nach Worten, »das *Beste* was mir hätte passieren können! Denn hier in der Wüste, in der Einsamkeit, konnte ich mich endlich ausruhen. Und ich lernte, zu beten.

Für dich. Für diese verzweifelte Welt.

Und um Schutz in dieser Zeit der Dunkelheit.«

Er machte eine Pause.

»Ich konnte so viel mehr tun, als ich je hätte tun können, wäre dies alles nicht passiert!«, rief er triumphierend aus, und sein Gesicht strahlte wie das eines Kindes.

»Denn die Fürsprache vor dem Thron wird erhört werden und das Flehen vor dem Höchsten nicht vergeblich sein; denn die wahren Kämpfe sind die des Himmels, und die wahren Kämpfer, die ihm gehören.«

Bei diesem letzten Vermächtnis aber war es Dennis, als schwebe goldener Staub aus den Hallen der Ewigkeit auf sie herab: Eine Melodie, majestätisch wie der Aufgang der Sonne und herzzerreißend wie wahre Liebe; eine Melodie aus weiter Ferne und doch unendlich nah, ließ ihn erbeben.

Und endlich wusste er, wie sich Seligkeit anfühlt.

Dann fing er an zu weinen wie einer, der nach Hause gekommen war. Als er wieder aufblickte, hatte der Kommissar die Augen geschlossen. Seine Hände ruhten auf der mageren Brust, aber seinem Gesicht entströmte der Friede einer anderen Welt.

Dennis wusste, sie würden sich wiedersehen.

Und plötzlich blickte er in die Vergangenheit, und er sah das dunkle Zerrbild seiner selbst, wie er hätte werden können, wäre dieses Leid nicht über ihn gekommen. Und mit einem Mal, in einem der Augenblicke, in denen wir *wirklich* werden, erkannte er staunend, dass die Tränen, die er geweint hatte, zu Diamanten geworden waren, der Schmerz ihn in die Weite geführt hatte, und dass die Lüge an einem Fels zerbrochen war, der Wahrheit genannt wird.

»Licht ist stärker als Finsternis«, flüsterte er.

Er wusste, es war das Zeugnis eines Lebens, das gerade erst begonnen hatte. Denn hinter dem Nebel der Welt liegt die größere Wirklichkeit …

Für alle, die sehen.

ISBN 978-3-7450-6508-4
www.epubli.de